W9-AGF-675

Ensuite

Bette G. Hirsch

Cabrillo College

Chantal P. Thompson

Brigham Young University

Ensuite

Cours intermédiaire de français

Deuxième édition

McGraw-Hill, Inc.

New York St. Louis San Francisco Auckland Bogotá Caracas Lisbon London Madrid Mexico City Milan Montreal New Delhi Sydney San Juan Singapore Tokyo Toronto

This is an  book.

Ensuite
Cours intermédiaire de français

This book is printed on acid-free paper.

5 6 7 8 9 0 DOC/DOC 9 9 8 7 6

ISBN 0-07-029095-4 (Student Edition)
ISBN 0-07-029096-2 (Instructor's Edition)

This book was set in Garamond by GTS Graphics.
The editors were Eileen LeVan and Leslie Berriman;
the production supervisor was Pattie Myers.
The text and cover were designed by Juan Vargas.
Cover photo © Mark Segal/Panoramic Images Chicago 1992
The photo editor was Stephen Forsling.
Production and editorial assistance was provided by Edie Williams, Xavier Callahan, and Marcia Schonzeit.
Drawings were done by Sally Richardson.
Project supervision was done by Marie Deer.
R. R. Donnelley & Sons Co. was printer and binder.

Library of Congress Cataloging-in-Publication Data

Hirsch, Bette G.
Ensuite : cours intermédiaire de français / Bette G. Hirsch, Chantal P. Thompson.—2nd ed.
p. cm.
Includes index.
ISBN 0-07-029095-4 (SE). — ISBN 0-07-029096-2 (TE)
1. French language—Textbooks for foreign speakers—English.
I. Thompson, Chantal P. II. Title.
PC2129.E6H75 1992
848.2'421—dc20 92-29390
CIP

Contents

Preface

Ensuite, *Cours intermédiaire de français, deuxième édition* is a complete program for intermediate French courses, aimed at building students' proficiency in all four language skills—reading, writing, listening, and speaking—and at enhancing their knowledge of the cultures of French-speaking people. The student text places readings—both literary and from the popular press—at the core of each chapter.

The *Ensuite* Program

- ***Ensuite*** is based on authentic materials for reading and listening, and authentic tasks for writing and speaking. Through the readings in the student text and the listening passages in the laboratory program, students not only learn to understand "real" French, they are also exposed to a wealth of information about the ideas, interests, and values of the Francophone world.
- ***Ensuite*** focuses particularly on the *processes* of reading, writing, listening, and speaking. In sections called **A première vue, Avant d'écrire,** and **Avant d'écouter** (lab program), it offers students step-by-step strategies to develop these skills.
- ***Ensuite*** is built on a functional syllabus. Grammar and vocabulary are introduced not as ends in themselves, but as a means to communication. Communicative functions, such as asking for and getting information, telling a story in the past, or comparing, are the building blocks of each chapter, and each function is recycled several times throughout the course to bring students from partial to full control.
- Because one of the assumptions behind ***Ensuite*** is that students learn most thoroughly by *doing,* the text gives students many opportunities to work on

activities in small groups, where there is a genuine exchange of information. The activities are lively and proficiency-oriented. Both oral and written, they have been designed first and foremost to spark students' interest, to encourage them to explore their own ideas and to react to those of their classmates.

- In each of the main sections of ***Ensuite,*** students are called on to develop critical thinking skills. Rather than merely studying material they are given, the text calls on students to be active learners. They learn to analyze, draw analogies, infer, deduce, and interpret, whether dealing with readings, grammar concepts, or conversational situations.
- When used with the **Cahier de laboratoire et d'exercices écrits, *Ensuite*** provides plenty of controlled grammar and vocabulary practice to give intermediate students the basic skills necessary for freer communicative activities.

New to this Edition

- A totally new grammar presentation. Via the new **Déduisez/Vérifiez** format, grammar sections present structures inductively, requiring students to participate actively in the learning process. First, students observe the structures in context; second, they are led to infer on their own how those structures work in French; third, they verify their hypotheses and learn more details about the concept. Quick self-check exercises in **Essayez!** enable them to verify comprehension immediately and pinpoint where they need more study. This approach makes it possible to save most class time for communicative practice.
- Eight readings are new to this edition.
- Pre-reading sections (formerly **Avant de lire**) have been streamlined and tasks simplified. Students are now given two kinds of pre-reading preparation: **A première vue** presents global reading strategies such as anticipating content and skimming for the gist, and **Le langage** contains brief tasks focusing on the language of the texts. **Le langage** teaches students skills such as guessing the meaning of unfamiliar words based on context and analyzing the structure of a sentence.
- The book has been shortened, and now ends with a brief summary unit the aim of which is to recycle essential functions.
- Marginal notes in the new **Instructor's Edition** will make ***Ensuite*** easier to use in class. They contain suggestions for presenting material and conducting activities; they also provide additional activities and cultural information.

Teaching for Proficiency

Foremost among the underlying organizational principles of ***Ensuite*** are the proficiency guidelines developed by the American Council on the Teaching of Foreign Languages (ACTFL) and based on standards long used by the United States government and armed services. The guidelines identify four major levels of linguistic development. These levels and their subdivisions are as follows:

Superior

{ Advanced High
  Advanced

{ Intermediate High
  Intermediate Mid
  Intermediate Low

{ Novice High
  Novice Mid
  Novice Low

Many instructors have learned to use this terminology to measure students' oral proficiency. The notion of proficiency can also be applied to reading, writing, and listening. ***Ensuite*** provides a wide variety of contexts and activities aimed at simultaneously developing students' proficiency in all four skills. Proficiency goals are inherent in the sequence of grammar presentation. Those structures most needed by learners at the lower proficiency levels are treated first and recycled frequently, while more demanding structures are added and spiraled along with the simpler ones as the text progresses.

The authors have made three key assumptions about the development of oral proficiency. First, most students at the beginning of the second year of college language study (after a summer hiatus) would prove to be at the lower end of the ACTFL scale (Novice High or Intermediate Low) if tested in an oral interview. Second, a reasonable goal for second-year students would be the middle range (Intermediate Mid or Intermediate High). Third, students should be exposed to the structures needed to achieve the highest levels (Advanced High to Superior), even though such achievement is not likely after two years of language study.

Equivalent levels of proficiency for the other three skills are equally desirable, but the four skills will not evolve at an equal pace. Students generally can read and understand at a higher level than that at which they can speak. ***Ensuite*** aims to provide an opportunity to develop all four skills, although such development must necessarily depend on the ability and effort of the individual.

Before beginning work on ***Ensuite,*** the authors identified the following ten basic language functions, the mastery of which is necessary to progress up the ACTFL scale.

1. asking and answering questions
2. describing in present time
3. narrating in present time
4. surviving a simple (predictable) situation
5. describing in past time
6. narrating in past time
7. describing and narrating in future time
8. surviving a situation with a complication (an unpredictable situation)
9. supporting opinion
10. hypothesizing

Each unit of the text targets one or two of these functions, progressing from the simplest (1 and 2) to the most difficult (9 and 10).

Organization of *Ensuite*

The text consists of six units of three chapters each, and a brief summary unit. Each of the six main units is introduced by thematic, often visual, materials (advertisements, magazine clippings, photos) designed to spark students' interest and to provide general information about the unit's contents. This section should allow students to activate background knowledge about the targeted theme and functions. Instructors may wish to use it as an informal pre-test to pinpoint the strengths and weaknesses of the class.

Each chapter has four main sections: **Paroles, Lecture, Structures,** and **Par écrit. Paroles** presents the essential vocabulary of the chapter. Many of the words will be familiar to students; the activities in **Paroles** have been created to help students activate them. This section sets the stage for the reading and grammar-related activities to follow.

Each **Lecture** section consists of a reading and, to help students read authentic materials with greater comprehension and enjoyment, a set of general reading strategies and specific work on language issues. An introduction to the readings provides cultural and thematic information. Follow-up activities verify comprehension of the reading and relate it to students' own experiences.

Structures presents grammar points illustrated by examples, often related to the reading. All grammar presentations are given in English to make it possible for students to prepare that section of the chapter on their own, but French is the language of the guided activities that appear throughout the section. The activities that conclude **Structures** are based on pair or group work, and always include at least one role-play. Such activities put the grammar to work in realistic contexts. Captions and questions that accompany realia and visuals add to these activities.

Par écrit focuses on writing. It offers general strategies for good writing, including ways to come up with interesting ideas, anticipating the reader's expectations, and useful techniques for organizing a descriptive or narrative passage. Pre-writing tasks help students take the first step toward writing the essay proposed in the section. Essay topics are genuine writing tasks, not oral exercises made into writing assignments. This section focuses specifically on the writing skill, which is sometimes overlooked in textbooks built upon communicative activities.

Program Components

The ***Ensuite*** package also contains an **Instructor's Edition** of the main text, a **Cahier de laboratoire et d'exercices écrits,** computer materials for the student, a **Tapescript,** an **Instructor's Manual and Test Bank,** an optional **Instructor's Resource Kit,** color slides, and videos.

The **Cahier de laboratoire et d'exercices écrits** and its accompanying tape program contain several types of material. The workbook offers basic, controlled written grammar and vocabulary exercises to supplement the interactive material in the student text. Students can correct most of these exercises themselves, using the answer key at the back. The workbook also includes six supplementary readings; these are interviews with French speakers from various walks of life, talking about diverse topics relating to the theme of the unit. The intent is to provide additional reading practice and to give students a greater understanding of the people whose language they are learning. The laboratory program also contains authentic interviews different from those in the workbook, as the basis for listening comprehension activities in a section called **A l'écoute.** Guided by pre-listening and post-listening tasks, students hear brief excerpts from unscripted conversations. The aim is to teach them, through a step-by-step process, to understand natural spoken French. In addition, the laboratory program builds listening and speaking skills via pronunciation practice and discrete-item practice of the chapter's vocabulary and grammar.

The **Instructor's Manual and Test Bank** offers theoretical and methodological commentary on using the program and on teaching for proficiency with the text. It also contains guidelines on developing exams appropriate to the proficiency-oriented classroom, and a complete exam for each unit.

The optional **Instructor's Resource Kit** is coordinated chapter-by-chapter with the student text. It provides transparency masters for grammar review exercises, realia from the student text enlarged for ease of use, new realia thematically related to each chapter, and optional activities and role-plays.

The computer materials for student use with ***Ensuite*** include MHELT 2.0 (the McGraw-Hill Electronic Language Tutor), containing all the singleresponse answers from the student text in a new format that is easier to use, and **Jeux communicatifs,** computer games in French for students.

Several sets of color slides of both France and the Francophone world can be used with this edition of ***Ensuite.***

Video materials, both scripted and authentic, are available for use with ***Ensuite.***

To obtain more information and prices for the supplemental materials available with ***Ensuite,*** please get in touch with your local McGraw-Hill sales representative.

Acknowledgments

The authors wish to acknowledge the help of many people, without whom ***Ensuite*** would never have come to be.

Jacqueline Simons and Michael Henderson, of the University of California at Santa Barbara, and Carmen Chaves Tesser, of the University of Georgia, commented extensively on the first draft of manuscript. Their suggestions have helped shape the second edition. Henri Goldszal read the manuscript for linguistic and cultural accuracy.

We would also like to acknowledge the many instructors who reviewed the first-edition materials and provided valuable comments. The following instructors participated in a series of surveys and reviews that were indispensable in developing manuscript for the second edition. The appearance of their names does not necessarily constitute their endorsement of the text or its methodology.

Christophe Anderson—University of Wisconsin, Stevens Point
Franklin Attoun—College of the Desert
Agnes B. Beaudry—De Pauw University
Louise Cantin—Capilano College
Sisèle Chritchley—Okanayan College
Michaela Cottle—Brigham Young University
Andrée Grandjean-Levy—Cornell University
Mary Greenwood-Johnson
Georgia Gurrieri—University of Iowa
Elizabeth M. Guthrie—University of California at Irvine
Carol A. Hüber—University of North Carolina, Chapel Hill
Karen W. Kelton—University of Texas, Austin
Leonard Marsh—Le Moyne College
Martine D. Motard-Noar—Western Maryland College

Hélène Germain Simões—University of Kansas
Janine Spencer—Northwestern University
David H. Steegar—Campbell University
Françoise Dupuy Sullivan—Bowdoin College
Lois Waksman—Marymount College
Marie-Chantal Walker—Brigham Young University

At McGraw-Hill we wish to thank Thalia Dorwick, Leslie Berriman, Karen Judd, Phyllis Snyder, Francis Owens, Pattie Myers, and Tim Stookesberry. Sincere thanks to Marie Deer for taking a complex project through the many stages of production, keeping it on time and on course. We especially want to thank our talented and hardworking editor Eileen LeVan, who inspired us to transform our "best" efforts into a far better final product. Her unerring sense of what was needed to improve ***Ensuite*** is greatly appreciated.

We are also grateful to our families: Joe, Adam, Julie, Mike, Michelle, and Hillary; and Bill, Nick, Erica, Natalie, and Gerry. Their patience, confidence, and love sustained us through the many long months of work.

Finally, we wish to express our appreciation to our students at Cabrillo College and Brigham Young University; their enthusiasm and feedback have truly helped shape the second edition of ***Ensuite.*** We dedicate this book to them.

Ensuite

THEME I

Qui êtes-vous?

En bref

Each of the units **(Thèmes)** in ***Ensuite*** is designed to help you master specific skills; the vocabulary and grammatical structures presented were chosen with these skills in mind. In **Thème I,** for example, one of your aims will be to learn how to ask questions and get information in French; therefore, one of the grammar points concerns interrogative forms and how to use them. The functions and structures are listed at the beginning of each unit. Try to keep your overall goals in mind as you work through the chapters.

These are the functions and structures presented in **Thème I.**

Functions

- Describing in the present tense
- Narrating (telling what is happening)
- Asking questions

Structures

- Adjectives
- Verbs in the present tense
- Interrogative forms

A. Le chemisier «Equipements». Petit col pointu. Poche poitrine avec pli et 2 petits boutons. Manches longues à poignets boutonnés. Blanc. Prix: 225 F.
B. La jupe longue en jean «Et Vous». 100% coton. Prix: 295 F.
C. Le sweat-shirt, 100% coton, bien ample. Prix: 230 F.

D. Le pantalon «Et Vous». Confortable en gabardine souple. Doublé. Prix: 320 F.
E. Le chapeau. Imitation paille. Prix: 105 F.
F. Les bretelles élastiques à boutonner. Réglables. Prix: 35 F.

Avant de commencer

Pouvez-vous décrire les deux jeunes gens à un(e) camarade de classe (taille, cheveux, yeux, vêtements, apparence physique)? Et leur personnalité?

CHAPITRE 1

Le look

Comment sont-ils?
Qu'est-ce qu'ils portent?

Paroles

La description physique

Le corps: on peut être **petit** (*short*), **grand** (*tall*), **de taille moyenne** (*of average height*), **mince** (*slim*), **maigre** (*skinny*), **gros** (*fat*), **beau, laid/moche** (*ugly*), **mignon** (*cute*), **musclé, athlétique.**

Les cheveux: on peut avoir les cheveux **blonds, bruns, châtains** (*dark blond*), **roux** (*red*), **longs, courts, bouclés** ou **frisés** (*curly*), **ondulés** (*wavy*), **raides** (*straight*), avec ou sans **frange** [f.] (*bangs*). On peut aussi être **chauve** (*bald*).

Les yeux: on peut avoir les yeux **bleus, marron, verts** ou **gris;** on peut porter des **lunettes** [f.] (*glasses*) ou des **lentilles** [f.] (*contact lenses*).

La personnalité

ON PEUT ETRE	OU AU CONTRAIRE
agréable	désagréable
aimable	froid
sympathique	antipathique
agressif	doux
ouvert	réservé
bavard	timide
dynamique	mou
égoïste	altruiste
idéaliste	réaliste
intelligent	bête, stupide
intéressant	ennuyeux
optimiste	pessimiste
têtu, obstiné	facile à vivre
travailleur	paresseux

Les vêtements

Qu'est-ce qu'on fait avec les vêtements? On les **met** (*puts on*), on les **porte** (*wears*), on les **enlève** (*takes off*), on **s'habille** ou on **se déshabille.** Et bien sûr, on les **choisit** selon l'occasion.

Pour hommes: un **costume** (*suit*), une **chemise** (*shirt*), un **veston** ou une **veste** (*suit coat*), une **cravate** (*tie*).

Pour femmes: un **tailleur** (*suit*), une **jupe** (*skirt*), un **chemisier** (*blouse*), une **veste** (*jacket*), une **robe** (*dress*).

«Unisexe»: un **pantalon,** un **jean,** un **short,** un **jogging;** un **tee-shirt** avec ou sans **poche** [f.] (*pocket*), un **pull** (à **manches** longues ou courtes), un **polo;** des **sous-vêtements** [m.] (*underwear*); des **chaussettes** [f.] (*socks*), des **baskets** [f.] ou des **tennis** [f.] (*tennis shoes*), des **chaussures habillées** (*dress shoes*), des **bottes** [f.] (*boots*), des **sandales** [f.]; un **manteau** (*coat*), un **imperméable** (*raincoat*), un **blouson** (*waist-length jacket*).

***Les accessoires* [m.]:** une **ceinture** (*belt*), un **chapeau** (*hat*), une **écharpe** (*scarf*), des **gants** [m.] (*gloves*); une **montre** (*watch*); un **collier** (*necklace*); une **bague** (*ring*).

***Les tissus* [m.]:** un vêtement en **coton** (*cotton*), en **laine** (*wool*), en **polyester,** en **soie** (*silk*); un **tissu uni** (*solid-color fabric*), **à carreaux** (*plaid*), **à rayures** (*striped*), **imprimé** (*print*); **assorti** (*matching*).

Parlons-en

tiré du journal français *Le Figaro*

A. En groupes de deux, décrivez les traits physiques et les vêtements des personnes que vous voyez sur la première photo. Essayez aussi de deviner leur âge, leur profession et leur personnalité.

tiré du journal français *Le Figaro*

B. Vingt ans après. Est-ce que le temps change les gens? Faites un nouveau portrait de ces personnes en élaborant le plus possible sur leur personnalité et leurs goûts vestimentaires maintenant qu'ils sont plus âgés.

Lecture

A première vue

Une introduction. When you read in your native language, you use a variety of strategies to make sense of the text. For example, you often draw conclusions about what a passage means, partly on the basis of what you already know about the subject. Most reading involves active, intelligent guessing. Good readers rarely stop to look up unknown words; they usually read for general meaning. In ***Ensuite*** you will find strategies designed to help you read the texts in each chapter and to give you skills that you can use whenever you read in a foreign language. Here are two of them.

Skimming means getting an overview of the main ideas. Skimming can help you decide which parts to concentrate on and which to skip, at least until you have a general understanding of the whole reading.

Scanning means reading for specific information. You can scan a menu, for example, to find something that appeals to you. People often scan catalogues, brochures, movie and book reviews, and reference books.

Many of the tasks in **A première vue** ask you to skim or scan a text because these skills will help you enjoy the reading while you learn a great deal of French. Rarely are you asked to read a **Lecture** passage closely, as you would study a page in the grammar section. Remember: you need not understand every word in a passage; you need only understand enough to complete the activities that follow the reading.

Before you read the following article, skim the title and headings and identify the topic. Next, scan the lists of clothing labeled **Lui** and **Elle.** Circle the designers' names or brand names that you recognize. What countries do the originals come from?

Le langage

Nouns as Qualifiers. Nouns as well as adjectives can qualify or describe nouns. In the following examples, underline the word that describes the main noun.

lunettes Vuarnet
cigares Davidoff
faux sac Lancel
chaussures Weston

Du tailleur Chanel au costume Cardin...
De la tête aux pieds, ils ont tout faux

S'habiller chic en toc pour 8 500 F à deux

Ils portent des copies, répliques plus ou moins exactes des créations de l'industrie du luxe.

Quelle classe ! Un chic très parisien à faire pâlir les élégantes de l'avenue Montaigne.

1. Fausses lunettes Vuarnet, 80 F à Bangkok. Les vraies, 450 F.

2. Faux chemisier Saint Laurent, 60 F à Bangkok. Le vrai, 3 300 F.

3. Faux tailleur Chanel, 4 000 F à Dallas. Le vrai, 12 000 F à Paris.

4. Fausse broche Mauboussin, 43 F à Paris. La vraie, 34 000 F...

5. Fausse montre Cartier, 150 F à Singapour. La vraie, 16 000 F à Paris.

6. Faux carré Hermès, 200 F à Londres. Le vrai, 1 060 F à Paris.

7. Faux sac Lancel, 120 F à Taiwan. Le vrai, 1 000 F à Paris.

8. Faux mocassins Céline, 200 F au Portugal. Les vrais, 1 200 F.

9. Fausse bague Poiray, 300 F en Italie. La vraie, 38 000 F.

Ce qu'on ne voit pas : dissimulé sous le chemisier, le faux collier Bulgari, 300 F à Milan. Le vrai coûte la bagatelle de 60 000 F !

Play-boy ou fils à papa ? Non, simplement à la pointe de la mode grâce aux contrefaçons trouvées à Paris ou à Bangkok...

10. Fausses lunettes Ray Ban, 150 F à Tokyo. Les vraies, 600 F.

11. Fausse chemise Ralph Lauren, 50 F à Manille. La vraie, 600 F.

12. Fausse cravate Rochas, 80 F à Hong Kong. La vraie, 280 F.

13. Faux stylo Montblanc, 200 F à Francfort. Le vrai, 1 600 F.

14. Faux costume Pierre Cardin, 1 200 F à Hong Kong. Le vrai, 4 000 F.

15. Faux cigares Davidoff, 300 F (la boîte) à Rio de Janeiro. Les vrais, 1 200 F.

16. Fausse écharpe Burberry's, 20 F dans le métro parisien. La vraie, 1 000 F.

17. Faux attaché-case Vuitton, 250 F à Séoul. Le vrai, 7 000 F.

18. Fausses chaussures Weston, 600 F dans le 16ᵉ arrondissement de Paris. Les vraies, 1 200 F.

Ce qu'on ne voit pas : au poignet, la fausse Rolex en acier vaut 150 F à New York, alors que la vraie coûte 12 000 F. Assez mal imité, dans la poche du monsieur, un briquet Dupont contrefait à Hong Kong pour 60 F. Le vrai, 800 F.

Si votre meilleure amie, qui en général a des fins de mois difficiles, vous attend à la sortie du bureau en consultant ostensiblement sa montre Rolex, un sac Chanel sur l'épaule et un foulard Hermès autour du cou... il n'y a que deux solutions. Ou elle a gagné au Loto, ou° elle a craqué° en s'offrant, pour trois fois rien, les copies des accessoires des plus célèbres créateurs!

Ou...ou *either . . . or*/ fait une folie

La contrefaçon s'exerce dans de nombreux pays. Au Maroc, en passant par l'Espagne et la Turquie, jusqu'en Thaïlande via Singapour, mais aussi chez nous, en France. [...]

Plus de 70 % des marques de luxe copiées sont françaises. Toutes griffes° confondues, le nombre des faux commercialisés chaque année dépasse° le nombre d'articles originaux vendus.

marques

est supérieur à

ANNIE FERRER

LES RISQUES ENCOURUS

En France, les copieurs ne risquent pas grand-chose: de 500 F à 20 000 F d'amende, ou un emprisonnement de trois mois à trois ans. Quant aux «consommateurs» de faux, [...] mieux vaut qu'ils se fassent discrets. [...] Si vous offrez une fausse Cartier à votre amie d'enfance, ne lui faites pas croire que c'est du vrai. Elle risquerait, comme cette jeune femme venue innocemment chez Cartier, à Paris, pour faire changer la pile,° de se retrouver au commissariat pour détention de contrefaçon!

battery

Avez-vous compris?

A. Terminez les phrases de gauche par une expression choisie dans la liste de droite.

1. ____	La contrefaçon des marques de luxe	a.	des amendes de 500 F à 20 000 F.
2. ____	La grande majorité des marques de luxe copiées	b.	une punition beaucoup plus sévère.
3. ____	Les copies des créations de luxe	c.	s'exerce non seulement dans des pays du tiers monde, mais aussi en France.
4. ____	Les copieurs risquent	d.	est française.
5. ____	Les consommateurs de faux risquent	e.	sont souvent très exactes.

B. Relisez les deux listes de ce qu'«elle» et «lui» portent et complétez les phrases suivantes.

1. Il porte des chaussures trouvées à ____ et qui coûtent ____ des vraies. (Considérez les prix.)
2. Sa fausse ____ achetée en Italie coûte 300 F.
3. On peut acheter les lunettes portées par la jeune femme à ____ et celles portées par l'homme à ____.
4. Elle porte un faux ____ Chanel trouvé à ____ et qui coûte ____.
5. Elle porte une copie du ____ Hermès, et lui, une copie d'une ____ Burberry's.

C. La journaliste (Annie Ferrer) décrit une scène où les vêtements de votre meilleure amie vous choquent.

1. Pourquoi cette réaction?
2. Elle suggère deux explications possibles: lesquelles?

D. D'après l'article, dans quelles parties du monde se pratique la contrefaçon?

Et vous?

A. Nous vivons à une époque où la marque des vêtements est importante. Est-ce une bonne chose?

1. Parlez des choix que vous faites quand vous achetez des vêtements. A quoi donnez-vous le plus d'importance: au style? au prix? à la marque? à autre chose?
2. Est-ce qu'une marque connue assure la qualité du vêtement?
3. Pourquoi les gens cherchent-ils à acheter ce qui est en vogue? Est-ce du snobisme, ou autre chose?

B. Jeu de rôles. Jouez la scène suivante (qui se passe dans un grand magasin) avec un(e) camarade de classe.

Personne A est un(e) étudiant(e) qui est en train de faire du shopping pour sa première année à l'université. Il/Elle veut acheter certains vêtements de marques bien connues et chères, et les montre à son père ou à sa mère, décrivant les avantages de ces vêtements en grand détail.

Personne B est le père ou la mère, la belle-mère ou le beau-père. Il/Elle résiste à l'achat, cite plusieurs raisons pour ne pas acheter les vêtements en question et recommande des articles plus «raisonnables».

Structures

Elle et lui

LUI: Il est **grand, fort, brun;** il a les yeux **marron,** les cheveux **raides;** il est **optimiste, intelligent, studieux,** mais il sera le **premier** à reconnaître qu'il est trop **réservé;** il aime les styles **classiques** et les couleurs **neutres.**

ELLE: Elle n'est ni **grande** ni **brune;** elle est plutôt **mince** et **blonde;** elle a les yeux **bleus,** les cheveux **bouclés;** elle est **optimiste, intelligente, studieuse,** mais elle sera la **dernière** à reconnaître qu'elle est trop **bavarde;** elle aime les styles **modernes** et les couleurs **vives.**

Ils sont tous les deux très **gentils,** mais sont-ils **compatibles?**

Describing: Agreement of Adjectives

Gender Agreement

Déduisez

Judging from the preceding description (***Elle et lui***), how do you form the feminine of such adjectives as these?

- grand, brun, intelligent
- optimiste
- studieux
- premier/dernier

Vérifiez

Most adjectives can be made feminine by adding an **e** to the masculine form.

grand → grand**e** brun → brun**e** intelligent → intelligent**e**

If the masculine form already ends with a mute **e,** there is no change for the feminine.

optimiste → optimiste dynamique → dynamique

Several groups of adjectives, however, follow particular rules.

ENDINGS	EXAMPLES
-x → -se	studieux → studieuse; jaloux → jalouse **Exceptions:** faux → fausse; roux → rousse; doux → douce
-er → -ère	premier → première; dernier → dernière
-et → -ète	inquiet → inquiète; complet → complète **Exceptions:** muet → muette; coquet → coquette
-f → -ve	actif → active; vif → vive; naïf → naïve
-il → -ille **-el → -elle** **-eil → -eille**	gentil → gentille spirituel → spirituelle pareil → pareille
-en → -enne **-on → -onne**	moyen → moyenne; ancien → ancienne bon → bonne; mignon → mignonne
-c → -che	franc → franche; blanc → blanche; sec → sèche **Exceptions:** public → publique; grec → grecque
-g → -gue	long → longue
-eur: 1. If the adjective is derived directly from the verb: → **-euse** 2. If the root of the adjective is not the same as the verb: → **-rice** 3. Adjectives of comparison: → **-eure**	(**travaill**er) **travaill**eur → travailleuse; (**ment**ir) **ment**eur → menteuse (**conserv**er) **conservat**eur → conservatrice; (**cré**er) **créat**eur → créatrice meilleur → meilleure; inférieur → inférieure

A few adjectives are totally irregular and must be learned individually.

beau → belle
épais → épaisse
favori → favorite
frais → fraîche
gros → grosse
nouveau → nouvelle
vieux → vieille

Beau, nouveau, and **vieux** have alternate masculine forms that must be used with singular masculine nouns beginning with a vowel or a mute **h.** Compare the following.

un **beau** garçon
un **nouveau** blouson
un **vieux** monsieur
un **bel** homme
un **nouvel** imperméable
un **vieil** ami

Plural Forms

Elle a de **beaux** yeux **bleus** et les cheveux **bouclés;** avec ses vêtements **originaux,** elle a un style original.

Déduisez

How are plurals formed for adjectives such as these?

- bleu, bouclé
- beau
- original

Vérifiez

General rule: plurals are formed by adding an **s** to the singular.

Elles sont belle**s** avec leurs yeux bleu**s.**

If the singular form ends with an **s** or an **x,** there is no change.

Il a les cheveux rou**x** et les yeux gri**s.**

Endings in **-eau** take an **x** to form the ending **-eaux.**

Tes nouv**eaux** vêtements sont vraiment b**eaux.**

Endings in **-al** change to **-aux.**

original → originaux
idéal → idéaux

Exceptions:

banal → banals
final → finals

La haute couture—un look désirable pour tous les jours?

Invariable Adjectives

The following adjectives do not have feminine or plural forms.

- Compound adjectives

  une robe **bleu clair** — *light blue*
  une robe **bleu marine** — *navy blue*
  des chaussettes **vert foncé** — *dark green*

- Adjectives that are also nouns: **or, argent, marron, kaki, turquoise**

  des chaussures **marron**

- The words **chic** and **bon marché (meilleur marché)**

  Les vêtements en toc sont **meilleur marché** et peuvent être **chic.**

Essayez!

Quel est le féminin?

1. Ce pantalon est neuf, marron et cher. Et cette robe? Elle est ____, ____ et ____.
2. Ce monsieur est professionnel, généreux, innovateur et discret. Et cette dame? Elle est ____, ____, ____ et ____.

Donnez le pluriel des expressions suivantes.

3. un problème familial → des problèmes ____
4. un nouvel étudiant → de(s) ____ étudiants
5. un objet banal → des objets ____
6. un cheveu châtain → des cheveux ____; un cheveu châtain foncé → des cheveux ____

(*Réponses page 20*)

Placement of Adjectives

Il aime les styles **classiques** et les couleurs **neutres;** il est de nature **conservatrice.**

Déduisez

Would you say that most adjectives precede or follow the nouns that they modify?

Vérifiez

The general rule is that adjectives in French follow the nouns that they modify. A few adjectives, however, precede nouns and must be learned as exceptions. They are grouped here by category.

Size: **grand, gros, petit, long**

> une **grande** personne avec un **gros** nez, une **petite** bouche et de **longues** jambes

Beauty: **beau, joli**

> un **beau** garçon et une **jolie** fille

Goodness: **bon ≠ mauvais; gentil ≠ vilain**

> Un **gentil** garçon est un **bon** exemple; un **vilain** garçon est un **mauvais** exemple.

Age and order: **jeune, vieux, nouveau, premier, dernier**

> La **nouvelle** mode rappelle aux **vieilles** dames les styles de leur **jeune** âge: ce n'est pas la **première** fois qu'on porte des choses comme ça.

Resemblance: **même, autre**

> un **autre** contexte, mais les **mêmes** problèmes

In careful speech, when an adjective precedes the noun, the indefinite article **des** becomes **de.** This usage is now changing, except in the case of **autre.**

> **des** amis intéressants   **de/des** vieux amis   **d'**autres amis

A few other adjectives can be used either before or after the noun, and meaning changes accordingly. When used before the noun, they usually take on a figurative, that is, a nonliteral meaning.

ancien	mon **ancien** professeur	*my **former** teacher*
	l'histoire **ancienne**	***ancient** history*
cher	ma **chère** amie	*my **dear** friend*
	une robe **chère**	*an **expensive** dress*
dernier	la semaine **dernière**	***last** week (most recent)*
	la **dernière** semaine des vacances	*the **last** week (in a series)*
même	le **même** look	*the **same** style*
	le look **même**	*the **very** style, the style **itself***
pauvre	une **pauvre** femme	*a **poor** (unfortunate) woman*
	une femme **pauvre**	*a **poor** woman (penniless)*
propre	mes **propres** chaussettes	*my **own** socks*
	des chaussettes **propres**	***clean** socks*
seul	le **seul** homme	*the **only** man*
	un homme **seul**	*a **lonely** man*

Essayez!

Ajoutez les adjectifs suivants aux noms donnés, en faisant les accords nécessaires.

MODELE: une écharpe (beau / vert) →
une belle écharpe; une écharpe verte

1. un garçon (grand / agréable / sérieux)
2. une fille (sportif / gentil / joli)
3. des chaussures (autre / chic / vieux)

(*Réponses page 20*)

Possessive Adjectives

Possessive adjectives such as **mon, ton,** and **son** are always placed before the nouns they modify and before all other modifiers.

mon pull — **mon** vieux pull

Remember that the choice of the possessive adjective reflects the possessor (**je** → **mon, ma, mes**), but the adjective agrees in gender and number with the thing possessed.

Elle aime **son** vieux **pull; il** aime **sa** nouvelle **cravate.**
Nous aimons **nos chaussures** neuves.

POSSESSOR	SINGLE POSSESSION	PLURAL POSSESSIONS
je	**mon** copain **ma** copine / **mon*** amie	**mes** amis
tu	**ton** copain **ta** copine / **ton*** ancienne amie	**tes** amis
il/elle	**son** copain **sa** copine / **son*** autre copine	**ses** amis
nous	**notre** copain	**nos** amis
vous	**votre** copain	**vos** amis
ils/elles	**leur** copain	**leurs** amis

Essayez!

A qui appartiennent ces choses? A toi, à Paul ou aux enfants?

MODELE: (toi) des chaussures → Ce sont **tes** chaussures?

1. (Paul) une voiture / une auto
2. (enfants) un parapluie (*umbrella*) / des bottes
3. (toi) une montre / une autre montre

(*Réponses page 20*)

Maintenant à vous

A. Et elle? Cette fois-ci, «elle et lui» du début de **Structures** se ressemblent en tous points. Déduisez comment elle est, d'après son portrait à lui.

MODELE: Il est grand. → Alors, elle est grande aussi!

1. Il est assez beau. 2. Il n'est pas gros, mais il n'est pas maigre non plus. 3. Il n'est ni blond ni brun; il est roux. 4. Il est intelligent et travailleur. 5. Il est sportif et très actif. 6. Il est gentil et affectueux. 7. Il est doux et pas du tout jaloux. 8. Il n'est pas menteur; il est franc.

B. Mais lui seul (*But only he*). Complétez les phrases suivantes en ajoutant les adjectifs entre parenthèses. Comme ce sont tous des adjectifs qui changent de sens selon leur place, réfléchissez au sens de chaque phrase avant.

---

*Note that **mon, ton,** and **son** are the forms used directly in front of *feminine* nouns beginning with a vowel. **Mon, ton,** and **son** are also used with most feminine nouns beginning with **h.** Exceptions to the rule, such as **ma hache,** are marked with an asterisk in the vocabulary at the end of the book and in many dictionaries.

1. (cher) Mais lui seul a des goûts (*tastes*). 2. (propre) Lui seul a sa voiture. 3. (ancien) Lui seul voit toujours ses camarades de lycée. 4. (dernier) Lui seul refuse de s'habiller à la mode. 5. (même) Et bien sûr, il est la gentillesse.

C. Etes-vous détective? Plusieurs personnes ont disparu. En inspectant la garde-robe (*wardrobe*) des personnes disparues, pouvez-vous trouver des indices de leur identité? Faites l'inventaire selon le modèle.

MODELE: pantalon / beau / gris →
Cette personne a un beau pantalon gris.

La garde-robe numéro 1:

1. chemisier / joli / rose
2. tailleur / petit / habillé
3. jupe / vert / et / pull / assorti
4. robe / beau / blanc / et / robes / autre / élégant
5. chaussures / gris / et / chaussures / bleu marine
6. imperméable / beau / neuf
7. vêtements / cher

La garde-robe numéro 2:

1. blue-jean / vieux / et / pull / gros / noir
2. chemise / vieux / à carreaux
3. baskets / blanc / et / bottes / gros / marron
4. blouson / kaki / avec / poches / grand
5. tee-shirt / et / short / rouge
6. vêtements / bon marché

L'identité. Maintenant que vous avez tous les vêtements, décrivez les deux personnes à qui ces garde-robes appartiennent (sexe, âge probable, occupation, personnalité).

D. Et votre garde-robe à vous? Tournez-vous vers un(e) camarade qui jouera le rôle de votre mère ou père. Essayez de le (la) convaincre que vous «n'avez rien à vous mettre». Comme preuve, vous faites l'inventaire de votre «pauvre» garde-robe. Vous pouvez même suggérer quelques vêtements que vous aimeriez avoir. Soyez précis dans vos descriptions. Ensuite, inversez les rôles.

E. A chacun ses goûts. Lisez d'abord la description de chacune des personnes suivantes; puis, pour éviter les répétitions maladroites, remplacez les noms propres répétés par des adjectifs possessifs.

MODELE: Jean est gentil; la sœur **de Jean** est gentille aussi. →
Sa sœur est gentille aussi.

1. Jean aime la couleur bleue. Le pantalon de Jean est bleu. La chemise de Jean est bleue. Les chaussettes de Jean sont bleues. Même les chaussures de Jean sont bleu marine. Et le blouson de Jean est bleu marine aussi.

2. Jean a une sœur. La sœur de Jean s'appelle Béatrice. Quelle est la couleur préférée de Béatrice? Le short de Béatrice est jaune, le tee-shirt de Béatrice est jaune et blanc. La ceinture de Béatrice est jaune. Même les baskets de Béatrice sont jaunes! Est-ce que vous avez deviné la couleur préférée de Béatrice?
3. Jean a une amie, Viviane. L'amie de Jean n'aime pas le bleu. Les goûts de Viviane et de Jean sont d'ailleurs très différents. Mais la relation de Viviane et de Jean n'en souffre pas du tout!

F. A vous! En reprenant le plus possible des adjectifs présentés dans ce chapitre, décrivez les personnes suivantes. Faites particulièrement attention à la place et à l'accord des adjectifs.

1. un copain ou une copine à vous
2. votre camarade de chambre
3. le jeune homme idéal ou la jeune fille idéale (selon vous)
4. le père ou la mère typique (selon vous)
5. votre acteur / actrice préféré(e) (ne dites pas qui c'est—essayez de faire deviner à votre partenaire ou à la classe de qui il s'agit!)

G. Les différentes facettes de votre personnalité. En groupes de deux, décrivez quel genre de personne vous êtes...

1. quand vous êtes en vacances
2. la veille d'un examen
3. quand vous sortez avec vos amis
4. quand vous vous réveillez!
5. ?*

H. «L'habit ne fait pas le moine». (*Literally, "Clothes don't make the monk"; that is, "You can't judge a book by its cover."*) Est-ce vrai? Décrivez deux personnes que vous connaissez en comparant...

1. l'extérieur (description physique, vêtements favoris), et
2. l'intérieur (caractère et personnalité)

I. Jeu de rôles. Role-play the following situation with a classmate.

Student A: You work for a large advertising firm in France, and your boss has asked you to conduct a survey of current trends in men's and women's clothing styles. Introduce yourself to the person you are interviewing and find out what he or she does, what kinds of clothing styles he or she prefers, and what kinds of clothing (colors, designs, etc.) he or she chooses to wear to work (or school) and various other places. Be polite and tactful.

Student B: You may assume your own identity or a fictitious one. Elaborate as much as possible to make your answers lively and interesting.

---

*Throughout ***Ensuite,*** a question mark at the end of an activity is used to encourage you to create a new item of your own.

Par écrit

Avant d'écrire

Simplification. In approaching the task of writing a short composition in French, you may be feeling unnecessary frustration. Most of your thoughts may come to you in your native tongue, but at this stage that is normal. When you try to convert complicated ideas into French, you may lack the vocabulary and structures you need. Remember, however, that every language has many ways of saying the same thing, including *simpler* ways. Learning to restate the same concept in simpler terms will help you write clearly in a foreign language. Consider the following English sentences. Rephrase them in simpler English, and then convert them into French, using words and structures that you already know—no dictionary, please! Although your version may be less detailed, you will probably be able to convey your general idea clearly.

1. He is a good-looking, lithe young man of twenty-five with ebony eyes.

   Simpler English: ______________________________

   French: ______________________________

2. She has inherited her striking blond hair from her mother.

   Simpler English: ______________________________

   French: ______________________________

Sujet de composition

Vous avez un nouveau correspondant (une nouvelle correspondante) francophone! Dans une courte lettre, présentez-vous à votre correspondant(e). Décrivez votre physique, votre personnalité, vos goûts en matière de vêtements, vos ambitions, etc. Commencez votre lettre par «Cher (Chère) _____» (choisissez un nom bien français) et terminez par «Bien amicalement».

Réponses: Essayez!, page 14: 1. neuve / marron / chère 2. professionnelle / généreuse / innovatrice / discrète 3. familiaux 4. nouveaux 5. banals 6. châtains / châtain foncé

Réponses: Essayez!, page 16: 1. un grand garçon / un garçon agréable / un garçon sérieux 2. une fille sportive / une gentille fille / une jolie fille 3. d'autres chaussures / des chaussures chic / de(s) vieilles chaussures

Réponses: Essayez!, page 17: 1. C'est sa voiture. / C'est son auto. 2. C'est leur parapluie. / Ce sont leurs bottes. 3. C'est ta montre. / C'est ton autre montre.

CHAPITRE 2

Photos de famille

Paroles

Les photos

Une **photo** peut être **en noir et blanc** ou **en couleurs; réussie** (*came out well*) ou **ratée** (*didn't come out*).

Avec un **appareil-photo** (*camera*), on peut aussi prendre des **diapositives** [f.] (*slides*). Avec une **caméra** (*movie film camera*), on filme. Avec un **caméscope** (*camcorder*), on fait de la vidéo.

Le **photographe** (*photographer*) **prend** quelqu'un ou quelque chose **en photo.**

Beaucoup de gens mettent leurs photos dans un **album** ou dans leur **portefeuille** [m.] (*wallet*).

L'apparence

Sur une photo, on peut **avoir l'air** (*to look*) **souriant, sérieux, espiègle** (*mischievous*) ou **fier** (*proud*); on peut **paraître** (*to appear, to seem*) **jeune** ou **âgé.** Quelquefois, on **fait semblant** (*pretends*) d'être heureux, même quand on **éprouve** (*feels*) des émotions contraires. D'autres fois, on **se cache** derrière quelqu'un. Parfois aussi on **fait la grimace** (*makes a face*); on peut le **faire exprès** (*do it on purpose*), ou parce qu'on a le soleil dans les yeux. En tout cas, il vaut mieux **faire attention** au photographe et **sourire** (*to smile*).

La famille

Tous les membres de la famille sont ***des*** **parents** [m.] (*relatives*). ***Les*** **parents** (*parents*) sont le **père** et la **mère** (le **mari** et la **femme.**)

Les enfants: le **fils,** la **fille;** le **frère,** la **sœur;** le **demi-frère** (*half- or stepbrother*), la **demi-sœur;** l'**aîné(e)** (*the eldest*), le/la **plus jeune,** un enfant **unique;** des **jumeaux** ou des **jumelles** (*twins*)

Les grands-parents: le **grand-père,** la **grand-mère**

Les arrière-grands-parents (*great-grandparents*): l'**arrière-grand-père,** l'**arrière-grand-mère**

Les petits-enfants (*grandchildren*): le **petit-fils,** la **petite-fille**

Le **beau-père** (*father-in-law or stepfather*), la **belle-mère** (*mother-in-law or stepmother*)

Le **beau-frère** (*brother-in-law*), la **belle-sœur** (*sister-in-law*)

L'**oncle,** la **tante** (le **grand-oncle,** la **grand-tante**)

Le **neveu,** la **nièce**

Le **cousin germain,** la **cousine germaine** (*first cousin*)

Des **parents éloignés** (*distant relatives*)

L'état civil

On peut être **célibataire, marié(e), séparé(e), divorcé(e)** ou, si la femme ou le mari est **décédé** (*deceased*), on est **veuf/veuve.** Un autre statut maintenant reconnu par la loi française est celui de **concubin**—quand un homme et une femme vivent ensemble sans être mariés, ils vivent **en concubinage.**

Parlons-en

A. Une photo de mariage. La mariée, Joëlle, a une sœur un peu plus jeune qu'elle; le marié, Fernand, a un frère et une sœur, tous les deux plus âgés que

lui. Les autres membres de la famille présents sur la photo sont les parents, des oncles, des tantes, des cousins, des neveux et des nièces. Devinez (ou inventez!) la relation de chacun aux nouveaux mariés.

B. Certaines personnes sur cette photo sont à moitié ou complètement cachées. Supposez que vous êtes le photographe: comment allez-vous «placer» tout le monde pour que la photo soit plus réussie ou plus artistique?

C. Choisissez deux personnes sur la photo et décrivez-les en détail.

Lecture

La place (Gallimard, Paris, 1983) is the fourth novel of Annie Ernaux, born in Lillebonne in northwestern France. In this apparently autobiographical novel, the author looks back on the life of her father, who was first a farmworker, then a factory worker, and finally the owner of a small café. His struggle to support his family and to make his place in the world is central to Ernaux's memories. The novel brings to life the customs, values, and tastes of working-class French society.

In this excerpt, the narrator expresses her growing sense of distance from her past but also her affection for her father. As you read, see if you begin to sense the dichotomy between the adult narrator, a well-educated middle-class intellectual, and the child growing up in Normandy in a provincial family of modest means.

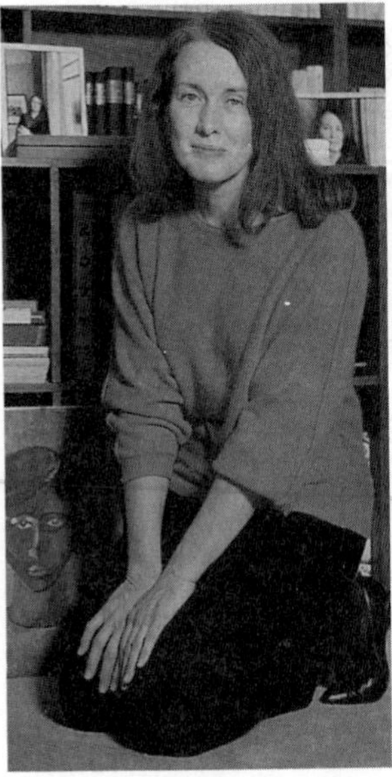

Annie Ernaux

A première vue

Anticipating Content. One approach to reading in a foreign language is to discern what kind of text you are reading, and on what subject. You can then use this knowledge to trigger personal associations that will help you anticipate the likely content of the passage.

For example, the first paragraph of the following passage describes a photograph. How do you react when you see photos of yourself as a child, with other family members or with someone who took care of you? Are you proud? amused? embarrassed? nostalgic? Can you easily imagine what your parents (relatives, friends) were like at that time? What do you think when you look at them? Now read the first paragraph of *La Place.* Jot down one or two adjectives that describe how the narrator reacts to the photo of herself and her father. Then read the rest of the text, to determine how she feels about her father.

Le langage

Guessing Meaning from Context. When you come across an unfamiliar word that could be important to your understanding of a passage, it sometimes helps to read ahead a sentence or two: what follows can often help you figure out the meaning. For example, you may not recognize the meaning of "**le guidon**" alone, but from the phrase "**les deux bras tendus sur le guidon de mon premier vélo**," you can guess that it means the *handlebars* of a bike, where one would rest one's arms. Can you guess these words in boldface?

> "... **déjouer**... le regard critique des autres, par la politesse"
> "... en **parcourant** des yeux les champs... il paraissait heureux"

La Place [*extrait*]

ANNIE ERNAUX

Alentour de la cinquantaine, encore la force de l'âge,° la tête très droite, l'air soucieux, comme s'il craignait que la photo ne soit ratée, il porte un ensemble, pantalon foncé, veste claire sur une chemise et une cravate. Photo prise un dimanche, en° semaine, il était en bleus.° De toute façon, on prenait les photos le dimanche, plus de temps, et l'on était mieux habillé.* Je figure à côté de lui, en robe à volants,° les deux bras tendus sur le guidon de mon premier vélo, un pied à terre. Il a une main ballante,° l'autre à sa ceinture. En fond, la porte ouverte du café, les fleurs sur le bord de la fenêtre, au-dessus de celle-ci la plaque de licence des débits de boisson.° On se fait photographier avec ce qu'on est fier de posséder, le commerce, le vélo, plus tard la 4 CV,° sur le toit de laquelle il appuie une main, faisant par ce geste remonter exagérément son veston. Il ne rit sur aucune photo. [...]

Devant les personnes qu'il jugeait importantes, il avait une raideur timide, ne posant jamais aucune question. Bref, se comportant avec intelligence. Celle-ci consistait à percevoir notre infériorité et à la refuser en la cachant° du mieux possible.

Obsession: «*Qu'est-ce qu'on va penser de nous?*» (les voisins, les clients, tout le monde). Règle: déjouer constamment le regard critique des autres, par la politesse, l'absence d'opinion, une attention minutieuse aux humeurs° qui risquent de vous atteindre.

Il n'a jamais mis les pieds dans un musée. Il s'arrêtait devant un beau jardin, des arbres en fleur, une ruche,° regardait les filles bien en chair.° Il admirait les constructions immenses, les grands travaux modernes (le pont de Tancarville°). Il aimait la musique de cirque, les promenades en voiture dans la campagne, c'est-à-dire qu'en parcourant des yeux les champs, les hêtrées,° en écoutant l'orchestre de Bouglione,° il paraissait heureux. L'émotion qu'on éprouve en entendant un air, devant des paysages, n'était pas un sujet de conversation. Quand j'ai commencé à fréquenter la petite-bourgeoisie d'Y... , on me demandait d'abord mes goûts, le jazz ou la musique classique, Tati ou René Clair,° cela suffisait à me faire comprendre que j'étais passée dans un autre monde.

- la force... *in the prime of life*
- pendant la / vêtements des ouvriers (travailleurs)
- à... *with a flounce*
- qui tombe
- plaque... permis de vendre des boissons alcoolisées
- petite voiture
- ≠ montrant
- changements de tempérament
- *beehive*
- bien... aux formes prononcées
- village normand
- plantations d'arbres / un cirque
- Tati... cinéastes

*Cette tradition des habits du dimanche commence à disparaître, mais la littérature comporte de fréquentes allusions aux «habits du dimanche», et l'expression «être endimanché» est encore utilisée.

Avez-vous compris?

A. Sur la photo... (premier paragraphe)

1. Qui sont les deux personnes sur la photo dont parle l'auteur?
2. Trouvez les adjectifs du texte que décrivent l'homme.
3. Comment est-il habillé?
4. Quel jour est-ce? Quel rapport y a-t-il entre le jour et les vêtements?
5. Et elle? Comment sont ses vêtements?
6. Dans quel commerce la famille est-elle établie?
7. De quoi le père est-il fier, selon la narratrice?

B. Dans le reste du texte... (les paragraphes 2 à 4)

1. Soulignez le mot **il** chaque fois qu'il apparaît dans le passage. Sur une feuille de papier, préparez deux colonnes où vous indiquerez les caractéristiques du père, selon le modèle.

   MODELE:

CE QU'IL AIME	CE QU'IL N'AIME PAS
un beau jardin	*poser des questions*

   Maintenant, consultez les deux listes. Quel(s) adjectif(s) choisiriez-vous pour décrire la personnalité du père? Ces traits de caractère sont-ils liés à sa classe sociale? Expliquez.
2. Quel est le sujet de la dernière phrase du texte? De qui s'agit-il? Après toutes les répétitions du mot **il,** quel effet le mot **je** a-t-il sur vous?
3. La narratrice juge que son père est obsédé par l'opinion des autres. Quelle phrase du père exprime cette obsession?
4. Comment le père essaie-t-il de gagner le respect des autres?
5. Quels aspects de la vie culturelle ne font pas partie de sa vie?
6. A quel moment est-ce que la narratrice a découvert les différences entre la formation (l'éducation, la famille) de ses amis et sa propre formation?
7. Quelle est l'attitude de la narratrice envers son père? Distance? tendresse? dépit? sarcasme? un mélange d'émotions? (Lesquelles?)

Et vous?

A. D'après l'écrivain, «on se fait photographier avec ce qu'on est fier de posséder». Quels exemples Annie Ernaux donne-t-elle? Etes-vous d'accord? Est-ce vrai pour tout le monde ou seulement pour ceux qui ont vécu pauvrement?

B. Vous souvenez-vous de votre première bicyclette ou d'un autre jouet favori? Tournez-vous vers un(e) camarade de classe et décrivez-lui cet objet. Donnez beaucoup de détails pour qu'il (elle) puisse le «voir».

C. Apportez ou rappelez-vous une photo de votre enfance et décrivez-la à la classe. Commencez par donner votre âge («Sur cette photo, j'ai _____ ans.») et continuez votre description au présent, avec le plus d'adjectifs possible. Décrivez aussi les objets qui figurent sur la photo, et la signification qu'ils ont peut-être pour vous. Servez-vous de la description d'Annie Ernaux comme modèle.

D. A votre avis, est-ce qu'admirer un tableau, une sculpture ou une composition musicale indique un plus haut niveau culturel qu'admirer la beauté d'une fleur? Expliquez.

E. Quelle est votre définition d'une personne cultivée? Interviewez plusieurs camarades de classe et comparez vos définitions.

Structures

Une photo de famille

Voici une photo de ma famille: vous **voyez** mon petit frère, là, devant; il **fait** toujours la grimace sur les photos. Il **est** difficile à prendre en photo; il **court,** il **saute,** il **joue,** il **bouge** tout le temps. Ma sœur, par contre, **adore** se faire photographier. **Regardez** comme elle **sourit.** Parfois on **se moque** d'elle parce qu'elle **pose** sur toutes les photos. Mes parents **n'aiment pas** tellement se faire photographier; ils **veulent** se cacher derrière leurs enfants et ils **mettent** toujours leurs mains sur nos épaules—je **ne sais pas** pourquoi. Est-ce que vous **avez** une photo de votre famille?

The Present Tense

Regular Verbs

Déduisez

Circle the regular **-er** verbs you find in the preceding paragraph. Which part is the *stem* and which is the *ending* in each of those verbs?

Vérifiez

Regular verbs ending in **-er** are by far the most common verbs in French. **Sauter, jouer, bouger, adorer, regarder, se moquer, poser,** and **aimer** are all regular **-er** verbs. There are two other categories of regular verbs: verbs ending in **-ir** (such as **finir** and **obéir**) and verbs ending in **-re** (such as **attendre** and **répondre**.) The *stem* is what is left when the infinitive ending is dropped (**sauter** → **saut-; finir** → **fin-; attendre** → **attend-**). To conjugate a verb in any tense, you must add specific endings to the stem. Here are the conjugation patterns for each of the three categories of regular verbs.

Infinitive:	étudier	obéir	répondre
Stem:	étudi-	obé-	répond-
Present tense:	j'étudi**e**	j'obé**is**	je répond**s**
	tu étudi**es**	tu obé**is**	tu répond**s**
	il/elle/on étudi**e**	il/elle/on obé**it**	il/elle/on répond
	nous étudi**ons**	nous obé**issons**	nous répond**ons**
	vous étudi**ez**	vous obé**issez**	vous répond**ez**
	ils/elles étudi**ent**	ils/elles obé**issent**	ils/elles répond**ent**

Irregular Verbs

Rappelez-vous

Many verbs are irregular in the present tense. The following are the most common. Practice conjugating each one, checking the appendix at the end of ***Ensuite,*** as needed.

> **aller, avoir, connaître, courir, croire, dire, écrire, être, faire, lire, mettre (permettre, promettre), ouvrir (offrir, souffrir), pouvoir, prendre (comprendre, apprendre), recevoir, rire (sourire), savoir,** verbs like **sortir (partir, servir, mentir, sentir, dormir), tenir, venir, voir,** and **vouloir**

Les vieilles photos de famille: «on se fait photographier avec ce qu'on est fier de posséder»... Que peut-on dire de cette famille?

Essayez!

Un jeu. Dans cette liste de verbes irréguliers, identifiez...

1. 2 verbes dont la forme **vous** se termine en **-tes**
2. 3 verbes avec un infinitif en **-ir** mais qui se conjuguent comme des verbes réguliers en **-er**
3. 2 verbes qui se conjuguent comme **dire** aux trois personnes du singulier
4. 2 verbes où la racine (*root*) **-oi-** se transforme en **-oy-** aux formes **nous** et **vous**
5. 2 verbes où la racine **-ou-** se transforme en **-eu-** à toutes les formes sauf **nous** et **vous**
6. 2 verbes où la racine **-en-** se transforme en **-ien-** à toutes les formes sauf **nous** et **vous**

(*Réponses page 37*)

Pronominal Verbs

Pronominal verbs, such as **se coucher,** are conjugated just like other verbs, but they require an extra pronoun before the verb (je **me,** tu **te,** il/elle/on **se,** nous **nous,** vous **vous,** ils/elles **se**).

Je **me lève** à 7h; je **me lave,** je **me peigne**, puis je **me dépêche** toute la journée; je n'ai jamais le temps de **me reposer!**	*I get up at 7:00; I wash, I comb my hair, then I hurry all day; I never have time to rest.*

Pronominal verbs can indicate a reflexive action—an action the subject does to or for himself or herself—as just shown. They can also indicate a reciprocal action—an action two or more subjects do to or for one another.

Est-ce que vous **vous connaissez** depuis longtemps?	*Have you known one another a long time?*
—Oui. Quand nous **nous voyons,** des fois nous **nous serrons** la main, des fois nous **nous embrassons.**	*Yes. When we see each other, sometimes we shake hands, at other times we kiss.*

Some pronominal verbs, such as **se souvenir,** indicate neither reflexive nor reciprocal actions. They are idiomatic and their object pronouns cannot be translated literally.

Je **me souviens** bien de leur photo de famille; ils **s'entendent** bien dans cette famille.	*I remember their family photo well; they get along well together in that family.*

Des mamans et des enfants dans un jardin public de Paris

Essayez!

Mettez les verbes suivants à la forme voulue du présent.

1. Je _____ (rire) parce que quand tu _____ (se servir) d'un appareil-photo, tu le _____ (tenir) de façon bizarre.
2. Est-ce que vous _____ (se serrer) la main quand vous _____ (se dire) bonjour?

(*Réponses page 37*)

Maintenant à vous

A. Quand est-ce qu'on prend des photos? Répondez selon le modèle en conjugant les verbes au présent.

MODELE: Quand est-ce qu'on prend des photos? (on / aller en vacances) →
Quand on va en vacances.

1. quelqu'un / fêter son anniversaire
2. quelqu'un / se marier
3. un enfant / apprendre à marcher
4. un enfant / recevoir son premier vélo
5. on / finir ses études
6. on / avoir un grand repas de famille
7. on / rendre visite à ses grands-parents
8. on / sortir avec des amis
9. quelqu'un / partir pour longtemps
10. quelqu'un / revenir après un long voyage
11. ?

MAJUSCULES : ANNIE ERNAUX

Avec soixante-dix-neuf pages très aérées (une minceur que beaucoup lui reprochent), Annie Ernaux réussit à se placer très vite parmi les grands succès de ce début d'année. Son roman, « Passion simple », chez Gallimard, est le récit libéré d'un coup de foudre et d'un amour malheureux. Une plongée dans le tumulte intime des sentiments.

J. B.

LIVRES EN TÊTE

ROMANS

TITRES	AUTEURS	EDITEURS	CLASSEMENT PRECEDENT	NOMBRE DE SEMAINES
1 PASSION SIMPLE	Annie Ernaux	*Gallimard*	*1*	**3**
2 L'AMANT	Marguerite Duras	*Minuit*	*2*	**2**
3 À L'AMI QUI NE M'A PAS SAUVÉ LA VIE	Hervé Guibert	*Gallimard*	*7*	**22**
4 L'HOMME AU CHAPEAU ROUGE	Hervé Guibert	*Gallimard*	-	-
5 TOUS LES MATINS DU MONDE	Pascal Quignard	*Gallimard*	*3*	**9**
6 PORFIRIO ET CONSTANCE	Dominique Fernandez	*Grasset*	*11*	**2**
7 LA DÉRIVE DES SENTIMENTS	Yves Simon	*Grasset*	*4*	**23**
8 COLÈRE	Patrick Grainville	*Seuil*	-	-
9 UN LONG DIMANCHE DE FIANÇAILLES	Sébastien Japrisot	*Denoël*	*6*	**19**
10 MINUIT 4	Stephen King	*Albin Michel*	*8*	**3**
11 L'AMANT DE LA CHINE DU NORD	Marguerite Duras	*Gallimard*	-	**16**
12 LA SEÑORA	Catherine Clément	*Calmann-Lévy*	-	-

tiré de la revue française *Le Point*

B. Et vous? Quand est-ce que vous prenez des photos? Tournez-vous vers un(e) camarade et donnez au moins cinq situations où vous sortez votre appareil-photo.

C. Le grand frère. Qu'est-ce qui arrive quand le grand frère fait quelque chose? Les autres enfants l'imitent! Répondez selon le modèle.

MODELE: Qu'est-ce qui arrive quand le grand frère désobéit? → Les autres enfants désobéissent aussi!

Qu'est-ce qui arrive quand le grand frère...

1. veut des bonbons? 2. va dehors? (*goes outside*) 3. joue à la balle? 4. choisit un autre jeu? 5. fait du vélo? 6. lit un livre? 7. dort par terre? 8. fait la grimace pour la photo? 9. se sert à boire? 10. ?

Adverbs

Cet homme parle **beaucoup,** et il a **peut-être** raison; **malheureusement,** je suis **déjà** fatigué de l'entendre. **Peut-être qu'**il va **bientôt** s'arrêter...

Déduisez

Do most adverbs go before or after a verb in the present tense? What happens when **peut-être** is used at the beginning of a sentence?

Vérifiez

Most adverbs are placed after a verb in a simple tense. Adverbs of opinion and time (**malheureusement, bientôt,** etc.) usually go at the beginning or at the end of the sentence. When **peut-être** and **sans doute** are used at the beginning of a sentence or a clause, they are usually followed by **que.**

Sans doute qu'ils ont le même âge.	*They are probably the same age.*

Here are some commonly used adverbs, grouped according to kind.

TIME

aujourd'hui, demain, hier
bientôt (*soon*)
d'abord, ensuite, enfin
maintenant
tôt ≠ tard

PLACE

ici
dedans (*inside*)
dehors (*outside*)
là / là-bas
quelque part (*somewhere*)

FREQUENCY

déjà
encore
jamais
parfois, quelquefois
souvent ≠ rarement
toujours (*always or still*)

OPINION

heureusement (*fortunately*)
malheureusement (*unfortunately*)
peut-être
sans doute, probablement

QUANTITY

assez
autant (*as much*)
beaucoup
trop
un peu

MANNER

bien ≠ mal
vite ≠ lentement

CONSEQUENCE

ainsi, donc (*therefore*)
alors (*so, then*)

Maintenant à vous

D. Deux sœurs qui se ressemblent peu. Complétez les phrases suivantes avec les adverbes qui correspondent aux adjectifs donnés.

1. L'aînée a de **mauvais** résultats à l'école; elle travaille _____.
2. Mais la plus jeune est **bonne** élève; elle travaille _____.
3. Elle est **rapide;** elle étudie _____.
4. L'aînée, au contraire, est très **lente** quand elle fait ses devoirs; elle travaille _____.
5. Ses parents pensent qu'elle s'amuse de façon **excessive**, c'est-à-dire qu'elle s'amuse _____.

Ressemblez-vous davantage à l'aînée ou à la plus jeune? Dans quel sens?

E. Pour prendre une photo de famille. Complétez les phrases suivantes de façon logique avec des adverbes de la liste donnée dans ce chapitre.

1. _____, il faut réunir tout le monde.
2. _____, c'est difficile parce que les adultes parlent et les enfants jouent.
3. Il faut aussi trouver un cadre agréable, _____ dans la maison ou dehors.
4. En général, les parents crient aux enfants: «_____, dépêchez-vous!» _____, tout le monde arrive.
5. _____, il faut «placer» tout le monde.
6. Aux petits, on dit: «Mettez-vous _____, devant!»
7. On attend _____ un peu—avec le sourire!
8. _____, tout le monde est prêt, et la photo est prise.

Negative Forms

Ne... pas

Ne... pas is the basic negative form. **Ne** precedes the conjugated verb and **pas** follows it.

Vous avez un caméscope? —Non, je **n**'ai **pas** de caméscope.

In spoken French, **ne** is often dropped.

J'ai pas de caméscope; je sais pas pourquoi, j'aime pas les machines.

But in written French or in careful speech, always use the **ne**.

Note that in a negative statement, the indefinite articles **un, une,** and **des,** as well as the partitive articles **du, de la,** and **de l',** become **de.** There is one exception: in negative sentences with **être,** indefinite and partitive articles do not change.

Ce n'est pas **un** caméscope.

Here are several other useful negative forms, listed with the affirmative expressions they negate.

AFFIRMATIVE	NEGATIVE
Vous prenez **encore/toujours** (*still*) des photos en noir et blanc?	—Non, je **ne** prends **plus** de photos du tout.
Vous prenez **parfois/toujours** (*always*) des diapositives?	—Non, je **ne** prends **jamais** de diapos.

AFFIRMATIVE	NEGATIVE
Vous prenez **déjà** des photos?	—Non, il **n'**y a **pas encore** assez de lumière.
Vous voyez **quelque chose?** **Tout** va bien?	—Non, je **ne** vois **rien.** —Non, **rien ne** marche aujourd'hui!
Vous voyez **quelqu'un?** **Tout le monde** est là?	—Non, je **ne** vois **personne.** —Non, **personne n'**est là.
Vous avez des photos de votre grand-père?	—Non, je **n'**ai **pas une** seule photo de lui; je **n'**ai **aucune** photo de mon grand-père.
Où est votre appareil-photo? Il est sûrement **quelque part**.	—Je **ne** le vois **nulle part** (*nowhere*).
Vous avez une caméra ou un caméscope?	—Je **n'**ai **ni** caméra **ni** caméscope.
Vous photographiez **toujours tout**?	—Non, je **ne** photographie **plus rien**!
Vous avez seulement ce petit appareil-photo automatique?	—Oui, je **n'**ai **qu'**un petit appareil ordinaire, mais ça me suffit.
Vous ne prenez jamais de photos de famille?	—**Si**! tous les Noëls.

Here are some other things you should know about these expressions.

✦ **Rien** and **personne** may be used as subjects. The word order is then:

Rien (Personne) + **ne** + *verb*

A preposition may precede **rien** and **personne:**

Je ne pense **à** rien; je ne sors **avec** personne.

✦ **Aucun(e):** Because of its meaning (*not a single one*), **aucun(e)** is always singular.

Aucun de mes amis n'**a** de magnétoscope.

✦ With **ni... ni,** note that all articles are dropped except definite articles.

Je n'aime **ni la** photographie **ni le** film.

✦ In using multiple negatives, remember that **pas** *cannot* be combined with other negative expressions. When other negative expressions are used together, remember simply that **rien, personne,** or **aucun** always comes last.

Je **ne** comprends **plus jamais rien.** Je **ne** comprends **jamais plus rien.**	*I never understand anything anymore.*
On **ne** voit **jamais personne.**	*We never see anyone.*

✦ **Ne... que** is not really a negative expression. Equivalent to **seulement** (*only*), it does not affect indefinite and partitive articles as negative expressions do.

Je ne prends que **des** photos en couleur.

✦ To reply affirmatively to a negative question, use **si** instead of **oui.** Note that **n'est-ce pas** or **non** placed at the end of the question does not make it a negative question.

Tu comprends, n'est-ce pas? —**Oui.**

Essayez!

Répondez négativement.

1. Faites-vous parfois de la vidéo? 2. Vous avez des neveux ou des nièces? 3. Ce sont des jumeaux? 4. Vous écrivez encore à tout le monde? 5. Plusieurs de vos amis connaissent votre famille, n'est-ce pas?

(*Réponses page 37*)

Maintenant à vous

F. Devinez! Votre ami(e) cache une photo dans sa main et veut que vous deviniez ce que la photo représente. Malheureusement, vous n'êtes pas sur la bonne piste et toutes les réponses sont négatives, sauf la dernière.

1. Est-ce que je connais déjà cette photo? (pas encore)
2. C'est une photo de ta famille? (pas)
3. Est-ce que je connais quelqu'un sur la photo? (personne)
4. Est-ce que quelqu'un sourit? (personne)
5. Est-ce que quelqu'un fait quelque chose sur la photo? (personne, rien)
6. Est-ce qu'il y a quelqu'un sur la photo? (personne)
7. Est-ce qu'il y a des animaux sur la photo? (aucun)
8. Est-ce qu'il y a des maisons sur la photo? (aucune)
9. Alors, c'est un monument célèbre, n'est-ce pas? (Oui, c'est la Tour Eiffel!)

G. Une interview négative. On interroge l'auteur de *La Place* qui répond négativement à toutes les questions, selon le modèle. Remontez dans le temps et jouez le rôle d'Annie Ernaux.

MODELE: Est-ce que votre père sourit parfois sur les photos? →
Non, il ne sourit jamais sur les photos.

1. Est-ce que vous ressemblez à votre père? 2. Est-ce qu'il a toujours sa 4 CV? 3. Est-ce qu'il va souvent au musée? 4. Est-ce qu'il a plusieurs disques de musique classique? 5. Est-ce qu'il comprend quelque chose au jazz? 6. Est-ce qu'il connaît quelqu'un dans le milieu artistique? 7. Est-ce qu'il va parfois au cinéma? 8. Est-ce qu'il pose beaucoup de questions aux gens?

H. La routine journalière. Décrivez certaines personnes que vous connaissez. En combinant les éléments des colonnes ci-dessous, faites autant de phrases que possible, affirmatives et/ou négatives. N'hésitez pas à élaborer.

je	se réveiller	d'abord
un membre de ma famille	se dépêcher	tôt, tard
mon/ma camarade de chambre	travailler	souvent
	étudier	toujours
mon meilleur ami/ma meilleure amie	s'amuser	jamais
	faire du sport	parfois
?	se reposer	beaucoup
	regarder la télé	pas beaucoup
	se coucher	encore
	?	?

I. Interview. En groupes de deux, posez les questions suivantes à tour de rôle. Essayez d'utiliser plusieurs verbes différents pour chaque réponse.

1. Quand vous avez du temps libre, qu'est-ce que vous aimez faire?
2. Qu'est-ce que vous ne faites jamais pendant les vacances?
3. Qu'est-ce que vous ne faites pas souvent pendant l'année scolaire?
4. Qu'est-ce que vous faites parfois avec votre famille?
5. Maintenant, réfléchissez à votre famille et à vous-même et complétez chacune des phrases suivantes en élaborant le plus possible.
   Malheureusement,...
   Heureusement,...
   Peut-être que...

J. Jeu de rôles. Change partners and role-play the following situation in French.

You and your partner are well-known photographers, and you have been asked by a French magazine to do a story in pictures about the American family. Discuss what you want to show in each picture. Why? Be ready to justify your choices to the editor of the magazine.

Par écrit

Avant d'écrire

Description. Descriptive writing evokes images by using expressions and comparisons that appeal to the imagination and the senses. Such writing can be organized in several different ways.

1. From *outside* to *inside,* or from physical characteristics to personality traits. This can be done in two ways: you may begin with the external description and then finish with the internal, or you can go back and forth, to associate external characteristics with internal traits.
2. From *general* to *more specific,* or from an overall description of the person, both external and internal, to one or several specific traits, such as the eyes, the look of confidence or timidity, etc.
3. From *specific* to *more general,* or from one or more characteristics that are unique to the person, such as the way he or she laughs, to an overall description.

Note: To make a description lively, add specific details or a brief story whenever possible. To illustrate a character trait, give precise examples of specific behavior. Using this technique creates a much more vivid picture than simply calling the person generous, creative, etc.

PREWRITING TASK

Look through *La Place* to see how the description is organized. Next, read the following composition topic and decide on *two* different ways to approach the description. Make an outline for each, jotting down key words and showing clearly the progression from *outside* to *inside,* from *general* to *more specific,* or from *specific* to *more general.* Then choose *one* of your outlines and develop it into a paragraph. Turn in a copy of both outlines along with your paragraph.

Sujet de composition

Faites le portrait d'un membre de votre famille tel qu'il ou elle paraît sur une photo, réelle ou imaginaire. Indiquez ce qui est typique de cet individu sur la photo. Faites **vivre** cette personne par votre description.

Réponses: Essayez!, page 29: 1. dire, faire (vous dites, vous faites) 2. ouvrir, offrir, souffrir 3. écrire, lire 4. croire, voir 5. pouvoir, vouloir 6. tenir, venir
Réponses: Essayez!, page 30: 1. ris/te sers/tiens 2. vous serrez/vous dites
Réponses: Essayez!, page 35: 1. Je ne fais jamais de vidéo. 2. Je n'ai ni neveux ni nièces/ Je n'ai pas de neveux ou/ni de nièces. 3. Ce ne sont pas des jumeaux. 4. Je n'écris plus à personne. 5. Non, aucun de mes amis ne connaît ma famille.

Qu'est-ce qu'il aime écouter?

Les choses de la vie

Paroles

La maison

On peut habiter dans **une maison** ou dans **un appartement,** dans **un immeuble** (un bâtiment d'appartements). Quand on change de domicile, on **déménage** (*moves out*) puis on **emménage** (*moves in*). Si on **loue** (*rents*), on est **locataire** (*renter*); autrement, on est **propriétaire** (*owner*).

Les **pièces** principales sont **le salon** ou **la salle de séjour, la salle à manger,** et **les chambres** [f.]; il y a aussi **la cuisine, la salle de bains,** les **W.C., le bureau** (*den, study*), **le couloir** (*hallway*), **l'escalier** [m.] (*stairs*) et peut-être **un balcon** ou **une terrasse.**

Les étages **[m.]** **(*floors*)**: on entre au **rez-de-chaussée;** on descend au **sous-sol;** on monte au **premier étage,** au deuxième étage, etc.; le **grenier** (*attic*) se trouve sous le **toit** (*roof*).

L'ameublement

Qu'y a-t-il comme **meubles** [m.] (*furniture*) dans un salon? Un **canapé** ou un **sofa,** des **fauteuils** [m.] (*armchairs*) et peut-être une **table basse,** de style moderne, ancien ou rustique.

Dans la salle à manger, un **buffet** (*china cabinet*) accompagne souvent la table et les **chaises** [f.].

Dans une chambre, il y a bien sûr un **lit,** peut-être aussi une **table de nuit,** une **commode** (*chest of drawers*), un **bureau,** une **armoire** ou un **placard** (*closet*).

Les **planchers** [m.] (*floors*) peuvent être recouverts d'une **moquette** (*wall-to-wall carpet*) ou d'un **tapis** (*rug*).

Les appareils ménagers

La **cuisinière** électrique ou à gaz, le **four** (*oven*), le **four à micro-ondes,** le **réfrigérateur (le frigo),** le **congélateur** (*freezer*) et le **lave-vaisselle** (*dishwasher*) se trouvent dans la cuisine. Pour **faire la lessive** (*do the laundry*), on se sert d'une **machine à laver** et d'un **sèche-linge** (*clothes dryer*). On utilise un **séchoir** pour se sécher les cheveux, un **fer à repasser** (*iron*) pour repasser le linge et un **aspirateur** (*vacuum cleaner*) pour **faire le ménage.**

Les autres choses de la vie

Avec une **chaîne stéréo** on peut écouter la **radio,** des **disques** [m.] et des **cassettes** [f.]; pour écouter des **disques-compacts** ou des **compacts** [m.], il faut un **lecteur de disques-compacts.**

La **télévision (la télé)** est souvent accompagnée d'un **magnétoscope** pour regarder des **vidéocassettes** [f.] et d'une **télécommande** (*remote control*).

L'**ordinateur** [m.], un Mac ou un PC, est de plus en plus présent dans la vie moderne.

Luxe ou nécessité? On peut mentionner les objets de valeur comme les **bijoux** [m.], les **tableaux** [m.] et les **objets** [m.] **d'art,** ou les **voitures** [f.] **de sport,** les **caravanes** [f.] (*camping trailers*), les **bateaux** [m.], une **résidence secondaire** ou une **villa** (*vacation home*) et une **piscine** (*swimming pool*). Quelle vie de **loisirs** [m.] (*leisure*)!

Parlons-en

En groupes de trois, jouez la situation suivante.

Personne A: Vous êtes l'agent immobilier (*realtor*) qui essaye de vendre cette maison en Normandie. Posez quelques questions personnelles à vos clients pour vous assurer que cette maison convient à leurs besoins, puis, avec tout votre pouvoir de persuasion, mettez en valeur l'arrangement des pièces et tous les autres avantages de la maison. N'ayez pas peur d'exagérer.

Personnes B et C: Vous êtes le couple qui cherche à acheter une maison en Normandie. D'abord, avant de parler à l'agent immobilier, mettez-vous d'accord sur la taille et les besoins de votre famille. Puis, pendant la visite de la maison, faites des commentaires sur l'ameublement que vous imaginez pour chaque pièce. Posez à l'agent immobilier toutes les questions qui vous viennent à l'esprit. A la fin de la visite, discutez votre décision.

normandie

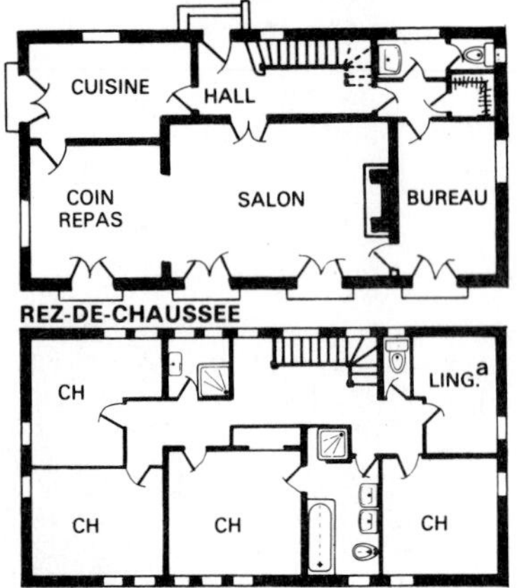

a. lingerie: *linen room*

Le lys

Construction : traditionnelle sur vide sanitaire.
Surface habitable : 220 m2.
Couverture : petites tuiles normandes.
Murs : agglos de 0,25, briques creuses de 0,225. Enduit extérieur hydrofugé.
Chauffage : au fuel, radiateurs extra-plats. Gaz ou électrique en option.
Menuiseries : sipo ; petits bois ; volets en sapin ; porte d'entrée en chêne massif rustique.
Sanitaires : blanc ou couleur. Porcher.
Revêtements de sol : Grès de Saintonge, parquet.
Prix : 530.000 F. Sur sous-sol : 598.000 F.
A Noter : une maison traditionnelle dans son aspect, ses proportions, ses matériaux. Le plan intérieur réserve tout le rez-de-chaussée au jour, (cheminée à feu de bois), les chambres étant isolées à l'étage. Prestation d'un très bon niveau, finitions soignées.
Les Constructions Traditionnelles, Route Nationale 13 bis, Vironvay, 27.400 Louviers

tiré du magazine français *Plaisir de la Maison*

Lecture

Driss Chraïbi

Driss Chraïbi was born in Morocco in 1926. He was educated in French schools in Casablanca, where he won prizes for his poetry. After earning a degree in chemical engineering in Paris, he began studies in neuropsychiatry but soon abandoned them to travel and write. His first novel, *Le Passé simple* (1954), caused a stir because it criticized certain Islamic rituals and traditions. In subsequent novels, Chraïbi looked critically at both his native land and his adopted country, France.

In the novel *La Civilisation, ma mère!...* (1972), the protagonist is a Moroccan woman whose two sons lovingly introduce her to the modern world outside her cloistered home. Later in the novel, she becomes a public figure who leads other Moroccan women in pursuit of their rights.

Driss Chraïbi

A première vue

Guessing Meaning from Context. In the excerpt you are about to read, the narrator's mother encounters a common European device, which she uses in an uncommon way. Read the first two paragraphs to discover what the device is and what she does with it. Then finish the passage, to learn how her two sons (one is named Nagib) react.

Le langage

Cognates. Many French words are the same, or nearly the same, as English words. When you see them in context, you can often guess the meaning of these cognates (**mots apparentés,** abbreviated **mot ap.** in the glosses to the selection that follows). Guessing is a useful strategy, not only for making sense of a text, but also for learning new words. At this point, you can probably read many texts in French quickly, without stopping to use a dictionary; if you do read without your dictionary, you will increase your vocabulary rapidly. In general, when you work with the readings in ***Ensuite,*** use your dictionary only as a last resort, when you have exhausted all other strategies for understanding the text.

In the following passage, the object in question is described as being "**en acier** (*steel*) ***chromé*** **et** ***brillant*** **comme la** ***joie. Electrique.***" From your knowledge of English words, can you deduce the meaning of the cognates and near-cognates **chromé**, **brillant**, **joie**, and **électrique**?

The *passé simple.* This reading has many verbs in the **passé simple**, a literary tense very roughly equivalent to the **passé composé**. Even if the forms are unfamiliar, you can usually guess their meanings because the forms are similar to those of past participles that you already know. **Elle mit**, for example, resembles **elle a mis**. (See Appendix 2 for the forms of the **passé simple**.)

La Civilisation, ma mère!... [*extrait*]

DRISS CHRAÏBI

C'était un fer à repasser, en acier chromé et brillant comme la joie. Electrique. Habituée aux plaques en fonte,° ma mère le mit sur le brasero.° Pour le chauffer. Si la résistance grilla, personne ne l'entendit. Les produits de la technologie ont-ils une âme°? Je l'ignore. Ce que je sais, c'est que ce fer à repasser ne dit rien quand il mourut, ne poussa pas un cri de douleur. Ce jour-là, je commençai à comprendre le Zen et le yoga dont parlait mon père.

Mais, même cuit,° il repassa toute une pile de linge. L'Art survit à l'homme, n'est-ce pas? Mû° comme par un skieur, il glissa,° glissa sur les serviettes, les draps, les mouchoirs, avec une aisance enthousiaste. Quand il eut fini sa tâche d'acier poli et civilisé, ma mère l'accrocha. A la prise de courant.° Pensive, elle considéra le résultat. Puis elle secoua la tête et me dit:

—Tu vois, mon fils? Ces Européens sont malins,° ma foi oui. Ils ont prévu deux trous,° deux clous° et un fil° pour le suspendre après usage. Mais sans doute ne connaissent-ils pas les maisons de chez nous. Sans cela, ils auraient fabriqué un fil plus court.

En conséquence, elle fit un nœud° au milieu du cordon. Pendu ainsi à la prise de courant, le fer arrivait à quelques centimètres du sol. Nagib fit:

—Ha, ha!... Hmmm!... Très bien, très très bien... Houhouhou!...

Je lui lançai une banane à la tête. Il dit:

—Quoi? quoi?... Ah oui! Ne t'en fais pas, mon petit. Je les ai bien cachés.

plaques... ancêtres des fers à repasser
une sorte de cuisinière
soul
comparez: cuisine
poussé / *slid*
prise... *plug*
intelligents
holes / nails / cord
knot

Il faisait allusion aux ciseaux° de ma mère. Si elle les avait eus sous la main, peut-être eût-elle coupé° le fil électrique? A l'époque, il n'y avait pas de disjoncteur° et les fusibles étaient incapables de fondre° en cas de court-circuit: ils étaient en cuivre° rouge. Dans mon manuel de physique, un chapitre était consacré au secourisme.° Téléphoner à la caserne de pompiers° la plus proche.

scissors
eût... *she would have cut*
electricity breaker / *melt*
copper
aide en cas d'électrocution
caserne... *fire station*

[...]

Apprendre à ma mère les rudiments de l'électricité? En quelle langue? J'ai essayé de lui traduire les lois d'Ohm et de Faraday, en cherchant mes mots avec soin. Elle m'a dit, pleine de sollicitude:

—Voilà que tu bégaies° à présent? Tu apprends trop. Ça se bouscule° dans la tête.

stutter / mélange

J'ai adopté une autre méthode. J'ai essayé de lui expliquer les théories en termes aussi concrets qu'une brique à neuf trous. Et, à partir de ces matériaux, de broder° une histoire de fées et de brigands,° à la manière orientale.

inventer / fées... *fairies and villains*

—Il y avait une fois un génie invisible...

—Comme Monsieur Kteu? m'a-t-elle demandé, les yeux brillants.

—Oui. Comme Monsieur Blo Punn Kteu.* Donc ce génie luttait contre le diable,° comme la lumière contre les ténèbres.°

Satan / *darkness*

—Et alors? il l'a vaincu?

—Attends. Le diable avait éteint le soleil et la lune...

—Les étoiles aussi?

—Les étoiles aussi. Les cœurs, la joie, il avait tout éteint. Il faisait sombre, noir, c'était la désolation.

—Tais-toi. Tu me fais peur. Je n'aime pas du tout cette histoire.

—Mais le génie —il s'appelait Monsieur Ohm—mit dans toutes les maisons, dans toutes les villes des fils électriques: un positif et un négatif.

—Qu'est-ce que tu racontes?

—Je veux dire un fil animé par le Bien et un autre par le Mal. Et alors, quand ils se touchaient...

—Ce n'est pas vrai. Un génie ne peut faire que le Bien.

Je l'ai prise dans mes bras et j'ai conclu:

—Je t'aime, maman. Tu as raison.

Dix ans plus tard, je suis devenu ingénieur. Simplement pour comprendre la différence entre les êtres humains et les objets purement physiques.

---

*Blaupunkt is a German radio brand.

Avez-vous compris?

A. Terminez les phrases de gauche par une expression choisie dans la liste de droite.

1. _____ La mère a repassé son linge...
2. _____ Elle ne comprenait pas...
3. _____ Le narrateur se demandait...
4. _____ Le frère Nagib a dit «Très bien»...
5. _____ Après l'avoir utilisé, la mère a accroché le fer...
6. _____ Nagib a caché...

a. comment se servir d'un fer électrique.
b. avec un fer à repasser «cuit».
c. pour se moquer (gentiment) de sa mère.
d. comment expliquer l'électricité à sa mère.
e. les ciseaux, parce qu'il avait peur que sa mère ne coupe le fil.
f. à la prise électrique.

B. Complétez.

1. La mère _____ le fer à repasser sur le brasero comme on le fait avec une plaque en fonte.
2. Le fer «cuit» était tout de même capable de _____ son linge.
3. Le narrateur a essayé d'expliquer les principes de _____ à sa mère.
4. Plus tard, le narrateur a choisi la profession d(e) _____.

C. Le narrateur a essayé d'expliquer les lois de l'électricité à sa mère. Quelles méthodes a-t-il employées? (Cochez (√).

_____ Il a fait des dessins sur le mur de la maison.
_____ Il a défini les termes scientifiques.
_____ Il a présenté des formules mathématiques.
_____ Il a raconté une histoire du Bien et du Mal.
_____ Il a parlé de Dieu et des anges.

D. Répondez.

1. Parlez de la personnification du fer à repasser dans le premier paragraphe du passage. Quels verbes montrent que le fer est comparé à une personne?
2. Commentez l'interprétation que la mère donne du fil électrique et de la prise.
3. Expliquez l'humour des lignes 14–17.
4. Comment le narrateur essaie-t-il d'expliquer le fonctionnement du fer à sa mère? Laquelle des deux explications est la plus efficace?

Et vous?

A. Le titre du roman, *La Civilisation, ma mère!...*, suggère l'intérêt de l'auteur pour les diverses formes de civilisation dans le monde. Quelle civilisation le fer

Une petite rue à Fez au Maroc

à repasser représente-t-il? et la mère? D'après le passage, quelles conclusions tirez-vous sur les différences entre les deux civilisations? Pourront-elles jamais se comprendre?

B. Le narrateur essaie d'expliquer l'électricité à sa mère—ses possibilités et ses dangers—par une histoire de fées dans laquelle un génie invisible lutte contre le diable. Imaginez une situation où vous devez expliquer un principe compliqué à un enfant. Créez une histoire tirée d'un conte de fées populaire pour l'expliquer. Racontez cette histoire à un(e) camarade de classe; par exemple, pourquoi il/elle ne devrait pas mettre des ciseaux dans la prise électrique; pourquoi il/elle ne devrait pas boire du savon liquide, etc.

C. Comparez la relation entre le narrateur et sa mère avec celle entre la narratrice et son père dans le passage du **Chapitre 2.** Quelles sont les similarités? les différences?

D. La technologie moderne est-elle forcément synonyme de progrès? Avec un(e) camarade de classe, discutez le pour et le contre.

Structures

Une mère bien perplexe

—Un fer à repasser avec un fil? **Pourquoi** faut-il l'attacher au mur? **Est-ce qu'**on a peur de le perdre?
—Mais non, maman, c'est un fil électrique. Regarde...
—**Comment est-ce que** ça marche?
—L'électricité fait chauffer le fer.
—Alors ce fil va chercher la chaleur dans le mur? Et s'il fait froid dehors?
—Ce n'est pas du tout ça, maman. Ecoute...
—Mais **où** est le feu qui fait chauffer le fer?
—Avec l'électricité, on n'a pas besoin de feu.
—**Quelle** histoire me racontes-tu là?

Interrogative Forms

Déduisez

1. In the preceding passage, find two different kinds of questions to which the answer would be yes or no. How are those questions formed?
2. What are the two ways to ask information questions starting with **pourquoi** and **comment?**
3. As an interrogative adjective, what does **quel** agree with?

Vérifiez

1. YES/NO QUESTIONS

There are three basic ways to ask yes/no questions. The first two are the most common interrogative forms used in conversation.

- Intonation change (the voice rises at the end of the sentence)

  Le fer marche bien? Tu l'aimes?

- **Est-ce que** (added to the beginning of the sentence)

  Est-ce que le fer marche bien? Est-ce que tu l'aimes?

Note that the word order of the sentence is not changed with **est-ce que.**

✦ Inversion (the subject and the verb are inverted)*

Le fer **marche-t-**il bien? L'aimes-tu?

With inversion, note that when the verb form ends in a vowel, a **-t-** is inserted before **il, elle,** and **on (marche-*t*-il?)**. If the subject is a noun, do not invert the noun, as in English; add a pronoun after the verb.

Le fer **marche-t-**il bien?

With negative questions, negative expressions remain in their usual place.

Tu **ne** travailles **pas?** Est-ce que tu **ne** travailles **pas**? **Ne** travailles-tu **pas**?

2. INFORMATION QUESTIONS

Interrogative adverbs (**où, quand, comment, combien, pourquoi**) can be used with **est-ce que** or with inversion.

✦ Word order with **est-ce que**
Interrogative adverb + **est-ce que** + subject + verb

Quand est-ce que vous partez?
Pourquoi est-ce que vous ne revenez pas?

✦ Word order with inversion
In short sentences introduced by **où, quand, comment,** or **combien,** a noun subject can be inverted directly (interrogative adverb + verb + subject).

Combien **coûte la croisière?** Où **vont tes parents?**
Quand **part le bateau?** Comment **va ton beau-père?**

If the sentence is longer, regular inversion rules must be followed.

Quand **tes parents** partent-**ils** en vacances?

With **pourquoi,** regular inversion rules must be followed whether the sentence is long or short.

Pourquoi **tes parents** partent-**ils**?

3. QUEL(LE)

As an interrogative adjective, **quel** (*which, what*) agrees with the noun it modifies. It precedes the noun or the verb **être.**

Quel temps fait-il? **Quelle** est la date?

Quel may follow a preposition.

A quelle heure partez-vous? **De quel** aéroport?

*Inversion does not usually occur with **je** (**est-ce que** is used instead) except in a few fixed expressions that are usually formal: **ai-je?; suis-je?; puis-je?** (*may I?*).

Quel can be used with inversion or with **est-ce que.**

Quels bagages **est-ce que** vous prenez?

Essayez!

A. Posez trois questions (intonation, **est-ce que**, inversion) qui donneraient la réponse suivante: Oui, j'ai un magnétoscope.

B. Pour chacune des réponses ci-dessous, posez deux questions (**est-ce que**, inversion) et utilisez l'adverbe interrogatif qui convient.

1. Elle met les cassettes **dans un tiroir** (*drawer*). 2. Un magnétoscope coûte **assez cher**. 3. Les vidéos sont une belle invention **parce qu'on n'est plus obligé de sortir pour voir un film**.

C. Complétez avec la forme appropriée de **quel**.

_____ est le problème? De _____ cassettes parles-tu?

(*Réponses page 57*)

Maintenant à vous

A. Comment? Vous écoutez une dame qui parle de ses meubles, mais parce qu'il y a beaucoup de bruit et parce que vous avez du mal à entendre, vous posez des questions selon le modèle.

MODELES: Je préfère les fauteuils **de style ancien**. →
Comment? Quels fauteuils préférez-vous?

J'ai plusieurs fauteuils de ce style **dans mon salon**. →
Comment? Où sont vos fauteuils?

1. Mon mari aime les meubles **rustiques**. 2. Il préfère les meubles rustiques **parce qu**'ils ont plus de charme. 3. Nous avons **deux** armoires rustiques. 4. Nous allons acheter une salle à manger rustique **le mois prochain**. 5. La salle à manger que nous voulons coûte **très cher**. 6. Il y a des meubles modernes **dans la chambre des enfants**. 7. Les enfants préfèrent le style **scandinave**. 8. Le style scandinave est très populaire depuis **les années soixante**.

B. Le déménagement. Pendant un déménagement, toutes sortes de questions se posent. Formulez des questions logiques en fonction des réponses données.

MODELE: Les déménageurs arrivent **à 10h**. →
Quand (A quelle heure) arrivent les déménageurs?

1. Les boîtes (*boxes*) sont **dans le placard**.
2. Le placard **de la chambre**.
3. Il reste **une dizaine** de boîtes.
4. Bien sûr que je la garde! **Cette commode** est encore bonne...

Soldes—un mot magique?

5. L'aspirateur est **dans le salon**.
6. Je vais nettoyer (*to clean*) **plus tard**.
7. Je n'aime pas les déménagements **parce qu'on perd des choses**.

Maintenant, en groupes de deux, imaginez que c'est vous qui déménagez. Faites une liste des questions qui vous viennent à l'esprit pendant le déménagement.

More About the Present Tense: *-er* Verbs with Stem Changes

Moi, je n'ach**è**te presque plus de cassettes; je préf**è**re les disques-compacts. Quand j'écoute de la musique, je ne m'ennu**i**e jamais. Tu te rappe**ll**es cette vieille chanson?

Déduisez

What happens to verbs like ach**e**ter, préf**é**rer, s'ennu**y**er, and se rappe**l**er when the stem is followed by a mute **e**?

Vérifiez

	SPELLING CHANGE	EXAMPLES
Verbs like **acheter**	**e** → **è** in front of mute ending	Ils ach**è**tent (mute ending) Nous ach**e**tons (sounded ending)
Verbs like **préférer**	**é** → **è** in front of mute ending	Tu préf**è**res (mute ending) Vous préf**é**rez (sounded ending)
Verbs ending in **-yer***	**y** → **i** in front of mute ending	Je netto**i**e/nous netto**y**ons
Appeler, épeler (*to spell*), **jeter** (*to throw*), and their derivatives	Doubling of the consonant (**l** or **t**) in front of mute ending	Je m'appe**ll**e Astérix. Comment épe**l**ez-vous ça? Ça s'épe**ll**e comme ça se prononce.
Verbs ending in **-cer**	**c** → **ç** in front of **a, o, u** (to keep the *s* sound)	Je commen**c**e/nous commen**ç**ons
Verbs ending in **-ger**	**g** → **ge** in front of **a, o, u** (to keep the same consonant sound)	Je man**g**e/nous man**ge**ons

Essayez!

Identifiez chacun des verbes suivants et conjuguez-les à la première personne du singulier et du pluriel. Ressemblent-ils à **acheter** (A), **préférer** (B), **appeler/jeter** (C), **s'ennuyer** (D), **commencer** (E) ou **manger** (F)?

1. se lever tôt 2. rejeter cette solution 3. envoyer une lettre 4. exagérer un peu 5. essuyer la vaisselle (*dry the dishes*) 6. corriger une faute 7. répéter une phrase 8. agacer (*irritate, bother*) les autres

(*Réponses, page 57*)

*For verbs ending in **-ayer,** like **essayer** or **payer,** the spelling change is optional: **il essaie** (pronounce *essè*) or **il essaye** (pronounced *esseille*); **ils paient** (pronounced *pè*) or **ils payent** (pronounced *peille*).

Maintenant à vous

C. Des choix. Qu'est-ce que vous faites... ? Choisissez un des verbes entre parenthèses pour répondre à ces questions.

1. ...quand vous vous ennuyez? (se promener, appeler des ami(e)s, manger quelque chose)
2. ...quand vos ami(e)s et vous avez un examen le lendemain? (commencer à étudier très tôt/très tard, essayer d'oublier l'examen)
3. ...quand vous avez une heure libre le soir? (envoyer des lettres à mes ami(e)s, préférer ne rien faire, nettoyer la maison)
4. ...quand vous et votre famille avez besoin de discuter une question importante? (manger ensemble, considérer les options calmement)

D. Des listes révélatrices. En groupes de deux, faites une liste de plusieurs choses...

1. ...que vous préférez mais que vous n'achetez pas quand vous faites des courses. (Indiquez pourquoi vous ne les achetez pas, et ce que vous achetez à la place.)
2. ...que vous espérez posséder un jour.
3. ...que vous employez tous les jours.
4. ...qui vous agacent (c'est-à-dire qui vous irritent).

Après la discussion à deux, comparez vos listes avec celles des autres groupes et voyez ce que tous les étudiants ont en commun.

Depuis and Similar Expressions

Depuis quand / Depuis combien de temps avez-vous votre ordinateur?	*How long have you had your computer?*
—Je l'ai **depuis** deux ans. / **Ça fait** deux ans **que** je l'ai. / **Il y a** deux ans **que** j'ai cet ordinateur.	*I've had it for two years.*

Déduisez

- What tense is used in French to express an action that *has been* going on for a period of time and is continuing?
- Give three ways to say "I've been studying for an hour."

Vérifiez

- ✦ If the action begins in the past and continues in the present, use the present tense.
- ✦ J'étudie depuis une heure. / Ça fait une heure que j'étudie. / Il y a une heure que j'étudie.

Maintenant à vous

E. Depuis combien de temps ces **choses** sont-elles dans votre vie? Depuis combien de temps...

1. ...habitez-vous dans votre logement actuel?
2. ...vos parents ont-ils leur voiture actuelle?
3. ...avez-vous les vêtements que vous portez aujourd'hui?
4. ...vous servez-vous d'un magnétoscope?
5. ...savez-vous vous servir d'un ordinateur?

F. Des choses précieuses. En groupes de deux, faites une liste des choses précieuses dans votre vie (au moins cinq pour chaque personne) et dites depuis combien de temps vous possédez ces choses.

The Imperative

Des ordres un peu injustes?

Vous, les garçons, **restez** ici et **dépêchez-vous** de finir vos devoirs!
Toi, ma fille, **va** au centre commercial, **achète** ce que tu veux, **prends** ton temps, **amuse-toi** bien!

Déduisez

How is the imperative formed? With pronominal verbs, what happens to the reflexive pronouns?

Vérifiez

To form the imperative, use the present tense of the verb and drop the subject pronoun.

Tu finis	→	Finis!
Nous finissons	→	Finissons!
Vous finissez	→	Finissez!

If the **tu** form of the present ends in **-es** or **-as,** the **s** is dropped in the imperative.

Tu achètes̸.	→	Achète ce que tu veux.
Tu vas̸.	→	Va t'amuser.
Tu ouvres̸ la porte.	→	Ouvre la porte!

There are three irregular verbs in the imperative.

AVOIR	ETRE	SAVOIR
aie	sois	sache
ayez	soyez	sachez
ayons	soyons	sachons

In an affirmative command with a pronominal verb, the reflexive pronoun is placed after the verb and connected to it with a hyphen. **Te** becomes **toi.**

Tu **te** dépêches.	→	Dépêche-**toi,** ou tu vas être en retard.
Vous **vous** souvenez.	→	Souvenez-**vous** de la dernière fois!
Nous **nous** amusons.	→	Amusons-**nous** le plus longtemps possible.

In a negative command, reflexive pronouns *precede* the verb.

Ne **te** dépêche pas, tu as le temps.

Ne **nous** fâchons plus.

Maintenant à vous

G. Pauvre Cendrillon! Vous êtes la méchante belle-mère de Cendrillon; dites-lui ce qu'elle doit faire, selon le modèle.

MODELE: se réveiller → Réveille-toi!

1. se lever tout de suite
2. ne pas rester au lit toute la journée
3. être plus énergique
4. se préparer vite
5. aller voir si ses demi-sœurs ont besoin de quelque chose
6. ne pas oublier de faire la lessive aujourd'hui
7. ?

L'aspirateur commandé par infrarouge

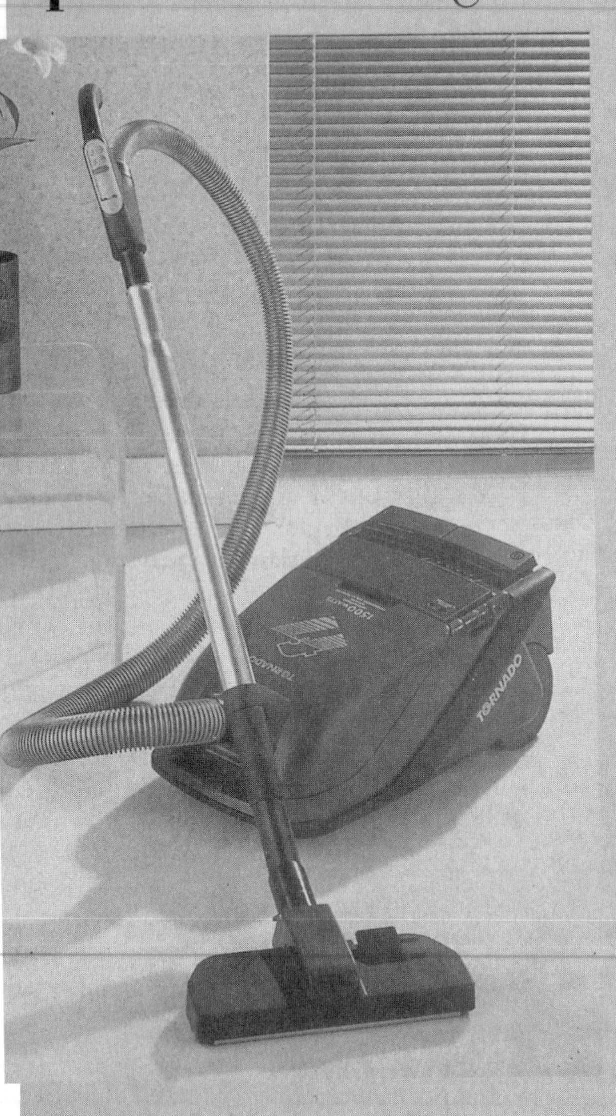

De plus en plus perfectionnés, les aspirateurs équipés d'une commande sur la poignée existent déjà. Poussant encore plus loin la technologie, le To 2 170 de Tornado opte pour une commande à infrarouge. En outre, selon la surface à aspirer, vous disposez d'un variateur électronique de puissance à trois positions : minimum pour les canapés et rideaux, automatique, pour un nettoyage quotidien, maximum pour les tapis. Un « booster » permet d'aspirer les poils d'animaux. Les sacs à poussière sont écologiques. *2 490 F env. Magasins spécialisés.*

H. Des instructions. En groupes de deux, faites une liste des instructions, ordres ou conseils que vous donneriez dans les situations suivantes. Utilisez l'impératif à la forme affirmative ou négative, selon le cas.

1. Votre enfant se comporte très mal à table: il parle la bouche pleine, il mange avec ses doigts, il se sert toujours le premier, il refuse de manger ses légumes, etc. Essayez de le corriger!
2. Avant de partir pour la journée, vous donnez des instructions à votre bonne (*your maid*) concernant le ménage, la cuisine, le soin des enfants, etc. Donnez beaucoup de détails.
3. Un étudiant français, qui vient d'arriver à votre université et qui ne connaît pas du tout votre ville, a besoin d'instructions pour aller au centre commercial le plus proche.
4. Un professeur que vous connaissez a un groupe d'étudiants très difficiles. Ils bavardent ou ils s'endorment en classe, ils ne font jamais leurs devoirs, rien ne semble les motiver.
5. Une adolescente que vous connaissez n'est pas heureuse; pourtant, elle possède toutes les «choses de la vie». Avec toute votre sagesse, vous lui donnez des conseils pour trouver le bonheur.

I. Un petit sondage

1. Imaginez que vous faites une enquête pour un cours de sociologie. En groupes de deux, préparez une liste de vingt questions que vous aimeriez poser à d'autres étudiants de la classe sur leur vie à l'université. Préparez dix questions auxquelles on peut répondre par *oui* ou *non,* et dix questions d'information avec les expressions étudiées dans ce chapitre.
2. Circulez dans la classe et interviewez trois autres étudiant(e)s. Posez-leur vos questions et notez leurs réponses. Laissez-vous aussi interviewer par d'autres étudiants. (*Let other students interview you as well.*)
3. Revenez à votre partenaire, comparez vos résultats et préparez un petit rapport pour la classe.

J. Comment est ta chambre? Changez de partenaire et posez toutes les questions nécessaires pour obtenir une description détaillée de sa chambre. Demandez d'abord s'il (si elle) est dans un dortoir, dans une résidence universitaire, dans une maison particulière ou dans un appartement. Demandez aussi pourquoi il (elle) aime ou n'aime pas sa chambre. Ensuite, renversez les rôles. A la fin, décrivez à la classe la chambre de votre partenaire.

K. Jeu de rôles. Role-play the following situation in French with one of your classmates.

Student A: You are at a party with a good friend of yours, and someone whom you have never seen before enters. You would like to know more about this person, but you are too shy to begin a conversation. Your friend seems to know the newcomer, so you decide to ask some questions. Find out who the new person is (name), where he or she lives, what he or she is like, etc. Is he or she a student? Is he or she interested in sports, music, movies? What kind? Keep asking questions until your friend becomes very annoyed and asks you to stop!

Student B: Tease your friend by answering with as little information as you can, to keep your partner guessing.

Par écrit

Avant d'écrire

The Reader's Role. Every piece of writing is intended for a reader. That prospective reader affects what and how you write—what you choose to emphasize or omit, for example, and what language you use to present your topic. In an article about a trip to Florida written for a group of schoolchildren, you would emphasize entirely different things from those you would emphasize in an article meant for an audience of retired people, and your writing style would change significantly as well.

As you prepare your essay on **La jeunesse américaine et le matérialisme,** think about who your readers might be:

French students reading a French student newspaper?
French-speaking tourists about to embark on their first trip to the U.S., reading a cultural brochure on American life today?
American students reading the French Club newsletter at your school?
Others?

PREWRITING TASK

1. With a partner in class, identify *two* possible audiences and decide what each audience would be interested in reading about. Design a set of questions in French based on those interests.
2. Now, choose the audience and the set of questions that interest you more and, using those questions, interview two or three of your classmates. Take detailed notes on their answers.

Sujet de composition

«La jeunesse américaine et le matérialisme.» Identifiez les lecteurs à qui vous vous adressez. Puis, avec les renseignements obtenus dans l'activité préparatoire, composez un petit article.

Réponses: Essayez!, page 48: A. Tu as un magnétoscope? Est-ce que tu as un magnétoscope? As-tu un magnétoscope? B. 1. Où est-ce qu'elle met les cassettes? Où met-elle les cassettes? 2. Combien est-ce qu'un magnétoscope coûte? Combien coûte un magnétoscope? 3. Pourquoi est-ce que les vidéos sont une belle invention? Pourquoi les vidéos sont-elles une belle invention? C. Quel/quelles

Réponses: Essayez!, page 50: 1. A: je me lève / nous nous levons 2. C: je rejette / nous rejetons 3. D: j'envoie / nous envoyons 4. B: j'exagère / nous exagérons 5. D: j'essuie / nous essuyons 6. F: je corrige / nous corrigeons 7. B: je répète / nous répétons 8. E: j'agace / nous agaçons

THEME II

L'enfance

En bref

In **Thème II** you will continue learning to talk and write about yourself and your world in French. Now, you will focus on your past. The readings are about children and adolescents, both real and fictional.

Functions

- ✦ Narrating in the past
- ✦ Describing in the past
- ✦ Asking questions about people, things and ideas

Structures

- ✦ Verbs in the **passé composé**
- ✦ Verbs in the imperfect (**imparfait**)
- ✦ Interrogative pronouns

Avant de commencer

Imaginez que vous êtes le petit garçon ou la petite fille. Quel âge avez-vous? Où habitez-vous? Comment êtes-vous?

Je me rappelle...

La rentrée scolaire: quels trésors y a-t-il dans ce cartable?

Paroles

L'école

De 2 à 6 ans, les enfants français vont à **l'école maternelle;** de 6 à 11 ans, c'est **l'école primaire,** puis de 11 à 15 ans, **le collège** (collège d'enseignement secondaire). Enfin, de 15 à 18 ans, on va au **lycée.** Dans l'enseignement primaire et secondaire, on est **élève;** ce n'est que dans l'enseignement supérieur qu'on devient **étudiant(e).** Les enseignants s'appellent des **professeurs** au collège, au lycée et à l'université, mais dans les écoles primaires, ce sont des **instituteurs** et des **institutrices.**

Quels **cours** peut-on **suivre** à l'école?

SCIENCES HUMAINES

la **géographie**
l'**histoire** [f.]
les **langues étrangères**
la **littérature**
la **philosophie**
la **psychologie**
les **sciences politiques** (**sciences po**) [f.]

SCIENCES

les ***mathématiques*** [f.]:
l'**algèbre** [f.]; le **calcul,** la **géométrie,** etc.
les ***sciences naturelles:***
la **biologie,** la **chimie,** la **physique,** la **zoologie,** etc.
les **sciences économiques**
la **technologie**
l'**informatique** [f.] (*computer science*)

AUTRES MATIERES

les ***arts*** [m.]: la **danse,** le **dessin,** la **musique,** la **peinture**
l'**éducation** [f.] **physique**

Pour bien se débrouiller à l'école, il faut **faire ses devoirs, travailler dur** (*hard*), et **réussir à** (*to pass*) ses examens. Quand on **passe** (*takes*) un examen, il ne faut pas **tricher** (*to cheat*). Ce n'est pas non plus recommandé de **sécher ses cours** [m.] (*to skip classes*) ou de **faire l'école buissonnière** (*to play hooky*), car on risque d'**échouer** (*to fail*). **Le but** (*goal*) des études est généralement d'**obtenir un diplôme** (*to get a diploma, to graduate*).

Les fournitures scolaires

De quoi a-t-on besoin pour aller à l'école? Outre (*besides*) les livres et les cahiers, il faut peut-être **un classeur** (*binder*), avec des **feuilles** [f.] de **papier** [m.], **une règle** (*ruler*), **une calculatrice** (*calculator*), **un taille-crayon** (pour **aiguiser** les crayons), des **ciseaux** [m.] (*scissors*), de **la colle** (*glue*), etc. Tout cela se met dans **un cartable** (*schoolbag*), **une serviette** (*briefcase*) ou **un sac à dos** (*backpack*).

J'ai hâte de...

Les enfants emploient beaucoup cette expression. **Ils ont hâte de** (*They can't wait to*) **grandir** (*to grow up*); ils ont hâte d'être en **récréation** (*recess*) pour pouvoir **jouer.** Ils ont hâte de commencer l'école, puis ils ont hâte d'être en vacances; ils ont hâte de finir leurs devoirs pour pouvoir **dessiner** (*to draw*), ou **colorier** des **images** [f.] avec des **crayons** [m.] **de couleur.** Et vous, qu'est-ce que vous avez hâte de faire?

Parlons-en

L'école buissonnière. En groupes de deux, essayez de reconstruire l'histoire des deux petits garçons à la page 62. Pourquoi ont-ils décidé de faire l'école buis-

sonnière? Quand se sont-ils «échappés»? Où sont-ils allés? Qu'ont-ils fait toute la journée? Comparez ensuite votre histoire avec celles des autres groupes et déterminez par un vote qui a fait preuve du plus d'originalité.

Lecture

This reading is from the opening chapter of Antoine de Saint-Exupéry's *Le Petit Prince,* a classic for both children and adults. Saint-Exupéry was born in 1900. He took advantage of his two years of compulsory military service to obtain a pilot's license and then flew mail planes to Toulouse, Casablanca, and Dakar. The trips he made inspired several of his works (*Courrier Sud, Vol de Nuit, Terre des Hommes*).

When France was occupied by the Germans in 1940, the Resistance government sent Saint-Exupéry to New York to appeal for aid for the Free French. He wrote *Le Petit Prince* in New York in 1943. Later that year, he returned to combat and flew fighter missions in North Africa until his plane was shot down in 1944. He was presumed dead.

A première vue

✦ ✦ ✦ ✦ ✦ ✦

Reading for the Gist. Scan the passage to identify the basic story line, then complete the following chart. Focus on the narrator, his age in each section, his activities, and adults' reactions to him.

AGE	NARRATOR'S ACTION OR COMMENT	REACTION FROM ADULTS
6	*Il a dessiné un serpent.*	*Ils ont vu un chapeau.*
Older		
Adult		

Le langage

✦ ✦ ✦ ✦ ✦ ✦

The Effect of Adverbs. This story is told with many adverbs (for example, **très**, **trop**, **beaucoup**, **toujours**). Underline the adverbs you find. How do they change the tone of the text? Who would use so many adverbs in a description?

*Le Petit Prince [extrait]**

ANTOINE DE SAINT-EXUPERY

Lorsque j'avais six ans j'ai vu, une fois, une magnifique image, dans un livre sur la Forêt Vierge qui s'appelait «Histoires Vécues°». Ça représentait un serpent boa qui avalait° un fauve.°

On disait dans le livre: «Les serpents boas avalent leur proie° tout entière, sans la mâcher.° Ensuite ils ne peuvent plus bouger et ils dorment pendant les six mois de leur digestion.»

Vécues: vraies
avalait / fauve: mangeait / animal sauvage
proie: victime
mâcher: *chew*

*Dessins par Antoine de Saint-Exupéry

J'ai alors beaucoup réfléchi sur les aventures de la jungle et, à mon tour, j'ai réussi, avec un crayon de couleur, à tracer mon premier dessin. Mon dessin numéro 1. Il était comme ça:

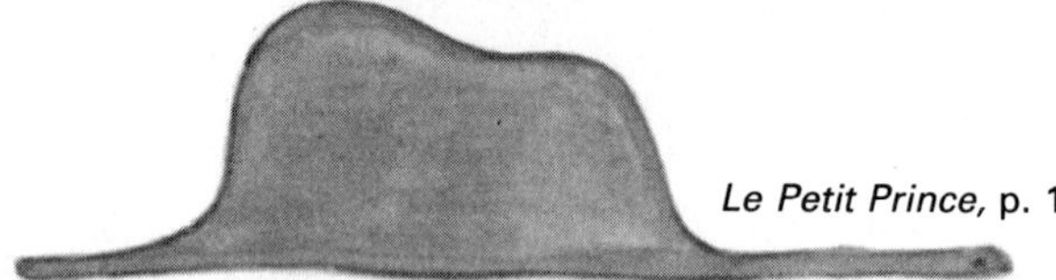

Le Petit Prince, p. 1

J'ai montré mon chef-d'œuvre° aux grandes personnes et je leur ai demandé si mon dessin leur faisait peur.

masterpiece

Elles m'ont répondu: «Pourquoi un chapeau ferait-il peur?»

Mon dessin ne représentait pas un chapeau. Il représentait un serpent boa qui digérait° un éléphant. J'ai alors dessiné l'intérieur du serpent boa, afin que° les grandes personnes puissent comprendre. Elles ont toujours besoin d'explications. Mon dessin numéro 2 était comme ça:

comparez: digestion
afin... pour que

Le Petit Prince, p. 2

Les grandes personnes m'ont conseillé° de laisser de côté les dessins de serpents boas ouverts ou fermés, et de m'intéresser plutôt° à la géographie, à l'histoire, au calcul et à la grammaire. C'est ainsi que j'ai abandonné, à l'âge de six ans, une magnifique carrière de peintre. J'avais été découragé par l'insuccès de mon dessin numéro 1 et de mon dessin numéro 2. Les grandes personnes ne comprennent jamais rien toutes seules, et c'est fatigant, pour les enfants, de toujours et toujours leur donner des explications.

suggéré
de préférence

J'ai donc dû choisir un autre métier° et j'ai appris à piloter des avions. J'ai volé un peu partout dans le monde. Et la géographie, c'est exact, m'a beaucoup servi. Je savais reconnaître, du premier coup d'œil,° la Chine de l'Arizona. C'est très utile, si l'on est égaré° pendant la nuit.

profession
coup... regard bref
perdu

J'ai ainsi eu, au cours de ma vie, des tas de° contacts avec des tas de gens sérieux. J'ai beaucoup vécu chez les grandes personnes. Je les ai vues de très près. Ça n'a pas trop amélioré° mon opinion.

des... beaucoup de
changé en mieux

Quand j'en rencontrais une qui me paraissait un peu lucide, je faisais l'expérience sur elle de mon dessin n° 1 que j'ai toujours conservé. Je voulais savoir si elle était vraiment compréhensive.° Mais toujours elle me répondait: «C'est un chapeau.» Alors je ne lui parlais ni de serpents boas, ni de forêts vierges, ni d'étoiles.° Je me mettais à sa portée.° Je lui parlais de bridge, de golf, de politique et de cravates. Et la grande personne était bien contente de connaître un homme aussi raisonnable.

verbe: comprendrel
points brillants dans le ciel, la nuit / sa... son niveau

Les grandes personnes aiment les chiffres.° Quand vous leur parlez d'un nouvel ami, elles ne vous questionnent jamais sur l'essentiel. Elles ne vous disent jamais: «Quel est le son de sa voix? Quels sont les jeux qu'il préfère? Est-ce qu'il collectionne les papillons°?» Elles vous demandent: «Quel âge a-t-il? Combien a-t-il de frères? Combien pèse-t-il? Combien gagne son père?» Alors seulement elles croient le connaître. Si vous dites aux grandes personnes: «J'ai vu une belle maison en briques roses, avec des géraniums aux fenêtres et des colombes° sur le toit... » elles ne parviennent° pas à s'imaginer cette maison. Il faut leur dire: «J'ai vu une maison de cent mille francs.» Alors elles s'écrient: «Comme c'est joli!» Elles sont comme ça. Il ne faut pas leur en vouloir.° Les enfants doivent être très indulgents envers les grandes personnes.

chiffres: nombres
papillons: *butterflies*
colombes: oiseaux
parviennent: réussissent
leur... avoir de mauvais sentiments envers elles

Avez-vous compris?

A. Complétez chaque phrase selon les idées de la lecture. Mettez le verbe que vous choisissez au passé composé. ***Possibilités:*** **comprendre, demander, faire, montrer, tracer, voir.**

1. Le narrateur _____ l'image d'un serpent boa qui avalait un fauve.
2. Après beaucoup de réflexion, il _____ son premier dessin.
3. Il _____ son chef-d'œuvre aux grandes personnes.
4. Il leur _____ si le dessin leur faisait peur.
5. Elles n'_____ son dessin.
6. Alors, il _____ son dessin numéro 2.

Possibilités: **améliorer, apprendre, avoir, devoir, vivre, voler.**

7. Enfin, il _____ choisir un autre métier que celui d'artiste.
8. Il _____ à piloter des avions.
9. Il _____ un peu partout dans le monde.
10. Il _____ des tas de contacts avec des gens sérieux.
11. Il _____ chez les grandes personnes.
12. Cela n'_____ son opinion des grandes personnes.

Possibilités: **vouloir, devoir, préférer, s'intéresser.** Cette fois, mettez le verbe au présent.

13. Les grandes personnes _____ les chiffres aux descriptions.
14. Elles _____ toujours savoir combien gagne une personne pour la connaître.
15. Les enfants _____ plutôt à l'essentiel: les collections de papillons, etc.
16. Les enfants _____ avoir beaucoup de patience avec les grandes personnes.

B. Trois dessins sont décrits dans ce passage. A votre tour de décrire chacun d'entre eux.

1. Dans le livre sur la Forêt Vierge...
2. Le dessin numéro 1 du narrateur...
3. Le dessin numéro 2 du narrateur...

C. Comment les grandes personnes interprètent-elles le premier dessin du narrateur? Qu'est-ce que leurs conseils à l'enfant révèlent sur leur système de valeurs?

D. Après ses déceptions en tant qu'artiste, le narrateur a changé de «métier». Quelle est cette deuxième carrière? Dans quelle mesure ses études ont-elles été utiles?

E. Une fois adulte, quand le narrateur ose-t-il montrer son premier dessin? Quelle est la réaction générale? Que fait-il alors?

F. Comparez la manière dont un enfant et un adulte décrivent une personne et une maison.

G. Trouvez dans le texte plusieurs détails qui indiquent que le narrateur voit le monde à travers les yeux d'un enfant.

Et vous?

A. Réfléchissez un moment et essayez de vous souvenir d'un livre favori de votre enfance. Racontez à un(e) camarade votre passage préféré du livre et décrivez une illustration que vous aimez beaucoup. Votre professeur vous demandera de dire à la classe le nom du livre et de raconter les souvenirs de votre camarade.

B. Quand vous décrivez un nouvel ami à quelqu'un, de quoi parlez-vous? Etes-vous davantage comme une grande personne ou comme un enfant dans votre description?

C. Trop souvent, malheureusement, les adultes ne comprennent pas les idées, les craintes et les émotions des enfants. D'après vous, quelle en est la raison? Pensez à votre enfance. Pourriez-vous mentionner un incident où vos parents, votre instituteur (institutrice) ou un autre adulte a mal compris quelque chose que vous avez dit ou fait? Décrivez l'épisode brièvement.

D. Le narrateur dit que «Les grandes personnes ne comprennent jamais rien toutes seules, et c'est fatigant, pour les enfants, de toujours et toujours leur donner des explications.» C'est exactement ce que sentent quelquefois les adultes à l'égard des enfants. Ce sentiment suggère un fossé (*gap*) entre les générations dû à deux manières différentes d'envisager le monde. Tournez-vous vers un(e) camarade de classe. Un(e) de vous va jouer le rôle d'un enfant. L'autre sera l'adulte. Choisissez un sujet de controverse entre générations (par exemple, l'argent dépensé par l'enfant, l'heure de rentrer le samedi soir, la musique rock, le style punk, etc.) et parlez-en pendant deux minutes. Essayez d'expliquer ce qui est évident, vu de votre perspective, et de résoudre vos différences d'opinion si possible.

E. Le narrateur suggère que certains sujets surtout intéressent les grandes personnes: le bridge, le golf, la politique et les cravates. Qu'est-ce qu'il semble impliquer par cette liste? Est-ce qu'il faut jouer le jeu pour être accepté, pour avoir l'apparence d'un «homme raisonnable»? Quelles sortes de jeux sociaux sont nécessaires dans votre vie, avec vos amis, avec vos parents, au travail et à l'université? Faites une liste de ces jeux sociaux et lisez-la à la classe.

Une rencontre inattendue

Il était une fois, dans le désert du Sahara, un avion cassé et un pilote désespéré. Et puis voilà qu'**est arrivé,** au milieu du désert, un petit bonhomme tout à fait extraordinaire, un petit prince. Il **n'a pas dit** bonjour, il **ne s'est pas présenté,** il **a** simplement **demandé** au pilote de lui dessiner... un mouton! Incapable de dessiner autre chose que des boas fermés et des boas ouverts, le pilote **a fait** son dessin numéro 1. Le petit prince **a répondu:** «Non! Je ne veux pas d'un éléphant dans un boa. J'ai besoin d'un mouton.» Surpris, impressionné, le pilote **a obéi**... Mais les trois moutons qu'il **a dessinés n'ont pas plu** au petit prince. Il **a** donc **fini** par dessiner une caisse, en disant: «Ça c'est la caisse. Le mouton que tu veux est dedans.» Un autre dessin fermé? Le petit prince, qui savait voir avec le cœur, **a été** ravi. C'est ainsi que le pilote et le petit prince **se sont connus.**

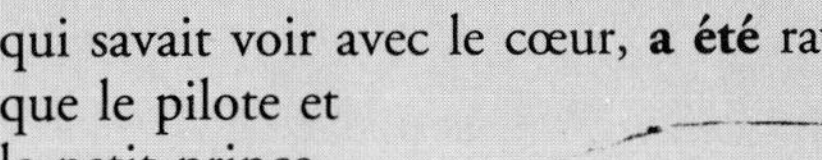

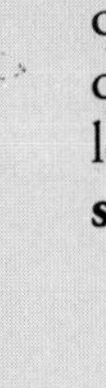

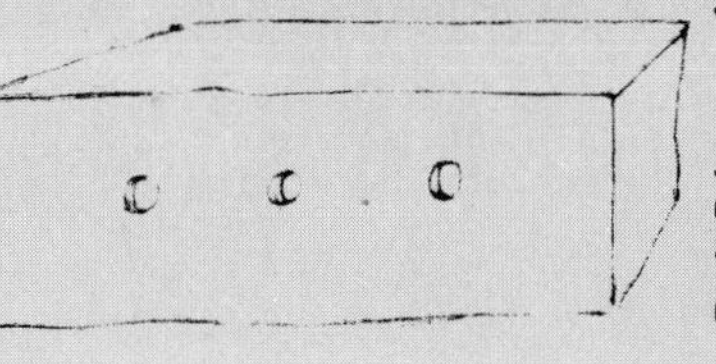

Le Petit Prince, p. 14

The passé composé

The **passé composé** is the tense used to *narrate* events in the past; it tells *what happened.* It is the tense you will use most often to talk about the past. The use of the **passé composé** with other past tenses (**imparfait, plus-que-parfait**) will be practiced in **Thème III.** The focus of this chapter is the **passé composé** itself, to help you become more familiar with its forms.

Déduisez

Judging from the above text (**Une rencontre inattendue**), how is the **passé composé** formed? What two verbs serve as auxiliary or helping verbs? How is the past participle formed for regular **-er** verbs, such as **arriver**? What about **-ir** and **-re** verbs? Among the irregular verbs, which do you readily recognize?

Vérifiez

To form the **passé composé,** combine the present tense of the auxiliary verb **avoir** or **être** and the past participle of the verb you are conjugating. The past participle of regular verbs is formed as follows:

INFINITIVE ENDING	PAST PARTICIPLE
-er (arriver, demander)	**-é** (arrivé, demandé)
-ir (finir, obéir)	**-i** (fini, obéi)
-re (répondre)	**-u** (répondu)

Le moment préféré de la journée scolaire: la récréation?

Past Participles of Common Irregular Verbs

PAST PARTICIPLE ENDING	INFINITIVE	PAST PARTICIPLE	EXAMPLE
-u	boire connaître courir devoir falloir lire plaire pleuvoir pouvoir recevoir savoir tenir venir voir vouloir	bu connu couru dû fallu lu plu plu pu reçu su tenu venu vu voulu	Il a trop bu. Je l'ai connu au lycée. On a couru. J'ai dû attendre. Il a fallu partir. Avez-vous lu *Le Petit Prince*? Ce dessin m'a beaucoup plu. Il a plu hier soir. Les enfants ont pu jouer. J'ai reçu une lettre. Elle a su toutes les réponses! J'ai obtenu mon diplôme. Il est venu chez nous. Quand il nous a vus... ...il a voulu nous parler.
-is	mettre (promettre, etc.) prendre (comprendre, etc.)	mis pris	J'ai mis deux heures à faire mes devoirs. J'ai pris mon temps, mais j'ai tout compris.
-it	dire écrire	dit écrit	Je t'ai dit... ...que j'ai déjà écrit.
-ert	découvrir offrir ouvrir souffrir	découvert offert ouvert souffert	J'ai découvert quelque chose. Il m'a offert un dessin. J'ai ouvert la fenêtre. Nous avons beaucoup souffert.
Individual exceptions	avoir être faire mourir naître rire suivre	eu été fait mort né ri suivi	On a eu peur. On a été surpris. Il a fait semblant... ...d'être mort. Où es-tu né(e)? Elle a ri de ma faute! J'ai suivi un cours de dessin.

Verbs Conjugated with *avoir*

Most French verbs form the **passé composé** with **avoir.**

J'**ai** parlé	Nous **avons** parlé
Tu **as** fini	Vous **avez** fini
Il/elle/on **a** attendu	Ils/elles **ont** attendu

The past participle of a verb conjugated with **avoir** does not change form unless it has a *preceding direct object.* In that case, the past participle agrees with the preceding direct object in gender and number.

Il a posé les questions.
Quelles questions a-t-il posé**es?**
Il **les** a posé**es.**
Les trois moutons qu'il a dessin**és** n'ont pas plu au petit prince.

Verbs Conjugated with *être*

Some verbs, often referred to as "verbs of motion or change of state," use **être** as the auxiliary verb. The past participle of a verb conjugated with **être** must agree in gender and number with its subject.

Je **suis** allé(**e**)	Nous **sommes** allé(**e**)**s**
Tu **es** venu(**e**)	Vous **êtes** venu(**e**)(**s**)
Il **est** entré	Ils **sont** entré**s**
Elle **est** sorti**e**	Elles **sont** sorti**es**
On **est** parti	

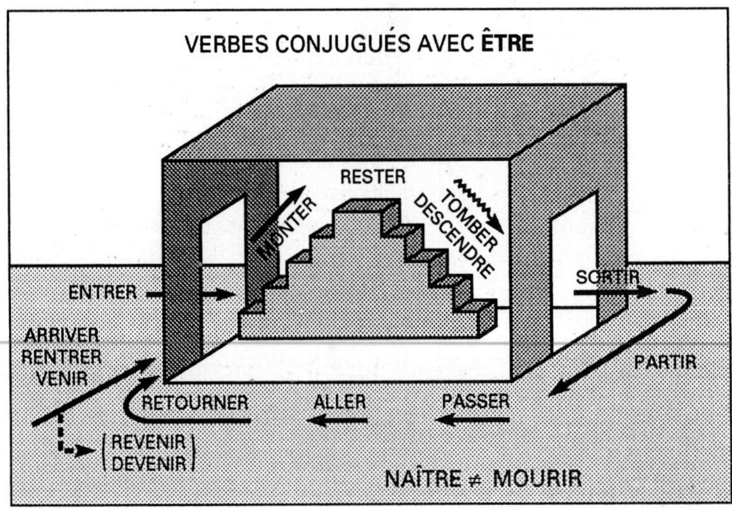

Verbs Conjugated with *avoir* or *être*

The verbs **monter, descendre, sortir, rentrer, retourner**, and **passer** are usually conjugated with **être;** however, when used with a direct object, they are conjugated with **avoir.** Compare:

Elle **est** montée au 2ème étage.	Elle **a** monté l'escalier.
Elle **est** descendue.	Elle **a** descendu sa valise.
Elle **est** sortie seule.	Elle **a** sorti le chien.
Elle **est** rentrée à la maison.	Elle **a** rentré sa voiture au garage.
Elle **est** passée par là.	Elle **a** passé quinze jours en France.

Pronominal Verbs

All pronominal verbs are conjugated with **être.** The past participle usually agrees with the preceding pronoun (which acts as a preceding direct object).

Ils se sont connu**s.** Elle s'est amusé**e.** Nous nous sommes reposé**s.**

In a few cases, however, there is no agreement of the past participle.

- With verbs such as **se parler, se demander, se dire, s'écrire, se sourire,** and **se téléphoner** (where the reflexive pronoun is an indirect object: **on parle** ***à,*** **on demande** ***à*** **quelqu'un**):

  Ils ne se sont pas écri**t,** ils se sont téléphon**é.**

- When the pronominal verb is followed by a direct object; compare:

  Elles se sont lav**ées.** Elles se sont lav**é les mains.**

Essayez!

A. Avoir ou être? Mettez au passé composé.

1. Elle monte dans sa chambre. 2. Elle monte l'escalier. 3. Nous tombons par terre. 4. Tu rentres les chaises? 5. Non, les chaises restent dehors.

B. Accord ou pas d'accord du participe passé? Mettez au passé composé.

1. Ils se dépêchent. 2. Elle s'ennuie. 3. Nous nous serrons la main. 4. Ils se disent bonjour.

(*Réponses page 76*)

Word Order with the *passé composé*

J'ai **bien** regardé, mais je **n'**ai **rien** vu, je **n'**ai vu **personne.** Il faut dire que je **ne** suis **pas** resté **longtemps. Avez-vous vu** quelqu'un?

Déduisez

- ✦ Where are **ne** and **pas** placed with verbs in the **passé composé?** Where is **rien** placed? **Personne?**
- ✦ With inversion, where is the inverted subject pronoun placed?
- ✦ Where is an adverb such as **bien** placed? Is it the same for **longtemps?**

Vérifiez

✦ Negative Patterns
With **ne... pas, ne... plus, ne... jamais,** and **ne... rien, ne** comes before the auxiliary verb (and before the reflexive pronoun, in the case of pronominal verbs); the other part of the negative expression is placed *between* the auxiliary and the past participle.

> Nous **n'**avons **rien** fait de spécial, mais nous **ne** nous sommes **pas** ennuyés.

With **ne... personne, ne... aucun, ne... ni... ni, ne... nulle part,** and **ne... que, ne** comes before the auxiliary verb; the other part of the negative expression is placed *after* the past participle.

> Il **n'**a écouté **personne,** mais il **n'**a fait **aucune** faute.

✦ Interrogative Patterns
Basic interrogative patterns, except inversion, remain the same with the **passé composé.** Note that only the auxiliary verb and the subject pronoun are inverted; the past participle follows.

> **Est-ce que** le petit prince a dit bonjour? **S'est-il** présenté? Le pilote **a-t-il** été surpris?

✦ Placement of Adverbs
Most adverbs are placed *between* the auxiliary and the past participle.

> J'ai **déjà** lu cette histoire; je l'ai **beaucoup** aimée.
> J'ai **complètement** oublié de faire mes devoirs! Le professeur l'a **sûrement** remarqué...

In negative sentences, **pas** usually precedes the adverb, except with **peut-être, sans doute, sûrement,** and **probablement.**

Je n'ai **pas bien** compris votre question.
Vous n'avez **peut-être pas** écouté...

Adverbs of time and place generally follow the past participle.

Il est arrivé **tard;** il s'est assis **là;** il n'est pas resté **longtemps.**

Essayez!

Mettez au passé composé.

1. Je ne sèche jamais mes cours. 2. Faites-vous déjà l'école buissonnière? 3. Les enfants s'amusent-ils bien? 4. Je ne reconnais personne. 5. Est-ce que vous vous reposez assez? 6. Je ne dors pas vraiment.

(*Réponses page 76*)

Maintenant à vous

A. «Hier, c'était mercredi, et il n'y avait pas école, alors...» Mettez les phrases suivantes au **passé composé.** C'est Thierry, un enfant de six ans, qui nous fait ce récit.

Je (me lève)[1] assez tard; je (descends)[2] en pyjama et j'(appelle)[3] ma maman. Elle (répond)[4]: «Je suis dans la cuisine!» J'(entre)[5] dans la cuisine. Comme d'habitude, j'(embrasse)[6] ma maman. Elle me (demande)[7]: «Tu (dors)[8] bien?» Elle (prépare)[9] mon petit déjeuner—un bol de chocolat et deux grosses tartines—et elle (met)[10] de la confiture de fraise sur une des tartines. Je (choisis)[11] la confiture d'abricot pour l'autre tartine. Après mon petit déjeuner, je (vais)[12] dans le salon. J'(allume)[13] la télé et je (regarde)[14] les dessins animés (*cartoons*) pendant une heure. Après ça, je (m'habille),[15] et juste après, mon copain Stéphane (arrive).[16] On (joue)[17] ensemble jusqu'à midi. On (s'amuse bien).[18] A midi, mon copain (part)[19] pour aller manger. L'après-midi, maman et moi, on (rend)[20] visite à ma grand-mère. Je (m'ennuie)[21] un peu là-bas, mais je (dessine)[22] en attendant, et puis, à 4h, on (a)[23] des gâteaux! En rentrant, on (s'arrête)[24] au centre commercial, et maman (m'achète)[25] une nouvelle boîte de crayons de couleur! Elle est chouette, ma maman!

B. Maintenant, comparez le mercredi de Thierry avec le samedi d'un petit garçon américain du même âge. Qu'est-ce qu'il a fait samedi dernier? Discutez en groupes de deux, puis faites un rapport à la classe sur les différences principales que vous voyez entre le mercredi d'un petit Français et le samedi d'un petit Américain.

C. Un bilan assez négatif (*A rather negative evaluation*). Au retour d'un petit voyage, une maman inquiète demande à son fils ce qu'il a fait la veille. Comme l'enfant est de mauvaise humeur, il répond presque toujours négativement, sur un ton obstiné. Questionnez, puis répondez selon le modèle.

MODELE: passer une bonne journée

ETUDIANT A (**la maman**): Est-ce que tu as passé (As-tu passé) une bonne journée?

ETUDIANT B (**l'enfant**): Non, je n'ai pas passé une bonne journée.

1. travailler bien à l'école 2. rentrer tout de suite après l'école 3. rester jouer avec tes copains 4. ranger ta chambre 5. descendre la poubelle 6. faire tes devoirs 7. prendre ton bain 8. te brosser les dents 9. être sage

Résumez la journée de cet enfant.

D. Et vous? En groupes de deux, faites le bilan (*evaluate*) de la journée d'hier. Qu'est-ce que vous avez fait? Qu'est-ce que vous n'avez pas fait? Notez trois choses que vous avez faites mais que votre partenaire n'a pas faites.

E. Un sondage. Avec la liste des trois choses notées dans l'exercice précédent, circulez dans la classe, interrogez les autres étudiants et voyez combien de vos camarades ont fait une, deux ou trois de ces mêmes activités. Faites un rapport à la classe sur ce que vous avez trouvé, ou résumez les réponses au tableau.

F. Les grandes personnes sont-elles bizarres? Voici une petite scène vue par les yeux d'un enfant. Mettez les verbes au passé composé. Il y avait un monsieur et une dame dans un parc, et...

1. Quand ils se voient, ils se sourient. 2. Ils se serrent la main. 3. Ils se regardent longtemps. 4. Mais ils ne se disent rien. 5. Ils ne se parlent pas! 6. Finalement, ils s'embrassent. 7. Et puis ils se quittent. 8. Ils se retournent plusieurs fois pour se regarder.

Expliquez pourquoi un enfant trouverait cette scène bizarre.

G. En effet, les grandes personnes sont parfois bizarres. En groupes de deux, racontez à tour de rôle deux ou trois incidents que vous avez observés et qui vous ont fait penser que les grandes personnes étaient parfois bizarres. Si vous n'avez pas d'expériences personnelles à raconter, inventez ensemble une histoire sur des grandes personnes vues par les yeux d'un enfant. Soyez prêts à présenter une de vos histoires à la classe après la discussion en groupes.

H. Quelques souvenirs d'enfance. Changez de partenaire et racontez à tour de rôle quelques souvenirs de votre enfance. Est-ce que vous vous rappelez...

1. votre premier jour à l'école primaire? 2. votre premier jour à l'école secondaire? 3. une expérience embarrassante à l'école? 4. un anniversaire particulier? 5. un voyage en famille? 6. un autre souvenir d'enfance?

I. Jeu de rôles. Role-play the following situation in French with one of your classmates.

You are twelve years old, and you are three hours late coming home. Your father demands an explanation. (*Where have you been all this time?*) Your excuse can be that you had to stay after school to retake a test; then you stopped at your friend's house, you did some homework together, you even helped him or her with some chores, and on the way home you saw an accident, and of course you had to stay to give your report to the police, etc. Try to convince your father, who is very skeptical, that you are telling the truth. Then reverse roles, using a different alibi.

A-t-elle hâte de grandir?

Par écrit

Avant d'écrire

Organizing a Narration. As you plan your essay on the following topic, focus especially on chronology. You'll be writing about past events. What is the most interesting way to present them? In a linear way, beginning with the earliest and finishing with the latest? Through flashbacks? Beginning in the middle of a sequence of events? These are all common patterns, and any one of them might be appropriate in your essay.

After you have established the order of presentation, think about the kinds of connecting words you will use as you write your essay. Words such as **auparavant** (*before that*), **d'abord, ensuite, puis, après, alors, ainsi** (*thus*), **donc** (*therefore*), and **finalement** give your reader clues about relationships among events.

Begin your essay with a brief introduction that sets the stage (**Quand j'avais ____ ans...**). Include enough detail to make the story come alive, but avoid extraneous material that might distract or bore your reader. Conclude with something that you think is especially memorable or striking.

PREWRITING TASK

Prepare an outline of the sequence of events in the composition you will write. Check the organization. Is it logical? Are all the points relevant to the story?

Sujet de composition

Reconstituez une page de votre journal intime en racontant en détail une journée particulièrement mémorable de votre enfance. Si votre mémoire vous fait défaut, vous pouvez toujours faire appel à votre imagination—c'est peut-être l'occasion rêvée de réinventer votre enfance!

Réponses: Essayez!, page 71: A. 1. Elle est montée dans sa chambre 2. Elle a monté l'escalier. 3. Nous sommes tombé(e)s par terre. 4. Tu as rentré les chaises? 5. Non, les chaises sont restées dehors. B. 1. Ils se sont dépêchés. 2. Elle s'est ennuyée. 3. Nous nous sommes serré la main. 4. Ils se sont dit bonjour.

Réponses: Essayez!, page 73: 1. Je n'ai jamais séché mes cours. 2. Avez-vous déjà fait l'école buissonnière? 3. Les enfants se sont-ils bien amusés? 4. Je n'ai reconnu personne. 5. Est-ce que vous vous êtes assez reposé(e)? 6. Je n'ai pas vraiment dormi.

CHAPITRE 5

Le monde de l'enfant

Ce qu'ils adorent: les hamburgers, le vélo tout-terrain, les copains.

Paroles

Le comportement

Un enfant peut être **bien élevé** (*well mannered*), **mal élevé, gâté** (*spoiled*), **poli, malpoli, obéissant, désobéissant, affectueux** (*affectionate*), **indépendant, précoce, mûr** (*mature*) pour son âge, **méchant** (*naughty*), **sage** (*good*).

Certains enfants aiment **se disputer** (*to argue*) ou **se battre** (*to fight*). On les **gronde** (*scolds*); on les **punit** (*punishes*); peut-être même qu'ils **méritent** (*deserve*) **une fessée** (*a spanking*). Ils **pleurent** (*cry*), puis ils **demandent pardon** (*apologize, ask for forgiveness*).

Activités et loisirs

Les petits jouent avec des **jouets** [m.], comme par exemple une **poupée** (*doll*), une **petite balle** ou un **gros ballon;** ils jouent aussi à **cache-cache** (*hide-and-seek*) ou à d'autres **jeux** [m.]. Ils aiment qu'on leur raconte des histoires, comme les **contes** [m.] **de fée** (*fairy tales*).

Les plus grands sortent avec leurs **copains** et **copines:** il vont **prendre un pot** (*to have a drink*) ensemble, ils **font des balades** [f.] (à pied, en vélo ou en voiture), ils vont au **cinéma,** à une **boum** (*party*), ou danser en **boîte** [f.] **(de nuit)**; ils écoutent des disques ou des cassettes; ils regardent la télé ou des **vidéos** [f.]; ils jouent aux **cartes** [f.], aux **échecs** [m.] (*chess*) ou à d'autres **jeux de société.**

Les jeunes font souvent du sport: **de l'athlétisme** [m.] (*track*), **du basket, du cyclisme** ou **du vélo, de la danse, de l'équitation, du foot** (*soccer*), **de la gymnastique, du jogging, de la musculation** (*weightlifting*), **de la natation** (*swimming*), **du patinage** (*skating*), **de la planche à voile** (*windsurfing*), **du ski, du ski nautique, du tennis, de la voile** (*sailing*), **du volley.**

Parlons-en

Des enfants... ? Ce vieux pêcheur breton (*fisherman from Brittany*) et sa femme ont été jeunes, eux aussi, n'est-ce pas? En groupes de deux, imaginez comment cet homme et cette femme étaient quand ils étaient enfants, puis quand ils étaient adolescents (leur caractère, leurs activités favorites, etc.). Comparez ensuite vos «caricatures» avec celles des autres groupes et déterminez par un vote général quel groupe a fait preuve du plus d'originalité.

Lecture

Many fine literary works have come from the former French colonies. Writers from these countries choose to write in French for a variety of reasons: their countries have no truly national language, the writers themselves have been educated in French schools, or they want to address a larger audience than it would be possible to do in their native tongue. In this chapter you will read the poetry of a francophone writer from Guadeloupe, in the Caribbean.

Within the great variety of what is called francophone literature, two themes recur often: pride in one's race and background, asserted in protest against a feeling of second-class status, and refusal to conform to the norms of the dominant culture.

Guy Tirolien (1917–   ) is a poet who was born and educated in Pointe-à-Pitre, in Guadeloupe. He studied in France and then served in the French diplomatic corps in Africa. **"Prière d'un petit enfant nègre"** appears in his best-known collection of poetry, *Balles d'or.*

A première vue

Anticipating Content. Read the title and the first six lines of the poem. Who is speaking? Whom is the poet addressing? To whom do you think **leur** refers?

Le langage

Word Order. Finding the subject and then its verb is often the key to understanding a sentence, especially in reading poetry. In the following poem, you will find a series of verbs that precede their subjects. Scan the rest of the poem and identify the subjects that go with the following verbs.

glissent	sont
cuisent	gonfle
mugit	dit

Prière d'un petit enfant nègre

GUY TIROLIEN

Seigneur je suis très fatigué.
Je suis né fatigué.
Et j'ai beaucoup marché depuis le chant du coq
Et le morne° est bien haut qui mène à leur école.
Seigneur, je ne veux plus aller à leur école,
Faites, je vous en prie, que je n'y aille plus.
Je veux suivre mon père dans les ravines fraîches
Quand la nuit flotte encore dans le mystère des bois
Où glissent° les esprits que l'aube° vient chasser.
Je veux aller pieds nus par les rouges sentiers°
Que cuisent les flammes de midi,
Je veux dormir ma sieste au pied des lourds manguiers,°
Je veux me réveiller
Lorsque là-bas mugit° la sirène des blancs
Et que l'Usine°
Sur l'océan des cannes°
Comme un bateau ancré°
Vomit dans la campagne son équipage° nègre...
Seigneur, je ne veux plus aller à leur école,
Faites, je vous en prie, que je n'y aille plus.
Ils racontent qu'il faut qu'un petit nègre y aille
Pour qu'il devienne pareil°
Aux messieurs de la ville
Aux messieurs comme il faut.°
Mais moi je ne veux pas
Devenir, comme ils disent,
Un monsieur de la ville,
Un monsieur comme il faut.
Je préfère flâner° le long des sucreries°
Où sont les sacs repus°
Que gonfle° un sucre brun autant que ma peau brune.

Je préfère vers l'heure où la lune amoureuse
Parle bas à l'oreille des cocotiers° penchés°
Ecouter ce que dit dans la nuit
La voix cassée° d'un vieux qui raconte en fumant
Les histoires de Zamba° et de compère Lapin
Et bien d'autres choses encore
Qui ne sont pas dans les livres.
Les nègres, vous le savez, n'ont que trop travaillé.

petite montagne (mot créole)
slip / *dawn*
paths
mango trees
roars, bellows
factory
sugarcane fields
(mot ap.)
crew
identique
comme... bien élevés, corrects
stroll / usines de sucre
pleins
swells
coconut trees / courbés
broken
Zamba... personnages de fables guadeloupéennes

Pourquoi faut-il de plus apprendre dans des livres
Qui nous parlent de choses qui ne sont point d'ici?
Et puis elle est vraiment trop triste leur école,
Triste comme
Ces messieurs de la ville,
Ces messieurs comme il faut
Qui ne savent plus danser le soir au clair de lune
Qui ne savent plus marcher sur la chair° de leurs pieds
Qui ne savent plus conter les contes aux veillées.°
Seigneur, je ne veux plus aller à leur école.

flesh

réunions familiales ou entre amis après le dîner

Avez-vous compris?

A. Qu'est-ce qu'il veut, le petit enfant? Qu'est-ce qu'il ne veut pas? Complétez le tableau suivant.

Il veut...	Il ne veut pas...
suivre son père	*aller à leur école*

B. Le concept du temps dans le poème. Trouvez les expressions associées à chaque moment de la journée.

1. l'aube (*dawn*)
2. le matin
3. le milieu de la journée
4. l'après-midi
5. la fin de la journée de travail
6. le soir

a. «lorsque... mugit la sirène des blancs»
b. «les flammes de midi»
c. «l'heure où la lune amoureuse»
d. «le chant du coq»
e. «quand la nuit flotte encore»
f. «ma sieste»

C. Les images. Trouvez et commentez les images qui évoquent les choses suivantes.

1. la présence nocturne des esprits parmi les arbres
2. la chaleur du sol
3. les champs de canne à sucre
4. l'usine de sucre
5. les travailleurs noirs
6. la ressemblance entre le sucre de canne et la peau des noirs
7. le fait que les blancs ont perdu contact avec la nature
8. l'abandon des traditions par les blancs

Guadeloupe:
«Je veux aller pieds nus par les rouges sentiers
Que cuisent les flammes de midi,...»

D. Quel est le refrain (phrase répétée) du poème? Pourquoi le mot **leur** est-il si important dans le refrain? Considérez le point de vue du narrateur.

Et vous?

A. D'après le petit enfant noir, la «civilisation» est-elle synonyme de progrès? Expliquez.

B. Analysez ce que c'est que les «messieurs comme il faut» dans le contexte de ce poème. Pourquoi l'enfant résiste-t-il à l'idée de devenir un monsieur «comme il faut»? A-t-il raison?

C. Etre «comme il faut» est un idéal souvent proposé aux enfants. Est-ce que c'était le cas dans votre enfance? Dans celle d'un de vos amis? Expliquez.

Structures

Votre enfance

Est-ce que vous **aimiez** aller à l'école quand vous **étiez** petit(e)? Quel genre d'enfant **étiez**-vous? Est-ce qu'on vous **punissait** souvent? Qu'est-ce que vous **faisiez** pour vous amuser? A quels jeux **jouiez**-vous? Qu'est-ce qu'il y **avait** dans le paysage de votre enfance?

The Imperfect

Usage

Déduisez

Look at the verbs in **Votre enfance.** They are in the imperfect tense. Is the imperfect used to tell what happened at a specific time or to describe how things were?*

Vérifiez

The imperfect (l'**imparfait**) tells how things were or used to be; it is used to describe. More specifically, when do French speakers use the imperfect?

*The use of the imperfect tense, in contrast with the **passé composé** and the **plus-que-parfait,** will be reviewed and practiced in **Thème III.** The focus of this chapter is the imperfect itself, so that you will become adept at describing in the past, telling how things were or used to be.

To answer, match the categories that follow with the corresponding example sentences.

1. _____ actions in progress that are interrupted
2. _____ habitual actions
3. _____ physical, mental, or emotional states
4. _____ weather, seasons, time of day
5. _____ outward appearances
6. _____ wishes or suggestions (with **si**)

a. Il **faisait** beau et l'air du soir **était** tiède. C'**était** au mois de juillet; il **était** 8 ou 9h du soir; le soleil **se couchait** à l'horizon.
b. L'enfant **était** grand pour son âge; il **avait** les cheveux bruns; il **portait** un blue-jean.
c. Il **était** fatigué mais il ne **voulait** pas rentrer. Il **était** trop occupé à jouer pour penser à manger.
d. Il **jouait** depuis des heures quand son père est venu le chercher.
e. On **mangeait** généralement assez tard pendant l'été.
f. Et s'il **restait** jouer encore un quart d'heure?

The imperfect is also used with the following constructions.

✦ **être en train de** + infinitive

J'étais en train d'étudier quand vous êtes arrivés.	*I was (in the process of) studying when you arrived.*

✦ **aller** + infinitive

J'allais sortir quand le téléphone a sonné.	*I was going to leave when the telephone rang.*

✦ **venir de** + infinitive

Je venais de manger, alors je n'avais plus faim.	*I had just eaten, so I wasn't hungry anymore.*

These constructions can be used in only two tenses: the present and the imperfect. If the event took place in the past, use the imperfect.

Essayez!

Présent ou imparfait? Encerclez. (Regardez ce qui suit pour savoir quelle expression utiliser.)

1. Ils **sont / étaient** en train de lire, ne faites pas de bruit.
2. Quelle coïncidence! Je **viens / venais** de lui écrire quand il a téléphoné.
3. On **vient / venait** de lui parler; il n'y a plus de problème.
4. Soyez patients; nous **allons / allions** partir dans un instant.
5. **Je vais / J'allais** dire la même chose, mais vous ne m'avez pas interrogé.

(*Réponses page 89*)

Réponses: Vérifiez: 1. d; 2. e; 3. c; 4. a; 5. b; 6. f

Formation

To form the imperfect, take the **nous** form of the present (**nous punissons, nous faisons, nous avons**), drop the **-ons** ending (making **puniss-, fais-, av-**). To this stem add the imperfect endings: **ais, ais, ait, ions, iez, aient.**

je	fais**ais**	nous	fais**ions**
tu	fais**ais**	vous	fais**iez**
il/elle/on	fais**ait**	ils/elles	fais**aient**

The only exception to this pattern is **être.**

j'	ét**ais**	nous	ét**ions**
tu	ét**ais**	vous	ét**iez**
il/elle/on	ét**ait**	ils/elles	ét**aient**

Essayez!

Mettez à l'imparfait.

1. a. je mange
   b. tu commences
   c. elle se rappelle
   d. nous étudions
   e. vous dites
   f. ils achètent
2. Le petit enfant nègre **s'ennuie** à l'école; il ne **veut** plus y aller. Il **préfère** explorer la nature pendant que les autres élèves **étudient.**

(*Réponses page 89*)

Maintenant à vous

A. Je n'en reviens pas! (*I can't believe it!*) Vous retrouvez à l'université un camarade que vous n'avez pas vu depuis longtemps, et vous remarquez qu'il a beaucoup changé. Résumez vos impressions en terminant vos phrases par des caractéristiques contraires.

MODELE: Maintenant, il a beaucoup d'amis... →
alors qu'avant (*whereas before*), il n'avait pas beaucoup d'amis (...il n'avait aucun ami).

1. Maintenant il est plutôt mince...
2. Il dit qu'il se lève tôt...
3. Et il fait du sport tous les matins...
4. Il est devenu assez bavard...
5. Il sort souvent avec ses amis...

6. On voit qu'il prend même ses études au sérieux...
7. Il dit qu'il ne s'ennuie plus...
8. ?

En somme, a-t-il changé pour le pire ou pour le mieux?

B. Avez-vous changé? En groupes de deux, expliquez en quoi vous avez changé ou non, selon le cas.

MODÈLE: pleurer souvent →
Quand j'étais petit(e), je pleurais souvent parce que j'étais très sensible; maintenant, je ne pleure plus jamais—en public!

1. être gâté
2. s'ennuyer facilement
3. faire du sport
4. avoir peur du noir
5. ?

Continuez de façon personnelle.

A la fin de l'activité, faites chacun(e) un rapport à la classe sur deux caractéristiques particulièrement intéressantes de votre partenaire.

C. Circonstances et impressions. Joëlle est une étudiante française qui est venue passer un an dans une université américaine; elle se rappelle son premier jour à l'université. Mettez les phrases à l'imparfait, selon le modèle.

MODÈLE: C'est au mois d'août. →
C'était au mois d'août.

1. Je viens d'arriver. 2. J'ai peur parce que tout est nouveau. 3. Le campus semble énorme. 4. Je ne connais personne. 5. Je ne trouve pas les bâtiments qu'il faut. 6. Les gens sont gentils mais impersonnels. 7. Je partage ma chambre avec une fille qui s'appelle Caroline. 8. Elle est très sympathique mais elle parle tout le temps. 9. Je veux téléphoner à mes parents, mais je ne peux pas parce que je dois économiser mon argent. 10. Je me sens à la fois heureuse et triste.

Quelle impression générale Joëlle avait-elle de l'université?

D. Et vous? Est-ce que vous vous rappelez votre premier jour à l'université? En groupes de deux, comparez les circonstances et les impressions de ce premier jour: la date, le temps qu'il faisait, vos impressions du campus, de votre chambre, des gens (étudiants, administrateurs, professeurs), vos sentiments, etc. Faites une liste des choses que vous avez en commun, puis lisez cette liste à la classe.

E. La minute de vérité. Posez chacun(e) une question à votre professeur pour savoir où il/elle habitait à l'âge de dix ans, ce qu'il/elle aimait faire, etc. Exemples: Est-ce que vous aimiez l'école? Quels étaient vos jeux favoris?

F. Autrefois. Qu'est-ce que vous faisiez quand vous aviez dix ans? Où habitiez-vous? Comment était votre chambre? Comment étiez-vous à cet âge-là? Discutez en groupes de deux, puis rapportez chacun(e) à la classe un renseignement particulièrement intéressant sur votre partenaire.

G. Quinze ans. Changez de partenaire et posez le plus de questions possible pour savoir comment était votre camarade à l'âge de quinze ans: description physique, personnalité, maison, chambre, famille, amis, école, professeurs préférés, activités favorites après l'école et le week-end, programmes favoris à la télévision, acteurs et chanteurs préférés, etc. Ensuite, renversez les rôles. Choisissez chacun(e) une ou deux caractéristiques qui semblent uniques à votre partenaire et présentez-les à la classe.

H. Et si... ? Plusieurs de vos camarades, qui vont jouer les rôles indiqués cidessous, s'ennuient et ne savent pas quoi faire. Le reste de la classe, qui va aussi jouer les rôles indiqués, va donc faire des suggestions, à tour de rôle, jusqu'à ce que (*until*) la personne en question soit satisfaite. Exemples de suggestions: Et si tu lisais un livre? Et si on allait faire une balade? Exemples de réponses: Non, je n'ai pas envie. Bof...

CEUX QUI S'ENNUIENT	CEUX QUI SUGGERENT
1. Une petite fille de 8 ans, un jour de pluie.	le/la babysitter
2. Deux adolescent(e)s de 14–15 ans, un jour de vacances. On est en ville, et il fait très chaud.	des copains et des copines du même âge
3. Deux étudiant(e)s qui ont besoin de se changer les idées ce soir!	des copains et des copines dans la même situation

La fontaine Stravinsky, près du Centre Pompidou à Paris: que font ces enfants?

I. Un jeu. En petits groupes ou en deux équipes, voyez si vos camarades de classe peuvent deviner quels personnages historiques célèbres vous décrivez. Ces personnages peuvent être réels ou imaginaires.

MODELE: C'était un personnage imaginaire; il n'était pas beau; il ressemblait à un monstre. Il vivait au Moyen Age, dans les tours de la cathédrale Notre Dame de Paris. Il aimait Esméralda. → Quasimodo

Choisissez parmi les noms suggérés ou pensez à d'autres personnages qui vous sont plus familiers. (Napoléon, Cléopâtre, Jules César, Sherlock Holmes, Louis XIV, George Washington, Marie-Antoinette, Jeanne d'Arc, Charlie Chaplin, Henri VIII d'Angleterre, Marilyn Monroe, Le Petit Chaperon Rouge, Scarlett O'Hara, ?)

J. Jeu de rôles. Role-play the following situation in French with one of your classmates, then report on the solution you have found.

A PARENT/TEACHER CONFERENCE IN GUADELOUPE

Student A: You are the teacher of the little child who hates to come to school. Last year he seemed to like school. What has happened? Compare his previous behavior and activities with his current attitude. Find out what you can do to help.

Student B: You are the child's parent. Tell the teacher what it was like to grow up without having to go to school. Describe what you used to do as a child in Guadeloupe. Show that you sympathize with your child, yet seek a solution.

Par écrit

Avant d'écrire

Using a Dictionary. If you are looking up more than a few words when you write, you are probably translating your thoughts directly from English into French. This is very time-consuming and can lead to mistakes. Before you resort to the dictionary, always ask yourself if there is another, simpler way to express yourself. Can you convert your thought into French with words and structures that you already know? (See the writing strategy in **Chapitre 1**). If you think it is absolutely necessary to use a dictionary, follow these guidelines.

- Determine the part of speech of the word you want for the context you have in mind. Is it a verb, a noun, etc.? For example, if you look up the

French equivalent for *fan,* you will find several nouns (**éventail, ventilateur, fanatique**) and several verbs (**éventer, souffler, attiser**). If your context is "football *fan*" (a noun), you can reject the meanings listed as verbs.

✦ What if you find more than one French equivalent for the part of speech you need? Before you jump to conclusions and write **Je suis un ventilateur** (*electric fan*) **de football,** consider the following strategies. If your dictionary provides example phrases or sentences, look for a similar context to help you decide on the proper equivalent. If no examples are provided, write down the French equivalents and look them up in the French-English section of the dictionary to determine which is closest to the meaning you want.

éventail	*fan; range*
ventilateur	*ventilator; electric fan*
fanatique	*enthusiastic admirer, supporter, fan*

Here, of course, **fanatique** is the correct word. As you write the following essay, make a list of the words you look up, and explain briefly next to each word how you decided on a particular meaning. Turn your list in with your composition.

Sujet de composition

Les traditions familiales. Ecrivez deux paragraphes sur une ou deux traditions de votre famille quand vous étiez enfant. (Est-ce que vous alliez en vacances ensemble? Est-ce que vous aviez des traditions à «Thanksgiving», à Noël ou un autre jour de fête?)

Réponses: Essayez, page 84: 1. sont 2. venais 3. vient 4. allons 5. allais
Réponses: Essayez!, page 85: 1. a. je mangeais b. tu commençais c. elle se rappelait d. nous étudiions (note the double **i**; the first **i** belongs to the stem, the second to the ending.) e. vous disiez f. ils achetaient 2. s'ennuyait / voulait / préférait / étudiaient

CHAPITRE 6

Un travail intéressant?

Le travail

Paroles

Le premier job

Quand on **cherche du travail,** la première chose à faire est souvent d'ouvrir le journal à la page des **petites annonces** où se trouvent les «offres d'emplois». Pour **faire une demande d'emploi** (*to apply for a job*), **le postulant** ou **la postulante** (*job applicant*) doit généralement **remplir un formulaire** (*to fill out a form*), puis se présenter en personne au **bureau du personnel** ou au futur **patron** (ou à la future **patronne**) (*boss*). Parfois, il faut envoyer son **curriculum vitæ** (*résumé*), avec une liste de toutes ses **compétences** [f.]. Si tout marche bien, on **est embauché** ou **engagé** (*hired*).

Le premier job n'est pas nécessairement **un métier** (*a trade*) ou **une carrière** (*a career*), c'est souvent un petit **boulot, un moyen** (*a means*) de **gagner** (*to earn*) de l'argent. **Le salaire** est un facteur très important: combien gagne-t-on **de l'heure** (*per hour*) ou **par mois** (*per month*)? **Les heures de travail** sont une autre considération; est-ce un travail **à plein temps** (*full-time*) ou **à mi-temps** (*part-time*)? Peut-on **faire des heures supplémentaires** (*to work overtime*)? Combien de **jours de congés** (*days off*) y a-t-il par an?

Les possibilités d'emploi sont très variées; par exemple, on peut être:

un(e) employé(e) de maison: **une bonne** (*a maid*) ou **une femme de ménage** (*a cleaning lady*)

un(e) garde d'enfants/un(e) babysitter

un cuisinier/une cuisinière (*a cook*)

un serveur/une serveuse dans un restaurant ou un café

un chauffeur (de taxi ou autre véhicule)

un mécanicien (*a mechanic*) dans **un garage,** ou **un pompiste** (*service station attendant*) dans **une station-service**

un ouvrier/une ouvrière dans **une usine** ou dans **un atelier** (*worker in a factory or workshop*); il y a par exemple des ateliers de **couture** où les **couturières** (*seamstresses*) confectionnent des vêtements

un(e) employé(e) de **bureau,** de **banque,** etc; **un(e) secrétaire; un(e) dactylo** (*typist*); **un(e) comptable** (*accountant*)

un caissier/une caissière (*cashier*); **un vendeur/une vendeuse** (*salesperson*); **un représentant** (un vendeur qui voyage)

une hôtesse d'accueil/un(e) réceptionniste, ou **un(e) standardiste** (*telephone operator*) dans un hôtel ou dans **une entreprise** (*a company*)

Si on travaille trop, on est **surmené** (*overworked*). Au bout de quelque temps, on peut recevoir (ou demander) **une augmentation de salaire** (*a raise*). Si l'employeur n'est pas satisfait, on risque d'**être licencié** ou **mis à la porte** (*to be fired*). Si c'est l'employé(e) qui n'est pas satisfait(e), il/elle peut **donner sa démission** (*to quit*).

A votre service!

Parlons-en

Marketing téléphonique

IMPORTANTE SOCIÉTÉ DE TÉLÉMARKETING

recrute

MANAGERS

POUR SON PHONE-ROOM DU SOIR

VOUS VOULEZ GAGNER DE L'ARGENT ?

Vous avez 25/30 ans et le génie de l'ANIMATION.

Vous avez prouvé votre rigueur dans une fonction similaire, téléphonez maintenant, de 9 h à 18 h, au :

43.87.30.43

SOCIETE A BOULOGNE

recherche

SECRETAIRE

— Expérience 3 à 5 ans.
— Steno.°
— Très bonne dactylo.
— Habitude téléphone.
— Sens des responsabilités.
— Très disponible.

Libre de suite

Tél. pour RV, Sté CLARETON

48.25.44.14

Enseignement

ÉCOLE INTERNATIONALE

100 km Paris Ouest recrute son

RESPONSABLE DÉPARTEMENT BILINGUE ANGLAIS

Expérience pédagogique obligatoire universitaire ou secondaire. Connaissance des examens : TOFEL - A, O, LEVEL. Pratique labo., langues. Encadrement 39 h minimum par semaine. Logement de fonction.

Envoyer c.v. et photo à Mme ESCOUSSAT, 66, bd Richard-Wallace, 92800 PUTEAUX.

STÉ DE RESTAURATION COLLECTIVE

recherche

CUISINIER-PATISSIER

LIBRE AU 1er MARS POUR RÉGION ÉVRY (91)

Références exigées.

Age 25-30 ans.

Tél. 47.27.23.23.

Hôtel ★★★ recherche, urgent. Réceptionnaire femme. Anglais. Tél 42.27.49.52.

GOLDWELL

Sté internationale cosmétiques capillaires

recherche

REPRÉSENTANTS

J.H. 25/33 ans environ, ambitieux. dynamiques.

Secteurs : région parisienne Oise et Eure.

Salaire fixe + commission + frais, etc.

Tél. ce jour pour r.-v. M. MULLER de 9 h à 18 h. (1) 45.33.74.63.

Vendeurs (ses)

SPECIALISTE CULINAIRE ART DE LA TABLE

recherche

VENDEUSES

expérimentées.

Tél. (1) 47.27.06.12.

MAGASIN ALIMENTAIRE

recherche

VENDEUSE

Parfaite présentation

Se prés. le lundi 27/08 à partir de 10 h.

SUFFREN DE CAVIAR

47, Av. de Suffren.

Vendeuse Qualifiée prêt à porter, Paris 17e 42.67.27.58.

Rech. JEUNE VENDEUSE expérimentée dans le Prêt à Porter. Tél. 42.33.16.01

HOTESSE D'ACCUEIL
PARIS-LA DÉFENSE.
Durée indéterminée. URGENT.
Tél. pour r.-v., 47.88.60.64.

Clinique, 9, rue de Turin
cherche STANDARDISTE-°
RÉCEPTIONNISTE,
qualifiée. Se prés. de 8 à 17 h.

Poste stable à pourvoir
de suite
JEUNE AIDE-COMPTABLE-
DACTYLO°
pour service administratif,
expér. minimum 2 ans.
Se présenter STÉ PAVIE,
25, bd Arago, 75013 PARIS.
M° GOBELINS.

Aides familiales

Rech. J.F. pour ménage
et garde d'enfant (18 mois),
logée, nourrie, références,
plein temps ou mi-temps,
Paris-12e.
Tél. (1) 43.55.79.91

Les petites annonces. Vous cherchez du travail en France. En consultant le journal, vous avez trouvé quelques petites annonces qui semblent intéressantes.

1. Avec un(e) camarade de classe, discutez chaque petite annonce; dites pourquoi ces postes vous intéressent ou non. Comparez-les avec des emplois que vous avez déjà eus.
2. Allô? Choisissez une petite annonce qui vous intéresse et téléphonez pour avoir plus de renseignements. Votre partenaire jouera le rôle de l'employeur. Posez chacun(e) les questions appropriées; s'il le faut, inventez vos qualifications et les renseignements voulus sur le poste en question. Ensuite, renversez les rôles avec une autre annonce. Voici quelques expressions pour vous aider à commencer: Allô? C'est bien le 48-87-91-68? J'ai vu votre annonce dans le journal, et je suis très intéressé(e)...

Lecture

The work of J.M.G. Le Clézio, a well-known contemporary French novelist, combines a realistic style with a troubling vision of urban life. His first novel, *Le Procès Verbal* (1963), published when he was only twenty-three, won a literary prize, **le prix Renaudot.** He has written more than a dozen books since then. The following excerpt is from a short story, **"La Grande Vie"** ("Living It Up"), which appears in *La Ronde et autres faits divers.* Each of the stories in this volume is based on a real or imaginary newspaper article. Behind the banality of the event itself, the author depicts a search for freedom and for love in a painful world. A sense of strangeness and alienation pervades the writing.

This passage portrays two orphaned young women who are close friends. Pouce and Poussy are bored and oppressed by their jobs as seamstresses in a clothing factory.

J.M.G. Le Clézio

A première vue

✦ ✦ ✦ ✦ ✦ ✦

Characterization. This passage introduces you to three characters—Pouce, Poussy, and **le patron**—by describing how they behave. During a quick first reading, jot down a few of the things each one does that reveal something about his or her character. Next, look over your lists. What French adjectives would you use to describe each person?

POUCE	POUSSY	LE PATRON
faire des bêtises	*sonner à la porte des voisins*	*se croire beau*

Le langage

✦ ✦ ✦ ✦ ✦ ✦

Near Cognates. In **Chapitre 3,** you worked with cognates. French too has many near-cognates of English words. Often the differences follow a pattern, as you will see in the list below.

-é	→	*-y*	réalité	*reality*
-ier	→	*-er*	quartier	*quarter (district)*
dé-	→	*dis-*	se déplaçaient	*displaced (left their work station)*
-ment	→	*-ly*	exactement	*exactly*
-eur	→	*-ing*	dévastateur	*devastating*
-ique	→	*-ic*	acrylique	*acrylic*

During a second reading of **«La Grande Vie»** circle as many cognates and near-cognates as you can find. Compare with classmates' lists.

La Grande Vie [extrait]

J.M.G. LE CLEZIO

A l'époque, Pouce et Poussy habitaient un petit deux pièces avec celle qu'elles appelaient maman Janine, mais qui était en réalité leur mère adoptive. A la mort de sa mère, Janine avait recueilli° Pouce chez

° pris

elle, et peu de temps après, elle avait pris aussi Poussy, qui était à l'Assistance.° Elle s'était occupée des deux fillettes parce qu'elles n'avaient personne d'autre au monde, et qu'elle-même n'était pas mariée et n'avait pas d'enfants. Elle travaillait comme caissière dans une Superette Cali° et n'était pas mécontente de son sort. Son seul problème, c'étaient ces filles qui étaient unies comme deux sœurs, celles que dans tout l'immeuble, et même dans le quartier, on appelait les deux «terribles». Pendant les cinq ou six années qu'avait duré leur enfance, il ne s'était pas passé de jour qu'elles ne soient ensemble, et c'était la plupart du temps pour faire quelque bêtise, quelque farce. Elles sonnaient à toutes les portes, changeaient de place les noms sur les boîtes aux lettres, dessinaient à la craie sur les murs, fabriquaient de faux cafards° en papier qu'elles glissaient° sous les portes, ou dégonflaient° les pneus des bicyclettes. Quand elles avaient eu seize ans, elles avaient été renvoyées de l'école, ensemble, parce qu'elles avaient jeté un œuf du haut de la galerie° sur la tête du proviseur,° et qu'elles avaient été prises, en plein conseil de classe, de leur fameux fou rire en forme de grelots,° ce jour-là particulièrement inextinguible. Alors, maman Janine les avait placées dans une école de couture, où elles avaient, on se demandait comment, obtenu ensemble leur C.A.P. de mécaniciennes.° Depuis, elles entraient régulièrement dans les ateliers, pour en sortir un mois ou deux plus tard, après avoir semé la pagaille° et manqué faire brûler la baraque.°

Elles travaillaient toutes les deux dans un atelier de confection, où elles cousaient des poches et des boutonnières pour des pantalons qui portaient la marque Ohio, U.S.A. sur la poche arrière droite. Elles faisaient cela huit heures par jour et cinq jours par semaine, de neuf à cinq avec une interruption de vingt minutes pour manger debout devant leur machine.

Celles qui parlaient, qui arrivaient en retard, ou qui se déplaçaient sans autorisation devaient payer une amende au patron, vingt francs, quelquefois trente, ou même cinquante. Il ne fallait pas qu'il y ait de temps mort.° Les ouvrières s'arrêtaient à cinq heures de l'après-midi exactement, mais alors il fallait qu'elles rangent° les outils,° qu'elles nettoient les machines, et qu'elles apportent au fond de l'atelier toutes les chutes° de toile ou les bouts de fil° usés, pour les jeter à la poubelle.° Alors, en fait, le travail ne finissait pas avant cinq heures et demie.

Le patron, c'était un petit homme d'une quarantaine d'années, avec des cheveux gris, la taille épaisse et la chemise ouverte sur une poitrine velue.° Il se croyait beau. «Tu vas voir, il te fera sûrement du gringue°», avait dit Olga à chacune des jeunes filles. Et une autre fille avait ricané.° «C'est un coureur° ce type-là, c'est un salopard.°» Pouce s'en fichait.° Quand il était venu, la première fois, pendant le travail, les mains dans les poches, cambré° dans son complet-veston d'acrylique beige, et qu'il s'était approché d'elles, les deux amies ne l'avaient même pas regardé. Et quand il leur avait parlé, au lieu de lui répondre, elles avaient ri de leur rire de grelots, toutes les deux ensemble, si fort que toutes les filles s'étaient arrêtées de travailler pour regarder ce qui se passait. Lui, avait

agence publique pour les enfants
supermarché
cockroaches
mettaient / *deflated*
balcon / directeur de l'école
small bells
C.A.P. ...diplôme technique
semé... *created chaos* / maison
temps... pause
mettent à leur place / *tools*
clippings / bouts... *bits of thread* / *garbage can*
hairy / fera... *will make a pass*
sneered
chasseur (de femmes) / *rotten person* / s'en... *didn't care*
arched

rougi très fort, de colère° ou de dépit,° et il était parti si vite que les deux sœurs riaient encore après qu'il avait refermé la porte de l'atelier.

irritation / *spite*

Le patron, à partir de là, avait évité d'approcher° trop près d'elles. Elles avaient un rire vraiment un peu dévastateur.

avait... ne s'était pas approché

Avez-vous compris?

A. Vrai ou faux? Si c'est faux, corrigez.

1. Pouce et Poussy étaient orphelines. 2. Maman Janine avait d'autres enfants. 3. Les filles étaient faciles à élever. 4. A l'école, elles étaient toujours sages. 5. Toutes les deux ont obtenu leur C.A.P. de mécaniciennes. 6. Le travail dans l'atelier était facile. 7. Pouce et Poussy pouvaient sortir de l'atelier à cinq heures. 8. Le patron a essayé de flirter avec les deux filles.

B. Complétez les phrases suivantes selon le sens du passage. Mettez le verbe à l'imparfait. ***Possibilités:*** **appeler, avoir, changer, dessiner, dégonfler, faire, habiter, sonner, travailler.**

1. Pouce et Poussy _____ un petit deux pièces.
2. Elles _____ leur mère adoptive maman Janine.
3. Elles n'_____ personne d'autre au monde.
4. Maman Janine _____ comme caissière dans une Superette Cali.
5. Comme enfants, les deux filles _____ beaucoup de bêtises: elles _____ à toutes les portes, elles _____ de place les noms sur les boîtes aux lettres, elles _____ à la craie sur les murs et elles _____ les pneus des bicyclettes.

Possibilités: **arriver, coudre (cous___), devoir, être, faire, parler, porter, rire, travailler.**

6. A l'école c'_____ pareil: elles _____ beaucoup et _____ beaucoup de bêtises.
7. Maintenant, elles _____ dans un atelier de confection où elles _____ des poches et des boutonnières pour des pantalons qui _____ la marque Ohio, U.S.A. sur la poche arrière droite.
8. Elles _____ cela huit heures par jour.
9. Celles qui _____, ou qui _____ en retard, _____ payer une amende.

C. Décrivez une journée typique à l'atelier de confection. Parlez du travail et du patron.

D. Discutez avec un(e) camarade de classe selon les suggestions suivantes. Essayez de varier vos questions.

1. Votre partenaire vient de lire le passage sur l'enfance de Pouce et de Poussy. Vous avez oublié plusieurs détails de la lecture. Posez-lui

donc cinq questions pour obtenir une description des deux filles (leur situation familiale, leurs activités quand elles étaient enfants puis adolescentes).

2. Celui (Celle) qui a répondu à vos questions va maintenant vous poser cinq questions pour obtenir une description du travail dans l'atelier.

Et vous?

A. Pouce et Poussy travaillaient dans des conditions difficiles. C'est très souvent le cas quand les jeunes trouvent leur premier emploi. Est-ce que vous avez déjà eu un emploi avant ou pendant l'année scolaire? Discutez le type de travail que vous avez fait, quand vous l'avez fait, les conditions de travail, les avantages et les inconvénients, etc. Après quelques minutes de discussion, certains membres de la classe vont rapporter ce qu'ils ont appris.

B. Le patron de l'atelier était un coureur (un homme qui court après les femmes). Comment est-ce que les deux filles ont rejeté ses avances? A votre avis, les avances sexuelles sont-elles très courantes dans les bureaux ou les usines? A votre avis, comment devrait-on réagir? Est-ce que ce type de «harcèlement sexuel» est aussi un problème à l'université? Expliquez.

C. Quand vous avez un travail ennuyeux à faire (des devoirs, des tâches ménagères, des lettres ou une composition à écrire) et que vous hésitez à le commencer, est-ce que vous avez un rêve favori dans lequel vous entrez pour vous évader? Sinon, essayez d'en inventer un! Décrivez ce rêve à un(e) camarade de classe.

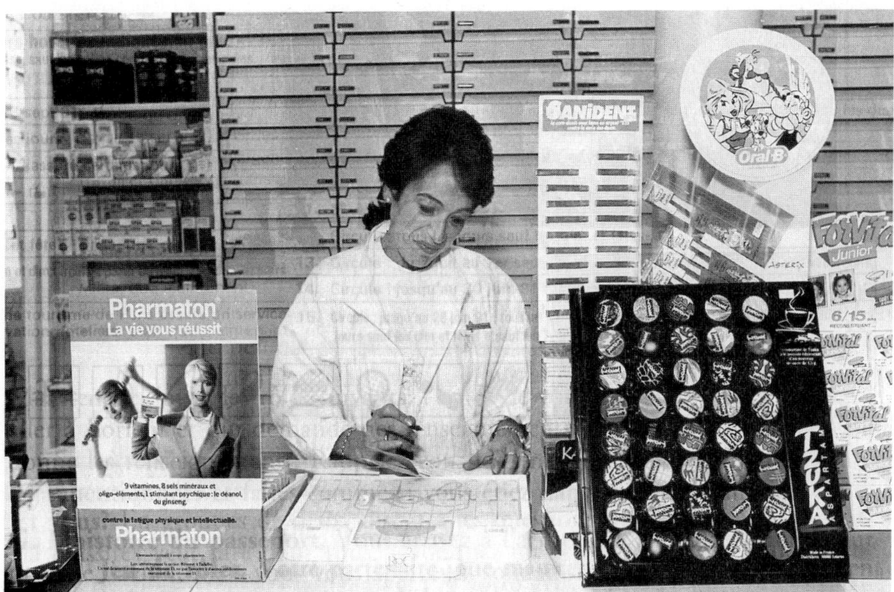

Quelles questions peut-on lui poser sur son travail?

Structure

Les deux «terribles»

Qui est-ce qui faisait toujours des bêtises? **Qui est-ce qu'**on appelait les deux «terribles»? **Avec qui** habitaient-elles? **Que** faisaient-elles comme travail? **De quoi** aimaient-elles parler? **Qu'est-ce qui** est arrivé un jour au travail? **Laquelle** des deux était la plus terrible?

Interrogative Pronouns

Déduisez

Judging from the paragraph above **(Les deux «terribles»),** which interrogative pronoun is used to ask about *people* when the pronoun is a subject (*who*)? a direct object (*whom*)? an object of a preposition (*with whom*)?

Which interrogative pronoun is used to ask about *things* when the pronoun is a subject (*what*)? a direct object (*what*)? an object of a preposition (*about what*)?

Vérifiez

TO ASK ABOUT *PEOPLE*

	Long form	*Short form*
SUBJECT	**Qui** est-ce **qui** Qui est-ce qui est venu?	**Qui** Qui est venu?
DIRECT OBJECT	**Qui** est-ce **que** Qui est-ce que tu as vu?	**Qui** Qui as-tu vu?
OBJECT OF PREPOSITION	Preposition + **qui est-ce que** A qui est-ce que tu as parlé?	Preposition + **qui** A qui as-tu parlé?

TO ASK ABOUT *THINGS*

	Long form	*Short form*
SUBJECT	**Qu**'est-ce **qui** Qu'est-ce qui est arrivé?	*No short form*
DIRECT OBJECT	**Qu**'est-ce **que** Qu'est-ce que tu as fait?	**Que** Qu'as-tu fait?
OBJECT OF PREPOSITION	Preposition + **quoi est-ce que** De quoi est-ce que tu as parlé?	Preposition + **quoi** De quoi as-tu parlé?

When using the long interrogative forms, remember that if you are asking about people, the question always starts with **qui;** if you are asking about things, it always starts with **que/qu'.** If the interrogative expression is the subject, it always ends with **qui;** if it's the object, it always ends with **que/qu'.**

Use of Inversion When the Subject Is a Noun

With **qui** and **quoi,** the inversion pattern is regular.

Qui Jean a-t-il vu?
A **qui** Jean a-t-il parlé?
De **quoi** Jean a-t-il besoin?

With **que,** the noun subject must be inverted directly.

Que veut Jean? **Que** font les autres?

However, if the sentence contains more than a subject and verb, or if the verb is in a compound tense, the short form **que** is not used.

Qu'est-ce que les autres ont fait?
Qu'est-ce que Jean veut faire après ses études?

Use of *qui* and *quoi* Alone

Qui and **quoi** may be used alone.

Quelqu'un m'a dit ça. —**Qui?**

Quoi is often used as an exclamation.

Quoi? Tu n'as pas encore fait ton lit?

To ask someone to repeat a statement (*What?*), use **Comment? Quoi** is considered very familiar.

> **Quoi?** Qu'est-ce que tu as dit? (*familiar*)
> **Comment?** Qu'est-ce que vous avez dit? (*standard*)

The following fixed expressions with **quoi** are very common.

Quoi de neuf?	*What's new?*
Quoi d'autre?	*What else?*

Verb Agreement with *qui (est-ce qui)* and *qu'est-ce qui*

Interrogative pronouns are usually masculine singular.

> Les motos **font** du bruit. Qu'est-ce qui **fait** du bruit?
> Les enfants **sont** arrivés. Qui (est-ce qui) **est** arrivé?

Exception: when **qui** is followed by a conjugated form of **être,** the verb agrees with the noun or nouns that follow it.

> Qui étai**ent** Pouce et Poussy?

Qu'est-ce (que c'est) que or *quel est?*

Both expressions are equivalent to *What is . . .* **Qu'est-ce (que c'est) que** is used to elicit a definition. **Quel** elicits specific information.

Qu'est-ce (que c'est) que le camembert?	*What's "camembert"?* (*definition*)
Quelle est votre adresse?	*What's your address?* (*specific information*)
Quel est le problème?	*What's the problem?* (*specific information*)

Qu'est-ce qui est or *quel est?*

Similarly, **qu'est-ce qui** and **quel,** followed by a conjugated form of **être,** both express *What is . . .* If **être** is followed by a noun, use **quel.**

> **Quelle** est la **spécialité** régionale?

If **être** is followed by anything other than a noun, use **qu'est-ce qui.**

> **Qu'est-ce qui** est bon?

Forms of *lequel*

Lequel is a pronoun that replaces the adjective **quel** and the noun it modifies. It expresses *Which one?*

	ADJECTIVE *Singular*	*Plural*	PRONOUN *Singular*	*Plural*
MASCULINE	**Quel** livre lis-tu?	**Quels** livres lis-tu?	**Lequel** lis-tu?	**Lesquels** lis-tu?
FEMININE	**Quelle** page as-tu lue?	**Quelles** pages as-tu lues?	**Laquelle** as-tu lue?	**Lesquelles** as-tu lues?

Lequel contracts with **à** and **de** in the plural and in the masculine singular forms.

	Singular	*Plural*
MASCULINE	à + lequel = **auquel** Un film? **Auquel** penses-tu?	à + lesquels = **auxquels** **Auxquels** t'intéresses-tu?
	de + lequel = **duquel** Un dictionnaire? **Duquel** parles-tu?	de + lesquels = **desquels** **Desquels** est-ce que tu as besoin?
FEMININE	à + laquelle = à laquelle Une chanson? A laquelle penses-tu?	à + lesquelles = **auxquelles** **Auxquelles** est-ce que tu t'intéresses?
	de + laquelle = de laquelle L'histoire? De laquelle parles-tu?	de + lesquelles = **desquelles** **Desquelles** s'agit-il?

Essayez!

Complétez.

1. ____ vous faites dans la vie? 2. ____ est votre profession? 3. ____ vous intéresse le plus dans votre travail? 4. Dans ____ domaine est-ce que vous vous êtes spécialisé? 5. ____ avez-vous fait comme études? 6. De toutes les écoles où vous êtes allé, ____ avez-vous préférée? 7. Et parmi vos professeurs, ____ vous a le plus influencé?

(*Réponses page 105*)

Maintenant à vous

A. La grande vie. Complétez les questions suivantes en fonction des réponses anticipées. (Utilisez **qu'est-ce que c'est que, quel** ou **qu'est-ce qui.**)

MODELE: ____ un C.A.P.? (un Certificat d'Aptitude Professionnelle) →
Qu'est-ce que c'est qu'un C.A.P.?

1. ____ est arrivé quand le patron a essayé de faire des avances aux deux filles? (Elles ont ri!)
2. ____ a été la réaction du patron? (Il a rougi.)
3. ____ était si dévastateur dans le rire des deux filles? (C'était un rire très fort.)
4. ____ un grelot? (C'est une sorte de cloche.)
5. ____ est la différence entre rire et ricaner? (Ricaner, c'est rire de façon moqueuse.)

B. Comment? Parce que vous n'avez pas bien entendu, vous posez des questions selon le modèle. Donnez d'abord la forme longue et puis, quand c'est possible, donnez la forme courte.

MODELE: **Pouce et Poussy** habitaient un petit appartement. →
Qui est-ce qui habitait un petit appartement? (Qui habitait un petit appartement?)

1. Elles habitaient avec **maman Janine.** 2. **Maman Janine** était leur mère adoptive. 3. Les deux filles faisaient **des bêtises.** 4. Elles fabriquaient **des cafards en papier.** 5. Elles dessinaient sur les murs avec **de la craie.** 6. **Leur fameux fou rire** irritait les professeurs. 7. Elles ont quand même obtenu **leur C.A.P. de mécaniciennes.** 8. Elles cousaient **des poches.** 9. Elles cousaient des poches sur **des pantalons.** 10. **Les pantalons** portaient l'étiquette «Ohio, U.S.A.».

Ensuite, posez d'autres questions pour mieux comprendre l'histoire.

C. Etes-vous détective? Pouce et Poussy ont disparu—elles sont parties sans rien dire à personne. Préparez toutes les questions possibles et imaginables que vous allez poser aux employées de l'atelier pour essayer de savoir où les deux filles sont parties. (Utilisez non seulement des pronoms mais aussi des adjectifs et des adverbes interrogatifs.)

D. Des jobs pour l'été. Quelqu'un que vous connaissez à peine vous parle de ses trois amis, Gabrielle, Marie-France et Alain, qui cherchent un petit boulot pour l'été. Comme votre interlocuteur parle très vite et que vous avez du mal à suivre ce qu'il dit, vous l'interrompez constamment pour demander des clarifications.

MODELE: Gabrielle a fait une demande d'emploi dans un magasin. →
Qui a fait une demande d'emploi? Où est-ce qu'elle a fait sa demande d'emploi?

1. Gabrielle espère gagner 30 F de l'heure. Elle veut un travail à plein temps parce qu'elle a vraiment besoin d'argent. Il paraît qu'il y a un poste de vendeuse dans le rayon vêtements et aussi un poste de caissière. Elle va avoir son interview avec le patron demain à 10h.
2. Marie-France préfère travailler dans un bureau. Elle a déjà été secrétaire dans une banque, il y a un an. Elle a envoyé son curriculum vitæ à plusieurs personnes. Elle préfère un travail à mi-temps parce qu'elle veut aussi avoir le temps de s'amuser.
3. Alain a déjà été chauffeur et jardinier pour une famille très riche sur la Côte d'Azur. Il n'aimait pas ce travail parce qu'il n'avait pas beaucoup de liberté. Cet été, il voudrait trouver un poste de serveur dans un grand café à Cannes. Il aime voir les gens célèbres; il aime aussi la vie nocturne.

E. Un(e) postulant(e) un peu nerveux (nerveuse)? Vous cherchez un nouveau job. Complétez la conversation suivante avec les formes appropriées de **lequel.**

—Remplissez ce formulaire, s'il vous plaît.
—_______? (1)
—Celui-ci. N'oubliez pas de mettre votre nom sur les deux lignes.
—_______? (2)
—Ces deux-là. Vous n'êtes pas obligé(e) de répondre aux questions 8 à 10.
—_______? (3)
—J'ai dit aux questions 8 à 10. C'est la première fois que vous faites une demande d'emploi?
—Oui... enfin non, j'ai déjà essayé une autre entreprise.
—Ah bon? _______? (4)
—Oh, vous ne connaissez pas.

Croyez-vous que cette personne va être embauchée? Pourquoi?

F. Un sondage. «Les jeunes et le monde du travail.»

1. En groupes de deux, préparez une liste de huit à dix questions que vous aimeriez poser à d'autres étudiants de la classe sur «les jeunes et le monde du travail». Vous pouvez poser des questions sur le genre de travail qu'ils ont déjà fait, le nombre de jobs, les conditions de travail, les avantages, les désavantages, ce qu'ils considèrent comme le job idéal, etc.
2. Circulez dans la classe et interviewez trois autres étudiant(e)s. Posez-leur vos questions et notez leurs réponses. Laissez-vous aussi interviewer par d'autres étudiants.
3. Revenez à votre partenaire, comparez vos résultats et préparez un petit rapport pour la classe ou résumez les résultats au tableau.

G. Jeu de rôles. Role-play the following situation in French with one of your classmates.

> You are applying for a job. (Agree ahead of time on the type of job.) The employer wants to know all about your qualifications and asks very specific questions about previous jobs you've had (what your responsibilities were, the hours you worked, what you liked about each job, what you didn't like, etc.). At the end of the interview, ask a few questions of your own about the new job.

Role-play this situation a second time, reversing the roles and using a different job. These jobs can be real or imaginary.

H. Préparation à la composition «La grande vie?». A l'exemple de Le Clézio, vous voulez écrire une mini-biographie. Choisissez un(e) de vos camarades de classe (changez de partenaire si possible) et posez-lui des questions pour avoir quelques détails (réels ou imaginaires) sur son enfance, sa famille, son éducation, son expérience dans le monde du travail, ses rêves d'autrefois et d'aujourd'hui et d'autres aspects de sa vie. Prenez des notes sur les réponses, car vous allez les utiliser pour votre composition.

Par écrit

Avant d'écrire

Organizing Details. The notes you took while interviewing your classmate in preparation for your minibiography were probably in fragments. They may also have been half in English, half in French. Before you can use the information you collected, it needs to be organized. Do not include every detail; pick only those details that will help create the effect you want.

1. Underline in your notes the highlights, as you see them, of your classmate's life. In the story **«La Grande Vie»** such highlights could have been **orphelines, adoptées par femme seule, toujours ensemble, les deux «terribles», renvoyées de l'école, placées à 16 ans dans une école de couture, diplôme de mécaniciennes,** etc.
2. Analyze all remaining information. Keep details that are related to the highlights and omit the others.
3. Organize the highlights and supporting details into an outline that reflects the progression you want to follow (chronological or some other order). Turn this outline in with your composition.
4. Transform your outline into sentences by adding the necessary parts of speech. Be particularly careful with verbs (use correct tenses and auxiliaries) and check for agreement between subject and verb, between adjective and

noun, and between past participles and their subjects or preceding direct objects, when relevant.

Sujet de composition

La grande vie? Ecrivez la mini-biographie, réelle ou imaginaire, d'un(e) de vos camarades, selon les renseignements que vous avez recueillis en classe.

Réponses: Essayez!, page 101: 1. Qu'est-ce que 2. Quelle 3. Qu'est-ce qui 4. quel 5. Qu' 6. Laquelle 7. lequel / qui / qui est-ce qui

THEME III

Transports et vacances

En bref

Learning a foreign language also means learning about everyday life in a foreign country. **Thème III** focuses especially on traveling and vacationing in the francophone world and will introduce you to much of what you will need to know for such travel.

Functions

- Describing and narrating in the past
- Coping with everyday situations
- Avoiding repetition

Structures

- Using the **passé composé, imparfait,** and **plus-que-parfait** together
- Strategies to accomplish everyday tasks
- Direct and indirect object pronouns

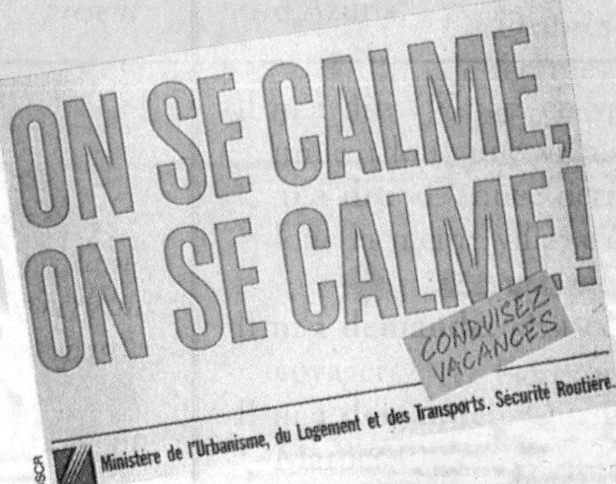

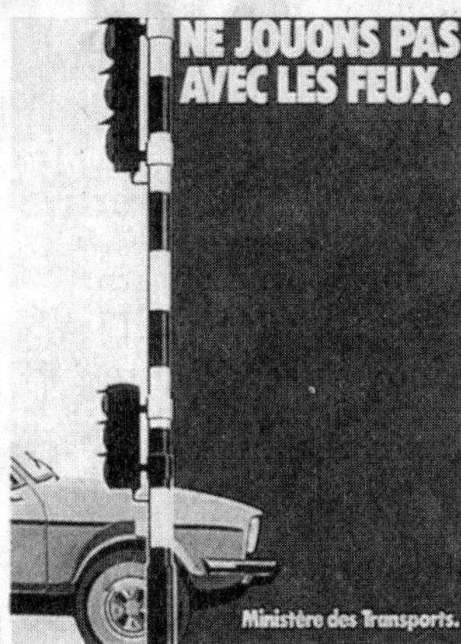

Avant de commencer

L'art de conduire! Comment peut-on diminuer le nombre d'accidents sur les routes?

QUELQUES AFFICHES DES CAMPAGNES PUBLICITAIRES POUR LA SÉCURITÉ

CHAPITRE 7

En voiture

Sur la route des vacances—on avance ou quoi?!

Paroles

On peut **acheter à crédit, payer comptant** (*pay cash*) ou **louer** (*rent*) une voiture.

Si l'on achète, est-ce que ce sera une voiture **neuve** (*brand-new*) ou **d'occasion** (*used*)? Une petite ou une **grosse** voiture? De quelle **marque?** (une Renault? une Citroën? une Mercedes?) Une voiture de sport **décapotable** (*convertible*) ou une voiture à quatre portes? Une **camionnette** (*pickup truck*), un **minibus** (*van*) ou un **camion** (*truck*)?

Les parties de la voiture

L'essentiel, c'est le **moteur** (*engine*), n'est-ce pas? N'oublions pas le **coffre** (*trunk*), les **roues** [f.] (*wheels*), le **parebrise** (*windshield*) et les portes ou **portières** [f.] qu'il faut toujours **fermer à clé** (*lock*) dans les grandes villes. A l'intérieur de la voiture, on s'assoit sur les **sièges** [m.] (*seats*) **avant** ou **arrière,** avec sa **ceinture de sécurité** (*seat belt*) attachée. Parmi les autres équipements, notons le **volant** (*steering wheel*), le **rétroviseur** (*rearview mirror*) et les **pédales** [f.], comme le **frein** (*brake*) et l'**accélérateur** [m.].

Conduire

Avant de pouvoir conduire, il faut prendre des leçons d'**auto-école** (*drivers' education*) et passer son **permis** (*driver's license*), c'est-à-dire prouver qu'on sait **démarrer** (*start the engine*), **accélérer, changer de vitesse** (*change gears*), **rouler dans** une rue et **sur** une route ou **sur une autoroute** (*freeway*), **freiner** (*brake*), **faire marche arrière** (*back up*), **mettre le clignotant** avant de tourner à droite ou à gauche, **faire demi-tour** (*make a U turn*), **respecter la limite de vitesse** et tous les **panneaux** [m.] **de signalisation** (*road signs*), comme les **stops** [m.], obéir aux **feux** [m.] (*traffic lights*), changer de **file** [f.] (*lane*) pour **doubler** (*pass*), **ralentir** (*slow down*) dans les **virages** [m.] (*turns*), **s'arrêter** aux **passages-piétons** [m.] (*crosswalks*), n'**écraser** (*run over*) aucun **piéton!** (*pedestrian!*) et **se garer** dans un **parking** ou le long d'un **trottoir** (*sidewalk*).

La circulation et les accidents

Aux **heures de pointe** (*rush hours*) il y a souvent des **embouteillages** [m.] (*traffic jams*), surtout dans les **carrefours** [m.] ou **intersections** [f.]. Les **agents de police** (en ville) et les **gendarmes** (sur les routes) sont là pour maintenir l'ordre... ou donner des **contraventions** (*tickets*)! Avez-vous jamais **attrapé** une contravention? On fait aussi appel à la police quand on a un **accident,** comme quand on **rentre dans** (*collides with*) une autre voiture. Les accidents font des **dégâts** [m.] (*damages*) matériels, et parfois aussi des **blessés** (*injured people*).

Les ennuis de voiture

Quand on **tombe en panne** (*breaks down*), il faut **faire réparer** le moteur ou ce qui ne marche plus. Si c'est une **panne d'essence,** il faut **prendre de l'essence** ou **faire le plein** (*fill up*). Si c'est un **pneu crevé** (*flat tire*), il faut **mettre la roue de secours** (*the spare*)—ou **faire de l'auto-stop** (*hitchhike*)!

Parlons-en

Quelle coïncidence! En regardant la réclame de ce service de location de voitures, que vous lisez avec un(e) camarade de classe, vous mentionnez que vous avez loué une voiture quand vous étiez en France l'été dernier. Comme par hasard, votre camarade a aussi passé l'été en Europe, et a aussi loué une voiture! Comparez vos expériences, en faisant appel à votre imagination. Supposons que l'un(e) de vous voyageait seul(e), et l'autre avec un groupe d'amis.

LOCATION DE VOITURES

TOUT EST CLAIR SIMPLE, TOUT EST COMPRIS

1. **La location de la voiture.** Quel genre de voiture était-ce? Donnez une description détaillée. Pendant combien de temps avez-vous loué la voiture? Etait-ce vraiment une «facture sans surprise»?
2. **En voiture.** Racontez des expériences que vous avez eues avec votre voiture, comme le jour où vous avez essayé de traverser une grande ville à une heure de pointe; ou le jour où vous vous êtes trouvé(e) dans une rue à sens unique—dans le mauvais sens! Ou bien le jour où vous avez fermé votre voiture à clé—avec la clé **dans** la voiture. Imaginez d'autres «aventures». Pour chaque situation, décrivez les circonstances et racontez ce qui s'est passé, avec le plus de détails possible. Après la discussion en groupes, choisissez l'histoire la plus originale, et préparez-vous à la répéter à la classe.

Lecture

In the following passage from Christiane Rochefort's novel *Les Stances à Sophie,* Philippe and Céline, husband and wife, are driving to the seashore for a vacation. The way they behave with one another in this passage typifies their entire relationship as Rochefort presents it in the novel. Philippe wishes to transform Céline into a "suitable wife" for a young executive; Céline, the bohemian painter, slowly loses her identity as a result of her marriage. As this episode begins, however, Céline is happy. She sits next to her husband, silently making fun of his obsession with his new car.

In analyzing her own work, Rochefort has stated that one of her principal aims was to capture the quality of everyday speech, which she calls **écrire l'oralité.** Her interest in approximating in fiction the ways people really talk and think, as opposed to rendering everyday life in a very literary form, reflects the main thrust of all her work: to look behind the conventional behavior of her characters at their real impulses and motives.

Christiane Rochefort

A première vue

Oral Discourse. Writing that imitates spoken language often omits many of the clues to meaning that written texts usually provide. As you read the following passage for the first time, look for clues about who is speaking. Mark **P** for Philippe and **C** for Céline each time they speak. Also mark **CC** when Céline is talking to herself.

Le langage

Inferring Relationships. Another characteristic of writing that imitates speech may be a lack of clues about the relationship of ideas and events. Punctuation, as well as words that show chronological order and logical relationships (such as *because* and *although*), may be used sparsely. Choose a few sentences from this passage that seem difficult to you, and try to fill in some of the missing punctuation and linking words.

Les Stances à Sophie [extrait]

CHRISTIANE ROCHEFORT

Je pars, pleine de feu et d'entrain.° Un peu de manque mais je me sens vivre. Je chante. Depuis quand je n'ai pas chanté. Philippe me regarde, surpris: il ne m'a jamais entendue, il paraît que j'ai une voix. Il fait beau. Philippe aussi est content, pour d'autres raisons, il a touché sa nouvelle 508 over roof tant attendue depuis le Salon,* tous les avantages d'une voiture de sport sans les inconvénients, quatre places sièges transformables on peut dormir dedans pas besoin de remorque° (dieu soit loué) arrosage automatique° quatre tiroirs air conditionné respiration artificielle boîte à gants à musique sortie de secours° ascenseur est-ce que je sais plein de nickels et en plus elle roule. C'est qu'il n'y en a pas beaucoup° qui l'ont encore celle-là, on en a croisé une en cinq cents bornes° il a fait un peu la gueule.° Prise d'audace, ou peut-être contaminée à force de l'entendre louanger° depuis le départ sans arrêt, on n'est pas de bois, je lui demande de me la laisser essayer.

Il y a longtemps que je n'ai émis° pareille prétention.

—Non. Tu vas me l'esquinter.° Une voiture neuve.

Deuxième reprise:

—Elle est en rodage.°

Il ment, il l'a rodée à toute pompe sur l'autoroute avant de partir.

—Quinze cents,° quoi, ça lui suffit.

—Pas une voiture comme ça.

—Mais je sais roder, ce n'est pas sorcier.°

—Il faut sentir le moteur. Tu n'as pas l'habitude.

—C'est pas comme ça que je la prendrai.

—Je ne tiens pas à ce que tu la prennes sur la mienne.° Merci bien. Quinze cents. Dix-sept cents. Elle est de plus en plus rodée.

—Alors, paye-m'en une.°

—Je croyais que tu méprisais° les voitures?

Il confond avec les hommes qui en parlent. Exprès° bien sûr il confond. Dix-huit cents. Il gratte, il gratte.°

—J'irai pas vite.

—Pour nous faire perdre du temps?

—Mais on en a!

—Ce n'est pas une raison.

Deux mille. Si encore c'était une usine nucléaire, je comprendrais qu'il ne veuille pas que j'y touche. Mais une simple bagnole.° En mettant les choses au pire ça se répare.°

- entrain: enthousiasme
- remorque: *trailer*
- arrosage... *sprinkling system*
- sortie... pour sortir en cas de danger
- beaucoup: (de gens) / bornes: kilomètres
- il a fait... il a fait une grimace
- louanger: glorifier (la voiture)
- émis: exprimé
- esquinter: endommager
- rodage: *break-in period*
- quinze... 1 500 kilomètres
- sorcier: compliqué
- la mienne: ma voiture
- paye... achète-moi une voiture
- méprisais: *despised*
- Exprès: intentionnellement
- il gratte: gagne du temps
- bagnole: voiture (*fam.*)
- ça... c'est facile à faire réparer

*Salon de l'Automobile—exposition annuelle de nouveaux modèles de voitures

—Tu dis tellement qu'elle est solide: elle va me résister.

—Qu'est-ce que tu as Céline en ce moment? Jamais je ne t'ai vue capricieuse comme ça!

—Capricieuse, pour une fois que j'ai envie de quelque chose. Ça n'arrive pas tellement souvent.

Deux mille cent, deux cents, deux cent cinquante.

—Laisse-moi conduire, Philippe.

—Tu es têtue.

—Têtue, elle est bonne:° j'ai envie de conduire et je ne le fais pas, comment voudrais-tu que ça me passe! Je te préviens, ça ne va pas me passer.

elle... c'est une bonne plaisanterie

—Hhha! Là là!

Il semble un peu à bout° d'arguments. Je me mets à grogner.°

à... à la fin / protester

—Avant je conduisais. J'ai pas conduit depuis mon mariage. Je finirai par ne plus savoir. C'est tout de même idiot.

—Mais tu as emporté ton permis?

—Bien sûr.

—Ah, tu l'as pris.

Il est franchement déçu.°

disappointed

—Des fois que tu te serais cassé° quelque chose. On ne sait jamais, hein? Ça peut arriver, non? Ça t'aurait bien arrangé, là. D'abord j'ai l'habitude de conduire la nuit je vois très bien et toi tu n'aimes pas ça. Suppose qu'on soit obligés de conduire la nuit? Si tu es fatigué? Ou si tu es malade. Ou si...

Des... *In case something happens to you*

Il cède. Il n'en peut plus. Il voit qu'il va m'avoir comme ça tout le voyage. Et il m'aurait eue. On va voir ce que tu sais faire! dit-il, en me laissant la place avec un regret cuisant° et des airs de me faire passer le permis. Le diable l'emporte. Je me lance. Ah, c'est agréable. Il fait beau. J'aimais bien conduire. J'avais oublié ça aussi.

très fort

—Han!

C'est lui, à côté. Il est assis tout raide,° crispé, la main droite agrippée à la portière, la gauche prête à voler sur le volant. Je le sens.

rigide

—Tu vas trop vite—Attention—Regarde à ta gauche.

—Quoi?

—Ce type qui va te doubler.

—Je le vois bien. Qu'il double.

—Alors n'accélère pas!

—Je n'accélère pas.

—Si, tu accélères. Céline, tu ne vas pas droit. Regarde devant toi—Mais ne regarde pas ton capot°!

partie avant de la voiture

—Je ne regarde pas le capot.

—Si, tu regardes le capot!—Troisième. Troisième je te dis, passe en troisième!—Mais roule donc à droite tu es au milieu de la chaussée! Oh! Oh! Oh non, Céline, ce cycliste! Tu lui as rasé les fesses°!

rasé... (*fam.*) *just missed him*

—Quel cycliste?

—Mon Dieu!... —Céline. Tu vas nous tuer. Céline tu vas nous tuer! Le camion! Le camion Céline! Oh! Céline arrête! Arrête je ne peux plus! Arrête. Mais pas là! On ne s'arrête pas au milieu de la route! Va plus loin mais au pas° je t'en prie, au pas. Mets ta flèche.° Passe en seconde. En seconde.

Où elle est la seconde? Merde, je ne sais plus rien. Merde merde merde merde!

—Là. Monte maintenant. Mais fais attention, pas dans l'herbe. Là. Le frein. Ouf.

Il s'effondre,° il est blême,° il tremble.

—Sors, dépêche-toi.

Je sors. Je ne sais pas si je vais remonter. Vraiment, j'hésite.

—Eh bien, qu'est-ce que tu attends? Monte! Qu'est-ce que tu attends?

Que faire au milieu d'une route? Et puis reprendre la valise, et après qu'est-ce que je fous° avec une valise, pour le stop.° J'ai horreur d'avoir les mains encombrées. Et puis j'ai envie d'aller au soleil. A tant que de faire du stop, en voilà un là qui me dit de monter et la valise est déjà chargée. Je monte; pour raisons pratiques. Mollement.° Il démarre en flèche. Ça y est, il la tient, il l'a eue, il l'a récupérée, il est content. Rassuré. Je l'entends qui pousse un grand soupir.°

—Ma pauvre fille, tu n'es pas douée.°

—Ça va n'en remets pas° c'est pas la peine c'est fait.

—Garde ton jouet. Tâche seulement de ne pas me tuer je tiens à ma peau.° C'est tout ce que je te demande. Parce qu'entre nous, je ne te l'ai jamais dit mais comme chauffeur j'en ai vu de meilleurs que toi.

—Ah ah. Le coup de pied de l'âne.°

—Regarde donc devant toi.

Je pourrais lui faire aussi le coup, mais ça m'emmerde vraiment trop. Et comme j'ai dit je tiens à ma peau et ce genre de plaisanterie est fatal. On ne peut pas conduire avec son mari à côté c'est une règle absolue. D'ailleurs la loi devrait l'interdire; c'est dangereux.

Il n'y a personne qui vous méprise autant, qui vous fasse aussi peu confiance, qu'un mari. Celui-là s'y est repris à deux fois avec moi mais il a fini par m'avoir, j'oserai plus toucher à un volant. Ces zigzags que je faisais à la fin, et je ne savais plus où étaient les pédales, c'était horrible à voir. Un danger public. Et dire que j'étais spécialiste de la conduite de nuit et des dix heures d'affilée.°

Enfin, tandis qu'il se besogne° on approche du soleil, et avec un peu de veine° on y arrivera. Je me carre° dans mon coin. Je m'occupe du paysage puisque j'ai le temps de m'en occuper; enfin de ce qui se laisse voir. De temps en temps je pousse un petit cri d'effroi,° ou je m'agrippe, pour le principe de ne pas le laisser jouir° tout à fait tranquillement.

au... lentement / clignotant

collapses / pâle

fais (*fam.*) / l'auto-stop

sans énergie

pousse... *sighs*

bonne

n'en... ne recommence pas

(*ici*) vie

Le... *"sour grapes"*

d'... de suite

travaille

chance / reste immobile

peur

enjoy

Avez-vous compris?

A. Qui aurait dit les choses suivantes? Céline **(C)** ou Philippe **(P)**?

1. ____ Tu vas me l'abîmer. Elle est toujours en rodage.
2. ____ Je croyais que tu ne t'intéressais pas aux voitures.
3. ____ Je n'irai pas vite.
4. ____ Tu dis tellement qu'elle est solide. Llle va me résister.
5. ____ Avant, je conduisais. Je n'ai pas conduit depuis mon mariage.
6. ____ J'ai l'habitude de conduire la nuit et toi tu n'aimes pas ça.
7. ____ Troisième. Je te dis, passe en troisième. Mais roule donc à droite, tu es au milieu de la chaussée.
8. ____ Eh bien, qu'est-ce que tu attends? Monte.
9. ____ Vraiment, tu n'es pas douée.
10. ____ Garde ton jouet. Tâche seulement de ne pas me tuer.

B. Complétez la phrase selon le passage.

1. Quand Céline voudrait conduire, Philippe résiste, disant que sa femme est ____ et ____.
2. Il demande si elle a emporté ____.
3. Pendant les moments où elle conduit, il reste tout ____, une main ____ à la portière.
4. Il rend sa femme très ____, et ensuite elle ____, et elle ____.
5. Elle pense faire ____ au lieu de remonter. Mais enfin elle monte.
6. Elle se dit qu'on ne peut pas conduire avec ____ à côté, et même que la loi devrait ____.

C. Répondez selon le passage.

1. Décrivez la voiture de Philippe. Quelles sont ses qualités?
2. Dressez une liste des arguments que Philippe présente pour ne pas laisser conduire Céline.
3. Pourquoi Céline veut-elle conduire?
4. Comment Philippe réagit-il quand Céline est au volant?
5. Pendant le reste du trajet, qu'est-ce qu'elle fait pour gâter un peu la bonne humeur de Philippe?
6. A quels moments sentez-vous le sarcasme de Christiane Rochefort?

D. Analyse du texte.

1. Imaginez que vous êtes Céline. Avec un(e) camarade de classe, parlez de ce qui s'est passé «hier» avec votre mari dans la voiture. Votre camarade est très curieux (curieuse) et va vous interrompre plusieurs fois pour mieux comprendre. (Quelle sorte de voiture? Où étais-tu? Qu'est-ce qu'il a dit? Qu'est-ce que tu as fait? etc.)
2. Imaginez maintenant que vous êtes Philippe. Avec un(e) autre camarade de classe, répétez cette activité. Votre camarade va sympathiser avec vous.

3. Examinez et décrivez les émotions de Céline à des moments différents du passage: (a) au commencement de la journée, (b) quand elle essaie de convaincre Philippe, (c) quand elle conduit, (d) après avoir redonné le volant à son mari.

Et vous?

A. Très souvent on prend «les femmes au volant» comme sujet de blague (*joke*). Quelle est l'origine de telles blagues? Qu'en pensez-vous?

B. On peut analyser le rapport entre Philippe et Céline en termes psychologiques. A votre avis, lequel des deux a le plus de pouvoir? Comment exerce-t-elle (il) son pouvoir? Quels jeux psychologiques (agression, passivité, intimidation, etc.) pouvez-vous identifier dans le rapport entre le mari et la femme? Elaborez.

C. Parlez de vos expériences comme apprenti-chauffeur. Qui vous a appris à conduire? Où? Quels sentiments avez-vous éprouvés la première fois que vous avez conduit seul(e)?

D. Oublions un instant les voitures. Racontez les détails d'un incident (réel ou imaginaire) pendant lequel quelqu'un a voulu emprunter (ou utiliser) une de vos possessions favorites (votre chaîne stéréo, votre appareil-photo, un nouveau pull-over, vos skis, etc.). Avec un autre étudiant (une autre étudiante), créez un dialogue que vous allez jouer devant la classe.

Structure

La complainte de Céline

Mais pourquoi ne **voulait**-il (1) pas que je conduise? Son excuse **était** (2) que la voiture **était** (3) en rodage, mais ça ne l'**empêchait** (4) pas de faire de la vitesse, lui! D'ailleurs, avec l'autre voiture, il ne me **laissait** (5) pas conduire non plus. Alors cette fois-ci, j'**ai insisté** (6). Je lui **ai demandé** (7) plusieurs fois si je **pouvais** (8) conduire. Finalement, il m'**a laissée** (9) prendre le volant, mais pendant que je **conduisais** (10), il **n'a pas arrêté** (11) de me faire des remarques—j'**allais** (12) trop vite, je ne **roulais** (13) pas droit, j'**étais** (14) trop à gauche, j'**étais** (15) trop à droite—enfin bref, ça ne **pouvait** (16) pas continuer comme ça, alors il **a gagné** (17): j'**ai dû** (18) lui redonner le volant... le précieux volant de sa précieuse voiture... plus précieuse que sa propre femme.

Passé composé or imparfait?

When talking about past events, French speakers often mix the descriptive mode, expressed by the **imparfait,** with the narrative mode, expressed by the **passé composé.** You reviewed both the **passé composé** and the **imparfait** in **Thème II.** This chapter focuses on the distinctions between the two tenses.

Déduisez

Read **La complainte de Céline** and compare the use of the **passé composé** and the **imparfait.** Under what circumstances is each tense used? Match each numbered verb with one of the following categories.

NARRATIVE MODE (PASSE COMPOSE)	DESCRIPTIVE MODE (IMPARFAIT)
Actions that happened . . . a. only once b. a specified number of times **(2, 3, plusieurs fois)** or during a specified period of time **(pendant quelques minutes, une heure, etc.)** c. as a result or consequence of another action	Verbs that describe . . . d. background and circumstances (weather, season, time; physical, mental, or emotional states; conditions) e. ongoing actions (what someone *was doing* when something else *happened*) f. habitual actions (repeated an unspecified number of times)

Vérifiez

In deciding when to use the **imparfait** or the **passé composé,** it may be helpful to visualize the two tenses on a time line. The horizontal line shown here represents the **imparfait** (*ongoing* action or state). The vertical arrow represents the **passé composé** (actions or changes of state at a *specific point in time*).

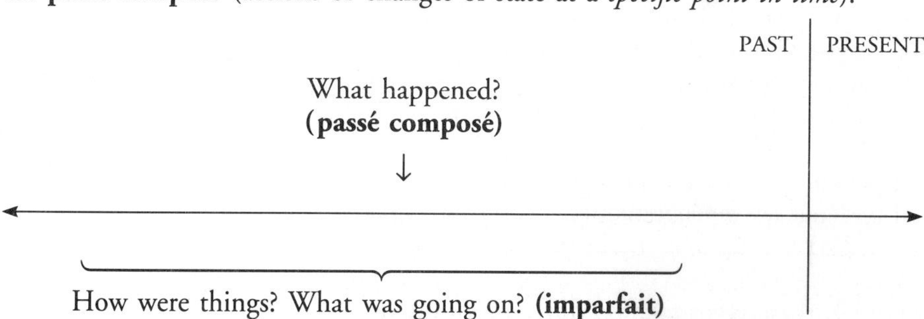

Réponses: 1. d; 2. d; 3. d; 4. d; 5. f; 6. a; 7. b; 8. d; 9. a *or* c; 10. e; 11. b; 12–15. d; 16. d; 17–18. c

There are times when either tense can be used, depending on the perspective of the speaker.

> Ce soir-là, il **a plu.** (*This is a mere statement of fact, with no stage setting.*)
> Ce soir-là, il **pleuvait,** alors je suis resté à la maison. (*The fact that it was raining sets the stage for something that happened.*)

Essayez!

Decide whether each verb is descriptive or narrative, and then check your answers.

> It (1) *was* Friday morning. I (2) *was hurrying* to get out of the house, but when I (3) *got* into my car, I (4) *realized* that I (5) *didn't have* my car keys, so I (6) *had* to go back into the house and hunt for my keys. By then, it (7) *was* rush hour, I (8) *was caught* in one traffic jam after another, and of course, when I finally (9) *made* it to my destination, I (10) *couldn't* find a place to park!

(*Réponses page 125*)

Verbs That Express Mental and Emotional States

Because these verbs are descriptive in nature, in a past context they are generally used in the **imparfait.**

VERBS	EXAMPLES
aimer	Il aimait les gens.
avoir	Il avait beaucoup d'amis.
croire	Il croyait que la solitude était mauvaise.
détester	Il détestait la solitude!
espérer	Il espérait changer le monde.
être	Il était optimiste.
penser	Il pensait que la vie était belle.
préférer	Il préférait les films comiques.

When used in the **passé composé,** these verbs take on different meanings. They no longer describe states or conditions; they indicate specific actions or reactions. Compare the following sentences.

Voyons—qu'est-ce qu'elle a de bon, cette voiture?

Il pensait à sa famille. (*mental state*)	*He was thinking of his family.*
Quand il a vu la photo, il a pensé à sa famille. (*reaction*)	*When he saw the photo, he thought of his family.*
Elle aimait les voitures de sport. (*mental state*)	*She liked sports cars.*
Elle n'a pas aimé sa nouvelle voiture. (*reaction*)	*She didn't like his new car.*

Devoir, pouvoir, savoir and *vouloir*

These verbs also change meanings, according to whether they are used in the **imparfait** or the **passé composé.**

IMPARFAIT	PASSE COMPOSE
devoir: je devais = *I was supposed to*	j'ai dû = (1) *I must have* (*probability*) (2) *I had to* (*obligation*)
pouvoir: je pouvais = *I was capable, I was allowed*	j'ai pu = *I succeeded* je n'ai pas pu = *I couldn't, I failed*
savoir: je savais = *I knew*	j'ai su = *I found out*
vouloir: je voulais = *I wanted to*	j'ai voulu = *I tried, I decided* je n'ai pas voulu = *I refused*

Essayez!

Traduisez les phrases suivantes en anglais, en faisant attention aux différents sens de **devoir, pouvoir, savoir** et **vouloir.**

1. Il **devait** me laisser conduire mais il **a dû** oublier; j'**ai dû** lui redemander. 2. Je **pouvais** à peine parler, tellement j'étais furieuse; finalement, il **a pu** reprendre son précieux volant. 3. Je ne **savais** pas quoi faire quand j'**ai su** qu'il était maniaque. 4. Je **voulais** conduire, mais il **n'a pas voulu** me laisser la voiture.

(*Réponses page 125*)

Rappelez-vous

When the progressive form (**être en train de** + *infinitive*), the near future (**aller** + *infinitive*), and the recent past (**venir de** + *infinitive*) are used in a past context, they are *always* conjugated in the **imparfait.**

J'**étais** en train de me demander si j'**allais** ignorer ses insultes, car je **venais** d'être insultée. — *I was in the middle of asking myself if I was going to ignore his (her) insults, for I had just been insulted.*

Essayez!

Mettez les phrases suivantes au passé.

1. Je **suis** en train de me demander si je **vais** acheter une voiture d'occasion. 2. Je **viens** de prendre une décision quand des amis **viennent** me voir. 3. Nous **allons** au garage ensemble.

(*Réponses page 125*)

Use of *depuis* and Other Time Expressions in Past Contexts

Depuis with the *imparfait* and the *passé composé*

To express an action that *has been going on,* remember that **depuis** is used with the present tense.

Je **conduis** depuis longtemps. — *I have been driving for a long time.*

But to express an action that *had been going on* for some time when something else happened, **depuis** is used with the **imparfait.**

Nous **conduisions** depuis deux heures quand j'**ai proposé** de prendre le volant.	*We had been driving for two hours when I volunteered to drive.*

To express an action that you *have not done* for some time, use **depuis** with the **passé composé.** In other words, the sentence must be negative to justify the use of the **passé composé** with **depuis.**

Je **n'ai pas conduit** depuis mon mariage!	*I haven't driven since I've been married!*

Pendant and *il y a* with Time Expressions

To express an action that was done *for* a period of time, **pendant** (+ *length of time*) is used, usually with the **passé composé,** because it refers to a specific moment in time.

J'ai loué une voiture **pendant** une semaine.	*I rented a car for a week.*

For an action that was *completed* some time *ago,* use **il y a** (+ *expression of time*), also with the **passé composé.**

J'ai appris à conduire **il y a** deux ans.	*I learned to drive two years ago.*

Essayez!

Traduisez.

1. I haven't driven since last year. 2. I drove for an hour. 3. I had been driving for an hour when the car broke down. 4. I filled up the car three days ago.

(*Réponses page 125*)

Maintenant à vous

A. Le départ en vacances de Philippe et de Céline. Mettez les phrases suivantes au passé composé ou à l'imparfait selon le cas.

1. Il **fait** beau. 2. Céline **est** tout heureuse de partir. 3. Elle **chante** constamment. 4. Philippe **regarde** sa femme deux ou trois fois d'un œil bizarre... 5. ...parce qu'il **est** surpris de l'entendre chanter comme ça.

6. Il ne **sait** même pas que sa femme **peut** chanter. 7. Philippe lui-même **veut** partir le plus vite possible... 8. ...parce qu'il **va** essayer sa nouvelle voiture sur l'autoroute. 9. Enfin, ils **mettent** leurs bagages dans le coffre,... 10. ...ils **montent** en voiture et ils **partent**!

Maintenant, résumez l'attitude de Philippe envers sa femme.

B. La déception de Céline. Passé composé ou imparfait? Mettez les verbes indiqués au temps convenable.

1. Elle **pense** qu'elle **va** conduire un petit peu. 2. Elle **attend** qu'ils soient sortis de la ville pour lui demander. 3. Elle **est** surprise de sa réaction, mais elle **insiste.** 4. Finalement, elle **peut** conduire—mais pas pour longtemps. 5. Enervée par les remarques de son mari, elle **arrête** la voiture. 6. Quand elle **sort,** elle **se demande** si elle **veut** remonter. 7. Puis, parce qu'elle **a** quand même envie d'aller au soleil... 8. ...et parce qu'elle n'**aime** pas particulièrement faire de l'auto-stop,... 9. ...elle **reprend** sa place dans la voiture.

Pourquoi Céline est-elle remontée dans la voiture?

C. Le point de vue de Philippe. Transformez ses pensées du moment en réflexions au passé, faites après l'incident.

1. Pourquoi est-ce qu'elle **décide** de conduire, tout d'un coup? 2. Elle ne **veut** jamais conduire! 3. Je ne la **vois** jamais capricieuse comme ça. 4. Elle **oublie** comment conduire. 5. Elle **va** nous tuer! 6. Elle ne **sait** même plus passer en seconde! 7. Et puis après, elle **a** l'audace d'être fâchée. 8. Heureusement qu'elle **s'arrête** à temps.

Résumez le point de vue de Philippe.

D. Et vous? Est-ce que vous avez jamais essayé de conduire «un jouet sacré», c'est-à-dire la voiture très précieuse de quelqu'un? Etait-ce la voiture de vos parents quand vous appreniez à conduire? Ou la voiture d'un ami ou d'une amie? Faites un sondage auprès de trois ou quatre de vos camarades. Avec chacun(e), discutez les aspects (réels, exagérés ou même imaginaires) suivants de l'expérience.

1. les circonstances (où? quand? avec qui?)
2. la voiture (description)
3. l'expérience même (ce qui s'est passé—en détail)
4. vos sentiments avant, pendant et après l'expérience

Laissez-vous interviewer aussi. Après les sondages, rapportez à la classe les résultats que vous avez obtenus.

E. Le permis de conduire. Thierry, un jeune Français de Bordeaux, nous explique comment il a préparé, puis passé son permis. Reconstituez son histoire.

RÉPUBLIQUE FRANÇAISE

AUTOMOBILES - Permis de Conduire

TAXE PAYÉE SUR ÉTAT :

PERMIS DE CONDUIRE

1. Nom : SORHAITZ
2. Prénoms : THIERRY HERVE
3. Date et lieu de naissance : 17 MAI 1964 BAYONNE (PYRENEES ATLANTIQUES)
4. Domicile : 42 RUE PEYRONNET BORDEAUX

Signature du Titulaire

5. Délivré par LE COMMISSAIRE DE LA REPUBLIQUE DE LA GIRONDE
6. A BORDEAUX

Le 12.12.83

Nº 831233210392 Pour le Préfet, Commissaire de la République délégué pour la Police, L'Attaché, Chef de Bureau

1. Je / avoir / 19 ans; je / être / étudiant à l'université de Bordeaux à l'époque.
2. D'abord / il / y avoir / 8 ou 10 leçons de code.
3. Ces leçons / avoir lieu / à l'auto-école, en petits groupes.
4. Puis / je / prendre / 20 leçons de conduite.
5. Ce / être / des leçons individuelles d'une heure, deux fois par semaine.
6. Le jour du permis / je / être / assez nerveux,...
7. ...mais l'examinateur / me / mettre à l'aise.
8. Il / commencer par / parler de son week-end à la chasse.
9. Mon moniteur d'auto-école / être assis derrière.
10. Il / ne pas avoir / le droit d'intervenir / mais / sa présence / être / rassurante.
11. L'examinateur / me / dire de / rouler.
12. Ce / être / en pleine ville; il / y avoir / beaucoup de circulation.
13. Je / devoir / faire un créneau (*parallel park*) et faire demi-tour.
14. En tout, / ça / ne pas durer / plus d'un quart d'heure.
15. Tout / bien se passer; je / avoir / de la chance!

F. Et vous? Expliquez à un(e) camarade comment vous avez préparé, puis passé votre permis de conduire.

1. les circonstances (où? quand? avec qui?)
2. les leçons de conduite (activités habituelles, activités uniques)
3. le jour du permis (ce qui s'est passé; vos sentiments avant, pendant et après)

Faites une liste des points communs et des différences que vous trouvez dans vos histoires, et résumez-les pour la classe.

G. Un accident. Thierry, le jeune Français de Bordeaux, nous raconte maintenant un accident qu'il a eu—le seul! Reconstituez son histoire.

Vaut-il mieux ralentir?

1. Ce jour-là / il / pleuvoir, et je / sortir / d'un virage,...
2. ...quand tout d'un coup, je / voir / une voiture qui / venir / d'en face,...
3. ...et qui / faire / demi-tour au milieu de la route, juste devant moi.
4. Je / freiner, bien sûr, mais comme / la route / être glissante,...
5. ...ma voiture / déraper (*to skid*), et je / rentrer / dans une autre voiture.
6. Heureusement que je / ne pas rouler / très vite.
7. Personne / être blessé, mais il / y avoir / pas mal de dégâts matériels.

Qu'est-ce qui a provoqué l'accident de Thierry?

H. Et vous? Est-ce que vous avez eu, ou vu, un accident? Si non, vous connaissez certainement quelqu'un qui a eu un accident de voiture. Etait-ce un accident grave? pas grave? Racontez à un(e) camarade comment ça s'est passé, avec le plus de détails possible. Ensuite, faites un compte au tableau du nombre d'accidents que les membres de la classe ont eus.

I. Depuis combien de temps? Interviewez un(e) ou deux camarades selon le modèle.

MODELE: Tu / conduire / quand / avoir un accident. →
Depuis combien de temps est-ce que tu conduisais quand tu as eu un accident?
—Je conduisais depuis (6 mois? 2 ans?) quand j'ai eu mon premier accident.

1. Tu / prendre des leçons de conduite / quand / passer ton permis.
2. Tu / avoir ton permis / quand / conduire seul(e) pour la première fois.
3. Tu / conduire / quand / attraper une contravention.
4. Tes parents / avoir leur ancienne voiture / quand / acheter leur voiture actuelle.

J. Jeu de rôles: «Un délai regrettable». You were supposed to go home for the weekend to attend the wedding reception of one of your friends on Friday night. But you had car trouble: first, your car wouldn't start; you had to call a mechanic who worked on the engine for two hours before it would start. Then, on the road, you ran out of gas! You had to wait for someone to take you into town; you bought a can of gas **(un bidon d'essence),** waited for another person to take you back to your car, etc. All this took another hour or so. When you finally made it to your destination, the reception was over. Your partner is your friend's father or mother. Apologize to him or her, explain what happened, and tell how much you wanted to be there. Your friend's parent describes what you missed (what happened, description of the clothes, the food, etc.).

Avant d'écrire

Narration and Description. In this chapter, you have focused especially on the interweaving of the **passé composé** and the **imparfait** in narrating past events. Because these two verbal modes reflect ways of conceiving events that are completely different from those used by English speakers, it is a good idea to pay special attention to them when you write about the past.

Before you begin your composition, make a chart using two columns, one labeled "Narration" and the second "Description." In the first column, list all elements that advance the action in your story—that is, those that answer the question "What happened?" In the second column, list those elements that provide background information: circumstances, descriptions of the scene (including ongoing actions—that is, what people were in the process of doing), etc. Try to achieve a balance between the columns, then write your composition, interweaving the **passé composé** and **imparfait.**

MODELE:

NARRATION	DESCRIPTION
Je suis allé à la plage.	Il faisait frais.
Je me suis assis pas terre.	Des enfants jouaient au ballon.

Sujet de composition

Racontez un voyage mémorable que vous avez fait en voiture. N'oubliez pas d'inclure les circonstances (où? quand? avec qui? pourquoi?); ce que vous avez fait, vu, et visité; le récit d'un incident ou d'une journée particulièrement mémorable pendant ce voyage; et vos sentiments avant, pendant et après le voyage.

Réponses: Essayez!, page 118: 1–2: background → descriptive 3–4: what happened? → narrative 5: circumstance → descriptive 6: what happened? → narrative 7: circumstance → descriptive 8–10: what happened? → narrative

Réponses: Essayez!, page 120: 1. He was supposed to let me drive, but he must have forgotten; I had to ask him again. 2. I was so upset that I was barely capable of speaking; finally, he succeeded in taking back his precious steering wheel. 3. I didn't know what to do when I found out he was a maniac about his car. 4. I wanted to drive, but he refused to let me have the car.

Réponses: Essayez!, page 120: 1. J'étais / j'allais 2. Je venais / sont venus (*latter form of* ***venir*** *not used with* ***de:*** *not recent past*) 3. Nous sommes allés (*not near future*)

Réponses: Essayez!, page 121: 1. Je n'ai pas conduit depuis l'année dernière. 2. J'ai conduit pendant une heure. 3. Je conduisais depuis une heure quand je suis tombé(e) en panne. 4. J'ai fait le plein il y a trois jours.

CHAPITRE 8

Les repas restent sacrés, même sur la route des vacances.

Loisirs et vacances

Paroles

Quelles sont les vacances idéales? **un voyage organisé** (*tour*)? **une croisière** (*cruise*)? **une retraite** (*retreat*) solitaire? des vacances en famille? au bord de la mer? à la montagne? à la campagne?

La mer

A la **plage** (*beach*), on peut **prendre un bain de soleil** (*sunbathe*) sur le **sable** (*sand*) ou sur les **rochers** [m.] (*rocks*); le secret est de **bronzer** (*tan*) sans **attraper de coup** [m.] **de soleil** (*sunburn*)! On peut **se baigner** (*go for a swim*), **nager** (*swim*), **plonger** (*dive*) ou **faire de la voile** (*go sailing*) ou **de**

la planche à voile (*windsurfing*). Quand on est en **bateau,** s'il y a trop de **vagues** [f.] (*waves*), comme pendant une **tempête** (*storm*), on peut **avoir le mal de mer** (*be seasick*).

La montagne

En été, on peut **faire de l'alpinisme** (*mountaineering*). En hiver, on **fait du ski** dans les **stations** [f.] **de ski** (*ski resorts*). Le **ski alpin** se pratique sur des **pistes** [f.] (*slopes*). On peut aussi **faire du ski de fond** (*cross-country skiing*).

La campagne

A la campagne, on peut tout simplement admirer le **paysage** (*landscape*): les **champs** [m.] (*fields*), les **lacs** [m.], les **rivières** [f.] et les **fleuves** [m.] (de grandes rivières qui se jettent dans la mer) les **forêts** [f.], etc. On peut **aller à la chasse** (*go hunting*) ou **à la pêche** (*fishing*). On peut aussi faire du sport: du cyclisme, de l'équitation, du tennis, etc.

Les passe-temps

Pour s'occuper, certaines personnes aiment **coudre** (*to sew*), **peindre** (*to paint*) ou **bricoler** (*to putter around*). Quel est votre **passe-temps** (*hobby*) préféré?

La vie nocturne

Si on veut sortir le soir, on peut aller dans un **casino,** une **boîte de nuit** (*nightclub*) ou une **discothèque.** On peut aussi aller au **théâtre,** au **concert,** au **cinéma** ou tout simplement **s'installer à la terrasse d'un café**—un passe-temps bien français!

Le logement des vacances

On peut louer une **villa,** un **chalet,** un **gîte rural** (petite maison ou partie de ferme aménagée pour vacanciers); on peut aussi **faire du camping** avec une **caravane** (*camping trailer*) ou une **tente.**

Pour des séjours plus courts, on peut rester dans une **auberge de jeunesse** (*youth hostel*) ou à l'**hôtel.** Pendant la haute saison, il vaut mieux **réserver** sa chambre. Quand on arrive dans un hôtel, on **s'inscrit** (s'inscrire = *to register*) à la **réception** (*front desk*). Une fois qu'on a sa **clé** (*key*), si c'est un grand hotel, on peut **prendre l'ascenseur** [m.] (*elevator*) pour monter dans sa chambre.

Parlons-en

A. Un choix difficile. Cet hiver, un parent riche vous propose de vous payer une semaine de vacances au Club Med. Vous avez le choix entre Val-d'Isère et la Tunisie.

1. En groupes de deux, étudiez les deux possibilités.
   Val-d'Isère. En quoi consiste cette «nouvelle formule»? Où se trouve l'hôtel? Qu'est-ce qui vous dit que ce n'est pas un hôtel de grand luxe? En dehors du ski, qu'est-ce qu'on peut faire à Val-d'Isère?

1850 m

FRANCE

Val-d'Isère

SPECIAL

21 pistes

Découvrez notre nouvelle formule : le ski à la carte. Pour profiter en toute liberté d'un domaine illimité. Des meilleures pistes d'Europe. D'une neige de rêve. Le rendez-vous des fans du grand ski.

22

3466 m

1560 m

4 pistes · 31 pistes · 21 pistes · 5 pistes

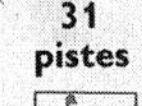

106 remontées mécaniques sur Tignes et Val-d'Isère : 4 téléphériques, 10 télécabines, 32 télésièges, 60 téléskis.

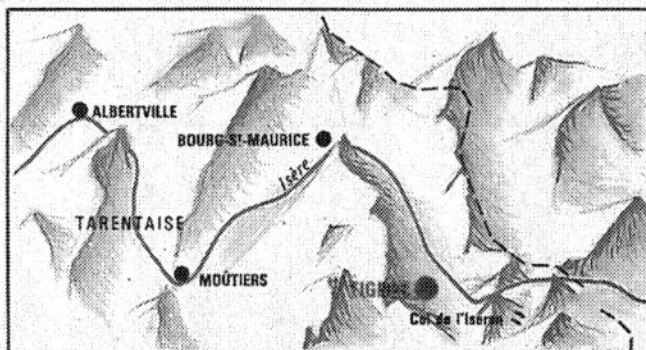

Djerba la Douce. Quelles sont les particularités géographiques de Djerba la Douce (situation, végétation, climat)? Quelles sont les deux options de logement? Laquelle préférez-vous? Parmi les activités mentionnées, lesquelles vous intéressent? Lesquelles vous surprennent?

TUNISIE

Djerba la Douce

28 courts de tennis. Du tir à l'arc. Deux piscines. Sur un autre rythme : micro-informatique, peinture sur soie, bridge et scrabble. Détente et douceur de vivre sur l'île des palmiers et des oliviers.

VOTRE VILLAGE
Au sud de la Tunisie, dans le golfe de Gabès, de confortables bungalows de style tunisien à 2 lits. Salle d'eau. Patio intérieur ou extérieur. Egalement un hôtel avec chambres individuelles ou à 2 lits. Voltage : 220.

SPORTS
28 courts de tennis : 20 au village dont 16 en terre battue (5 éclairés) et 4 en dur et 8 courts en terre battue à 10 minutes. Voile. Deux piscines. Natation. Tir à l'arc jusqu'à 30 m. Aérobic. Football. Ping-pong. Volley-ball. Pétanque.

STAGE
Tennis : voir "Le guide de vos vacances".

ET AUSSI...
Atelier d'arts appliqués. Atelier de micro-informatique équipé "Olivetti". Restaurant typique.

EXCURSIONS

En 1/2 journée
Tour de l'île : la douceur de vivre de l'île des Lotophages et ses souks colorés.

En 1 journée
Gabès/Matmata : Gabès, l'une des rares oasis maritimes du monde et la très vieille cité troglodytique de Matmata.
La barbaresque : une randonnée dans un désert de pierre, le marché de Tataouine et la vieille ville berbère de Chenini.

En 2 jours
Le grand Sud : le paysage fascinant des grandes dunes, les oasis de Nouil et de Douz.

En 3 jours
La saharienne : une vue panoramique du Sud tunisien coupé par le désert de sel du Chott el Jerid.
Prix communiqués sur place.

74

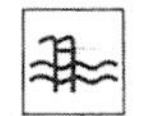  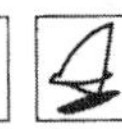    

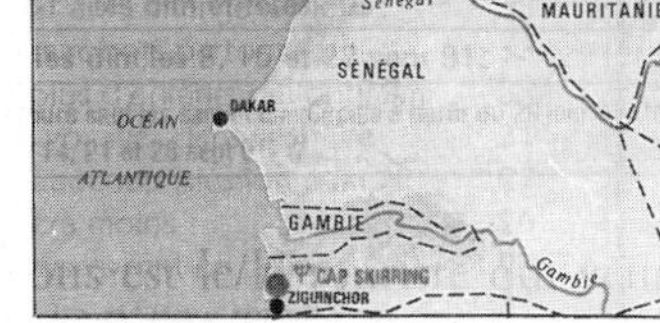

2. **Jeu de rôles.** Votre partenaire joue maintenant le rôle de votre parent riche que vous remerciez chaleureusement et à qui vous annoncez votre choix, en expliquant vos raisons. Ensuite, renversez les rôles.

B. En parlant d'hôtels. Changez de partenaire, et racontez chacun(e) un souvenir personnel d'un séjour dans un hôtel. Où était-ce? Quelle était la raison de ce séjour? Comment était l'hôtel? Quel genre de chambre aviez-vous? Combien de temps êtes-vous resté(e)? Est-ce un souvenir agréable ou désagréable? Pourquoi?

Lecture

Club Méditerranée, the French enterprise that organizes vacations, was founded by Gilbert Trigano. Often situated in exotic places, from tropical islands to mountain ski resorts, Club Med attracts guests and employees from around the world. Each resort offers sports, activities, lessons, entertainment, food, lodging, and transportation for a fixed price. One of the much-discussed claims about a Club Med vacation is that it breaks down barriers between strangers of very different backgrounds. During their two-week stay at the Club, welders, waitresses, dentists, lawyers, and bus drivers call one another **tu** and play games, relax, and eat together.

Club Med is an extraordinarily successful business. In the following interview with Guillemette de Sairigné of *Madame Figaro Magazine,* Gilbert Trigano talks about his organization.

A première vue

Scanning. You have already seen that scanning a text for specific information can be a very effective reading device, one you can use when looking over brochures, guidebooks, programs, and the like, as well as when trying to find particular facts in a magazine or newspaper article. Scan the Trigano interview for the following information:

1. The number of people who go to Club Med during one year
2. The number of Clubs in the world
3. The gross income of Club Med (in French francs)
4. The year Club Med was founded
5. The percentage of French people in the fifties who camped or visited their parents for a vacation
6. The percentage of French people who currently take vacations
7. The meaning of *GO* and *GM*
8. Trigano's age

Le langage

✦ ✦ ✦ ✦ ✦ ✦

The Passive Voice. When you read in French, you will occasionally encounter verbs apparently conjugated with **être** when you thought they were conjugated with **avoir**—for example,

> Le choix est fait, la décision est prise.

(You already know that both **faire** and **prendre** are conjugated with **avoir** in the **passé composé.**)

These verbal expressions are examples of the passive voice. In the passive voice, the agent (the person who performs the action) is not the grammatical subject of the sentence. Compare the following:

> *Active voice:* Catherine lave la voiture tous les week-ends.
> *Passive voice:* La voiture est lavée tous les week-ends [par Catherine].

In the passive voice, the verb is always **être** (conjugated in the appropriate tense), and the past participle functions like an adjective.

Find and circle an example of the passive voice in line 26 and in line 28.

GILBERT TRIGANO
L'HOMME QUI A REINVENTE LES VACANCES

L'ANNEE DERNIERE, 1 200 000 PERSONNES SONT PARTIES AU CLUB MEDITERRANEE. AVEC 237 IMPLANTATIONS DISSEMINEES DANS LE MONDE ENTIER ET 8 MILLIARDS DE CHIFFRE D'AFFAIRES, L'ENTREPRISE DE GILBERT TRIGANO EST LA CHAMPIONNE INCONTESTEE DES VACANCES ET DES LOISIRS.

PHOTO SYLVIE LANCRENON

Gilbert Trigano: le champion des vacances organisées.

You may want to use Trigano's remarks about the Second World War as an opportunity to give students some background information on the period, in particular about the Resistance.

Guillemette de Sairigné.—Pas un livre sur vous, pas de secrets d'enfance distillés dans vos interviews, vous êtes vraiment décourageant pour tous les journalistes!

Gilbert Trigano.—(Riant.) Le passé est passé, quel intérêt? Mieux vaut parler de mes projets.

G.S.—Ça ne vous suffit pas de présider la plus grande société de vacances au monde?

G.T.—Pas seulement la plus grande mais celle qui a mis au point—j'en suis fier—un concept universel, la formule de loisirs qui convenait à l'homme moderne, lui permettant d'abandonner l'efficacité pour le rêve, de découvrir celui[a] que, bloqué[a] dans son milieu, dans son métier, il n'aurait jamais connu autrement.

G.S.—Ces idées étaient vraiment originales en 1954?

G.T.—Et comment! D'abord, à cette époque, il n'y avait pas plus de 10 % des Français qui partaient en vacances autrement que en camping ou bien dans leur famille. Et puis la société était divisée en compartiments étanches.[b] Les organismes de tourisme social étaient menés par des syndicats,[c] des entreprises, des congrégations religieuses. Nous, nous avons cassé cela, en reconstituant des tribus provisoires.[d]

G.S.—Ce n'était pas facile d'effacer[e] les distances?

a. le rêve

a. prisonnier b. distincts, séparés c. *trade unions* d. temporaires e. éliminer

G.T.—Par le sport, c'est venu tout naturellement, et le tutoiement dans la foulée.[a] Il a fallu quand même inventer un nouveau vocabulaire, les GO et les GM (gentils organisateurs et gentils membres) avec entre eux des rapports nouveaux, ce qui n'était pas évident dans une société française qui adore les hiérarchies.

G.S.—La convivialité du Club n'est-elle pas un peu factice[b]?

G.T.—Pas si l'on en juge par le nombre de demandes de couples français et belges par exemple, ou français et italiens, qui se sont rencontrés au Club et demandent à partir ensemble à Coral Beach, ou à Marbella. Il faut voir aussi le nombre de faire part[c] de mariage que nous recevons chaque année. Moi, c'est grâce à la guerre que j'ai rencontré ma femme, j'aurais trouvé plus gai de devoir à des vacances l'amour de ma vie...

G.S.—Autre paradoxe: vous, le vendeur de bonheur, aviez plutôt éprouvé jusque-là le tragique de la vie?

G.T.—Je ne souhaite à personne les quatre années que j'ai vécues pendant la guerre (jeune juif[d] traqué[e] par les nazis puis résistant dans le Sud-Ouest). Mais quand, par miracle, on sort vivant d'un tel drame, on a envie de profiter doublement de la vie. Non, tout cela me semble très logique.

G.S.—Logique aussi, cette défense et illustration des loisirs, quand, par tradition familiale, on vous avait plutôt inculqué le culte du travail avant tout?

G.T.—L'important pour mon père, petit entrepreneur et gros travailleur, c'était de savoir si j'étais capable d'assumer des responsabilités. Alors, quand à seize ans je lui ai annoncé que je voulais devenir comédien, il m'a d'abord confié[f] une petite épicerie: j'allais aux Halles[g] à

a. le... l'emploi du «tu» avec ça b. artificielle c. annonces d. *Jew* e. chassé f. donné g. centre de distribution de produits frais

quatre heures du matin et je fermais boutique à neuf heures du soir. Au bout de six mois, j'avais remonté[a] l'affaire. Alors, il m'a laissé aller mon chemin[b] dans la vie.

G.S.—Les vacances, ça signifiait quelque chose quand vous étiez enfant?

G.T.—Non, on n'avait ni le temps ni les moyens. Le dimanche, on partait parfois faire un pique-nique, au mieux, on prolongeait l'échappée[c] d'une journée. Pour notre voyage de noces,[d] Simone et moi avons visité un château en banlieue[e] et sommes rentrés le soir même!

G.S.—A la lumière de votre expérience, comment voyez-vous évoluer les loisirs des Français? Seront-ils de plus en plus nombreux à prendre des vacances?

G.T.—Avec 70 % de vacanciers on en est presque arrivé au seuil de saturation. En revanche, il est évident que, l'évolution des moyens de transport aidant, on prend des vacances de façon de plus en plus hachée,[f] trois, quatre jours alors que dans les années 50 les gens passaient généralement leurs vingt-sept jours d'affilée[g] dans la maison de papa-maman.

G.S.—Les Français partent plus loin aussi?

G.T.—Oui, mais on commence à réaliser qu'en France aussi, il existe de magnifiques déserts ruraux, nous prévoyons de nous implanter ainsi en Dordogne ou en Puisaye,[h] comme on l'a déjà fait à Vittel.[i]

G.S.—Dernière évolution: on va vers des vacances de plus en plus actives. Quand on voit ces gens qui, pour se détendre,[j] arpentent[k] le désert sac au dos ou descendent en canoë des torrents furieux...

G.T.—Ce n'est pas notre créneau.[l] Ce qui est sûr, c'est que la diminution de la

a. sauvé b. aller... faire ce que je voulais c. la sortie d. mariage e. en... à l'extérieur de Paris f. coupée, fragmentée g. de suite h. Dordogne, Puisaye: régions rurales de France i. ville thermale dans l'est de la France j. relaxer k. traversent l. spécialité

pénibilité[a] du travail et l'allongement des vacances donnent à celles-ci une autre fonction: elles étaient faites pour récupérer, aujourd'hui on les voit comme une occasion de se dépasser.[b] Mais cet engouement[c] pour les loisirs extrêmes n'aura, à mon avis, qu'un temps.

G.S.—Vous occuper ainsi du repos des autres, c'est pour vous un sacré surmenage[d]!

G.T.—Je n'arrête pas, c'est vrai. Mais regardez: je reviens de trois jours au Maroc; eh bien, hier, entre deux réunions, j'ai quand même trouvé trois heures pour lire au soleil aux côtés de

a. difficulté physique b. sortir de ses limites c. affinité d. excès de travail

ma femme! La vie, le travail, les loisirs, tout ça s'entremêle.[a] Et puis, chaque matin, entre 4 et 6 heures, je débranche[b] vraiment en lisant et en écoutant de la musique.

G.S.—Serge, votre fils, est votre dauphin[c] désigné. Mais à soixante et onze ans, on ne vous sent pas proche de la retraite[d]?

G.T.—La retraite... M'évader[e] un jour de Paris peut-être... Ça me permettrait de penser plus tranquillement aux quinze ou vingt rêves qui me trottent[f] dans la tête...

a. va ensemble b. me repose c. successeur d. *retirement* e. partir f. passent

Avez-vous compris?

A. Vrai ou faux? Si c'est faux, corrigez.

1. Le Club Med
   a. Le Club Med est la plus grande société de vacances du monde.
   b. Pendant les années 50, c'étaient des syndicats, des entreprises et des congrégations religieuses qui organisaient le tourisme social.
   c. Il n'y a pas de Clubs Med en France.
   d. 70 % des vacanciers français sont allés au Club Med.
2. Gilbert Trigano
   a. Gilbert Trigano a rencontré sa femme dans un Club.
   b. Trigano a été traqué par les nazis.
   c. Trigano a été résistant dans le sud de la France pendant la guerre.
   d. A l'âge de 16 ans, Trigano voulait être homme d'affaires.
   e. La famille de Trigano partait souvent en vacances quand il était jeune.

B. Répondez.

1. Comparez les vacances typiques des Français pendant les années 50 et pendant les années 90.
2. A quoi mène la convivialité du Club Med? Donnez deux exemples.
3. Comment le père de Gilbert Trigano l'a-t-il forcé à se montrer capable d'assumer des responsabilités?
4. Qu'est-ce que Trigano veut faire pendant sa retraite?
5. Quelles activités le Club Med offre-t-il?

Et vous?

A. Au Club Med, il y a une ambiance décontractée, et Trigano dit que les hiérarchies de la société (entre les GO et les GM; parmi les visiteurs) tendent à disparaître. Est-ce possible? Expliquez.

B. Trigano, qui a vécu des années très tragiques pendant la guerre, est devenu «vendeur de bonheur». Connaissez-vous d'autres personnes qui ont transformé une expérience tragique en quelque chose de positif? (des gens célèbres? des connaissances?)

C. Le père de Gilbert Trigano l'avait forcé à faire ses preuves avant de lui donner sa liberté. Est-ce une bonne idée? Vos parents ont-ils fait la même chose avec vous? Qu'est-ce que vous avez été obligé de faire avant de pouvoir faire ce que vous vouliez? Qu'en pensiez-vous à l'époque? et maintenant?

D. Avec un(e) camarade de classe, discutez les deux définitions ou buts des vacances mentionnés dans l'interview, c'est-à-dire «récupérer» et «se dépasser». Préparez une liste des activités et des lieux propices à chaque type de vacances. Quels sont les avantages et les inconvénients de chacun? Lequel correspond le mieux à votre idée des vacances idéales?

E. Pensez à un souvenir de vacances agréable. Pourquoi étaient-ce de bonnes vacances?

Il y a des gens qui ne s'ennuient jamais. Quels sont les passe-temps de vos vacances?

Structure

Les bavardages mondains

J'ai entendu dire que les Darribet **avaient loué** une villa à Cannes pour la semaine du Festival et puis, quand ils sont arrivés, la villa était déjà occupée. Vous imaginez un peu? Ils **avaient** tout **arrangé** plusieurs mois à l'avance, par l'intermédiaire d'une agence; ils **avaient** même **payé** un acompte.* En attendant de pouvoir se plaindre à l'agence, ils ont dû chercher un hôtel, parce qu'ils **étaient arrivés** en soirée, après la fermeture des bureaux. Tous les hôtels étaient complets, bien sûr. Finalement, ils ont pu avoir une chambre que quelqu'un **avait décommandée** à la dernière minute, au Carlton. Mais ça leur a coûté les yeux de la tête,† évidemment. Si seulement ils **avaient su...**

The *plus-que-parfait*

Formation

Déduisez

Judging from the verbs in bold in **Les bavardages mondains,** the **plus-que-parfait** is a compound tense formed with (1) the ____ tense of the auxiliary verb **avoir** or **être** and (2) the ____ of the main verb.

Essayez!

Mettez au plus-que-parfait.

1. tu te baignes 2. nous attrapons des coups de soleil 3. je nageais 4. vous souffrez 5. elles se promènent

(*Réponses page 144*)

---

* *a down payment*
† les... très très cher
Réponses: Déduisez: (1) imperfect; (2) past participle

Usage

The **passé composé** is what makes a story progress. It sets the time of the narration.

The **plus-que-parfait** is for flashbacks or anything that *had happened before* the time of the narration.

The **imparfait** sets the stage for any past action, either in the **passé composé** or in the **plus-que-parfait.**

Ils ont pu avoir une chambre que quelqu'un **avait décommandée** à la dernière minute.	*They were able to get a room for which someone had canceled a reservation at the last minute.*

REMOTE	PAST	PAST	PRESENT
What had happened before? **(plus-que-parfait)**	What happened? **(passé composé)** ↓		
	How were things? What was going on? **(imparfait)**		

Essayez!

Indicate the correct tense for each verb in parentheses, and explain why it is the correct one.

RETOUR AU PASSE

L'année dernière, j'(avoir)[1] l'occasion de retourner à la maison de mon enfance. C'(être)[2] un peu par hasard: nous (être)[3] en vacances dans la région, et, quand je/j'(voir)[4] le nom du village sur la carte, je/j' (proposer)[5] de faire un détour, par curiosité. Nous (avoir)[6] du mal à trouver la maison, parce que tout (changer)[7]: le village (grandir)[8], il y (avoir)[9] de nouveaux magasins, de nouvelles rues. La maison de mon enfance (être)[10] toujours là, mais elle (ne plus être)[11] de la même couleur, et les arbres (devenir)[12] énormes. Avec une certaine nostalgie, je (regarder)[13] le jardin où je/j' (jouer)[14] quand j' (être)[15] petite, et je/j' (reconnaître)[16] la balançoire (*the swing*) où je/j' (passer)[17] tant d'heures. Puis je/j' (regarder)[18] la façade de la maison, et je/j' (essayer)[19] de me rappeler à quelles pièces (correspondre)[20] les fenêtres, quand soudain la porte d'entrée (s'ouvrir)[21] et une petite fille (sortir)[22], interrompant le rêve où je/j' (entrer)[23].

(*Réponses page 144*)

Maintenant à vous

Nice—la plage et la Promenade des Anglais

A. Le couple malchanceux. Vous vous rappelez les Darribet des «Bavardages mondains»? Pour indiquer ce que les Darribet avaient fait avant de partir pour Cannes, avant le terrible malentendu, mettez les phrases suivantes au plus-que-parfait.

1. Ils / annoncer / à tout le monde...
2. ...qu'ils / louer / une villa à Cannes.
3. Ils / inviter / même / des amis à venir les voir.
4. Ils / donner / l'adresse de la villa à plusieurs personnes.
5. Ils / s'habituer / à l'idée de vivre dans cette villa.

B. Et vous? Est-ce que vous avez jamais eu une expérience semblable? Indiquez les préparatifs que vous aviez faits pour quelque chose qui devait arriver mais qui, à la dernière minute, n'a pas eu lieu (par exemple, un voyage qui ne s'est pas réalisé ou des plans qu'il a fallu changer).

C. Déjà / pas encore. Complétez les phrases suivantes de façon personnelle, en utilisant le plus-que-parfait et le plus de verbes possible.

MODELE: Quand je suis allé(e) en France, → Quand je suis allé(e) en France, j'avais **déjà** eu trois ans de français, etc. (*ou*) Quand je suis allé(e) en France, je n'avais **pas encore** voyagé seul(e), etc.

1. Quand j'ai commencé mes études ici,... 2. Quand je suis rentré(e) chez moi, hier,... 3. Quand je suis sorti(e) de chez moi, ce matin,... 4. Quand je me suis inscrit(e) pour ce cours de français,... 5. Quand le week-end dernier s'est terminé,... 6. A la fin de l'été dernier,...

Indirect Discourse

Direct discourse relates *directly* what someone else has said or written, using quotation marks (called **guillemets** in French) and the original wording. *Indirect* discourse relates *indirectly,* without quotation marks or **guillemets,** what someone else has said or written. Indirect discourse works the same way in French as it does in English.

	DIRECT DISCOURSE	INDIRECT DISCOURSE
Main verb in present	Il me **dit:** «Je pars en vacances; ma famille a loué une villa sur la Côte d'Azur.»	Il me **dit qu'il part** en vacances et **que sa** famille **a loué** une villa sur la Côte d'Azur.
Main verb in past	Il m'**a dit:** «Je pars en vacances; ma famille a loué une villa.» Il m'**a dit:** «L'année dernière, on avait loué la même villa; c'était génial.» Il m'**a demandé:** «Est-ce que tu aimes voyager?» Il m'**a demandé:** «Quand es-tu allé au Maroc? Qu'est-ce que tu as fait là-bas?»	Il m'**a dit qu'il partait** en vacances et **que** sa famille **avait loué** une villa. Il m'**a dit que** l'année dernière **ils avaient loué** la même villa et **que c'était** génial. Il m'**a demandé si j'aimais** voyager. Il m'**a demandé quand j'étais allé** au Maroc et **ce que j'avais fait** là-bas.

Déduisez

1. If the introductory verb is in the present, are there tense changes in the dependent clauses when you switch from direct to indirect discourse? What needs to be adjusted?
2. If the introductory verb is in the past, what tense changes occur in the dependent clauses? What does the present become? And the **passé composé**? Do the **imparfait** and the **plus-que-parfait** change?
3. How is a *yes* or *no* question expressed in indirect discourse? What happens with information questions?

Vérifiez

1. When the introductory verb is in the present, there are no tense changes in the dependent clause(s). Use **que** to introduce each dependent clause, and adjust personal pronouns and possessive adjectives.
2. When the introductory verb is in the past, the following tense changes occur.

   présent → **imparfait**
   passé composé → **plus-que-parfait**

   The **imparfait** and the **plus-que-parfait** remain unchanged.

3. In questions, the following changes occur.

✦ Yes/no question → **si** + *declarative sentence*

Je t'ai demandé si tu avais faim.

✦ **Où, quand, comment,** etc. → *interrogative expression* + *declarative sentence*

Il m'a demandé à quelle heure j'allais revenir.

✦ Interrogative pronouns:

Qui est-ce qui Qui est-ce que	→ qui	Il m'a demandé qui était venu. Il m'a demandé qui j'avais vu.
Qu'est-ce qui	→ ce qui	Il m'a demandé ce qui s'était passé.
Qu'est-ce que	→ ce que	Il m'a demandé ce que j'avais fait.

Essayez!

Transformez en discours indirect, en ajoutant «il a dit» ou «il a demandé» selon le cas.

1. «Je ne suis jamais allé au Club Med.» 2. «Est-ce que vous avez eu le mal de mer quand vous étiez en bateau?» 3. «Qui est-ce qui a attrapé des coups de soleil?»

(*Réponses page 144*)

✦ Maintenant à vous

D. Monsieur «Club Med». Résumez ce que M. Trigano a dit dans l'interview, selon le modèle.

MODELE: «Le Club Med a développé une nouvelle formule de loisirs.» → **Il a dit que** le Club Med avait développé une nouvelle formule de loisirs.

1. «Le Club Med permet à l'homme moderne de rêver.»
2. «Le Club Med a cassé les barrières sociales.»
3. «Cela n'a pas été facile, car la société française adore les hiérarchies.»
4. «Je connais beaucoup de couples qui se sont rencontrés au Club Med.»
5. «J'ai rencontré ma femme pendant la guerre; pour notre voyage de noces, nous avons visité un château en banlieue.»
6. «Les vacances ont beaucoup évolué.»

E. La journaliste. Qu'est-ce qu'elle a demandé à M. Trigano? Résumez ses questions selon le modèle.

> MODELE: «L'ambiance du Club est-elle artificielle?» →
> **Elle a demandé à Trigano** si l'ambiance du Club était artificielle.

1. «Comment êtes-vous devenu vendeur de bonheur?»
2. «Les vacances, ça signifiait quelque chose quand vous étiez enfant?»
3. «La guerre a-t-elle été un facteur dans vos décisions professionnelles?»
4. «Qu'est-ce que vous avez appris de cette expérience?»
5. «Qui va prendre votre succession?»

Maintenant, donnez les réponses de M. Trigano.

F. Qu'est-ce qu'il a dit? Vous venez de recevoir une carte postale d'un ami, David, qui passe ses vacances en Bretagne, et vous résumez pour nous le contenu de la carte postale. Qu'est-ce que David a dit?

G. Une autre carte postale. Celle-ci est d'un couple français que vous connaissez (Denise et Jean-Michel). Qu'est-ce qu'ils ont dit?

H. Un Américain à Roissy. George, un étudiant américain, raconte à des amis français son arrivée à l'aéroport de Roissy à Paris. Mettez son histoire au passé en utilisant l'imparfait, le passé composé ou le plus-que-parfait selon le cas.

Avant de partir de New York, je (avoir)[1] beaucoup de confiance en moi. Je (ne jamais aller)[2] en France, mais je (étudier)[3] le français pendant plusieurs années, et je (croire)[4] que je (être)[5] prêt. Mais dans l'avion, un peu avant d'arriver, je (commencer)[6] à avoir peur: et si je (ne rien comprendre)[7]? Heureusement, je (comprendre)[8] la première personne qui me (adresser)[9] la parole en français. Ce (être)[10] un douanier (*customs officer*), et il me (dire)[11]: «Vos papiers, s'il vous plaît». Mais plus tard, ça (se compliquer).[12] Je (aller)[13] aux bagages pour attendre ma valise, et là, je (attendre)[14] pendant quinze ou vingt minutes. Il y (avoir)[15] beaucoup de valises qui (passer)[16] et (repasser)[17] devant moi, mais aucune (n'être)[18] ma valise. Au bout de 30 ou 40 minutes, je (se rendre compte)[19] que tous les passagers de mon avion (prendre déjà)[20] leurs valises et (partir).[21] Alors je (voir)[22] quelqu'un qui (avoir l'air)[23] de travailler là, et je lui (expliquer)[24] mon problème. Il me (regarder)[25] avec un petit sourire et me (répondre)[26] quelque chose que je (ne pas comprendre).[27] Finalement, je (trouver)[28] le bureau de la TWA et je (recommencer)[29] mon explication. L'employée, qui (très bien comprendre)[30] mon français, me (demander)[31] de remplir des formulaires. Et puis elle (téléphoner)[32] à New York, et on (apprendre)[33] que ma valise (rester)[34] là-bas.

I. Un Américain à Paris—sans valise. En groupes de deux, imaginez (oralement ou par écrit) le deuxième épisode des «aventures» de George. Vous pouvez vous servir des expressions suggérées, ou donner libre cours à votre imagination, mais rappelez-vous que l'histoire doit être au passé (imparfait/passé composé/plus-que-parfait).

Expressions suggérées: changer de l'argent au bureau de change de l'aéroport; prendre un taxi; aller dans un hôtel que quelqu'un / recommander; demander une chambre; ne pas avoir de brosse à dents ni de pyjama; aller dans un magasin; acheter une brosse à dents et du dentifrice; décider de ne pas prendre de pyjama après tout; se promener un petit peu dans les rues de Paris; être impressionné par les vieux monuments; avoir faim; manger dans un restaurant; aller à la gare de Lyon; se renseigner sur le prix d'un billet pour Marseille; téléphoner à ses amis pour leur annoncer le retard; etc. (plus tard) mal dormir; rêver que sa valise/ être mise sur le mauvais vol, etc.

J. Et vous? Interviewez un(e) de vos camarades de classe: demandez-lui de vous raconter «une aventure» qui lui est arrivée un week-end ou en vacances. Posez suffisamment de questions pour «tout» savoir—les circonstances (où? quand? avec qui? pourquoi?); ce qui s'était passé avant l'incident; un récit détaillé de l'incident; ses sentiments avant, pendant et après. Prenez des notes pendant l'interview, pour ne rien oublier.

Maintenant, changez de partenaire et racontez (en vous rappelant les principes du discours indirect) l'histoire que vous venez d'entendre—avec la permission de l'auteur, bien sûr!

K. Jeu de rôles: «Une mémoire défaillante». You and your brother or sister are trying to remember where the family went on vacation five years ago. One of you thinks that it was the year you rented a cabin in the mountains where there was a tennis court nearby, where you had met a guy (or girl) who played tennis with you, etc. (Evoke all kinds of memories that might be linked to a vacation in the mountains.) The other thinks that was the year the family stayed home, because your parents had just bought a new car, and there was not much money to go on vacation. You do remember going to the beach for a few days. (Evoke memories that might be linked to a few days at the beach.) Discuss back and forth until you can agree on what really did happen that year.

Par écrit

Avant d'écrire

Openers. The opening sentence(s) of a piece of writing ought to tell the reader your approach to the topic. Otherwise, you cannot expect your reader to follow your *line of thought.* If your topic is **les loisirs,** for example, what you make of this subject is your line of thought, or the idea you want to explore. Your line of thought may be that **les loisirs sont *nécessaires.*** The element needed to strengthen your line of thought is a specific *situation* or context, such as **la nécessité des loisirs *dans la vie des travailleurs surmenés*** (*overworked*).

To open your essay, you could begin with a question that you will answer: **Les loisirs sont-ils une nécessité dans une société dominée par le culte du travail?** This sentence is effective because it introduces the topic, the line of thought, and the situation. It prepares the reader for what is to follow. Moreover, it does not give away your conclusion, so readers will want to read on.

PREWRITING TASK

With a partner in class, consider the topic of **les voyages organisés.** Make a list of possible lines of thought for this topic, choose one, and then write an opening sentence that will indicate your line of thought and the situation you will be using as a context.

Sujet de composition

Le rôle des vacances. Allez-vous parler du rôle des vacances dans la famille américaine? dans votre propre famille? dans l'enfance en général? dans votre propre enfance? A vous de choisir et d'indiquer votre choix par votre phrase d'ouverture. Essayez d'inclure un souvenir personnel dans le développement de vos idées.

Réponses: Essayez!, page 136: 1. tu t'étais baigné(e) 2. nous avions attrapé 3. j'avais nagé 4. vous aviez souffert 5. elles s'étaient promenées

Réponses: Essayez!, page 137: 1. what happened? → *passé composé* 2–3. circumstances → *imparfait* 4–6. what happened? → *passé composé* 7–8. action prior to time of narration → *plus-que-parfait* 9–11. descriptive → *imparfait* 12. action prior to time of narration → *plus-que-parfait* 13. what happened? story progresses → *passé composé* 14. habitual action in the past → *imparfait* or action prior to time of narration → *plus-que-parfait* 15. descriptive → *imparfait* 16. what happened next? → *passé composé* 17. action prior to time of narration → *plus-que-parfait* 18. what happened after that? → *passé composé* 19. action in progress, related to **quand** clause that follows → *imparfait* 20. descriptive → *imparfait* 21–22. what happened? → *passé composé* 23. action prior to the time of narration, which time is now **quand une petite fille est sortie** → *plus-que-parfait*

Réponses: Essayez!, page 140: 1. Il a dit qu'il n'était jamais allé au Club Med. 2. Il a demandé si nous avions eu le mal de mer quand nous étions en bateau. 3. Il a demandé qui avait attrapé des coups de soleil.

CHAPITRE 9

Attention au départ!

Le départ

Paroles

Les voyages en train

La **gare** (*station*); la S.N.C.F. = Société Nationale des Chemins de Fer (*French National Railways*); le TGV = Train à Grande Vitesse.

Le ***départ*** (*departure*): D'abord il faut **se renseigner** (*to get information*) au **bureau des renseignements** [m.] (*information counter*) et consulter l'**horaire des trains** (*train schedule*); puis on va au **guichet** (*ticket window*) pour prendre son **billet** (*ticket*). On demande un **aller simple** (*one-way ticket*) ou un **aller-retour** (*round-trip*) pour la **destination** voulue, en **première** classe ou en **deuxième classe;** pour un petit **supplément,** ou peut **réserver** sa **place** (dans un **compartiment «Fumeurs»** [*smoking*] ou **«Non-Fumeurs»**); à l'entrée du **quai** (*platform*), il faut **composter** (*punch*) son billet dans une petite machine de couleur orange (un composteur), pour que le billet soit

valable (*valid*); quand on a trouvé **le bon train** (*the right train*), on cherche la place indiquée sur sa réservation, ou une **place libre** (*empty seat*). On se dépêche pour ne pas **manquer** ou **rater** (*to miss*) le train.

Dans le train: Au moins une fois pendant le voyage, le **contrôleur** (*conductor*) contrôle les billets des **passagers** [m.] (*passengers*); si ce n'est pas un **train direct,** il faut descendre à la gare voulue pour prendre la **correspondance** (*connecting train*). Quand on voyage de nuit, on peut prendre une **couchette** (*bunk*).

L'arrivée: Si on désire laisser ses bagages à la gare pendant qu'on visite la ville, on les met à la **consigne** (*baggage check/locker*).

Les voyages en avion

Une compagnie aérienne (*airline*); un aéroport (*airport*).

Le départ: On peut prendre son billet et sa **carte d'embarquement** (*boarding pass*) dans une **agence de voyages** (*travel agency*) ou au **comptoir** (*ticket counter*). Avant de monter dans l'avion, il faut **enregistrer ses bagages,** puis trouver la **porte d'embarquement** (*boarding gate*).

Dans l'avion: Les **hôtesses de l'air** (*stewardesses*) et les **stewards** s'occupent des passagers. Quand l'avion décolle (**décoller** = *to take off*) ou atterrit (**atterrir** = *to land*), il faut rester dans son **siège** (*seat*) et **attacher sa ceinture** (*fasten one's seat belt*).

L'arrivée: Les passagers des **vols** [m.] (*flights*) internationaux doivent **passer à la douane** (*to go through customs*); le **douanier** (*customs officer*) contrôle votre **passeport** et demande si vous avez **quelque chose à déclarer;** quelquefois, il fouille (**fouiller** = *to search*) vos bagages.

Parlons-en

A. Situation 1: «C'était horrible!» En groupes de deux, écrivez un dialogue, que vous allez ensuite jouer devant la classe, entre deux voyageurs qui récapitulent ensemble ce qui leur est arrivé pendant leur premier voyage en train. Imaginez toutes les catastrophes possibles: tout d'abord, ils n'arrivaient pas à trouver la gare, puis il y a eu des problèmes au guichet, ils se sont trompés de train et ils ont donc dû changer de train plusieurs fois pour retrouver la bonne ligne; malheureusement, ils avaient laissé une de leurs valises dans le premier train, etc.

B. Situation 2: «Tout s'est bien passé.» Ces deux jeunes filles viennent de faire un grand voyage en avion. Où sont-elles allées? Que racontent-elles à leur maman sur les vols, le service dans l'avion, la douane, etc.? Elles ont l'air enchantées de leur expérience. En groupes de trois, créez leur histoire. La maman, qui est venue les chercher à l'aéroport Charles de Gaulle, pose beaucoup de questions et les deux filles s'interrompent constamment pour ajouter des précisions—et rassurer leur mère qui a peur de prendre l'avion.

Lecture

Le Petit Nicolas, by Jean-Jacques Sempé and René Goscinny, has been a favorite book of both adults and children since its publication in 1954. Nicolas's seemingly simple words and thoughts often hide profound and funny observations about the adult world. Sempé, born in 1932, began drawing cartoons at the age of nineteen and is the author of many cartoon albums. Incidentally, his own son is named Nicolas. His drawings often appear in French magazines, such as *Paris-Match* and *L'Express.* Goscinny (1926–77) and his collaborator Uderzo were the creators of the popular cartoon series *Astérix.*

Jean-Jacques Sempé

René Goscinny

A première vue

Point of View. When you read fiction, it is often just as important to recognize the point of view of the narrator as it is to understand the events of the story. Much of the charm of *Le Petit Nicolas* lies in the point of view of the narrator. As Nicolas describes his preparations for summer camp, it becomes clear that he sees the world very differently from his parents. Instead of recognizing that his mother was crying because of his departure, for example, Nicolas says that his mother "**avait quelque chose dans l'œil.**" He naïvely focuses on appearances rather than on what lies behind them.

As you read, notice how the narrator's viewpoint affects your reactions to the story. Find examples of his childlike point of view and list them in one column. Then, in a second column, jot down another possible reaction (an adult's? a camp counselor's?).

Le langage

The Main Clause. A sentence with a series of clauses may seem difficult to decipher. It sometimes helps to identify the main clause, then mark off the dependent clauses as well. Remember that each clause has its own subject and verb. In each of the following examples, underline the main clause. (It may help to circle the subject, the verb, and its object.) Next, put brackets around the subordinate clause(s).

1. Des papas et des mamans criaient des choses, en demandant qu'on n'oublie pas d'écrire, de bien se couvrir et de ne pas faire de bêtises.
2. ...et je voyais mon papa et ma maman, tous les papas et toutes les mamans, qui nous faisaient «au revoir» avec leurs mouchoirs.

Le Petit Nicolas [extrait]

JEAN-JACQUES SEMPE ET RENE GOSCINNY

Aujourd'hui, je pars en colonie de vacances et je suis bien content. La seule chose qui m'ennuie, c'est que Papa et Maman ont l'air un peu tristes; c'est sûrement parce qu'ils ne sont pas habitués° à rester seuls pendant les vacances.

° mot ap.

Maman m'a aidé à faire la valise, avec les chemisettes, les shorts, les espadrilles, les petites autos, le maillot de bain, les serviettes,° la locomotive du train électrique, les œufs durs, les bananes, les sandwiches au saucisson et au fromage, le filet° pour les crevettes,° le pull à manches longues, les chaussettes et les billes.° Bien sûr, on a dû faire quelques paquets parce que la valise n'était pas assez grande, mais ça ira.

towels
net (pour pêcher) / *shrimp*
marbles

Moi, j'avais peur de rater le train, et après le déjeuner, j'ai demandé à Papa s'il ne valait pas mieux° partir tout de suite pour la gare. Mais Papa m'a dit que c'était encore un peu tôt, que le train partait à 6 heures du soir et que j'avais l'air bien impatient de les quitter. Et Maman est partie dans la cuisine avec son mouchoir,° en disant qu'elle avait quelque chose dans l'œil.

valait... était préférable de
handkerchief

Je ne sais pas ce qu'ils ont,° Papa et Maman, ils ont l'air bien embêtés.° Tellement embêtés que je n'ose pas leur dire que ça me fait une grosse boule° dans la gorge quand je pense que je ne vais pas les voir pendant presque un mois. Si je le leur disais, je suis sûr qu'ils se moqueraient° de moi et qu'ils me gronderaient.°

ce... leur problème
inquiets
lump
mot ap. / réprimanderaient

Moi, je ne savais pas quoi faire en attendant l'heure de partir, et Maman n'a pas été contente quand j'ai vidé° la valise pour prendre les billes qui étaient au fond.

pensez à: vide

—Le petit ne tient plus en place,° a dit Maman à Papa. Au fond,° nous ferions peut-être mieux de partir tout de suite.

tient... devient impatient / au... après tout (*ici*)

—Mais, a dit Papa, il manque encore une heure et demie jusqu'au départ du train.

—Bah! a dit Maman, en arrivant en avance, nous trouverons le quai vide et nous éviterons les bousculades° et la confusion.

jostling

—Si tu veux, a dit Papa.

Nous sommes montés dans la voiture et nous sommes partis. Deux fois, parce que la première, nous avons oublié la valise à la maison.

A la gare, tout le monde était arrivé en avance. Il y avait plein de gens partout, qui criaient et faisaient du bruit. On a eu du mal à trouver une place pour mettre la voiture, très loin de la gare, et on a attendu Papa, qui a dû revenir à la voiture pour chercher la valise qu'il croyait que c'était Maman qui l'avait prise. Dans la gare, Papa nous a dit de rester bien ensemble pour ne pas nous perdre. Et puis il a vu un monsieur en uniforme, qui était rigolo° parce qu'il avait la figure toute rouge et la casquette de travers.°

pensez à: rigoler (rire)
de... pas droite

—Pardon, monsieur, a demandé Papa, le quai numéro 11, s'il vous plaît?

—Vous le trouverez entre le quai numéro 10 et le quai numéro 12, a répondu le monsieur. Du moins, il était là-bas la dernière fois que j'y suis passé.

—Dites donc, vous... a dit Papa; mais Maman a dit qu'il ne fallait pas s'énerver° ni se disputer, qu'on trouverait bien le quai tout seuls.

pensez à: nerveux

Nous sommes arrivés devant le quai, qui était plein, plein, plein de monde, et Papa a acheté, pour lui et Maman, trois tickets de quai.* Deux pour la première fois et un pour quand il est retourné chercher la valise qui était restée devant la machine qui donne les tickets.

—Bon, a dit Papa, restons calmes. Nous devons aller devant la voiture Y.

Comme le wagon qui était le plus près de l'entrée du quai, c'était la voiture A, on a dû marcher longtemps, et ça n'a pas été facile, à cause des gens, des chouettes° petites voitures pleines de valises et de paniers et du parapluie du gros monsieur qui s'est accroché° au filet à crevettes, et le monsieur et Papa se sont disputés, mais Maman a tiré Papa par le bras, ce qui a fait tomber le parapluie du monsieur qui était toujours accroché au filet à crevettes. Mais ça s'est très bien arrangé, parce qu'avec le bruit de la gare on n'a pas entendu ce que criait le monsieur.

chouettes: jolies, plaisantes
accroché: *caught on*

Devant le wagon Y, il y avait des tas de types° de mon âge, des papas, des mamans et un monsieur qui tenait une pancarte° où c'était écrit «Camp Bleu»: c'est le nom de la colonie de vacances où je vais. Tout le monde criait. Le monsieur à la pancarte avait des papiers dans la main, Papa lui a dit mon nom, le monsieur a cherché dans ses papiers et il a crié: «Lestouffe! Encore un pour votre équipe°!»

types: garçons
pancarte: *sign*
équipe: groupe

Et on a vu arriver un grand, il devait avoir au moins dix-sept ans.

—Bonjour, Nicolas, a dit le grand. Je m'appelle Gérard Lestouffe et je suis ton chef d'équipe. Notre équipe, c'est l'équipe Œil-de-Lynx.

Et il m'a donné la main. Très chouette.

—Nous vous le confions, a dit Papa en rigolant.

—Ne craignez rien, a dit mon chef; quand il reviendra, vous ne le reconnaîtrez plus.

Et puis Maman a encore eu quelque chose dans l'œil et elle a dû sortir son mouchoir.

Et puis on a entendu un gros coup de sifflet° et tout le monde est monté dans les wagons en criant.

coup... *whistle*

Des papas et des mamans criaient des choses, en demandant qu'on n'oublie pas d'écrire, de bien se couvrir° et de ne pas faire de bêtises.° Il y avait des types qui pleuraient et d'autres qui se sont fait gronder parce qu'ils jouaient au football sur le quai, c'était terrible.

se... s'habiller chaudement / stupidités

Tout le monde a embrassé tout le monde et le train est parti pour nous emmener à la mer.

---

* *Tickets purchased to gain access to the train platform*

Moi, je regardais par la fenêtre, et je voyais mon papa et ma maman, tous les papas et toutes les mamans, qui nous faisaient «au revoir» avec leurs mouchoirs. J'avais de la peine.° C'était pas juste, c'était nous qui partions, et eux ils avaient l'air tellement plus fatigués que nous. J'avais un peu envie de pleurer, mais je ne l'ai pas fait, parce qu'après tout, les vacances, c'est fait pour rigoler et tout va très bien se passer.

Et puis, pour la valise, Papa et Maman se débrouilleront sûrement pour me la faire porter par un autre train.

J'avais... J'étais triste.

Avez-vous compris?

A. Vrai ou faux? Si c'est faux, corrigez.

1. Nicolas avait l'habitude de partir en colonie de vacances. 2. Maman a pu mettre toutes les affaires de Nicolas dans une seule valise. 3. Les vacances de Nicolas allaient durer une semaine. 4. Papa a oublié la valise de Nicolas plusieurs fois. 5. La scène sur le quai était calme. Enfin, Nicolas est parti avec sa valise.

B. Quels étaient les sentiments de Papa et de Maman? Identifiez les phrases qui indiquent ces sentiments au lecteur. Comment Nicolas a-t-il interprété les sentiments de ses parents? Comment Nicolas a-t-il décrit ses propres émotions?

C. Faites une liste des façons dont Papa et Maman montrent et cachent leurs sentiments. En face, notez comment Nicolas interprète leurs actions.

MANIFESTATION DES SENTIMENTS DE PAPA ET DE MAMAN	INTERPRETATION DE NICOLAS
ont l'air triste	*pas habitués à rester seuls*

D. A la gare, est-ce que le monsieur en uniforme a bien guidé la famille? Expliquez.

E. Qu'est-ce que Maman et Nicolas ont mis dans sa valise?

F. Retracez «l'itinéraire» de la valise.

G. Racontez l'histoire du départ de Nicolas à un(e) camarade de classe. (Utilisez des verbes au passé.) Faites attention à la manière de présenter l'histoire. Il y a au moins trois «scènes» différentes dans le passage: à la maison, sur le quai de la gare, et le départ même.

Et vous?

A. Jouez en français la scène qui suit avec un(e) camarade de classe.

Personne A: Your son Nicolas has just left on the train for camp and forgotten his suitcase. Talk to the appropriate person to see what can be done.

Personne B: You are the stationmaster. After hearing the story, inform the parent that the next train leaves in one hour. Lecture him or her about forgetfulness, about being more organized, the inconvenience to all, etc. Eventually, agree that the suitcase can be put on the next train.

B. Le jour où on quitte la maison familiale pour une assez longue absence (pour aller à l'université, en vacances, etc.) est souvent mémorable. Parlez à un autre étudiant (une autre étudiante) d'une telle journée. Soyez très précis(e).

C. Pourriez-vous raconter une expérience bizarre (réelle ou imaginaire) avec une valise (par exemple, quand une compagnie aérienne a perdu votre valise; quand votre valise s'est abîmée au cours d'un voyage)?

D. Parlez d'un départ mémorable dans votre vie.

E. Selon les psychologues, l'oubli peut refléter un désir inconscient. D'après vous, que peut refléter l'oubli de la valise?

F. Les parents de Nicolas et Nicolas lui-même cachent leurs vrais sentiments. Quelles sont les raisons de Papa et de Maman? de Nicolas? Quel est le résultat de cette manière d'agir? Qu'en pensez-vous? Imaginez une discussion plus honnête entre Nicolas et ses parents. En groupes de trois, jouez la scène du départ avec cette nouvelle honnêteté.

Structures

Une maman inquiète

—Tu es sûr que tu as **tout** remis dans la valise?
—Oui, j'ai **tout** remis.
—Tu n'as pas oublié ton pull à manches longues?
—Non, je **l'**ai pris.
—Et tes espadrilles?
—Je **les** ai prises; je **te** dis, j'ai **tout** pris!
—Et les billes, tu **les** as rendues à ton copain?
—Non, il **m'**a dit que je pouvais **les** garder, mais je vais **les lui** rendre après les vacances.
—Si tu ne **les** perds pas... Oh, tiens, n'oublie pas d'écrire à papy et à mamy*; tu n'as pas perdu leur adresse?
—Non, la voilà. Ne **t'**inquiète pas, je vais **leur** écrire.

Direct and Indirect Object Pronouns

Direct Object Pronouns

Déduisez

Knowing that a *direct* object is a noun that *directly* follows the verb, without a preposition, read the preceding dialogue **(Une maman inquiète)** and circle all the direct object nouns. What are the pronouns used to replace those nouns? Where are the direct object pronouns placed?

Vérifiez

Tu n'as pas oublié **ton pull** à manches longues? → Non, je **l'**ai pris.
Et [tu as pris] **tes espadrilles?** → Je **les** ai prises.
[Tu as rendu] **les billes?** → Tu **les** as rendues?
Tu n'as pas perdu **l'adresse?** → Non, **la** voilà.

---

*Grandpa and Grandma

The direct object pronoun forms are the following.

Singular:	**me**	**te**	**le, la, l'**
Plural:	**nous**	**vous**	**les**

Pronouns come directly before the verb. With compound verbs, this means before the auxiliary. With an infinitive construction, a pronoun is placed before the verb it is logically related to, which is usually the infinitive.

> Je vais rendre les billes. (**Les billes** *is the object of* **rendre.**) → Je vais **les** rendre.

Pronouns also precede **voilà,** which acts as a verb.

> Où es-tu? —**Me** voilà!

With interrogative and negative patterns, pronouns remain in their normal place—directly before the verb.

> Si tu ne **les** perds pas.

In compound tenses conjugated with **avoir,** the past participle must agree with the preceding direct object pronoun.

> Et les billes? Tu **les** as rendu**es**?
> L'adresse? Je **l'**ai pris**e.**

Indirect Object Pronouns

Déduisez

Look again at the dialogue, **Une maman inquiète,** and identify what nouns **lui** (***Tu les lui as rendues?***) and **leur** (***Je vais leur écrire.***) stand for. Which preposition introduces those nouns?

Vérifiez

> Tu les **lui** as rendues? = Tu les as rendues **à** ton copain?
> Je vais **leur** écrire. = Je vais écrire **à** papy et à mamy.

If the noun object is (1) a person (2) introduced by the preposition **à,** the object is called *indirect,* and it can be replaced by an indirect object pronoun. The indirect object pronoun forms are the following.

Singular:	**me**	**te**	**lui**
Plural:	**nous**	**vous**	**leur**

Indirect object pronouns always precede the verb and never affect past participles.

J'ai écrit à mes grands-parents. → Je **leur** ai écrit.

Essayez!

Mettez au passé composé. (*To know whether the object is direct or indirect, analyze the verb: When followed by a noun, does it require a preposition or not? For example,* **Il nous regarde:** On regarde **quelqu'un** ou **à quelqu'un?** ***Réponse:*** **On regarde quelqu'un → objet direct.**)

1. Il nous attend.
2. Il vous parle.
3. Elle nous répond.
4. Elles te cherchent.

(*Réponses page 163*)

Multiple Pronouns

When two pronouns are used together, they must be combined in the following order.

subject + (ne)	+	me te (se) nous vous	+	le la les	+	lui leur + *verb* + (pas)

Les billes? Je les lui ai rendues.

Exception: With *affirmative commands,* pronouns are placed *after* the verb; they are connected to the verb by hyphens, and **me** and **te** become **moi** and **toi.** The order of pronouns is the following.

verb	+	le la les	+	moi toi lui, leur nous vous

Rends-moi mes billes! Rends-les-moi!

With negative commands, the placement and order of pronouns is the same as in declarative sentences.

Ne me rends pas mes billes! Ne me les rends pas!

Essayez!

Remplacez les noms indiqués par des pronoms.

1. Il ne faut pas rater **le train.**
2. Donne **les billets à maman!**
3. Donne-moi **la valise.**
4. N'oublie pas **le sac.**
5. J'ai donné **les bonbons aux enfants.**

(*Réponses page 163*)

Maintenant à vous

A. L'inventaire de la valise. Voici la liste de ce que vous vouliez emporter. Est-ce que vous avez tout pris? Répondez selon le modèle.

MODELE: imperméable √ → Oui, je **l'**ai pris.
parapluie → Non, je **l'**ai oublié; je vais **le** prendre.

blue-jean √
pantalon blanc
short
tee-shirts √
chemise bleue
pull jaune √
chaussures √
chaussettes
pyjama
trousse de toilette √
appareil photo √
carnet d'adresses

B. En sortant de la gare. Imaginez la conversation du papa et de la maman de Nicolas après le départ de leur fils, selon le modèle.

MODELE: Tu as parlé **à ce Gérard Lestouffe?** (oui) → Oui, je **lui** ai parlé.

1. Est-ce qu'il ne **t'**a pas paru un peu jeune? (si) 2. Mais tu fais confiance **à ce garçon?** (oui) 3. Tu crois que ces enfants vont obéir **à des jeunes de dix-sept à dix-huit ans?** (mais oui!) 4. Tu as dit **à Nicolas** d'écrire **à tante Margot?** (oui) 5. Tu as rappelé **à Nicolas** de nous écrire une fois par semaine? (oui)

C. Mince alors! (*Oh darn!*) Les parents du petit Nicolas s'aperçoivent que la valise est restée sur le quai. Reformulez les phrases selon le modèle.

MODELE: Mais je croyais que tu avais donné **la valise à Nicolas!** →
Mais je croyais que tu **la lui** avais donnée!

1. Et les paquets? Tu as donné **les paquets à Nicolas?** 2. Heureusement qu'il a **les paquets!** 3. Mais ses sandwiches au saucisson et au fromage—dire que j'avais préparé **ses sandwiches** exprès pour le train! 4. Mon pauvre petit—qui est-ce qui va donner à manger **à mon pauvre petit?** 5. Et la valise? Qui est-ce qui va apporter **cette valise à notre petit Nicolas?** 6. Il y a des employés là-bas: va donc expliquer **la situation aux employés.**

Forms of *tout*

Tout as an Adjective

As an adjective, **tout** precedes the noun and agrees with it.

Tout le train était plein.	*The whole train was full.*
On a attendu **toute la** journée.	*We waited the whole day.*
Tous les enfants criaient.	*All the kids were yelling.*
Et **toutes les** mamans pleuraient.	*And all the moms were crying.*

«Les jolies colonies de vacances...» Sont-ils contents de partir?

Tout as a Pronoun

As a pronoun, **tout** can be used alone; it then means *everything* and is invariable.

J'ai **tout** remis dans la valise.	*I've put everything back in the suitcase.*
Tout va bien.	*Everything's fine.*
Je ne peux pas **tout** faire.	*I can't do everything.*

Tout can reinforce the subject.

Ils sont **tous** là.	*They are all there.*

Tout can also be used with direct object pronouns **(le, la, les).** In this usage, forms of **tout** follow the verb in a simple tense and go between the auxiliary and the past participle in a compound tense.

Les billes? Je **les** ai **toutes.** Je **les** ai **toutes** prises.
Les paquets? Je ne **les** ai pas **tous.** Tu ne me **les** as pas **tous** donnés.

Note: The **s** of **tous** is pronounced when **tous** is a pronoun. (Hint: pronoun → pronounce!)

Tout in Idiomatic Expressions

Déduisez

Match the meanings on the right with the idiomatic expressions containing a form of **tout.**

(1) **En tout cas,** (2) **tout le monde** est là. Le train ne part pas (3) **tout de suite.** (4) **De toute façon,** il y a des voyageurs qui ne sont pas (5) **tout à fait** prêts. Regardez! Il y a (6) **toutes sortes de** bagages sur le quai. Ce n'est (7) **pas du tout** organisé! (8) **Malgré tout,** il faudra se dépêcher (9) **tout à l'heure.**

a. everyone
b. all kinds of
c. in any case
d. anyway
e. in a little while
f. right away
g. not at all
h. in spite of it all
i. completely

Réponses: (1) c; (2) a; (3) f; (4) d; (5) i; (6) b; (7) g; (8) h; (9) e.

Essayez!

Traduisez.

1. We've read the whole story.
2. We've read it all.
3. Everyone has understood everything!

(*Réponses, page 163*)

Maintenant à vous

D. Un douanier méticuleux. Vous racontez à un ami (une amie) ce qui s'est passé à la douane. Votre ami(e), incrédule, répète au fur et à mesure, selon le modèle.

MODELE: Il a fouillé tous mes bagages! → Il **les** a **tous** fouillés?

1. Il a ouvert toutes les valises.
2. Il a sorti tous mes vêtements.
3. Il a demandé que j'ouvre tous les cadeaux.
4. Il a confisqué toutes mes boîtes de fromage!
5. Mais il m'a laissé tout mon chocolat.

E. Une carte postale qui a pris la pluie. Vous venez de recevoir une carte postale d'un ami en vacances, mais certains mots ont été effacés (*erased*) par la pluie. Reconstituez le texte en ajoutant la forme appropriée de **tout.**

Il pleut presque ____ les jours, alors je ne peux pas faire ____ les excursions que j'avais prévues, mais ____ se passe bien quand même. J'ai visité presque ____ les châteaux de la Loire. Je les aime ____. Je voudrais m'arrêter dans ____ les petites villes, mais je n'ai pas le temps de ____ faire. En ____ cas, je t'embrasse de ____ mon cœur.

Communicative Strategies for Everyday Situations

How to Start a Polite Request

Pardon, monsieur (mademoiselle),...	*Pardon me, Sir (Miss), . . .*
Excusez-moi, monsieur (madame),...	*Excuse me, Sir (Ma'am), . . .*

Making a Polite Request

Est-ce que vous avez une chambre pour deux personnes?
Je voudrais un aller simple pour Marseille.
Pourriez-vous me dire à quelle heure part le prochain train pour Strasbourg et sur quel quai?
Pourriez-vous me rendre un petit service? Je...

Using Pause Fillers

Eh bien...	*Well, . . .*
Voyons,...	*Let's see, . . .*
C'est-à-dire que...	*I mean . . .*
Euh...	*Umm . . .*
Oui, mais...	*Yes, but . . .*
Alors...	*So . . .*

Asking for Clarification

Comment? Excusez-moi, mais je n'ai pas (bien) compris. Pourriez-vous m'expliquer... ?	*I beg your pardon? (What?)*

Closing the Conversation

Merci bien. / Merci beaucoup. / Je vous remercie.
Au revoir, monsieur (madame, mademoiselle).

On the Telephone

Allô? Qui est à l'appareil?	*Who is this?*
Ne quittez pas / Un instant, je vous prie...	*Just a minute . . .*
Puis-je laisser un message?	*May I leave a message?*
Bon, je vous laisse...	*Well, I'd better go . . .*
Je ne vais pas vous retenir plus longtemps...	*I'd better let you go . . .*

Maintenant à vous

F. L'horaire des trains. Après quelques jours à Paris, vous voulez rejoindre des amis en Bretagne. C'est la mi-juillet; vous voulez voyager **un dimanche** et arriver à Lorient (votre destination) le plus tôt possible.

En groupes de deux, étudiez l'horaire suivant, puis répondez aux questions.

1. D'abord, de quelle gare parisienne allez-vous partir?
2. Pourquoi ne pouvez-vous pas prendre le TGV de 7h05 ou de 7h20?
3. Quelles sont les deux villes où on peut prendre la correspondance pour Lorient? Laquelle est plus avantageuse si on est pressé?
4. Quels trains allez-vous prendre, et pourquoi?

Numéro de train		4378/9	4378/9	3735	9570/1	87591	87571	87577/6
Notes à consulter		1	2	3	4	5	6	6
Paris-Montparnasse 1-2	D							
Montparnasse 3 Vaug.	D							
Le Mans	D							
Laval	D							
Rennes	D					06.20	06.30	06.43
Nantes	D	05.29	05.29	06.27	07.08	|	|	|
Redon	A	06.18	06.18	07.19	07.59	07.13	07.13	07.40
Questembert	A	06.41	|	07.39	|			
Vannes	A	07.00	06.56	07.55	08.40			
Auray	A	07.17	07.14	08.10	08.59			
Hennebont	A	|	|	08.29	|			
Lorient	A	07.41	07.46	08.37	09.25			
Quimperlé	A	08.01	08.06	08.55	|			
Rosporden	A	08.24	08.28	09.16	|			
Quimper	A	08.41	08.43	09.31	10.20			

Numéro de train	8603	8705	87573	3701	8609	8909	3703	3703	87575	3723	8713	8813
Notes à consulter	7	8	9	10	11	11	12	13	14	15	16	11
	TGV	TGV			TGV	TGV					TGV	TGV
Paris-Montparnasse 1-2	07.05	07.20			**08.20**	**08.50**					**09.20**	**09.50**
Montparnasse 3 Vaug.	|	|			|	|					|	|
Le Mans	08.01	|			**09.16**	|					|	**10.46**
Laval	08.42	|			**09.57**	|					|	|
Rennes	09.19	09.24	09.30	09.32	**10.34**	|	10.43	10.43	10.43		**11.24**	|
Nantes			|	|		**10.56**	|	|	|	11.16		**12.01**
Redon			10.12	10.10			11.22	11.25	11.25	12.08		
Questembert			10.31	|			|	11.45	11.45	12.26		
Vannes			10.47	10.42			11.54	12.01	12.01	12.43		
Auray			11.00	10.57			12.08	12.15	12.15	12.56		
Hennebont				|			|	|	|	13.13		
Lorient				11.19			12.31	12.35	12.35	13.21		
Quimperlé				11.34			|	12.51	12.51	13.35		
Rosporden				12.02			|	13.11	13.11	14.03		
Quimper				12.18			13.25	13.26	13.26	14.19		

Les trains circulant tous les jours ont leurs horaires indiqués en gras
Tous les trains offrent des places assises en 1re et 2e classe, sauf indication contraire dans les notes.

Notes :

1. Circule : les 3, 10, 17, 24 juin, 9, 16 et 23 sept 91 - .
2. Circule : du 29 juin au 3 sept 91 : tous les jours - .
3. Circule : tous les jours sauf le 2 juin 91 - assuré certains jours.
4. Circule : du 14 juin au 6 sept 91 : les ven - .
5. Circule : les sam.
6. Circule : tous les jours sauf les sam, dim et fêtes.
7. Circule : jusqu'au 5 juil 91 : tous les jours sauf les sam et dim;Circule à partir du 6 juil 91 : tous les jours sauf les dim et sauf les 7, 14, 21 et 28 sept 91.
8. Circule : jusqu'au 5 juil 91 et à partir du 2 sept 91 : tous les jours sauf les dim- 1reCL assuré certains jours - - .
9. Circule : du 7 juil au 25 août 91 : les dim et fêtes - .
10. Circule : tous les jours sauf les dim et fêtes - .
11. - .
12. Circule : tous les jours sauf les dim et fêtes - - .
13. Circule : du 7 juil au 1er sept 91 : les dim et fêtes - .
14. Circule : jusqu'au 30 juin 91 : les dim;les 8, 15 et 22 sept 91.
15. Circule : jusqu'au 28 juin 91 : tous les jours sauf les sam et dim;Circule à partir du 29 juin 91 : tous les jours sauf les dim et fêtes etsauf les 7, 14, 21 et 28 sept 91 - .

Nota : A Paris-Montparnasse 1-2 , l'office de tourisme de Paris assure un service d'information touristique et de réservation hotelière.

Maintenant, jouez les rôles suivants: l'un(e) de vous est le/la touriste qui veut aller à Lorient et qui demande des renseignements; l'autre est l'employé(e) qui donne les renseignements. Rappelez-vous les stratégies de la communication déjà mentionnées et faites comme si vous étiez dans une gare française!

G. L'histoire du passeport. Vous arrivez à l'aéroport Charles de Gaulle pour prendre l'avion, mais vous vous apercevez soudain que votre passeport n'est pas dans votre poche! Où l'avez-vous laissé? Avec votre camarade de voyage, essayez de retracer «l'histoire» du passeport, sous forme d'un dialogue que vous allez ensuite jouer devant la classe. Souvenez-vous de tous les endroits où vous l'avez sorti (par exemple, la frontière suisse, italienne, etc.). Inventez même un incident qui s'est produit à la douane (par exemple, quand on vous a demandé si c'était vraiment vous sur la photo), puis essayez de vous rappeler où et quand vous l'avez vu la dernière fois. Fabriquez ensemble une histoire originale en utilisant le plus de pronoms possible. Quand chaque groupe aura joué son dialogue devant la classe, un vote déterminera qui mérite le prix d'originalité.

H. A l'aéroport. (Changez de partenaire pour cette situation.) Parce que vous n'avez pas retrouvé votre passeport à temps, vous avez manqué votre vol. Présentez-vous au comptoir de la compagnie aérienne, racontez votre histoire à l'employé(e), et demandez si votre billet est valable pour un autre vol. L'employé(e) demande des détails (destination, heure de départ du vol manqué), propose d'autres vols possibles, et annonce qu'il y aura un supplément à payer. Essayez de négocier quelque chose qui vous arrange. Même si vous n'êtes pas particulièrement satisfait(e), essayez de rester poli(e)!

I. Jeu de rôles. You have just returned from a wonderful trip through Europe, but one of your bags has been lost. It was the bag with all the presents you had brought back for family and friends. As the airline employee asks you for a detailed description of the bag's contents, make a nuisance of yourself and tell about each object: what it was, where you (had) bought it, etc. Emphasize the fact that *all* the gifts were in that bag; if everything is lost, you don't know what you're going to do. Role-play this situation again with a different partner, and reverse roles.

Par écrit

Avant d'écrire

Point of View. In this chapter, you read *Le Petit Nicolas,* a story told from a child's viewpoint. Now *write* a story from a child's viewpoint. Read the composition topic, and then go back to Nicolas's account of **le départ,** paying close attention to what the child focuses on and the style of the text in general: the repetitions, the simple sentences, etc. Next, prepare your story by identifying, in proper sequence, the various scenes that a child would perceive.

Sujet de composition

Vous avez déjà eu l'occasion, après la lecture tirée du *Petit Nicolas,* de parler d'un départ mémorable dans votre vie. Mais s'il y a des départs, il y a aussi des arrivées: l'arrivée dans une nouvelle ville lors d'un déménagement, par exemple, ou l'arrivée en vacances, ou même le retour à la maison après les vacances. Racontez un départ ou une arrivée mémorable du point de vue de l'enfant que vous avez été. Si la mémoire vous fait défaut, faites appel à votre imagination. Faites très attention à la concordance des temps au passé, et évitez les répétitions inutiles par l'emploi de pronoms.

Réponses: Essayez!, page 155: 1. Il nous a attendu(e)s (*direct object*). 2. Il vous a parlé (*indirect object*). 3. Elle nous a répondu (*indirect object*). 4. Elles t'ont cherché(e) (*direct object*).
Réponses: Essayez!, page 156: 1. Il ne faut pas le rater. 2. Donne-les-lui! 3. Donne-la-moi. 4. Ne l'oublie pas. 5. Je les leur ai donnés.
Réponses: Essayez!, page 159: 1. Nous avons lu toute l'histoire. 2. Nous l'avons toute lue. 3. Tout le monde a tout compris!

THÈME IV

Les conquêtes du monde moderne

En bref

Thème IV looks at contemporary society and at the changes brought about by a redefinition of gender roles, the conquest of space, and immigration to European countries. Through readings on these topics, you will have the chance to talk and write about their impact on life today, as well as on the future of Western society.

Functions

- Describing in the future
- Talking about places
- Expressing feelings and opinions

Structures

- Use of infinitives
- Verbs in the future tenses
- Prepositions with geographical names
- Verbs in the subjunctive mood

Avant de commencer

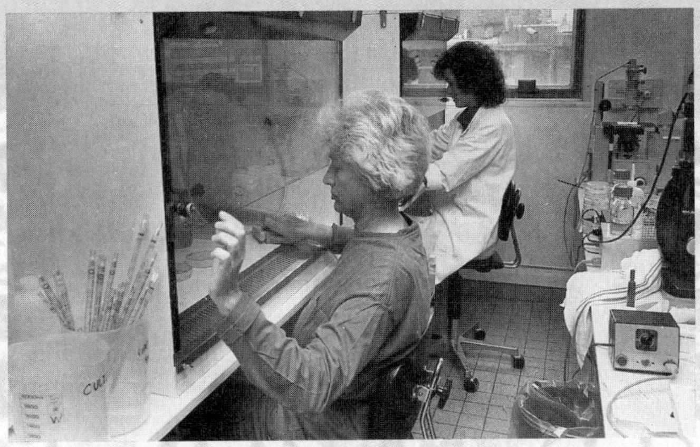

A. Les femmes dans le monde du travail: l'égalité existe-t-elle?

B. La technologie et le monde moderne: quelles seront les inventions de demain?

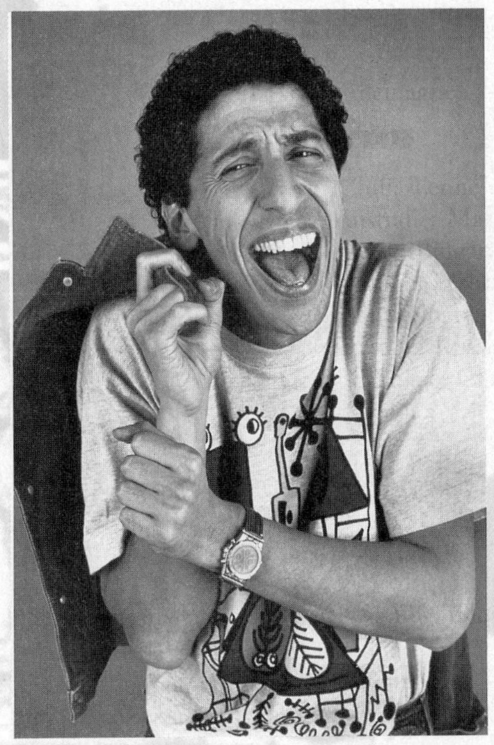

C. «Moquons-nous de nous-mêmes, plutôt que de laisser ce soin aux autres» proclame le célèbre comédien Smaïn. En tant que Nord-Africain élevé en France, quels problèmes a-t-il probablement dû surmonter?

Quelles études a-t-elle faites?

Conquêtes professionnelles

Paroles

L'enseignement supérieur

A la fin du collège, les jeunes Français de quatorze à quinze ans ont deux choix. Ceux qui ne veulent pas faire d'études supérieures peuvent préparer des **brevets professionnels** dans des **collèges d'enseignement technique** pour entrer dans la vie active à dix-sept ou dix-huit ans. Ceux qui veulent faire des études supérieures vont au lycée pendant trois ans pour préparer **le baccalauréat (le bac),** un examen national qui permet d'accéder à l'enseignement supérieur. On peut **se spécialiser en** (*major in*) **sciences, sciences économiques, gestion** (*business management*), **sciences humaines** (*social sciences*), **lettres** (*humanities*), **droit** (*law*), etc. Quelle est **la durée** des études supérieures? En deux ans, on peut **obtenir un diplôme** de **technicien supérieur** dans un Institut Universitaire de Technologie, ou IUT (5–8% des étudiants français suivent cette filière). Dans une université (85% des étudiants), on peut obtenir **une licence** (*equivalent to a bachelor's degree*) en trois ans; il faut un an de plus pour **la maîtrise** (*master's degree*) et trois ou quatre ans de plus pour avoir **le doctorat.**

Les études supérieures les plus prestigieuses dans certains domaines en France se font dans les **grandes écoles** et durent quatre à cinq ans. L'admission par **concours** [m.] (*competitive entrance exam*) est réservée à l'élite intellectuelle. L'Ecole des Hautes Etudes Commerciales (H.E.C.) et l'Ecole Polytechnique (pour les ingénieurs) sont des grandes écoles.

Les études de **médecine,** qui durent un minimum de sept ans, se font dans un Centre Hospitalier Universitaire. Les études **dentaires** durent cinq ans.

Débouchés et carrières

A quels **débouchés** (*job opportunities*) mènent les études supérieures?

Dans le domaine de la santé, on peut devenir **médecin, dentiste, vétérinaire, infirmier/infirmière, pharmacien(ne),** etc.

Les études scientifiques mènent à des **postes** [m.] de **chimistes, biologistes,** techniciens, ingénieurs, **chercheurs** (*researchers*), etc.

Dans le monde des affaires et du droit, on peut devenir **avocat(e)** (*lawyer*), **administrateur/administratrice, gestionnaire** (*management expert*), président directeur général, ou **PDG** (*equivalent to CEO*), **banquier,** etc.

Il y a bien sûr d'autres professions: les **architectes,** les **professeurs,** les **écrivains,** les **journalistes,** les **artistes,** etc. A quelle carrière **vous destinez-vous?**

Parlons-en

A. Un jeu. Imaginez que vous avez fait toutes vos études en France. Individuellement d'abord, choisissez une profession et faites le profil des études scolaires et universitaires qui vous ont préparé(e) à cette profession. Mettez-vous ensuite en groupes de deux. En vous posant des questions auxquelles les réponses seront **oui** ou **non,** votre partenaire devra deviner les études que vous avez faites (en grand détail) et votre profession. Dix questions minimum! Ensuite, renversez les rôles.

B. En groupes de deux, jouez le rôle d'un conseiller ou d'une conseillère dans un lycée français, et un(e) élève de quinze ans qui veut des renseignements «efficaces et utiles» pour son avenir (études et carrières).

Situation 1: L'élève aime les gens et l'argent, réussit assez bien à l'école, mais au prix de beaucoup d'efforts, et ne veut pas faire des études trop longues ou trop difficiles.

Situation 2: (Renversez les rôles si vous le désirez.) L'élève est très bon(ne) en maths; la longueur et la difficulté des études ne lui font pas peur; il (elle) veut une carrière qui apporte le prestige aussi bien que la sécurité financière.

Lecture

Scientific and technological developments of the twentieth century have created significant social changes as well. Social commentators often raise questions about the role of women in such technological fields as science and engineering. The reading in this chapter, taken from the newsmagazine *L'Express,* looks at the current status of women engineers in France and at the challenges and hurdles they face in a field dominated by men. It reports on their progress as a group, briefly analyzes why women have not advanced as much as they might have in the field, and suggests why that may soon change.

A première vue

Distinguishing Fact from Opinion. Nonfiction readings often contain words and phrases that tell you when an opinion is being expressed (**à mon avis, il est clair que,** etc.). When a writer uses these expressions liberally, it is easy to distinguish fact from opinion in an article.

Many writers choose to suggest a point of view, however, rather than state it directly. *"Femmes: les longs chemins de l'ambition"* is an example of an article in which the author's attitude is expressed subtly. After skimming the article for the general ideas, go back and scan it for phrases that signal the author's point of view on the position of women in the engineering profession. Consider whom the writer has decided to quote and the impact of the quotations. Try also to distinguish instances in which the writer alludes to popularly held stereotypes and opinions. Notice the kinds of adjectives the writer uses and their connotations. What conclusion do you think Marie-Anne Lescourret wants her readers to draw after reading her article? Find at least five specific phrases that lead you to your conclusion.

Le langage

Professions and Gender. Many words in French that denote professions are masculine (**le médecin, l'ingénieur, le professeur**). Given that women make up a large percentage of professionals, there is currently much discussion about how the language should change to take their presence into account. How should one refer to a woman engineer in French? Is she **une ingénieure, une femme ingénieur,** or simply **un ingénieur,** with no indication of her gender? List the possibilities that you find in the article.

Femmes: les longs chemins de l'ambition

MARIE-ANNE LESCOURRET

Inaptitude féminine—réelle ou supposée—aux mathématiques et à la «technique», rigidité des mentalités de l'environnement familial ou professionnel, le parcours° est rude° pour les femmes: elles ne représentent que 6,6%° des ingénieurs français.

Il est vrai qu'elles n'ont pu que tardivement° briguer° ce titre prestigieux. La première école mixte date de 1908, et il a fallu attendre soixante-quatre ans pour que toutes les autres institutions lui emboîtent le pas.° L'X,° dernier bastion masculin, est tombée en 1972.

Elles choisissent les formations techniques générales—ainsi celle de l'Ecole polytechnique féminine (E.p.f.)—mais aussi les écoles très spécialisées: agriculture et industries alimentaires,° physique et chimie, électronique et télécommunications. Une fois diplômées, souvent mariées, les «ingénieures» débutent dans la vie active au même salaire que leurs conjoints° ou condisciples.°

Tout va bien pendant cinq ans: jusqu'aux promotions. Alors, les hommes passent devant. Parmi les 29% d'ingénieurs ayant accédé° aux postes de direction, 4% seulement sont des femmes. Moins combatives, moins carriéristes, plus jeunes (l'âge moyen des femmes ingénieurs est de 29 ans, contre 39 pour les hommes), plus sensibles à l'intérêt de leur travail qu'à la hiérarchie, plus préoccupées aussi par leur famille, elles calent.° «C'est à l'épouse qu'incombent° les maladies des enfants, le remplacement des baby-sitters défaillantes°... », reconnaît Françoise, mère de deux garçons. Véronique Fayein, E.p.f., chef d'une entreprise de bureautique, confirme: «Si je n'avais pas privilégié ma vie familiale, ma boîte° aurait connu un tout autre développement.»

Mais les recruteurs épargnent spontanément aux femmes un «choix déchirant» entre le travail et la maison: trop absorbante, une fonction

chemin / difficile
6.6%
comparez: tard / chercher
emboîtent... suivent / L'Ecole Polytechnique (prestigieuse école d'ingénieurs)
de nourriture
maris / collègues-ingénieurs
ayant... qui sont arrivés
ne bougent pas / retombent
pas responsables
ma... mon lieu de travail, entreprise

hiérarchique les éloignerait de leurs enfants. Ils affirment respecter la «nature profonde de la femme, faite plus de compréhension que d'autorité», comme l'explique, plein de délicatesse, ce recruteur nantais.° Bref: une femme ne saurait être un meneur° d'hommes.

Aux femmes la recherche, l'enseignement (21%), les bureaux d'étude (16%). Aux hommes la fabrication, les chantiers,° les secteurs lourds de la métallurgie et de l'énergie, les postes de commandement.

Et sans doute les mêmes préventions jouent-elles dans les familles. Comme le révèle une enquête, les parents «poussent» plus volontiers leurs fils que leurs filles vers les matières scientifiques. Ce qui explique, en partie, que 17% seulement des nouveaux ingénieurs sont des filles, alors qu'elles représentent 38% de détenteurs° d'un bac C.°

«C'est un problème de génération», s'indigne Nicole du Vignaux, E.p.f. Le militantisme féministe n'est pourtant pas de mise° chez les femmes ingénieurs. «On ne change pas les mentalités par décret», répètent-elles. «Quand je me trouvais seule dans une assemblée masculine, c'est à moi que l'on confiait° systématiquement les tâches de dactylo°», rappelle Colette Mathieu, ingénieur.

Aujourd'hui, l'industrie réclamant° de plus en plus d'ingénieurs, les hommes ne peuvent suffire à la demande. En outre, le développement des techniques nouvelles nécessitera moins d'autorité et plus de matière grise.° La grande chance des femmes.

de Nantes
chef
sites de construction
gens qui ont / C = maths et physiques
de... convenable
donnait
celle qui tape à la machine
ayant besoin de
matière... intelligence

Avez-vous compris?

A. Vrai ou faux? Si c'est faux, corrigez.

1. Les femmes représentent 4% des ingénieurs français.
2. C'est entre 1908 et 1972 que s'ouvrent aux femmes les institutions qui forment les ingénieurs.
3. Au début de leur carrière d'ingénieur, les hommes gagnent plus d'argent que les femmes.
4. Les hommes sont plus souvent promus à des postes de direction.
5. Les recruteurs ont tendance à pousser les femmes vers des postes dans la recherche et l'enseignement.
6. 17% des élèves qui obtiennent le bac C, maths et sciences physiques, sont des filles.
7. Actuellement, l'industrie a besoin de plus d'ingénieurs.

B. Quels sont les postes que la société semble réserver aux hommes? et aux femmes? Créez-en une liste.

POSTES OCCUPES PAR LES HOMMES	POSTES OCCUPES PAR LES FEMMES
fabrication	*recherche*

C. D'après l'article, quels sont les facteurs qui expliquent le faible pourcentage de femmes ingénieurs? Commentez chaque facteur. En voyez-vous d'autres qui jouent un rôle dans la vie des femmes ingénieurs?

D. Quelle est l'attitude de l'auteur envers les recruteurs? Justifiez votre réponse.

Et vous?

A. Faites une liste des difficultés auxquelles une femme professionnelle doit faire face dans n'importe quelle carrière. Puis proposez quelques solutions.

B. L'éducation familiale exerce sur les enfants une influence quelquefois aussi profonde que celle des écoles. Avec un(e) autre étudiant(e), parlez de votre famille. Quelle était l'attitude de vos parents envers l'éducation en général et envers certains cours en particulier? Encourageaient-ils leur(s) fils et leur(s) fille(s) de la même manière? Est-ce qu'ils poussaient leur(s) enfant(s) vers une profession ou un métier spécifique? En quoi est-ce que vous allez vous spécialiser à l'université? Est-ce un résultat des valeurs de votre famille? Une révolte contre ces valeurs? Une affirmation de vous-même et de vos talents? Comparez vos réponses.

C. Une chaîne. A tour de rôle, dites à la classe ce que vous comptez faire (ou ne pas faire) avec vos propres enfants dans l'avenir. Une phrase suffira. Essayez d'employer un verbe conjugué et un infinitif dans chaque phrase.

MODELE: Je vais encourager mes filles à étudier la physique.

D. Une femme affirme dans l'article que les attitudes changent plus lentement que les lois. Quel exemple donne-t-elle? Racontez une expérience similaire où on vous a donné un rôle à jouer ou un travail à faire non pas à cause de vos talents ou de votre formation, mais parce que vous êtes homme ou femme.

De quoi les femmes se plaignent-elles?

Structures

Les chemins de l'ambition

Qu'est-ce qu'elle **va faire** de sa vie? Elle **veut devenir** ingénieur, alors elle **compte faire** un bac C, puis elle **espère entrer** à l'Ecole Polytechnique ou une autre grande école. **Après avoir fini** ses études, elle **a l'intention de travailler** pour une société internationale, car elle **tient à voyager.**

Infinitives

Expressing the Future with Infinitives

French speakers use a variety of ways to talk about the future without using the future tense.

Déduisez

Judging from **Les chemins de l'ambition,** describe six of those ways.

Vérifiez

aller
vouloir
compter (*to plan to*)
espérer
avoir l'intention de (*to intend to*)
tenir à (*to be set on*)

} + *infinitive*

Maintenant à vous

A. Le monologue du vendredi. Envisagez ce que vous allez faire vendredi soir, selon le modèle. Donnez votre réaction après chaque possibilité.

MODELE: je / étudier → Peut-être que je vais étudier vendredi soir. (Oh, non! Il faut être fou pour étudier le vendredi soir.)

1. je / sortir avec des amis
2. on / aller voir un film de science fiction
3. je / rester chez moi à me tourner les pouces (*twiddle my thumbs*)
4. mes amis / venir regarder la télé avec moi
5. ?

Est-ce que ce sera un vendredi soir typique?

B. Les ambitions futures. Comparez vos ambitions avec celles de deux personnes que vous connaissez bien, et la plupart des (*most*) gens en général. Formez autant de phrases que possible, affirmatives ou négatives, avec les éléments suivants.

je	avoir l'intention	devenir riche
mon ami(e)	compter	trouver un travail intéressant
quelqu'un d'autre que je connais	espérer	devenir célèbre
la plupart des gens	tenir à	mener une vie ordinaire
	vouloir	se marier
		avoir ____ enfants
		rester célibataire
		habiter à ____
		voyager
		être en bonne santé
		vivre vieux
		?

Qui est le plus ambitieux (la plus ambitieuse) de la classe? Qui est le (la) plus raisonnable? Le plus original (la plus originale)?

Sur le chemin de l'ambition?

C. Des situations épineuses (*Sticky Situations*). Pour chacune des situations suivantes, décidez avec un(e) partenaire cinq choses que vous comptez faire. Ensuite, comparez vos plans avec ceux des autres groupes.

1. Vous remarquez qu'un(e) camarade de classe triche pendant un examen.
2. Vous êtes une femme ingénieur dans une grande société. Vos collègues hommes avec les mêmes qualifications et la même ancienneté (*seniority*) ont reçu leur promotion, mais pas vous.

3. Vous êtes un employé (homme) dans une grande société. Une de vos collègues est visiblement traitée en inférieure par votre patron et certains autres employés. Cette situation vous irrite.
4. Définissez ensemble une autre situation épineuse, puis décidez ce que vous comptez faire.

Use of Infinitives

When a conjugated verb is followed by another verb in French, the second verb is always an infinitive.

> Qu'est-ce que je **vais faire** ce week-end?
> Je ne **tiens** pas à **passer** tout le week-end à **étudier.**
> Mais je **suis obligé** de le **faire** si je **veux avoir** une bonne note.

The infinitive may follow the conjugated verb directly, or it may be preceded by the preposition **à** or **de.** The *governing* verb, or conjugated verb, determines whether a preposition is required. Why **tenir** ***à*** but **être obligé** ***de*?** Just as in English (*to prevent from, to engage in*), the only rule is usage, and each verb must be learned individually.

Déduisez

Most of the following verbs will be familiar to you. Try adding an infinitive (such as **étudier**), with or without a preposition.

MODELE: aimer → j'aime **étudier** / **à étudier** / **d'étudier**?

Your recollection of what you have read and heard will help you decide what sounds right. In this case, the answer is **j'aime étudier.** Try it with the following verbs.

adorer	faire (On nous fait...)	pouvoir
désirer	falloir (Il faut...)	préférer
détester	laisser (Laissez-moi...)	savoir
devoir	oser (*to dare*)	valoir (Il vaut mieux...)

Try it now with verbs of movement, such as the following.

aller	descendre	partir
courir	monter	venir

And with verbs of perception, as in the following examples.

Je vous regarde...	Je vous écoute...
Je vous vois...	Je vous entends...

Vérifiez

All the preceding verbs are followed directly (with *no* preposition) by an infinitive. So are **aller, compter, espérer,** and **vouloir,** seen earlier in this chapter.

Déduisez

Scan the following list of verbs to find a few you know well. Then decide which preposition they take (if any) before an infinitive. Try adding **"à parler français"** or **"de parler français"** to the sentences on the right.

aider	Aide-moi...
s'amuser	Je m'amuse...
apprendre	J'apprends...
arriver (*to manage*)	J'arrive...
commencer	Je commence...
continuer	Je continue...
enseigner	Le professeur nous enseigne...
s'exercer (*to practice*)	Je m'exerce...
s'habituer (*to get used to*)	Je m'habitue...
hésiter (*to hesitate*)	J'hésite...
inviter	Le professeur nous invite...
obliger	Le professeur nous oblige...
renoncer (*to give up*)	Je renonce....
réussir	Je réussis...

Vérifiez

All the preceding verbs require the preposition **à** before an infinitive. The remaining verbs require the preposition **de** before an infinitive. Choose six, and create your own examples to illustrate each one. Be prepared to share those examples with the class. Be creative!

accepter de
arrêter de
avoir envie de (*to feel like*)
avoir honte de (*to be ashamed*)
avoir peur de (craindre de)
avoir raison de (*to be right*)
avoir tort de (*to be wrong*)
choisir de
décider de
défendre de / interdire de (*to forbid*)
demander de
se dépêcher de
dire de
empêcher de (*to prevent*)
essayer de
être heureux de*
être obligé de†
éviter de (*to avoid*)
s'excuser de
finir de
menacer de (*to threaten*)
oublier de
permettre de
promettre de
refuser de
regretter de
remercier de
rêver de (*to dream of*)
risquer de
venir de (*to have just*)

---

*__Etre__ + an adjective expressing a feeling or emotion is always followed by **de (être content de, être fâché de, être fatigué de, être triste de,** etc.).

†Not to be confused with the active form **obliger à** (*to force someone to do something*).

Past Infinitives

The past infinitive is used to express the past with an infinitive. Verbs such as **s'excuser, regretter,** and **remercier** are often followed by a past infinitive, to indicate that you apologize, regret, or are thankful for something that *has already taken place.*

> Je vous remercie d'**être venus.**
> Je m'excuse d'**être arrivé(e)** en retard; je regrette de ne pas **avoir téléphoné.**

Whenever the preposition **après** is followed by a verb, it is always a past infinitive.

> Après **avoir fini** ses études, elle veut travailler à l'étranger.

The past infinitive is formed with the infinitive of the auxiliary verb (**avoir** or **être**) and the past participle of the main verb. Note that the past participle of a past infinitive is subject to agreement (see rules about agreement of the past participle in **Chapitre 4**).

> Je **vous** remercie d'être venu**s**.
> Après être arrivé**e, elle** va nous téléphoner.

Note also that most negative expressions precede an infinitive.

> Elle regrette de **ne pas** être venue plus tôt.
> Je promets de **ne rien** dire.

Essayez!

Combinez les deux phrases avec un infinitif, selon le modèle. Faites attention aux temps. Si le deuxième verbe indique une action antérieure, utilisez l'infinitif passé.

MODELE: Tu as raison / Tu as parlé → Tu as raison d'avoir parlé.

1. J'ai honte / J'ai fait des fautes bêtes. 2. Je vous demande / Ne faites pas de bruit. 3. Nous hésitons / Nous posons des questions. 4. Ils ont peur / Ils ont choisi la mauvaise réponse. 5. Je m'excuse / Je vous dérange (*to disturb*). 6. Elle est désolée / Elle n'est pas venue.

(*Réponses page 180*)

Maintenant à vous

D. Un jeu à deux. Individuellement d'abord, préparez une liste de 10 verbes tirés des listes à la page 175. Puis mettez-vous en groupes de deux. Au signal du professeur, passez au jeu! Commencez des phrases avec chacun de vos verbes et votre partenaire devra ajouter **le faire, à le faire** ou **de le faire.**

MODELE: E1: Nous réussissons...
E2: ...à le faire.

Si la réponse n'est pas correcte, commencez une deuxième (ou une troisième) phrase avec le même verbe **(Je ne réussis pas toujours...).** Quand vous aurez fini vos 10 verbes, renversez les rôles.

E. La conquête d'une langue. Jean-Pierre, un étudiant français qui est venu passer quelques mois dans une université américaine, donne ses premières impressions. Reconstituez-les en formant des phrases complètes au présent avec les éléments donnés.

1. Je / venir / arriver
2. Alors je / ne... pas / oser / trop parler
3. Je / avoir peur / dire des bêtises
4. Mais je / devoir / s'habituer / parler anglais
5. Je / réussir / comprendre presque tout
6. Je / s'exercer / prendre l'accent
7. Mais je / renoncer / faire le **r** américain
8. Je / ne... pas / arriver / prononcer ce son!
9. Je / demander / souvent / mon camarade de chambre / expliquer des mots
10. Il / me / aider / faire des progrès

Faites un résumé de l'expérience de Jean-Pierre.

F. Et vous? Que pensez-vous de la «conquête du français»? Donnez vos réactions—ironiques ou authentiques—selon le modèle.

MODELE: oublier / faire les liaisons → J'oublie toujours (quelquefois) de faire les liaisons. (Je n'oublie jamais de faire les liaisons!)

1. aimer / passer des examens
2. éviter / faire des fautes
3. hésiter / lever la main quand je sais la réponse
4. être obligé(e) / répéter trente-six fois la même chose
5. détester / ?
6. essayer / ?
7. adorer / ?

Que faut-il faire pour entrer à la prestigieuse Ecole Polytechnique?

G. Vous et vos études. Faites des phrases originales en combinant, en adaptant ou en complétant les éléments suivants. Ajoutez les prépositions nécessaires.

Tout d'abord	j'ai choisi	venir à cette université parce que
Au début	j'ai failli	aller ailleurs
Mais	je voulais	me spécialiser en...
Et puis	j'avais peur	suivre des cours de...
Après ça	j'ai décidé	ne pas avoir fait...
Cette année	je pense	savoir ce que je vais faire
Maintenant	je regrette	finir mes études
Plus tard	je commence	...
...	je me dépêche	?
?	j'espère	
	?	

H. Vous et l'avenir. En groupes de deux, complétez les phrases suivantes.

Ce week-end...

1. Après / sortir de mon dernier cours / je / avoir l'intention...
2. Après / s'amuser / je / aller...

L'été prochain...

1. Après / rentrer chez moi / je / espérer...
2. Après / travailler (voyager) / je / compter...

Plus tard...

1. Après / finir mes études / je / compter...
2. Après / gagner assez d'argent / je / vouloir...

I. La querelle des anciens et des modernes. Les «modernes» sont les hommes qui favorisent l'émancipation de la femme; les «anciens» sont pour «la femme au foyer». En groupes de deux ou en deux équipes (sous forme de débat), reconstituez les opinions des modernes et des anciens.

	devoir / oser	faire ce qu'elle veut
	pouvoir / vouloir	comprendre son rôle
	commencer / continuer	réaliser son potentiel
	arriver / renoncer	s'occuper de ses enfants
La femme	hésiter / éviter	négliger sa famille
	avoir peur / raison / tort	rester au foyer
	choisir / préférer	avoir les mêmes privilèges que les hommes
	regretter / risquer	vivre une double vie
	?	?

J. Jeu de rôles (Une décision difficile). Your husband is an engineer for an international firm. He has a chance to be promoted, but that would mean moving to Africa! You, on the other hand, are a lawyer, just starting to be successful in a local firm. If your husband accepts his promotion, you will have to quit your job and sacrifice your own career, for a while at least. Even though this promotion is extremely important for your husband's career, is it worth the sacrifice? Your husband suggests that it may be the perfect time to start a family. You may be able to resume your career later, but you will have to wait until your husband gets transferred. Discuss this situation with a friend, who asks questions and offers advice. Report your conclusions to the class after you have reached a decision.

Par écrit

Avant d'écrire

Business Letters. French business letters differ in format from American business letters in the following ways.

1. *Date:* The city where the letter is mailed is mentioned with the date. (Paris, le 18 février, 1993)
2. *Name and address:* The name and address of the sender are placed on the left. The name and address of the recipient are on the right.
3. *Salutation:* If you do not know the recipient's name, use **Madame, Monsieur** (together). If you know his or her name, use **Monsieur, Madame,** or **Mademoiselle,** as appropriate. Never include the person's name. In a letter to someone you have met, you may write **Cher Monsieur, Chère Madame,** or **Chère Mademoiselle.**
4. *The body of the letter:* Here is an example of a first paragraph, which should include the purpose of the letter.

    J'ai l'intention de passer six mois en France pour perfectionner mon français, et je vous serais très reconnaissant(e) de bien vouloir m'envoyer des renseignements sur vos cours de langue française pour étudiants étrangers.

    The other paragraphs give or request supplementary information, with a different paragraph for each category of information. Here are some examples.

    J'ai vingt ans, et je suis étudiant(e) à l'Université de ____ où je me spécialise en...

    Je voudrais donc recevoir au plus vite tous les renseignements nécessaires sur votre programme: description des cours, conditions d'admission, frais d'inscription, possibilités de logement, etc.

5. *Conclusion:* Instead of a closing phrase, such as *Sincerely yours,* the French have a conventional concluding sentence. It is the last paragraph, and begins on the left. This concluding sentence uses the same form of address as the salutation.

   Recevez, Monsieur, Madame, mes salutations distinguées.

   Other options include the following.

   Croyez, Chère Madame, à l'assurance de ma considération distinguée.
   Veuillez agréer, Monsieur, l'expression de mes sentiments les meilleurs.

Sujet de composition

Vous cherchez un emploi dans une compagnie française. Ecrivez une lettre au chef du personnel, expliquant le genre de travail que vous cherchez, vos qualifications (études, diplômes, expérience, etc.), vos buts à long terme et l'importance de cet emploi dans vos plans professionels.

Présentez votre lettre sous forme dactylographiée (*typed*), et selon les règles de la correspondance française.

Réponses: Essayez!, page 176: 1. J'ai honte d'avoir fait des fautes bêtes. 2. Je vous demande de ne pas faire de bruit. 3. Nous hésitons à poser des questions. 4. Ils ont peur d'avoir choisi la mauvaise réponse. 5. Je m'excuse de vous déranger. 6. Elle est désolée de ne pas être venue.

CHAPITRE 11

Ça vous intéresse de conquérir l'espace?

La conquête de l'avenir

Paroles

L'avenir

L'avenir, c'est **tout à l'heure** (*in a little while*), **demain, d'ici demain** (*by tomorrow*), **après-demain** (*the day after tomorrow*), **la semaine prochaine, le mois prochain, l'année prochaine, dans deux ans, plus tard** (*later*), **en l'an 2000,** etc.

L'exploration spatiale

On **lance** (*launches*) des **fusées** [f.] (*rockets*) pour explorer l'espace. Les **astronautes** montent à bord des **navettes spatiales** [f.] (*space shuttles*). Leur mission est parfois de déployer des **satellites** [m.] pour les télécommunications, par exemple.

La télévision

Avant de pouvoir regarder la télévision, il faut **brancher** (*plug in*) le **poste de télé** (*TV set*), l'**allumer** (*turn it on*) et peut-être **régler le son** (*adjust the sound*) ou l'**image** [f.].

Si une **émission** ou un **programme** ne nous plaît pas, on peut toujours **changer de chaîne** [f.] (*change the channel*) ou **éteindre** (*turn off*) la télé. Qu'y a-t-il comme émissions? Le **journal télévisé** ou les **actualités** [f.] (*news*), un **dessin animé** (*cartoon*), un **documentaire,** un **feuilleton** (*TV series or soap opera*), un **film,** un **spectacle de variétés,** un **jeu télévisé,** comme «la Roue de la Fortune», et bien sûr, la **publicité** ou la **pub** (*commercials.*)

Les problèmes de l'avenir

La **guerre des étoiles** (*star wars*) aura-t-elle lieu, avec ses **armes** [f.] **nucléaires** et ses **missiles** [m.]?

L'**énergie** [f.] **nucléaire** n'est pas sans dangers; que faire des **déchets** nucléaires (*nuclear waste*) qui inquiètent tant les **écologistes?** La **pollution** menace de plus en plus la nature.

Parmi les problèmes économiques et sociaux, il y a bien sûr le **chômage** (*unemployment*), la **pauvreté** et le développement des **pays du tiers monde** (*third-world countries*).

Parlons-en

A. Consultez le programme de télé. Qu'est-ce que vous allez regarder ce soir? Pourquoi? Discutez les possibilités avec votre partenaire et voyez si vous avez les mêmes goûts.

TF1

20 40 LA VENGEANCE AUX DEUX VISAGES - 7/14 - Série réalisée par **Karen Arthur** avec Rebecca Gilling, James Smillie - *En crise avec Dan, parti dans les îles, Stéphanie choisit de rester pour combattre Jake Sanders...*

22 15 Bonjour les 70 - Année 1973

23 25 Histoires naturelles - **« Drôles de bêtes, drôles de gens »**

0 15 TF1 dernière

A2

20 45 LA PLANÈTE MIRACLE - Série documentaire - **« La naissance des grandes chaînes de montagnes »**

21 40 LE BATTANT ★★ 2 h. 1983 - Film français de **Alain Delon** avec Alain Delon, Richard Anconina - **Policier** - Intrigue classique mais accrochante dans cette série noire de bon ton (adolescents)

23 40 Les arts au soleil

ph.FR3 - (FR3) 20 45
Anouk Aimée

20 45 SODOME ET GOMORRHE ★★ 2 h.25 1962 - Film franco-italo-américain de **Sergio Leone** et **Robert Aldrich** avec Stewart Granger, Anouk Aimée - *Après avoir traversé le désert sous la conduite de Loth, les Hébreux arrivent sur les bords du Jourdain...*
Evocation pseudo-biblique - Aventure gigantesque et spectaculaire avec des décors naturels grandioses et des effets spéciaux étonnants (adultes - adolescents)

23 15 Soir 3

C+[a]

21 00 REBUS 119' 1988 - Film italien de **Massimo Guglielmi** avec Charlotte Rampling - *1982. Raoul se rend directement dans un garage de Saint-Denis tenu par un spécialiste de voitures de collection, Carabas. Depuis des années, le vieil homme fait passer la même annonce dans la presse : « Eléphant perdu cherche Bugatti Royale 1927 »... Raoul déclare être en possession de la voiture et l'invite à le suivre jusqu'en Espagne où elle se trouve... Il y a trente ans, Carabas a fait le même périple : tandis que le voyage se poursuit, ses souvenirs affluent...*
Drame psychologique - Charlotte Rampling incarne ici une comtesse au charme trouble (adolescents)
Dif. : 25 - 27 - 30/7

5

20 50 A NOUS LA CINQ - Présenté par **Nagui** - Comédie, suspense ou aventures, aux téléspectateurs de décider : en effet, Nagui leur offre de composer eux-mêmes leur programme. Comment? Grâce au téléphone, chacun pourra choisir parmi plusieurs séries mises en compétition...

22 40 Le bateau - Série n° 5 - Pendant la nuit, le sous-marin refait surface dans le port paisible de Vigo...

a. Canal Plus

6

20 35 UN MARIAGE EN HÉRITAGE 1 h.37 - Téléfilm canadien de **Eric Till** avec Wendy Crewson, Paul Gross - *Sophie, jeune pianiste canadienne, est de retour à la ferme familiale. Son père qui vient de mourir lui a légué le ranch et, au grand désespoir de sa mère, elle a bien l'intention de le garder...*

22 30 UNE JOURNÉE PARTICULIÈRE ★ ★ ★ 1 h.42 1977 - Film italien de **Ettore Scola** avec Sophia Loren - *Ce n'est pas une journée comme les autres : en ce 8 mai 1938, venu en visite officielle, le Führer rencontre le Duce...*
Drame psychologique - Chef-d'œuvre à la mise en scène inoubliable (adolescents)

B. Une journée typique dans dix ans. Que ferez-vous? Que verrez-vous quand vous regarderez par la fenêtre de votre salon? Que regarderez-vous à la télé? De quoi parleront les journaux? Quels seront les sujets d'actualité? Discutez avec un(e) partenaire en faisant une liste des prédictions que vous avez en commun, et une autre liste des idées que vous ne partagez pas.

Lecture

Jules Verne (1828–1905) is best known for his eighty novels, although he also wrote plays. He followed the scientific developments of the nineteenth century with great interest; his novels reflect this interest and also suggest Verne's fascination with the idea of space travel, a century before the launching of the first spaceship. Like Saint-Exupéry, Verne wrote novels that appealed to adults and children alike. You may know the English versions of *Voyage au centre de la Terre* (1864), *Vingt mille lieues sous les mers* (1869), et *Le Tour du monde en quatre-vingts jours* (1873). The selection you will read here is from *Autour de la Lune* (1869).

Jules Verne

Autour de la Lune describes the adventures of an international space crew approaching the moon and attempting to direct the **boulet-wagon** (*spaceship*) back to earth. On board are Barbicane, president of the American Gun Club, which has arranged the launching of the craft; Captain Nicholl, his fellow club member; and a French adventurer, Michel Ardan.

A première vue

✦ ✦ ✦ ✦ ✦ ✦

Genre. When you start to read a new text in French, you may find it helpful to think about the genre—that is, to identify the type of text you are dealing with. Is it fiction or nonfiction? If nonfiction, is it an essay arguing a particular point of view, a biography, an autobiography, or a factual report? If it is fiction, is it a romance, an adventure tale, a work of science fiction, a play, or something else? Because literary genres have similar characteristics in most Western languages, identifying the type of text may help you predict some of its content and make your first reading easier.

You know that the following passage is excerpted from a science fiction novel by Jules Verne. What do you expect to find in science fiction?

- ✦ Present-day, past, or future setting?
- ✦ A setting similar to your world, or dramatically different?
- ✦ Characters similar or dissimilar to the people you know?
- ✦ Primary focus on people, places, or things?

List a few other elements that you expect to find in science fiction. Now read the passage to find out which of your expectations are fulfilled.

Quoi ?

*Quand vous entendez parler de conquête de l'espace, à quoi pensez-vous ?**

A la possibilité de découvrir d'autres formes de vie	**50 %**
Aux satellites d'observation météorologique, de télévision, etc.	**48**
A l'exploration de notre système solaire	**46**
A la guerre transportée dans l'espace	**29**
A rien de tout cela (réponses spontanées)	**9**
Sans opinion	18

** Total supérieur à 100 : deux réponses possibles.*

tiré de la revue française *L'Express*

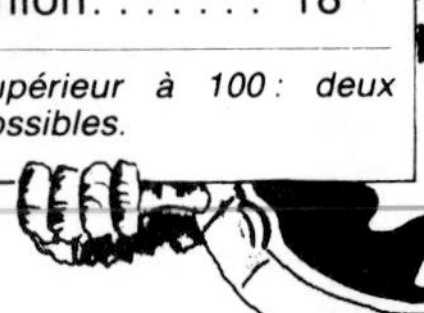

Le langage

✦ ✦ ✦ ✦ ✦ ✦

Guessing Meaning on the Basis of Context. One of the most useful strategies in reading a foreign language is to guess the meanings of unfamiliar words. You can use the clues provided in the surrounding sentences. For example, in the following exchange, you probably don't know the meaning of **échecs** and **dames.** Barbicane says: **"Nous allons nous ennuyer royalement!"** Michel Ardan replies: **"J'ai à votre disposition, échecs, dames, cartes, dominos!"** The context makes it clear that **échecs** (*checkers*) and **dames** (*chess*) are games of some sort; that's all you need to know to keep reading. You don't need to know the exact meaning to understand the main ideas of the story. When you can't figure out the meaning of a new word, don't forget that it sometimes helps to read ahead a few sentences.

During your second reading, guess the meanings of the following words.

délié	(line 5)
noyée	(line 6)
semblables	(line 13)
festin	(line 31)

couronner (line 42)
savants (line 74)
crevasse (line 88)

Autour de la Lune [extrait]

JULES VERNE

—La Terre, dit Barbicane, la voilà.

—Quoi! fit Ardan, ce mince filet,° ce croissant argenté?

—Sans doute, Michel. Dans quatre jours, lorsque la Lune sera pleine,° au moment même où nous l'atteindrons, la Terre sera nouvelle. Elle ne nous apparaîtra plus que sous la forme d'un croissant délié qui ne tardera pas à disparaître, et alors elle sera noyée pour quelques jours dans une ombre° impénétrable.

—Ça! la Terre!, répétait Michel Ardan, regardant de tous ses yeux cette mince tranche de sa planète natale.

—Vous avez raison, Barbicane, répondit le capitaine Nicholl, et d'ailleurs quand nous aurons atteint la Lune, nous aurons le temps, pendant les longues nuits lunaires, de considérer à loisir ce globe où fourmillent° nos semblables!

—Nos semblables! s'écria Michel Ardan. Mais maintenant, ils ne sont pas plus nos semblables que les Sélénites°! Nous habitons un monde nouveau, peuplé de nous seuls, le projectile! Je suis le semblable de Barbicane, et Barbicane est le semblable de Nicholl. Au-delà de° nous, en dehors de nous, l'humanité finit, et nous sommes les seules populations de ce microcosme jusqu'au moment où nous deviendrons de simples Sélénites!

—Dans quatre-vingt-huit heures environ, répliqua le capitaine.

—Ce qui veut dire?... demanda Michel Ardan.

—Qu'il est huit heures et demie, répondit Nicholl.

—Eh bien, repartit Michel, il m'est impossible de trouver même l'apparence d'une raison pour laquelle nous ne déjeunerions pas...

En effet, les habitants du nouvel astre ne pouvaient y vivre sans manger, et leur estomac subissait° alors les impérieuses lois° de la faim. Michel Ardan, en sa qualité de Français, se déclara cuisinier en chef, importante fonction qui ne lui suscita pas° de concurrents. Le gaz donna les quelques degrés de chaleur suffisants pour les apprêts culinaires, et le coffre aux provisions° fournit les éléments de ce premier festin.

Le déjeuner débuta° par trois tasses d'un bouillon excellent, dû à la liquéfaction dans l'eau chaude de ces précieuses tablettes Liebig,° préparées avec les meilleurs morceaux des ruminants des Pampas. Au bouillon de bœuf succédèrent quelques tranches de beefsteak comprimés° à

- filet: *thin streak of light*
- pleine: complète
- ombre: ≠ lumière
- fourmillent: s'agitent en grand nombre
- Sélénites: ceux qui habitent la Lune
- Au-delà... *Beyond*
- subissait: souffrait / lois: *laws*
- ne... ne lui a pas fait
- coffre... meuble pour les réserves de nourriture
- débuta: a commencé
- tablettes... cubes pour bouillon
- comprimés: diminués de volume

la presse hydraulique, aussi tendres, aussi succulents que s'ils fussent sortis des cuisines du Café Anglais. Michel, homme d'imagination, soutint° même qu'ils étaient «saignants°».

a dit / *rare* (*meat*)

Des légumes conservés° «et plus frais que nature», dit aussi l'aimable Michel, succédèrent au plat de viande, et furent suivis de quelques tasses de thé avec tartines° beurrées à l'américaine.

préparés et mis en boîtes (*cans*)
tranches de pain

Enfin, pour couronner ce repas, Ardan dénicha° une fine bouteille de Nuits,° qui se trouvait «par hasard» dans le compartiment des provisions. Les trois amis la burent à l'union de la Terre et de son satellite.

a trouvé
marque de vin

—Pourquoi ne réussirions-nous pas? répétait Michel Ardan. Pourquoi n'arriverions-nous pas? Nous sommes lancés. Pas d'obstacles devant nous. Pas de pierres° sur notre chemin. La route est libre, plus libre que celle du navire° qui se débat contre la mer, plus libre que celle du ballon° qui lutte contre le vent! Or, si un navire arrive où il veut, si un ballon monte où il lui plaît, pourquoi notre projectile n'atteindrait-il pas le but qu'il a visé°?

rocs, rochers
bateau / mot ap.
but... *aim that it set*

—Il l'atteindra, dit Barbicane. Maintenant que nous n'avons plus d'inquiétude, qu'allons-nous devenir? Nous allons nous ennuyer royalement!

—Mais j'ai prévu° le cas, mes amis, reprit Michel Ardan. Vous n'avez qu'à parler. J'ai à votre disposition, échecs, dames, cartes, dominos!

anticipé

—Quoi! demanda Barbicane, tu as emporté de pareils bibelots°?

trinkets

—Sans doute, répondit Michel, et non seulement pour nous distraire, mais aussi dans l'intention louable d'en doter° les estaminets° sélénites.

donner aux / cafés

—Mon ami, dit Barbicane, si la Lune est habitée, ses habitants ont apparu quelques milliers d'années avant ceux de la Terre, car on ne peut douter que cet astre ne soit plus vieux que le nôtre. Si donc les Sélénites existent depuis des centaines de mille ans, si leur cerveau° est organisé comme le cerveau humain, ils ont inventé tout ce que nous avons inventé déjà, et même ce que nous inventerons dans la suite des siècles. Ils n'auront rien à apprendre de nous et nous aurons tout à apprendre d'eux.

esprit, tête

—Quoi! répondit Michel, tu penses qu'ils ont eu des artistes comme Michel-Ange ou Raphaël?

—Oui.

—Des poètes comme Homère, Virgile, Milton, Lamartine, Hugo?

—J'en suis sûr.

—Des philosophes comme Platon, Aristote, Descartes, Kant?

—Je n'en doute pas.

—Des savants comme Archimède, Euclide, Pascal, Newton?

—Je le jurerais.

—Alors, ami Barbicane, s'ils sont aussi forts que nous, et même plus forts, ces Sélénites, pourquoi n'ont-ils pas tenté° de communiquer avec la Terre? Pourquoi n'ont-ils pas lancé° un projectile lunaire jusqu'aux régions terrestres?

essayé
envoyé

—Qui te dit qu'ils ne l'ont pas fait? répondit sérieusement Barbicane.

—Quand?

—Il y a des milliers d'années, avant l'apparition de l'homme sur la Terre.

—Et le boulet°? Où est le boulet? Je demande à voir le boulet!

—Mon ami, répondit Barbicane, la mer couvre les cinq sixièmes de notre globe. De là, cinq bonnes raisons pour supposer que le projectile lunaire, s'il a été lancé, est maintenant immergé au fond de l'Atlantique ou du Pacifique. A moins qu'il ne soit enfoui° dans quelque crevasse, à l'époque où l'écorce° terrestre n'était pas encore suffisamment formée.

—Mon vieux Barbicane, répondit Michel, tu as réponse à tout et je m'incline devant ta sagesse.°

boulet: projectile lunaire
A... *Unless it's buried*
écorce: *crust*
sagesse: *wisdom*

Avez-vous compris?

A. Choisissez la meilleure réponse.

1. Au début du texte, les trois hommes regardent (la lune / la terre).
2. Ils se dirigent vers (une planète lointaine / la lune / le soleil).
3. Les Sélénites habitent (la terre / la lune / le soleil).
4. Les voyageurs seront près de la lune dans (vingt-quatre heures / quarante-huit heures / quatre-vingt-huit heures).
5. (Ardan / Barbicane / Nicholl) sert de cuisinier en chef.
6. Avec leur déjeuner, ils boivent (du thé / du vin / du vin et du thé).
7. Pour éviter l'ennui, Michel a emporté (des livres / des jeux / des bibles).
8. Michel questionne Barbicane au sujet de l'existence (d'un projectile lunaire / de la mer / de l'écorce terrestre).

B. Imaginez que vous êtes rédacteur (rédactrice) (*editor*) d'une anthologie littéraire. Vous devez diviser ce texte de Jules Verne en trois ou quatre parties et choisir un titre pour chaque partie. Tournez-vous vers un(e) camarade de classe et discutez vos choix. Après, vous en discuterez avec le reste de la classe.

C. Michel Ardan est optimiste. Expliquez la comparaison qu'il fait entre leur voyage et ceux d'un navire et d'un ballon. Que pensez-vous de cette comparaison?

D. Le déjeuner dans l'espace. Imaginez que vous organisez les repas pour ce voyage lunaire. Expliquez à Michel Ardan (à l'aide de verbes au futur) ce qu'il y aura à manger et comment il préparera les repas. Basez votre discussion sur les indications du texte.

E. Comment Barbicane décrit-il la civilisation lunaire? Les Sélénites ressemblent-ils aux êtres humains, selon lui?

Et vous?

A. Si un jour l'on trouve des habitants sur une autre planète, comment seront-ils? Est-ce qu'ils nous ressembleront? Quel sera leur niveau de culture? Imaginez, discutez.

B. On vous a offert la possibilité d'aller dans l'espace. Qu'est-ce que vous allez faire? (Je vais accepter..., Je vais refuser..., Je ne sais pas ce que je vais faire...) Décrivez vos hésitations et vos sentiments.

C. Quand nous nous éloignons de notre maison, notre ville natale ou notre pays, notre opinion de ces endroits change. Parlez avec un(e) camarade de classe d'une expérience personnelle de ce genre.

D. Ce qui est science-fiction au moment de sa création devient moins fantastique avec le passage du temps. Est-ce qu'il y a des détails dans le texte qui ne sont plus si fantaisistes à notre époque? Prenez quelques phrases du texte et expliquez ce qu'on pourrait faire pour moderniser le récit ou du moins pour le rendre moins fantaisiste.

Et vous ?

Si...si on vous en offrait la possibilité, seriez-vous ou non volontaire pour aller dans l'espace ?

Oui	**40 %**
Non	**59**
Sans opinion	1

tiré de la revue française *L'Express*

E. Il y a des gens qui adorent ce genre de fiction et d'autres qui le détestent. A quelle catégorie appartenez-vous? Pourquoi? Quels films de science-fiction avez-vous vus récemment? Qu'est-ce qu'il y a dans ces films qui les rend semblables au texte de Verne?

Structures

«Nous allons nous ennuyer royalement!»

Qu'est-ce que nous **ferons** quand nous **arriverons** sur la lune? Nous n'**aurons** rien à faire! Si les Sélénites existent, comment **communiquerons**-nous avec eux? Et s'ils n'existent pas, avec qui **parlerons**-nous? Ce **sera** mortel... C'est bien beau, l'aventure, mais je crois que nous allons nous ennuyer royalement! Et pour manger, qu'est-ce que nous **ferons** quand nous **aurons fini** les provisions que nous avons apportées?

The Future Tenses

Usage

There are two future tenses in French: the **futur simple** expresses an action that *will take place;* the **futur antérieur,** a compound tense, expresses an action that *will have taken place* before another, future action. In general, the future tenses in French are used in the same way as in English. There is one important difference.

Déduisez

In **"Nous allons nous ennuyer royalement,"** what tenses are used after **quand?** What tenses would be used in English?

Vérifiez

If the context is future, French speakers use a future tense (*not* the present or the preterite) after the following words.

quand / lorsque	*when*
dès que / aussitôt que	*as soon as*
tant que	*as long as*

If the actions of both clauses will take place in the same time frame, the **futur simple** is used.

Quand on **aura** faim, on **mangera.**	*When we are hungry, we will eat.*

If, in the sequence of future events, one action must be completed *before* other actions can take place, the **futur antérieur** is used (before → *antérieur*).

Quand on **aura fini** de manger, on partira.	*When we have finished eating, we will leave.*
Quand tu arriveras, nous **serons déjà partis.**	*By the time you arrive, we will have already left.*

Because of its use with **quand** and other conjunctions, the **futur antérieur** is more common in French than the future perfect is in English.

Essayez!

Dans les phrases suivantes, est-ce que les verbes en italique se traduiraient au présent, au passé composé, au futur simple ou au futur antérieur?

MODELE: I'll tell you everything when I *see* you. → futur simple

1. As long as we *are* students, we won't have any money. 2. Call me as soon as you *can.* 3. I was still hungry when I *left.* 4. You won't be hungry when you *leave!* 5. I'm always hungry when I *leave.* 6. As long as you *haven't finished* eating, you won't leave the table.

(*Réponses page 199*)

Formation: The *futur simple*

Rappelez-vous

To form the future tense of almost all French verbs, use the infinitive as the stem (for **-re** verbs, drop the **e**). The last letter of the future stem will always be an **r.** Then add the endings **-ai, -as, -a, -ons, -ez, -ont.**

Essayez!

Mettez au futur.

1. allumer (je) 2. éteindre (tu) 3. choisir (elle) 4. prendre (nous) 5. dire (vous) 6. se reposer (ils)

(*Réponses page 199*)

A few verbs have irregular future stems. For each one (except impersonal expressions,) give the **tu** and the **vous** forms.

INFINITIVE	STEM	EXAMPLE
aller	**ir-**	j'irai
avoir	**aur-**	j'aurai
courir	**courr-**	je courrai
devoir	**devr-**	je devrai
envoyer	**enverr-**	j'enverrai
être	**ser-**	je serai
faire	**fer-**	je ferai
falloir	**faudr-**	il faudra
mourir	**mourr-**	je mourrai
pleuvoir	**pleuvr-**	il pleuvra
pouvoir	**pourr-**	je pourrai
recevoir	**recevr-**	je recevrai
savoir	**saur-**	je saurai
tenir	**tiendr-**	je tiendrai
valoir	**vaudr-**	il vaudra
venir	**viendr-**	je viendrai
voir	**verr-**	je verrai
vouloir	**voudr-**	je voudrai

Quels sont les avantages et les inconvénients d'un visiophone?

With stem-changing **-er** verbs, the following changes occur in the future.

1. Verbs like **acheter: e → è** in all forms.

   J'achèterai une nouvelle télé.

2. Verbs like **préférer:** no change.

   Je préférerai sûrement le modèle le plus cher.

3. Verbs like **jeter and appeler:** double the consonant in all forms.

   Je ne jetterai pas ma vieille télé.

4. Verbs ending in **-yer: y → i** in all forms.*

   Je ne m'ennuierai pas.

Essayez!

Mettez au futur.

1. se rappeler (nous) 2. se lever (tu) 3. répéter (je) 4. employer (il) 5. se promener (elles) 6. nettoyer (vous)

(*Réponses page 199*)

*For verbs ending in **-ayer,** the change is optional: **j'essaierai** or **j'essayerai.**

Formation: The *futur antérieur*

The **futur antérieur** is formed with the future of the auxiliary **avoir** or **être** and the past participle of the main verb.

Qu'est-ce que nous ferons quand nous **aurons fini** nos provisions?	*What will we do when we have finished our supplies?*
Dès que nous nous **serons habitués** à la lune, il faudra repartir.	*As soon as we have gotten used to the moon, we'll have to leave again.*

Essayez!

Mettez au futur antérieur.

1. revenir (tu) 2. ne rien voir (nous) 3. s'ennuyer (elles) 4. bien dormir (on)

(*Réponses page 199*)

Maintenant à vous

A. Si tu viens... L'équipage du «boulet-wagon» essaie de vous convaincre de les accompagner dans leur voyage autour de la lune. Complétez selon le modèle.

MODELE: s'amuser → Tu t'amuseras.

1. ne pas s'ennuyer 2. être un pionnier (une pionnière) de l'espace 3. voir des choses fantastiques 4. faire des choses extraordinaires 5. ne pas avoir peur 6. ne pas mourir 7. savoir ce que c'est qu'être libre 8. découvrir les Sélénites 9. obtenir des connaissances infinies 10. ne plus vouloir retourner sur la terre!

Laquelle des raisons vous semble la plus convaincante?

B. «Oui, mais...» Avant de vous laisser convaincre, vous avez quelques questions à poser (des généralités qui soudain deviennent des problèmes spécifiques).

MODELE: Quand on est dans le «boulet-wagon», comment est-ce qu'on respire? → Quand on **sera** dans le «boulet-wagon», comment est-ce qu'on **respirera?**

1. Quand on a faim, qu'est-ce qu'on mange?
2. Quand on a soif, qu'est-ce qu'on boit?
3. Lorsqu'on est fatigué, où est-ce qu'on dort?
4. Quand on s'ennuie, qu'est-ce qu'on fait?

5. Quand on arrive, comment est-ce qu'on envoie un message à la terre?
6. Lorsque nous voulons revenir, qu'est-ce que nous faisons?

C. «Eh bien...» Imaginez les réponses de Michel Ardan aux questions de l'exercice B. N'ayez pas peur d'être fantaisiste!

MODELE: Quand on sera dans le «boulet-wagon», on respirera l'oxygène de la cabine.

D. Quand? L'équipage du «boulet-wagon» veut savoir quand vous allez sortir de votre routine et faire place à l'aventure. Un étudiant (une étudiante) jouera le rôle du chef de l'équipage et posera des questions. L'étudiant(e) *B* répondera. Ensuite, renversez les rôles.

MODELE: prendre une décision/réfléchir →
ETUDIANT A: Quand est-ce que vous prendrez une décision?
ETUDIANT B: Quand j'aurai réfléchi.

1. savoir ce que vous voulez faire dans la vie / essayer plusieurs choses
2. être prêt(e) à explorer l'univers / découvrir la terre d'abord
3. découvrir la terre / gagner assez d'argent pour voyager
4. gagner assez d'argent pour voyager / trouver un bon travail

E. L'avenir en face. Analysez les résultats de l'enquête intitulée «L'avenir en face» et résumez oralement pourquoi certains enfants pensent que dans dix ans la vie sera (a) mieux que maintenant et (b) moins bien que maintenant.

L'avenir en face

Pour toi, réussir dans la vie, c'est...	
Avoir un métier intéressant	64 %
Aider les autres	44
Etre sûr(e) de ne jamais être au chômage	34
Faire ce qu'on a envie	31
Savoir se servir d'un ordinateur	27
Gagner beaucoup d'argent	27
Travailler dans les métiers d'avenir	27
Commander les autres	4

Dans une dizaine d'années, quand tu auras à peu près 20 ans, la vie sera...	
Mieux que maintenant	49 %
Pareille que maintenant	31
Moins bien que maintenant	20

Parmi ces mauvaises choses, quelles sont celles qui, à ton avis, arriveront quand tu auras à peu près 20 ans?	
Il n'y aura pas de travail	34 %
Il y aura la guerre	22
Il y aura beaucoup de maladies	20
Il n'y aura presque plus d'animaux	18
Il fera beaucoup plus froid	16
Il n'y aura presque plus à manger	6
Sans réponse	18

Et parmi ces bonnes choses?	
L'ordinateur aura changé la vie	38 %
Il y aura des robots partout	33
Il n'y aura plus d'enfants qui ont faim	33
Tu pourras voyager dans l'espace	31
On vivra beaucoup plus longtemps	27
On travaillera moins	26
Tous les pays vivront en paix	25
Il y aura du travail pour tout le monde	21

tiré de la revue française *L'Express*

Et vous? En groupes de deux, discutez les questions suivantes. Qu'est-ce que «la réussite» veut dire pour vous? (Nommez un minimum de cinq choses que vous ferez pour «réussir» dans la vie.) A votre avis, qu'est-ce qui aura changé dans dix ans? Qu'est-ce qui sera mieux? Qu'est-ce qui sera moins bien? Qu'est-ce qui ne changera jamais? Utilisez le vocabulaire du chapitre et soyez prêts à partager vos conclusions avec le reste de la classe.

F. C'est bien beau de rêver... En groupes de deux, complétez les phrases suivantes de façon personnelle. Comparez vos réponses et discutez les différences.

1. Les voyages dans l'espace seront accessibles à tous quand...
2. Il y aura moins de problèmes de pollution quand...
3. Les gens n'auront plus peur de vieillir quand...
4. La télévision restera une sorte d'«opium du peuple» tant que...
5. Les pays du tiers monde se développeront davantage dès que...

G. Des hypothèses. Qu'est-ce que vous ferez si les conditions suivantes se présentent? Discutez en groupes de deux.

1. Si vous apprenez qu'il n'y a plus aucun débouché dans votre domaine de spécialisation...
2. Si ça ne vous intéresse plus de faire des études universitaires...
3. Si vous héritez d'un million de dollars...
4. Si on vous propose un voyage sur la prochaine navette spatiale...
5. Si ça devient possible d'acheter du terrain sur la lune...
6. Si la Troisième Guerre mondiale éclate...

Talking About Places

Vous allez **en** France? Ah! **La** France est belle, n'est-ce pas? J'adore Paris; je vais souvent **à** Paris. L'été prochain nous irons **au** Portugal. Nous n'avons jamais visité **le** Portugal. L'été dernier nous avons fait un voyage **en** Israël.

Déduisez

When the name of a country is used as a subject or a direct object, what does it require? Is the same true for cities?

Going *to* or being *in* a place: What preposition is used with feminine countries*? masculine countries starting with a vowel? masculine countries starting with a consonant? cities?

*If the name of a country, continent, island, state, or province ends with an **e,** the gender is feminine. If it ends with anything but an **e,** the gender is masculine. The exceptions are **Le Cambodge, le Maine, le Mexique,** and **le Zaïre.**

Vérifiez

When names of *countries, continents, provinces,* and *states* are used as subjects or direct objects, they require a definite article.

Connaissez-vous **l'**Europe?

No article is used with cities unless the article is part of the name, such as **Le Havre** or **Le Caire.**

Le Caire est la capitale de l'Egypte.

PREPOSITIONS WITH COUNTRIES, CONTINENTS, ETC.

CATEGORY	GOING **TO** / BEING **IN**	COMING FROM
Feminine countries, islands, provinces, and continents	**en** Quand nous serons en Europe, nous irons en Allemagne.	**de** Elle vient de Normandie.
Masculine countries starting with a vowel	**en** Il est né en Iran.	**d'/de l'** Il est originaire d'Iran/de l'Iran.
Masculine countries starting with a consonant	**au** On parle espagnol au Chili.	**du** Il revient du Brésil.
Cities and masculine islands	**à** Nous sommes restés à Madrid.	**de** Elle vient de Tahiti.
Plural geographical names	**aux** Vous allez aux Antilles?	**des** Nous sommes des Etats-Unis.

PREPOSITIONS WITH AMERICAN STATES

With most states, follow the same rules as for countries. Masculine states present a few peculiarities.

CATEGORY	GOING **TO** / BEING **IN**	COMING FROM
Feminine names	**en** en Californie, en Caroline du Nord/du Sud, en Floride, en Géorgie, en Louisiane, en Pennsylvanie, en Virginie	**de** Vous êtes de Californie?

CATEGORY	GOING **TO** / BEING **IN**	COMING FROM
Islands	**à** Ils habitent à Hawaï.	**de/d'** Ils sont d'Hawaï.
Masculine names starting with a vowel	**en/dans l'** Nous sommes allés en Utah/dans l'Utah.	**d'/de l'** Elle vient d'Arizona/de l'Arizona.
Masculine names starting with a consonant	1) Texas → **au** Ils habitent au Texas. 2) all others → **dans le** Un voyage dans le Maine ou dans le Vermont?	**du** Ils sont du Texas. Je reviens du Mississippi.

To avoid confusion between states and cities that share the same name, use **dans l'état de** before the states of New York and Washington.

Rochester est dans l'état de New York.

Connaissez-vous Genève?

Essayez!

Complétez.

Nous ferons un voyage _____[1] Moyen Orient; nous irons _____[2] Beyrouth, _____[3] Liban, puis nous visiterons _____[4] Syrie avant d'aller _____[5] Arabie Saoudite.

(*Réponses page 199*)

Maintenant à vous

H. Un jeu. Connaissez-vous votre géographie? En groupes de deux ou en deux équipes, dites dans quel pays, état ou province vous serez quand vous arriverez dans telle ou telle ville.

MODELE: Berlin → Quand j'arriverai à Berlin, je serai en Allemagne.

VILLES	PAYS, ETATS
1. Las Vegas 2. Tokyo 3. Le Caire 4. Bombay 5. Rio de Janeiro 6. Pékin 7. Santiago 8. Calgary 9. Varsovie 10. Portland 11. Casablanca 12. Istanbul 13. Jérusalem 14. Athènes 15. Orlando 16. Copenhague 17. Sofia 18. N'Djamena 19. Honolulu 20. Acapulco 21. Stockholm 22. Madrid 23. Rome 24. Moscou 25. Memphis 26. Philadelphie 27. Marseille 28. Sydney 29. Dakar 30. Genève	Floride; Hawaï; Chili; Tennessee; Sénégal; Grèce; Australie; Maroc; Israël; France; Alberta; Bulgarie; Egypte; Mexique; Italie; Japon; Pennsylvanie; Brésil; Pologne; Turquie; Espagne; Inde; Russie; Tchad; Danemark; Suisse; Chine; Oregon; Suède; Nevada

I. Des points communs. En circulant dans la classe, posez des questions à vos camarades pour savoir si vous avez des points géographiques communs. Demandez-leur (1) où ils sont nés, (2) dans quels états ou pays ils ont habité, (3) quels pays ou états ils ont visités et (4) d'où viennent leurs ancêtres. Notez les réponses, faites une liste des points communs et puis préparez-vous à faire un rapport à la classe.

J. Où irez-vous? Imaginez que vous avez gagné un voyage autour du monde pour l'été prochain. Où irez-vous, et pourquoi? Discutez en groupes de deux. Faites une liste des goûts que vous avez en commun.

K. Jeu de rôles. Role-play the following situation in French with two of your classmates who will act as your parents.

You are thinking of quitting school and going into the Peace Corps. You point out all the things you will be able to do (travel, learn languages, possibly use your French, discover other cultures, help people, and so forth). Your parents, however, point out the disadvantages—you won't make any money, you will be far away in some developing country, and, worst of all, what will happen when you come back? Won't it be hard to go back to school? What will you do about a career? Try to convince one another.

Par écrit

Avant d'écrire

Defining Your Audience. In conversation, there are instant reminders—for instance, in the form of a puzzled frown—that listeners need more information to understand what you want to say. Since there are no such reminders when you write, you need to anticipate the information your readers will need.

In reading an autobiographical essay, for example, a reader who is not acquainted with you will require more background information than someone who knows you. Before you start writing about the following topic, do the prewriting activities described here.

1. Identify two possible readers: one who knows you well, and one who doesn't know you (or who knows you only superficially).
2. For each reader, make a list of the information you need to include to paint a clear picture of your life twenty years from now. Organize the information in two columns. Notice the differences between the lists.

Now decide which reader you prefer to address, and develop your essay accordingly. When you have finished your rough draft, do the following things.

1. Edit for content. Have you kept your audience in mind throughout? Does your choice of information reflect this? Is the information clearly organized?
2. Proofread for grammar. Is your use of **futur** or **futur antérieur** appropriate, especially with **quand** and other conjunctions? Check for agreement of verbs with subjects, adjectives with nouns, etc.
3. Proofread for spelling and accents. Use a dictionary if necessary.

Sujet de composition

Ma vie dans 20 ans. Comment serez-vous dans 20 ans—physiquement et du point de vue personnalité? Aurez-vous changé? Où habiterez-vous? Serez-vous marié(e)? Aurez-vous des enfants? Comment sera votre maison ou votre appartement? Quel genre de travail ferez-vous? Quels diplômes aurez-vous obtenus? Quels voyages aurez-vous faits? Quels seront vos meilleurs souvenirs? Quelles seront vos aspirations? Donnez libre cours à votre imagination.

Réponses: Essayez!, page 190: 1. futur simple 2. futur simple 3. passé composé 4. futur simple 5. présent 6. futur antérieur

Réponses: Essayez!, page 190: 1. j'allumerai 2. tu éteindras 3. elle choisira 4. nous prendrons 5. vous direz 6. ils se reposeront

Réponses: Essayez!, page 191: 1. nous nous rappellerons 2. tu te lèveras 3. je répéterai 4. il emploiera 5. elles se promèneront 6. vous nettoierez

Réponses: Essayez!, page 192: 1. tu seras revenu(e) 2. nous n'aurons rien vu 3. elles se seront ennuyées 4. on aura bien dormi

Réponses: Essayez!, page 197: 1. au 2. à 3. au 4. la 5. en

CHAPITRE 12

Des travailleurs immigrés à Strasbourg

La conquête des frontières?

L'immigration et le racisme

Un(e) **immigré(e)** est un **étranger**/une **étrangère** (*foreigner*) qui a **immigré** dans un autre pays. Sans les papiers nécessaires, l'immigré est un **résident illégal** qui peut être **déporté.** Si l'immigration est légale, il y a parfois l'option de devenir un **citoyen**/une **citoyenne** (*citizen*).

Pourquoi immigrer? Pour **échapper à** une situation politique **opprimante** (*oppressive*)? Pour sortir d'**un milieu** social trop fermé? Pour trouver un meilleur travail, une société plus **juste**? Pour **poursuivre** des rêves **idéologiques,** économiques, ou tout simplement pour **l'aventure** [f.]?

Il n'est pas toujours facile de **s'établir** (*settle*) dans un nouveau pays, car certaines personnes ont des **préjugés** [m.] (*prejudices*) contre un autre **groupe ethnique,** une autre **race,** un autre **peuple.** L'**antisémitisme** ou la **discrimination** contre les **Juifs** (*Jews*) est une forme de **racisme.**

Certains citoyens hésitent à **accueillir** (*welcome*) les étrangers, car ils les considèrent comme une **menace** (*threat*) sur le **marché de l'emploi** (*job market*). Si ces étrangers arrivent à **s'intégrer dans** la société et à **s'adapter à** (*adjust to*) la nouvelle culture, l'**intolérance** [f.] semble **diminuer.**

La vie en société

La vie en société est réglée par des **lois** [f.] (*laws*). Avec ces lois, on **a le droit de** (*has the right to*) faire certaines choses, et on **a droit à** (*is entitled to*) certains **privilèges.** Est-ce qu'on abuse de ses **droits** [m.] (*rights*) quand on **vit aux dépens** (*lives at the expense*) du gouvernement, ou quand on participe à des **manifestations** [f.] (*demonstrations*), des **grèves** [f.] (*strikes*) et des **émeutes** [f.] (*riots*)? Les agents de police, ou les **flics** comme on les appelle familièrement, sont chargés de rétablir l'**ordre** [m.]. Ceux qui **enfreignent** (**enfreindre** = *to break*) les lois et qui **commettent** des **crimes** [m.] sont **arrêtés** et **poursuivis** et, s'ils sont **coupables** (*guilty*), ils sont **condamnés** à diverses **peines** [f.] (*penalties*), comme une peine de **prison** [f.] (*prison term*) ou, dans certaines sociétés, **la peine de mort** (*the death penalty*).

Parlons-en

A Marseille. La troisième génération d'immigrés est en marche.

Trois générations d'immigrés arabes à Marseille.* En groupes de deux, utilisez votre imagination pour finir les phrases suivantes et créer des histoires originales sur chacune des trois personnes représentées. Quelques étudiant(e)s joueront le rôle des journalistes qui écouteront la discussion des groupes (deux groupes par journaliste), poseront des questions et prendront des notes pour pouvoir ensuite faire un rapport à la classe et tirer des conclusions sur les problèmes de l'immigration.

1. **La grand-mère:** Quand elle est arrivée en France, elle ne parlait pas un mot de français. Elle a eu beaucoup de mal à s'adapter...
2. **La jeune femme:** Elle a eu une enfance difficile. Elle sait ce que c'est que les préjugés, le racisme, le chômage, le crime. La preuve, c'est que...

*__Marseille,__ qui compte plus de 120 000 Musulmans sur un million d'habitants, et où on estime que d'ici 1995 un enfant sur cinq sera d'origine maghrébine (nord-africaine), souffre particulièrement des problèmes de l'immigration.

3. **L'enfant:** Est-ce que lui aussi sera déchiré (*torn*) entre deux mondes? Il y a des choses qui ne changent jamais, comme... Mais il y a aussi des choses qui peuvent peut-être changer, comme... A notre avis, cet enfant...

Lecture

Immigration is currently a major topic of discussion in France. Many thousands of Francophones from former French colonies and many thousands of people who do not speak French have come to France to find work and to settle. It has been estimated that there are four and a half million immigrants (out of a population of fifty-five million) in France. This includes those who themselves have come from another country and those whose parents or grandparents were the ones who immigrated. The greatest numbers of immigrants are Moslems from North Africa: Algerians, Moroccans, and Tunisians. Next in number are the Portuguese.

One of the reasons France has so many immigrants is that its borders have generally been open to them. Before the Second World War, France came second only to the United States in the number of immigrants it received.

Immigration poses social, political, cultural, and moral questions of many types. For example, do immigrants have the same rights to jobs, unemployment insurance, and health care as citizens? The French have a long history of disdaining those from different backgrounds; even Parisians consider French people who have just come from the provinces to be **étrangers,** or foreigners. Especially in times of high unemployment, some French people look for scapegoats, who are often immigrants. They speak of **une trop grosse charge** (*burden*) **pour le pays.** Extremist right-wing politicians such as Jean-Marie Le Pen, leader of **Le Front national,** argue for sending all immigrants home. His slogan is **La France aux Français.** Those holding more moderate attitudes toward **le problème d'immigration** have created slogans urging tolerance, such as **Touche pas à mon pote** (*buddy*)**!** The following article from the *Journal Français d'Amérique* addresses the question of immigration by describing various viewpoints of immigrants and French citizens.

A première vue

Reading the Large Print. In a newspaper, headlines, as well as titles of sections in large print and introductory paragraphs, set in a typeface different from the rest of the text, can often guide you through an article.

Un slogan raciste?

Scan the reading for the elements just mentioned. After doing so, guess how the topic will be developed, and note one or two ideas. Verify these guesses during your first detailed reading.

Le langage

✦ ✦ ✦ ✦ ✦ ✦

Contextual Guessing. As you read the article, guess the meanings of the following words or expressions, using the context to guide you.

1. ...une meilleure harmonie entre Français de **souche** et les populations d'origine étrangère (lines 6–7)
   a. *overseas*
   b. *as such*
   c. *birth*
2. ...les **attentats** de l'an dernier à Paris (lines 33–34)
   a. *crimes*
   b. *noises*
   c. *waits*
3. ...qu'ils étaient utiles, **sinon** indispensables (line 46)
   a. *but*
   b. *if not*
   c. *or*
4. On nous accuse de tous les **maux** de la terre (line 50)
   a. *evils*
   b. *goods*
   c. *lands*

Le racisme en question

La France est-elle toujours «terre d'accueil»?

PATRICK VAN RŒKEGHEM

Une série de faits divers° particulièrement tragiques et odieux° relancent° en France le débat sur le racisme. Ils donnent tout leur sens aux appels permanents de «S.O.S.-Racisme» et du Mouvement contre le racisme et pour l'amitié entre les peuples pour une meilleure harmonie entre Français de souche et les populations d'origine étrangère.

faits... événements
mot ap. / recommencent

«J'aime pas les Arabes!» C'est par cette violente diatribe, lancée à la face des policiers qui les arrêtaient que les auteurs de deux récentes agressions racistes en France ont tenté, en vain, de justifier leurs actes.

Des affaires graves

A la mi-août, de jeunes skinheads organisaient une opération punitive contre des jeunes gens d'origine maghrébine,° à Châteauroux, dans l'Indre. Ils étaient aussitôt placés en garde à vue° et l'un d'eux confiait° aux policiers: «j'aime pas les Arabes».

nord-africaine
garde... surveillance / disait

A la fin de l'été, un jeune Français d'origine maghrébine était retrouvé sérieusement blessé au bord d'une route, près d'Abbeville, dans la Somme.° Les trois hommes qui l'avaient pris en auto-stop l'avaient roué de coups.° «Parce qu'il était arabe!» devait déclarer l'un d'eux aux policiers.

au nord de la France
roué... battu

Ces affaires parmi tant d'autres ont ému l'opinion publique française et, une nouvelle fois, attiré° l'attention sur les difficiles rapports entre certains Français de souche et des Français d'origine étrangère ou des immigrés.

attracted

Elles s'ajoutent à celles, plus anciennes, d'un jeune Maghrébin défenestré° d'un train par des militaires en goguette° ou des deux jeunes Antillais blessés à coups de carabine° tirés d'une fenêtre de HLM* de la banlieue° parisienne, simplement parce qu'ils «faisaient du bruit»...

jeté par la fenêtre / en... *drunk*
fusil
suburbs

Un sujet délicat

La France est-elle raciste? Le sujet est particulièrement délicat au moment où le Front national, le parti d'extrême droite de Jean-Marie Le

*Habitation à loyer modéré (*government-subsidized housing*)

Pen prône «la France aux Français», où la réforme du «code de la nationalité»* est devenue sujet de controverse et où les attentats de l'an dernier à Paris ont ému une opinion publique devenue particulièrement soupçonneuse vis-à-vis des étrangers à la peau basanée.°

swarthy, dark

A cela s'ajoutent la crise économique et le chômage qui font que beaucoup reprochent aux étrangers de «s'approprier le travail revenant de droit aux nationaux». Mais on trouve toujours de nombreux Français qui refusent d'accomplir certaines tâches dévolues° aux immigrés.

données

Alors, la France est-elle toujours la «terre d'accueil» par excellence dont elle aimait à se glorifier depuis la Révolution? Les Français ne sont-ils pas devenus racistes, contrairement à ce qu'ils disent (car dans l'ensemble ils s'en défendent)? Ou bien chacun en est-il réduit à jouer des coudes° dans un monde qui se déshumanise?

jouer... lutter pour sa place

Dans les années 70, les immigrés étaient d'autant mieux tolérés en France qu'ils étaient utiles, sinon indispensables au développement du pays. Aujourd'hui, nombreux sont ceux qui les considèrent comme des intrus.° De là à rejeter la responsabilité de ce qui ne va pas sur l'étranger, il n'y a qu'un pas que beaucoup franchissent° facilement.

intruders / font

«On nous accuse de tous les maux de la terre»

«En période de boom économique, tout allait bien pour nous ici, explique, amer,° un travailleur malien° installé depuis 18 ans en France. Aujourd'hui, nous sommes rejetés. On nous accuse de tous les maux de la terre».

plein de ressentiment / du Mali

De fait, dans le métro parisien fleurissent des inscriptions racistes du genre: «Sales nègres, retournez chez vous», ou même «Les nègres puent°». Elles ont parfois un caractère religieux, du genre: «Musulmans° hors de France». A proximité de ces inscriptions, des groupes de clochards avinés,° blancs ceux-là, donnent pourtant une image peu flatteuse de la société européenne dite «civilisée».

sentent très mauvais / mot ap. / *drunken tramps*

Les commandos racistes se sont multipliés. Dans le 20e arrondissement de Paris, de septembre à décembre 1986, trois sinistres° ont eu lieu dans des immeubles modestes, habités par des immigrés. Œuvre de maniaques racistes? Ils ont en tout cas causé la mort de 19 personnes. Les habitants du quartier trouvaient fréquemment dans leurs boîtes aux lettres des tracts signés «S.O.S.-France» prenant ouvertement position contre l'immigration. Ces tracts transformaient à leur manière le slogan de «S.O.S.-Racisme» en «Touche pas à la France, mon pote».

feux

Autre hantise° de ceux qui n'ont plus de travail en France: celle du retour forcé. L'ombre du «charter» sur Bamako où 101 Maliens furent «réexpédiés» dans leur pays l'année dernière à bord d'un avion affrêté° par le ministre de l'Intérieur, plane° sur chaque Africain de Paris en situation irrégulière.

obsession / loué / menace

---

*Une nouvelle loi qui donne aux immigrés le droit de choisir entre la nationalité française et une autre nationalité

Le «Seuil° de tolérance» est-il dépassé?

° limite

Alors, le «seuil de tolérance» (chiffre à ne pas dépasser faute de quoi le racisme monte dans un pays) a-t-il été atteint en France? Selon une étude de l'organisation «Hommes et migrations», il y aurait 4 470 495 étrangers (toutes origines confondues, qu'il s'agisse de Portugais, d'Africains noirs ou de Maghrébins) pour une population de 55,6 millions d'habitants. Ils étaient 3 680 100 quatre ans plus tôt.

Nombreux sont les Français qui estiment cependant que les limitations à l'immigration ne peuvent se faire que dans le strict respect de la dignité humaine et que tout doit être fait pour que les minorités installées en France disposent d'un minimum de garanties, ce qui exclut notamment les actes racistes.

Avez-vous compris?

A. Complétez.

1. Quand la police les a arrêtées, l'une des deux personnes qui venaient de commettre des agressions racistes a dit: «_____». 2. L'article demande si la France est _____ ou si elle accueille toujours les immigrés. 3. Le slogan de _____ est «la France aux Français». Il est chef du Front national, un parti d'_____ (très conservateur). 4. Les réalités de l'économie, comme _____ et l'inflation, créent une situation compliquée. 5. Depuis 1789, les Français aiment considérer leur pays comme une «_____». 6. Dans les années 70, les immigrés étaient nécessaires au _____ et donc étaient mieux «tolérés». 7. Un Malien considère que les immigrés sont blâmés de tous les _____. 8. Dans le métro parisien on trouve beaucoup d'_____ racistes. 9. A Paris, dans les quartiers où habitent beaucoup d'immigrés, il y a eu trois _____ de septembre à décembre 1986. 10. Un groupe qui essaie de protéger les droits des immigrés est _____. 11. L'article dit qu'actuellement il y a _____ d'immigrés en France et que la France a une population de _____ d'habitants.

B. «Des affaires graves». Faites une liste des actes racistes mentionnés dans l'article.

C. «Un sujet délicat». Qu'est-ce qui a changé en France depuis les années 70?

D. «On nous accuse de tous les maux de la terre». Quelles sont les peurs des immigrés?

E. Le «seuil de tolérance est-il dépassé?» Expliquez cette expression.

La rencontre de deux mondes différents: une jeune famille africaine dans une rue parisienne

Et vous?

A. On dit que les Etats-Unis sont un pays d'immigrés. Parlez de votre famille et de ses racines.

B. On utilise souvent des stéréotypes pour catégoriser ceux qui sont différents de soi. Dans votre communauté (sur le campus, ou dans votre ville d'origine) il y a peut-être des personnes d'une souche ethnique différente de la vôtre. Réfléchissez un moment, et énumérez les stéréotypes que vous avez employés ou que vous avez entendus pour décrire ces personnes (elles sont intelligentes, elles sont riches, elles conduisent mal, etc.). Puis, d'après votre expérience, discutez quelques exceptions à ces stéréotypes.

C. Le parti politique de Jean-Marie Le Pen est extrémiste. Aux Etats-Unis, quels partis politiques ou groupes sont comparables au Front national? Quelles sortes de slogans ont-ils? Quelles actions proposent-ils? Discutez leur influence et votre réaction.

D. Comme le dit l'article, l'immigration pose certains problèmes. Quels sont ces problèmes aux Etats-Unis? Est-ce vrai qu'il y a un seuil de tolérance? Définissez ce seuil.

Structures

Le racisme: un point de vue

Raciste? Moi? Je **propose** seulement **qu**'on **établisse** des contrôles beaucoup plus stricts de l'immigration. Je **ne pense pas que** ce **soit** une bonne idée d'accueillir n'importe qui au nom de notre chère «liberté, égalité, fraternité»! **A moins qu**'ils **aient** des qualifications professionnelles et **qu'**ils **veuillent** vraiment s'intégrer dans la société, ce n'est pas l'égalité et la fraternité que ces immigrés vont trouver, mais plutôt la pauvreté et l'hostilité. **Il faut que** le gouvernement **fasse** quelque chose **avant que** les citoyens **se révoltent** car les immigrés représentent un risque économique et social. **Il est temps que** nous **prenions** des mesures contre l'immigration!

The Subjunctive

The tenses you have studied so far—present, past, and future—belong to the *indicative mood,* or mode of expression. They are *indicative* of an objective reality. Compare the following statements.

> La situation **est** juste. (*statement of fact*)
> Je doute que la situation **soit** juste. (*judgment, opinion*)

The second sentence is a *subjective* statement of opinion, expressed in a *mood* called the *subjunctive.* This chapter presents only the most common uses of the present tense in the subjunctive, the **présent du subjonctif.**

Usage

Déduisez

Make a list of all the *verbs* or *verbal expressions* that introduce a subjunctive clause in the paragraph **Le racisme: un point de vue.** Try substituting **je sais que** or **on dit que** for each one of those verbs. Would the subjunctive still be used? Why?

Vérifiez

Je propose que... , je ne pense pas que... , and **il est temps que...** introduce subjective statements; therefore, the *subjunctive* is used. **Je sais que...** and **on dit que...** indicate statements of fact; therefore the *indicative* is used.

Je sais qu'on **établit** des contrôles; on dit que **c'est** une bonne idée.

The subjunctive is used in subordinate or dependent clauses introduced by **que.** The main clause must

- express personal views or feelings.
- have a different subject than the subordinate clause.

Je propose qu'**on** établisse des contrôles.

If the subject is the same in both clauses, the main verb is followed by an infinitive.

Je propose / **J'**établis des contrôles → Je propose d'**établir** des contrôles.

Here is a list of common verbs and verbal expressions followed by the subjunctive.

Doubt and Opinion	**douter*** **penser/croire/trouver** (negative and interrogative forms only)	***Je doute* qu'on prenne des mesures.** ***Je ne trouve pas* qu'on prenne assez de mesures. *Croyez-vous* que ce soit suffisant?**
Desire and Recommendation	**vouloir** **proposer** **suggérer**	*Je veux* / *Je propose* } **qu'on fasse quelque chose.**
Judgment	**Il faut que** **Il vaut mieux que** **Il se peut que (il est possible)** **Il est temps que** **C'est dommage que** (*it's too bad*)	***Il faut* qu'on prenne des mesures.** ***Il vaut mieux* qu'on le fasse maintenant.** ***Il se peut* qu'il soit trop tard.** ***Il est temps* qu'on fasse quelque chose.** ***C'est dommage* que les gens ne comprennent pas la situation.**
Emotions	**être content(e)/triste/déçu(e)** (*disappointed*)**/désolé(e)/surpris(e),** etc. **avoir peur** **regretter**	***Nous sommes contents* que le problème soit résolu.** ***J'ai peur* qu'on ne fasse rien.** ***Je regrette* que tu sois déçu.**

*Douter** is followed by **que** and a subjunctive clause whether there is a change of subject or not. **Je doute que tu puisses venir. Je doute que je puisse venir.**

Certain conjunctions also require the use of the subjunctive. Here are the most common.

Avant que (before)	**Je ferai mes devoirs *avant que* tu *viennes.***
Pour que ou **Afin que** (so that)	**Je laisserai la porte ouverte *pour que* tu *puisses* entrer.**
Jusqu'à ce que (until)	**J'attendrai *jusqu'à ce que* tu *arrives* pour faire à manger.**
A moins que (unless)	**Nous mangerons dehors, *à moins qu'*il *pleuve.***
Bien que ou **Quoique** (although)	***Bien que* nous *ayons* beaucoup de travail, nous savons aussi nous amuser!**

If the subject is the same in both clauses,

- ✦ **avant que** + *subjunctive* → **avant de** + *infinitive.*
- ✦ **pour que** + *subjunctive* → **pour** + *infinitive.*

Je ferai mes devoirs **avant de venir.** (NOT **avant que je vienne)**
Je prendrai ma clé **pour pouvoir entrer.** (NOT **pour que je puisse entrer)**

Other conjunctions **(jusqu'à ce que, à moins que, bien que)** are followed by the subjunctive whether there is a change of subject or not.

Je resterai ici **jusqu'à ce que** je finisse.
Je ferai ça ce soir, **à moins que** je sois trop fatigué(e).

Essayez!

Subjonctif, indicatif ou infinitif? Si l'on combine la phrase **tout le monde vient** avec les expressions données, est-ce que **vient** va rester à l'indicatif, se mettre au subjonctif (**vienne**) ou à l'infinitif?

MODELE: je doute → subjonctif (Je doute que tout le monde vienne.)

1. je crois
2. elle regrette
3. il se peut
4. tout le monde veut
5. restons ici jusqu'à
6. tout le monde se prépare avant

7. j'ai envoyé des invitations pour
8. je sais

(*Réponses page 215*)

Formation

To form the present tense of the subjunctive, follow these easy steps. Take the **ils** form of the present indicative; this is also the **ils** form of the present subjunctive.

ils finissent	ils doivent	ils prennent

For **je, tu, il/elle,** first drop the **-ent.**

finiss-	doiv-	prenn-

Then add the endings **-e, -es, -e.**

je	finisse	doive	prenne
tu	finisses	doives	prennes
il/elle/on	finisse	doive	prenne

For **nous** and **vous,** use the **imparfait** forms.

nous	finissions	devions	prenions
vous	finissiez	deviez	preniez

There are only eight common exceptions to this pattern. **Avoir** and **être** are the only two verbs that have irregular stems *and* irregular endings.

AVOIR	ETRE
que j'aie	que je sois
que tu aies	que tu sois
qu'il ait	qu'il soit
que nous ayons	que nous soyons
que vous ayez	que vous soyez
qu'ils aient	qu'ils soient

Faire, pouvoir, and **savoir** have irregular stems and regular endings, but the **nous** and **vous** forms are not identical to the **imparfait** forms.

FAIRE	POUVOIR	SAVOIR
que je fasse	que je puisse	que je sache
que tu fasses	que tu puisses	que tu saches
qu'il fasse	qu'il puisse	qu'il sache
que nous **fassions**	que nous **puissions**	que nous **sachions**
que vous **fassiez**	que vous **puissiez**	que vous **sachiez**
qu'ils fassent	qu'ils puissent	qu'ils sachent

Aller and **vouloir** have irregular stems and regular endings, and the **nous** and **vous** forms are identical to the **imparfait** forms.

ALLER	VOULOIR
que j'aille	que je veuille
que tu ailles	que tu veuilles
qu'il aille	qu'il veuille
que nous **allions**	que nous **voulions**
que vous **alliez**	que vous **vouliez**
qu'ils aillent	qu'ils veuillent

Pleuvoir has no third person plural form from which to derive a subjunctive stem. The subjunctive form must be learned as a special case.

pleuvoir (il pleut) → qu'il **pleuve**

Essayez!

Donnez le subjonctif présent.

1. immigrer (qu'ils) 2. commettre (que je) 3. diminuer (qu'elle) 4. établir (que vous) 5. écrire (que nous) 6. partir (que tu) 7. devenir (qu'il) 8. refaire (qu'on)

(*Réponses page 215*)

Maintenant à vous

A. Une nature douteuse. Transformez les phrases selon le modèle, en assumant l'identité d'un(e) sceptique.

MODELE: La conquête des frontières est possible. (je doute) →
Je doute que la conquête des frontières soit possible.

1. Les citoyens veulent aider les immigrés. (je ne crois pas)
2. C'est une bonne idée d'ouvrir les frontières à tous. (trouvez-vous)
3. Les immigrés peuvent aider l'économie. (je ne pense pas)
4. Le gouvernement reconnaît ses responsabilités. (pensez-vous)
5. L'immigration a ses bons côtés. (je doute)

Avec lequel de ces doutes êtes-vous d'accord?

B. Les partisans. Combinez les phrases de chaque paire, puis indiquez si c'est un partisan du Front national (FN) ou du mouvement S.O.S.-Racisme (SR) qui dirait cela.

1. _____ il faut que / les pays fermeront leurs frontières
2. _____ il vaut mieux que / les pays riches ouvriront leurs portes
3. _____ il se peut que / les immigrés sont utiles
4. _____ il est temps que / les étrangers repartiront chez eux
5. _____ c'est dommage que / les gens ont des préjugés

Un déjeuner en plein air: de quoi parlent-ils?

C. La société de demain. Combinez les phrases de chaque paire, puis indiquez si c'est quelqu'un d'optimiste (O) ou de pessimiste (P) qui dirait cela.

1. ____ je crois / le crime diminuera
2. ____ nous ferons tout pour / la justice triomphera
3. ____ nous persévérerons jusqu'à / le gouvernement établira l'égalité
4. ____ l'égalité n'existera pas, bien que / tout le monde la veut
5. ____ les préjugés continueront, à moins que / les gens iront vivre dans un monde utopique

D. Et vous, demain? Imaginez votre avenir professionnel et personnel vu par les yeux de vos parents ou de quelqu'un qui vous connaît bien. En groupes de deux, faites des suppositions (réelles ou fantaisistes) en utilisant les expressions suivantes.

1. Ils pensent que... 2. Ils doutent que... 3. Ils sont contents que...
4. Ils ont peur que... 5. Ils veulent que... 6. ?

E. Je propose que... En groupes de deux, étudiez les problèmes suivants. Pour chacun, proposez trois ou quatre solutions (au subjonctif!). Comparez-les ensuite avec celles des autres groupes.

1. Certains étudiants étrangers que vous connaissez ont du mal à s'intégrer dans la communauté estudiantine.
2. Il y a sur votre campus un club qui persécute les minorités.
3. Vous avez un professeur qui fait souvent des commentaires racistes ou sexistes en classe.
4. Votre école veut devenir plus «internationale».

F. Des slogans. En utilisant les expressions suggérées, exprimez votre réaction aux slogans suivants qu'on entend actuellement en France.

1. «Deux millions de chômeurs = deux millions d'immigrés en trop.» (Les Français qui disent ça ont peur que... Ils veulent que...)
2. «La France, c'est comme une mobylette (*moped*); pour que ça marche il lui faut du mélange (*mixture; for a moped, gas and oil*)». (Les Français

qui disent ça ne pensent pas que... Selon ce slogan, il vaut mieux que...)

3. Connaissez-vous un autre slogan sur le problème de l'immigration—aux Etats-Unis ou en France?

G. Des phrases qui font réfléchir. En groupes de deux, ou sous forme de débat, exprimez votre opinion et essayez de défendre votre point de vue sur les phrases suivantes. Après la discussion, récapitulez au tableau les réponses de la classe. D'abord, voici des suggestions pour développer un argument: (1) Commencez par expliquer la phrase en question. (2) Exprimez votre opinion. (3) Pour appuyer (*support*) votre opinion, donnez des exemples pris dans l'actualité, l'histoire, la littérature ou votre expérience personnelle. (4) Discutez le pour et le contre. (5) Concluez.

1. Certaines cultures s'assimilent beaucoup plus facilement que d'autres dans un pays d'immigration.
2. Les immigrés ont l'obligation d'adopter le plus vite possible les valeurs, la langue et les coutumes du pays d'immigration.
3. Une démocratie a le devoir d'accueillir les étrangers.
4. Il faut déporter les immigrés qui vivent aux dépens du gouvernement.
5. En ce qui concerne le racisme, il est plus facile de changer les lois que l'attitude des gens.
6. La discrimination raciale est un phénomène universel.

H. Jeu de rôles: Le racisme aux Etats-Unis

Student A: You believe that racism in the U.S. is a thing of the past. Contrast, with as many examples as possible, how things used to be and how they are now. Emphasize the openness, the tolerance, and the genuine efforts toward integration of today's policies and attitudes.

Student B: You believe that racism is still very much a problem in the U.S. Ghettos are still a reality, and in many areas of the country, people's attitudes haven't really changed. Give as many examples as you can.

Par écrit

Avant d'écrire

Organizing an Argumentative Essay. You have just seen (Activity G) five general steps for constructing an oral argument. In writing, you will need to make the distinction between **le pour et le contre** more clearly; they will become two distinct parts of your essay. Consider the topic **Tous les hommes sont égaux.**

1. What can you think of in favor of the proposition? List as many ideas as possible, as well as examples to support them.
2. Make a similar list, to prove the opposite point.
3. Analyze your two lists. Keep the most pertinent ideas and examples, and delete the others. Next, organize your ideas in order of importance.
4. As you develop your arguments for and against, anticipate possible objections to the points you wish to make. Try to imagine the questions that a good reader might ask. Raise them yourself, and be prepared to demonstrate, in a step-by-step fashion, how you arrived at your opinion. Inexperienced writers often make unsupported assertions in their essays; simply detailing how they reached their conclusions would often be enough to convince others.

For this writing assignment, you will not be asked to turn in a polished essay but simply a detailed outline showing how you would develop arguments for and against this proposition. For each part, define (in sentence form) your main ideas. Under each main idea, outline supporting ideas and examples.

Sujet de composition

«Tous les hommes sont égaux». Que pensez-vous de cette phrase? Dans quel sens les êtres humains peuvent-ils être considérés comme égaux, et dans quel sens l'inégalité est-elle inhérente à la condition humaine? Faites un plan *très détaillé* selon le format suivant.

1. Introduction (idée générale)
2. Arguments pour l'égalité
3. Arguments contre l'égalité
4. Conclusion personnelle: pour? contre? entre les deux?

Réponses: Essayez!, pages 210–211: 1. Indicatif (Je crois que tout le monde vient.) (**croire** n'est pas négatif ou interrogatif) 2. Subjonctif (Elle regrette que tout le monde vienne.) 3. Subjonctif (Il se peut que tout le monde vienne.) 4. Même sujet → infinitif (Tout le monde veut venir.) 5. Subjonctif (Restons ici jusqu'à ce que tout le monde vienne.) 6. Même sujet → infinitif (Tout le monde se prépare avant de venir.) 7. Subjonctif (J'ai envoyé des invitations pour que tout le monde vienne.) 8. Indicatif (Je sais que tout le monde vient.)
Réponses: Essayez!, page 212: 1. qu'ils immigrent 2. que je commette 3. qu'elle diminue 4. que vous établissiez 5. que nous écrivions 6. que tu partes 7. qu'il devienne 8. qu'on refasse

THEME V

Bon appétit!

En bref

Food, a common topic of conversation in every culture, has special importance in France. Many contemporary magazine and newspaper pieces, as well as passages from classical literature, deal with food. You will read a few of these in **Thème V.**

Functions

- Linking ideas coherently
- Avoiding repetition
- Circumlocution
- Describing, narrating, and explaining in the present and future

Structures

- Relative pronouns
- Transition words
- Pronouns: **y, en**
- Useful fixed phrases
- Special problems: present and future tenses; articles; nouns

Avant de commencer

Dégustations d'une spécialité marseillaise: Comment s'appelle ce plat? Quels sont les ingrédients?

CHAPITRE 13

Les plaisirs de la table

Paroles

Le petit déjeuner: le premier repas de la journée

Le matin, on peut prendre une **tasse** (*cup*) **de café;** du **café au lait;** un **crème** (*coffee with cream*), du **chocolat** ou du **thé,** avec une **tartine,** c'est-à-dire une **tranche de pain** (*slice of bread*) avec du beurre ou de la **confiture** (*jam*), du **pain grillé** (*toast*), des **croissants** [m.].

Le petit déjeuner anglais (ou américain) est parfois plus copieux; il inclut des **œufs** [m.] (*eggs*), du bacon et des **céréales** [f.].

Le déjeuner et le dîner

Un repas français traditionnel commence par des ***hors-d'œuvre*** [m.], par exemple, des ***crudités*** [f.] (*raw vegetables*); une **salade de tomates** [f.], de **concombres** [m.] (*cucumbers*), de **betteraves** [f.] (*beets*) à la **vinaigrette** (*vinegar and oil dressing*); ou de la ***charcuterie*** (*cold cuts*): du **jambon** (*ham*), du **saucisson** (*hard salami*), du **pâté;** le soir, le ***potage*** ou la ***soupe*** remplace souvent les hors-d'œuvre: une **soupe de légumes,** une **soupe à l'oignon,** un **potage** aux **champignons** [m.] (*mushrooms*), du **bouillon** (*broth*).

Puis vient l'***entrée:*** du ***poisson*** (*fish*), des ***fruits de mer*** (*seafood*): des **crevettes** [f.] (*shrimp*), du **crabe,** des **coquilles** [f.] **Saint-Jacques** (*scallops*), du **homard** (*lobster*), des **huîtres** [f.] (*oysters*) ou des **escargots** [m.]; une **omelette;** une **quiche.**

Le ***plat garni*** est le ***plat principal*** (*main dish*) du repas: les ***viandes*** [f.]: un **bifteck / un steak;** du **rôti** (*roast*) de bœuf [m.], de **veau** [m.] (*veal*), de **porc** [m.] ou d'**agneau** [m.] (*lamb*); une **côtelette;** la ***volaille*** (*poultry*): du **poulet** (*chicken*), du **canard** (*duck*), de la **dinde** (*turkey*); les ***légumes*** [m.] (*vegetables*): des **asperges** [f.] (*asparagus*), des **carottes** [f.], du **chou** (cabbage), des **épinards** [m.] (*spinach*), des **haricots verts** (*green beans*), du **maïs** (*corn*), des **petits pois** (*peas*), des **pommes de terre** (*potatoes*), des **frites** [f.] (*fries*); les **pâtes** [f.] (*pasta*), les **nouilles** [f.] (*noodles*), le **riz** (*rice*).

Après le plat garni, on sert la **salade** (la laitue = *lettuce*) et le **fromage** (le **camembert,** le **brie,** le **roquefort,** le **gruyère** [*Swiss cheese*], le **fromage de chèvre** [*goat*], etc.).

Le ***dessert*** met fin au repas. On peut choisir des ***fruits*** [m.]: un **abricot,** de l'**ananas** [m.] (*pineapple*), une **banane,** une **orange,** une **poire** (*pear*), une **pomme** (*apple*), du **raisin** (*grapes*); un ***yaourt:*** **nature** (*plain*), **aux fraises** [f.] (*strawberries*), **aux framboises** [f.] (*raspberries*), au **citron** (*lemon*), à la **pêche** (*peach*); de la ***glace*** (*ice cream*): à la **vanille,** au **chocolat,** etc.; des ***gâteaux*** [m.]: un **chou à la crème** (*cream puff*), un **éclair,** une **tarte** aux **cerises** [f.] (*cherries*), etc., des **petits gâteaux** ou des **biscuits** (*cookies*).

Pour accompagner le repas, n'oublions pas les ***boissons*** (*drinks*): l'**eau minérale,** la **bière,** le **vin,** le **lait,** un **jus de fruit,** un **Coca,** une **boisson gazeuse** (*carbonated*) / **non gazeuse** (*noncarbonated*); un **glaçon** (*ice cube*).

Parlons-en

La semaine prochaine, vous et votre partenaire espérez avoir l'honneur d'être les hôtes ou hôtesses d'un programme d'immersion dans la langue et la culture françaises pour des étudiants de français de votre campus. Une grande maison a été louée pour l'occasion, et la salle à manger va bien sûr être le centre de bien des activités. Votre rôle est de planifier (*to plan*) les repas pour trois jours (petits déjeuners, déjeuners et dîners) et de les faire approuver par votre professeur. Saurez-vous mériter l'honneur espéré?

	jeudi	vendredi	samedi
Petit déjeuner			
Déjeuner			
Dîner			

Lecture

The cookbooks of Julia Child have introduced French cuisine to large numbers of Americans. Her television series on PBS, "The French Chef," is widely known. In the following text, you will read an interview with Julia Child, from *Le Journal Français d'Amérique.*

A première vue

Anticipating Content and Verifying Hypotheses about Content. Discuss what might have inspired Julia Child, a French-speaking American, to study and write about French cooking. Suggest at least three possible reasons, and verify them during your first quick reading.

Le langage

Specific Vocabulary. This article includes many words associated with cooking. Scan the text and circle as many of them as you can.

Julia Child, superstar

KITTY MORSE

Bon appétit! C'est grâce à Julia Child, superstar de la gastronomie et auteur de nombreux livres de cuisine, que toute une génération de cuisinières américaines a découvert les secrets de la grande cuisine française. Le mille-feuilles comme le pâté de canard, Julia Child les démystifie tous dans ses livres *Mastering the Art of French Cooking* et à travers sa série de programmes télévisés «*The French Chef*».

Cette «grande dame» de la gastronomie (au propre et au figuré, car Julia mesure près de 1m80), cette sympathique septuagénaire° a de l'énergie à revendre. L'an dernier, elle a publié ses secrets culinaires dans un tome impressionnant intitulé *The Way to Cook* (Knopf, 1989). Bientôt, espère-t-elle, la gastronomie atteindra ici [*aux Etats-Unis*] la même importance qu'en France. Mais il y a beaucoup de travail à faire, et Julia, qui partage son temps entre Santa Barbara, CA, et Cambridge, MA, ne cesse de parcourir les Etats-Unis

septuagénaire: personne entre 70 et 79 ans

pour arriver à son but. Tous les ans, elle retourne avec le plus grand délice se replonger dans l'atmosphère de Provence, près de Grasse, où elle possède une maison. Elle a répondu à nos questions, entre deux voyages.

Journal Français d'Amérique: Pouvez-vous expliquer votre passion pour la cuisine française?

Julia Child: J'ai commencé à faire la cuisine après mon mariage (Paul Child était à ce moment-là muté° à Paris). J'ai trouvé la cuisine française si bonne que j'ai commencé à prendre des cours à l'Ecole du Cordon Bleu, pour pouvoir faire la cuisine, et aussi pour manger. C'était merveilleux d'être en France pendant la période de la grande cuisine classique, avant l'arrivée de la nouvelle cuisine,° avec des maîtres comme Escoffier. La nouvelle cuisine a réussi à libérer beaucoup de gens, mais il y a eu trop d'excès. Maintenant, il me semble que les gens en reviennent à une cuisine plus raisonnable.

muté: déplacé

nouvelle cuisine: une cuisine plus légère, dite meilleure pour la santé

JFd'A: Pourquoi avez-vous éprouvé le besoin d'introduire la grande cuisine au public américain?

JC: Parce que c'est ce que j'aime manger, c'est très simple! L'Amérique s'intéressait beaucoup à la cuisine française à ce moment-là, grâce aux Kennedy, et à leur chef René Verdon. L'augmentation des voyages y est aussi pour beaucoup. On était bien plus isolés avant, il nous fallait des heures pour traverser l'Atlantique.

JFd'A: Quelle différence y a-t-il entre le public gastronome français et américain?

JC: Comme le dit si bien mon mari, Paul: «En France, la cuisine, c'est le sport national». J'espère que cette attitude ne changera jamais chez les Français.

JFd'A: Avez-vous remarqué des changements dans la manière dont les Américains se nourrissent?

JC: Ça dépend, on ne peut pas généraliser, ça dépend si les gens ont voyagé. Mais je crois que, en général, le niveau d'intérêt pour la bonne cuisine est plus élevé qu'avant. Ici, comme en France, maintenant il y a cette espèce de «peur de manger», peur du niveau de cholestérol, etc... Il faut simplement déguster avec modération et surtout y prendre plaisir.

JFd'A: Les chefs en France ont-ils l'esprit aussi ouvert aux nouvelles influences que les chefs américains?

JC: De nos jours, je crois que les chefs en France et aux Etats-Unis sont plus disposés à essayer de nouvelles techniques ou de nouveaux produits. Autrefois, il y avait beaucoup plus de choses «qui ne se faisaient pas» en cuisine.

JFd'A: Que faut-il faire pour élever le niveau d'intérêt culinaire aux Etats-Unis?

JC: L'Amérique est un pays vaste, et nous avons beaucoup à faire! Il faut que la gastronomie soit considérée comme une profession sérieuse. Beaucoup de personnages° choisissent une carrière reliée à la gastronomie. Ils sont passionnés et bien éduqués, donc il y a là un grand avantage. L'université de Boston, par exemple, vient d'établir un Master's en Gastronomie. J'espère que d'autres universités feront de même.

°*gens*

JFd'A: Quel est le repas préféré du «French Chef»?

JC: Quelque chose avec du foie gras, des truffes et des huîtres! Peut-être un caneton, ou un rôti de veau. Un plateau de fromages, bien sûr, et pour couronner le tout un dessert extraordinaire!

Avez-vous compris?

A. Etablissez des correspondances entre les expressions des deux colonnes.

1. le programme de télévision de Julia Child	_____ à Grasse, en Provence
2. un chef français célèbre	_____ la cuisine
3. le mari de Julia Child	_____ un aliment favori
4. son livre de cuisine	_____ Cordon Bleu
5. «le sport national français»	_____ Paul
6. le foie gras	_____ «The French Chef»
7. l'université de Boston	_____ René Verdon
8. la maison de Julia Child en France	_____ *Mastering the Art of French Cooking*
9. école où Julia Child a étudié la cuisine française	_____ offre un diplôme de maîtrise en gastronomie

B. Décrivez la formation culinaire de Julia Child.

C. Dans quel sens Julia Child espère-t-elle que les goûts culinaires des Américains vont évoluer?

D. Quelle différence Julia Child fait-elle entre les chefs d'autrefois (français et américains) et ceux d'aujourd'hui?

E. Que pense-t-elle de la nouvelle cuisine?

F. Quelle relation Julia Child voit-elle entre les voyages et l'intérêt pour la grande cuisine?

Et vous?

A. Paul Child dit qu'«en France, la cuisine, c'est le sport national». Que pensez-vous de cette attitude? Est-ce vrai aux Etats-Unis?

B. Julia Child mentionne la «peur de manger». De quoi s'agit-il? Avec un(e) camarade de classe, discutez les attitudes de vos amis et de votre famille. Ont-ils cette peur? Pourquoi? Est-ce un phénomène commun aux Etats-Unis de nos jours?

C. Julia Child parle de son repas préféré. Décrivez le vôtre.

D. On se demande souvent ce qu'il faut manger pour rester en bonne santé. Avec un autre membre de la classe, discutez le pour et le contre de chacun des aliments qui suivent.

les glaces et les sorbets
le beurre et la margarine
le café et le thé
l'alcool
les œufs
le poisson et la volaille
la viande

E. Jeu de rôles. En groupes de trois, jouez la scène suivante.

1. You are in a French restaurant. Discuss with a friend what you are going to order as a first course, as a main dish, and for dessert. When the waiter approaches your table, order your meals and some bottled mineral water.
2. The waiter begins to pour your mineral water. You notice something strange about it (the color? the taste?) and complain to the waiter. He offers an explanation.

Le gâteau breton

Même si vous n'aimez pas **les** gâteaux, vous n'allez pas pouvoir résister **au** gâteau breton! **La** recette est très simple: mélanger 250 grammes (ou 2 tasses) **de** farine,* 250 gr. (ou 1 tasse 1/4) **de** sucre et 250 gr. (ou **une** demi-livre) **de** beurre (**du** vrai beurre **que** vous aurez laissé ramollir* à température ambiante). Quand **la** farine, **le** sucre et **le** beurre sont bien mélangés, ajouter 6 jaunes d'œufs et les incorporer à **la** pâte.* On peut aussi ajouter **du** Grand Marnier—**une** cuillerée à soupe. Aplatir* **la** pâte dans **un** moule à gâteau* (rond) bien beurré. Dorer **la** surface avec **un** septième jaune d'œuf; tracer **des** lignes à **la** fourchette pour **la** décoration—et voilà! Il ne reste plus que **la** cuisson: à 375° pendant

*La farine = *flour*; ramollir = *to soften;* la pâte = *dough;* aplatir = *to flatten;* un moule à gâteau = *cake pan*

30 mn, puis à 300° pendant 15 mn. Ne pas démouler avant que **le** gâteau soit complètement refroidi.

C'est **un** gâteau **qui** est sûr de plaire, et **dont** vous allez rêver **la** nuit.

Le gâteau breton—comment le fait-on?

Articles

Déduisez

In the recipe for **le gâteau breton,** what articles

- ✦ introduce nouns used in a general sense (such as cakes in general)?
- ✦ introduce nouns used in a specific sense (*the* sugar, *the* butter)?
- ✦ correspond to the English *a, an*?
- ✦ correspond to the English *some* in the plural? in the singular?

Vérifiez

Definite articles **(le, la, l', les**) indicate that a noun is used in a general or abstract sense.

> **Les** gâteaux sont-ils bons pour **la** santé?

Note that verbs expressing general likes and dislikes (**aimer, préférer, détester**) are followed by definite articles.

> J'aime **les** gâteaux, mais je préfère **les** glaces.

Definite articles are also used for specific references.

> Quand **la** farine, **le** sucre et **le** beurre sont bien mélangés...

Le and **les** contract with the prepositions **à** and **de.**

à + le = au	Je pensais **au** gâteau breton.
à + les = aux	Faites attention **aux** calories!
de + le = du	Parlons **du** repas...
de + les = des	...et **des** différents plats.

The indefinite articles **un** and **une** correspond to the English *a* and *an.*

> Ajouter **une** demi-livre de beurre; c'est **un** gâteau qui est sûr de plaire.

Des is the plural of **un/une.** It corresponds to the English *some.*

> Il faut aussi **des** œufs.

Other articles that refer to *some,* or to *a part of* a whole, are partitive articles (part → partitive): **du, de la, de l'.**

Pour cette recette, il faut **du** beurre, **de la** farine, **de l'**eau...

Although *some* is often omitted before nouns in English, **du, de la, de l',** and **des** *must* be used in French.

Indefinite and partitive articles become **de** after most expressions of quantity and after negative expressions.

Du beurre? J'ai beaucoup **de** beurre, assez **de** beurre, trop **de** beurre!
Vous avez **une** recette? —Non, je n'ai pas **de** recette.
Vous prenez **du** vin? —Non merci, je ne bois jamais **de** vin.

There are several exceptions. First, articles remain unchanged after **la plupart.**

La plupart **des** gens veulent encore du dessert.	*Most people want some more dessert.*

Second, no article or preposition is used after **plusieurs** (*several*) and **quelques** (*a few*).

J'ai **plusieurs** recettes de gâteaux et **quelques** recettes de glaces.

Finally, in negative sentences with **être,** the indefinite and the partitive articles remain unchanged.

Ce n'est pas **une** boisson ordinaire.
Ce n'est pas **du** vin, c'est du jus de raisin.

Essayez!

Complétez les phrases suivantes avec le mot **légumes**—et l'article nécessaire.

1. J'aime... 2. Je ne mange jamais... 3. J'ai pris trop... 4. Voulez-vous encore... 5. Ce ne sont pas... 6. Tu as pensé à... ?

Recommencez l'exercice avec le mot **beurre,** puis **eau minérale.**

(*Réponses page 234*)

Maintenant à vous

A. La liste des commissions (*Grocery shopping list*). Pour mieux vous rappeler, vous répétez à haute voix ce que vous devez acheter. Ajoutez les articles voulus.

1. D'abord, il faut que j'achète _____ pain et _____ croissants. (J'espère que _____ croissants seront encore chauds!) 2. Voyons, je vais prendre aussi _____ beurre, _____ confiture, _____ kilo _____ tomates, _____ litre _____ lait et _____ bouteille _____ eau minérale. 3. Comme viande, si _____ bifteck est beau, je vais prendre _____ bifteck. Autrement, je prendrai _____ côtelettes de

Comment choisir un bon saucisson? Est-ce une question de prix ou de qualité?

veau. 4. Je vais prendre aussi _____ jambon et _____ saucisson. _____ saucisson est toujours bon, _____ jambon aussi, d'ailleurs.

Maintenant, dites à un(e) partenaire ce que vous avez acheté la dernière fois que vous avez fait des courses.

B. Tout pour faire plaisir. Pendant une visite chez votre grand-mère, vous l'accompagnez au supermarché où elle veut acheter tout ce qui vous ferait plaisir. Alors, pourquoi ne pas la laisser vous gâter (*spoil*)? Jouez la situation avec un(e) partenaire. Ensuite, renversez les rôles.

MODELE: oranges → ETUDIANT A: Tu aimes les oranges?
ETUDIANT B: Oui, prends *des* oranges! (*ou*)
Non, ne prends pas *d'*oranges!

1. pâtes 2. concombres 3. huîtres 4. poisson 5. crevettes 6. agneau 7. poulet 8. haricots verts 9. carottes 10. riz 11. purée 12. gruyère 13. Coca 14. jus de pomme 15. glace au chocolat 16. ?

Ensuite, les «grand-mères» décriront les goûts de leur «petit-fils» ou «petite-fille» à la classe.

C. Dis-moi ce que tu manges, et je te dirai qui tu es... En groupes de deux, dites ce que vous aimez, ce que vous prenez et ce que vous ne prenez jamais aux différents repas de la journée. Ensuite, votre partenaire déterminera si vous êtes **gourmet** (c'est-à-dire, quelqu'un qui apprécie la cuisine fine), **gourmand(e)** (quelqu'un qui aime beaucoup manger), **difficile, indifférent(e)** à ce que vous mangez ou tout simplement **bizarre!** Vous pouvez assumer une personnalité fantaisiste si vous le désirez. Reprenez le vocabulaire du début du chapitre pour vous inspirer.

Nouns

Gender

As you know, French nouns are either masculine or feminine. Although a few noun endings are indicative of masculine or feminine gender (for example, **-isme** endings are masculine, and **-tion** endings are feminine), there are so many exceptions that the best policy is to learn each new noun with its article. When in doubt, consult the dictionary. A few nouns (primarily referring to professions) are always masculine (**un architecte, un ingénieur, un juge, un médecin, un professeur**), and a few nouns are always feminine (**une personne, une vedette de cinéma, une victime**).

Some masculine nouns designating people can be made feminine with a simple change of article—**un(e) adulte, un(e) artiste, un(e) enfant, un(e) secrétaire.** Other nouns follow the same rules for gender agreement as adjectives.

Essayez!

Remembering what you learned about adjectives in **Chapitre 1,** can you give the feminine form of the following nouns?

1. le patron 2. un boulanger 3. un acteur 4. un chanteur 5. un Parisien

(*Réponses page 234*)

Number

Here again, the rules you learned for adjectives also apply to nouns.

une crevette → des crevette**s**   un anima**l** → des anim**aux**

Only a few irregular plural forms are particular to nouns.

SINGULAR	PLURAL	EXCEPTIONS
-ail	**-aux**	un détail → des dét**ails**
un travail	des travaux	
-eu	**-eux**	un pneu → des pneu**s**
un feu	des feux	
-ou	**-oux**	un sou → des sou**s** (*money*)
un chou	des choux	un trou (*a hole*) → des trou**s**
		un clou (*a nail*) → des clou**s**

Here are three individual exceptions.

un œil → des yeux
le ciel → les cieux
un jeune homme → des jeunes gens

COMPOUND NOUNS

Verbs and prepositions are invariable in a compound noun; nouns and adjectives are pluralized if the meaning allows it.

le grand-père (*adj.* + *noun*) →	les grands-pères
l'arrière-grand-parent (*prep.* + *adj.* + *noun*) →	les arrière-grands-parents
une salle à manger (*noun* + *prep.* + *verb*) →	des salles à manger
un gratte-ciel (*verb* + *noun, but one sky only*) →	des gratte-ciel
un hors-d'œuvre (*prep.* + *noun expressing a singular idea*) →	des hors-d'œuvre

«MONSIEUR, MADAME, MADEMOISELLE»

To form the plural of **monsieur, madame,** and **mademoiselle,** which are the contractions of **mon seigneur** (*my lord*), **ma dame** (*my lady*), and **ma demoiselle** (*my damsel*), the possessive adjective becomes plural: ***mes*sieurs, *mes*dames, *mes*demoiselles.**

Proper nouns are invariable in French.

Les Dupont sont en visite chez les Durand.

Essayez!

Mettez au pluriel.

1. un journal 2. un héros 3. un agneau 4. un cheveu 5. un caillou (*rock*) 6. un ouvre-boîtes (*can opener*)

(*Réponses page 234*)

Maintenant à vous

D. Un petit discours. Vous avez préparé un petit discours (*speech*) sur les repas français, mais sous le coup de la nervosité sans doute, vous avez mis tous vos noms au singulier—vite, mettez-les au pluriel! Faites les autres changements nécessaires.

1. **Madame et Monsieur,...** 2. ...je vais vous parler **du repas français.** 3. **Le petit déjeuner** est «petit»,... 4. ...mais **l'autre repas** est «grand». 5. Pour manger, on met sa serviette sur **son genou,** et on garde **la main** sur la table. 6. Il faut aussi garder **l'œil** sur **son voisin** pour voir com-

ment il se sert **de la fourchette et du couteau.** 7. D'abord il y a **le hors-d'œuvre; l'entrée et le plat garni** ne sont pas **la même chose.** 8. **Le fruit de mer,** par exemple, ou **le poisson,** n'est pas considéré comme **un plat principal.** 9. **La viande** se sert avec **un légume.** 10. **Le fromage** se sert avant **le fruit.**

En quoi le repas français diffère-t-il du repas américain?

E. Un malentendu. Pensant que vous parliez d'un ami, nous avons tout interprété au masculin; mais il s'agissait en fait d'**une amie,** alors rectifions les phrases suivantes.

1. Si nous comprenons bien, ce n'est plus **un enfant.** 2. Il est **étudiant** à l'université de Paris. 3. Il veut devenir **architecte** ou **ingénieur.** 4. A la maison, c'est **un bon cuisinier** et surtout **un bon pâtissier**.

Relative Pronouns

J'essaie de manger des choses **qui** sont bonnes pour la santé, mais des choses **que** j'aime aussi—**ce qui** n'est pas toujours facile! Tiens! Voilà le restaurant **dont** je te parlais. C'est un restaurant **où** on sert des spécialités provençales.

Déduisez

In the preceding paragraph, what does the relative pronoun **qui** stand for? Why is **qui** used in the first relative clause and **que** in the second?

Vérifiez

Relative pronouns *relate* sentences to each other, or join them. A relative clause explains or elaborates on a noun called the *antecedent.* (**Qui** and **que,** above, stand for **choses.**)

des choses qui...	des choses que...
le restaurant dont...	un restaurant où...

When there is no specific antecedent, or when a whole sentence is the antecedent, **ce** is added as an artificial antecedent. **Ce** can only refer to things or ideas, not to people.

...**ce qui** n'est pas toujours facile!	C'est **ce que** je disais.

How do you know which relative pronoun to use?

Qui

If the relative pronoun (or the antecedent it represents) is the *subject* of the clause it introduces, use **qui.**

J'essaie de manger des choses **qui** sont bonnes pour la santé.	*I try to eat things that are healthy.*
Je ne comprends pas **ce qui** se passe.	*I don't understand what's happening.*
Ce qui m'intéresse, c'est la cuisine chinoise.	*What interests me is Chinese cooking.*

Que

If the relative pronoun is the *direct object* of the clause it introduces, use **que** (or **qu'** in front of a vowel.)

J'essaie de manger **d**es choses **que** j'aime.	*I try to eat things (that) I like.*
C'est la recette **que** tu cherchais?	*Is it the recipe (that) you were looking for?*
Je t'ai dit tout **ce que** je sais.	*I've told you everything I know.*

Although in English the relative pronoun *that* is often omitted, in French it must always be stated.

Since **que** indicates a preceding direct object, watch for past participle agreements when compound tenses are used.

La tarte **que** tu as fait**e** était vraiment bonne.	*The pie (that) you made was really good.*

Dont

If the verb of the dependent clause requires the preposition **de** (as in **parler de, avoir besoin de,** etc.), use **dont.**

C'est un gâteau **dont** vous allez rêver la nuit! (rêver **de**)
Voilà **ce dont** j'ai besoin. (avoir besoin **de**)

Dont is also used to express possession. Note that the possessive adjective becomes a definite article after **dont.**

Je connais un monsieur; **sa** femme est française.
(sa femme = la femme **de** ce monsieur; de → dont)
Je connais un monsieur **dont la** femme est française.

Où

If the antecedent is *a place* or *a time,* use **où.**

C'est un restaurant **où** on sert des spécialités provençales.
Tu te rappelles le jour **où** on a mangé là?

Essayez!

A. Complétez avec un pronom relatif.

1. Il y a des gens _____ n'aiment pas les escargots. 2. Je connais un magasin _____ on trouve des escargots importés de France. 3. C'est le magasin _____ je t'ai déjà parlé. 4. Les escargots _____ on a mangés l'autre jour étaient délicieux, n'est-ce pas?

B. Ce qui? Ce que? Ce dont? Complétez.

1. _____ je mange est important. 2. J'achète _____ est bon pour la santé. 3. Voilà exactement _____ j'avais envie.

(*Réponses page 234*)

Maintenant à vous

F. Comment? Vous avez vraiment l'esprit ailleurs aujourd'hui. Avec un(e) partenaire, demandez et donnez des clarifications selon le modèle, en utilisant le pronom **dont** ou bien **où** selon le cas. Ensuite, renversez les rôles.

MODELE: Le gâteau / on parlait →
ETUDIANT A: Voilà le gâteau! →
ETUDIANT B: Quel gâteau? →
ETUDIANT A: Le gâteau dont on parlait.

1. la recette / tu avais besoin 2. le livre / j'ai trouvé cette recette 3. le magazine / ses réclames (*ads*) sont toujours si belles 4. la réclame / je te parlais 5. la page / il y a la photo de mon dessert favori 6. le dessert / j'étais si fier (fière) l'autre jour

G. Le gâteau breton. Combinez les deux phrases de chaque paire à l'aide d'un pronom relatif, selon le modèle.

MODELE: C'est un gâteau. Il est très facile à faire. →
C'est un gâteau qui est très facile à faire.

1. C'est un gâteau. Vous pourrez le faire vous-même.
2. Les ingrédients sont de la farine, du sucre, du beurre et des œufs. On a besoin de ces ingrédients.
3. Le beurre peut être avec ou sans sel. Vous utilisez ce beurre.
4. Le moule doit être bien beurré. Vous mettez la pâte dans ce moule.
5. C'est un gâteau. Il peut se manger à toute heure de la journée.

H. Vous devinez? Commencez la description d'un produit alimentaire, et vos camarades vous poseront des questions pour essayer de deviner ce à quoi vous pensez. Condition requise: chaque phrase ou question **doit contenir un pronom relatif.**

MODELE: Je pense à un produit alimentaire dont le nom commence par un **c.** →
(Question 1) C'est quelque chose qu'on mange au dessert? → non
(Question 2) C'est quelque chose qui vient d'un animal? → non
(Question 3) C'est un légume dont la couleur est verte? → oui
(Question 4) C'est un légume qui se mange en salade? → oui
(Réponse) Le concombre!

La liste de vocabulaire du début du chapitre pourra vous servir d'inspiration.

I. A vous! En groupes de deux, complétez les phrases suivantes de façon personnelle. Faites une liste des réponses que vous avez en commun, puis faites part de cette liste à la classe.

1. Un repas de fête, c'est un repas qui/que... 2. Un repas ordinaire, c'est un repas qui/que... 3. J'aime aller dans des restaurants où... 4. Ce dont j'ai envie maintenant... 5. J'attends avec impatience le jour où...

J. Jeu de rôles: La rencontre des chauvins. A French chauvinist describes with great pride a typical French meal and the advantages of spending a long time at the table. The American chauvinist* describes with equal pride American meals and attitudes toward food. Who will be more convincing?

Avant d'écrire

How to Begin: Brainstorming. Most experienced writers can write something interesting about nearly any topic. Less experienced writers, however, often find that the biggest problem they face is simply finding something interesting to say. One source of the problem is that novice writers expect to produce lively and organized prose the first time they sit down with a pen and paper. They don't realize that all good work grows out of a series of steps; writing is a process that usually begins with brainstorming, followed by a stage of organizing

*Or a chauvinist of another nationality

ideas (and eliminating some of them.) The writing process ends only after several revisions.

One of the most useful ways to approach a subject that you have not chosen yourself is to think about how it connects with your personal experience. You can't write something that will capture your reader's interest if it bores you. Jot down all the ideas that occur to you. Don't evaluate or criticize them; you can do that later. Once you begin brainstorming in this way, you will probably be surprised at how much you have to say about nearly any topic.

Once you have more ideas than you can use, go back and begin to shape your essay. Organize your ideas into the general and the particular, and eliminate those that do not seem to fit into your general line of thought. You will find several hints about how to organize your ideas in the **Par écrit** sections of **Chapitres 6** and **12.**

Read the following topic, and set aside fifteen or twenty minutes just to brainstorm before you begin writing. You might start by asking yourself these questions: What do I remember about meals in my family? Do meals seem to have a different character in my friends' families? What role does eating play in other cultures I know about? Afterward, list personal experiences you might use to approach the topic, and then progress to generalizations about other people.

Sujet de composition

«Le rôle des repas dans la vie familiale et sociale.» (Faites particulièrement attention à la personnalisation de votre composition, et au point de vue de la forme, à l'emploi des articles, à l'accord des noms, et à la formation de phrases plus élaborées.)

Réponses: Essayez!, page 226: 1. les légumes 2. de légumes 3. de légumes 4. des légumes 5. des légumes 6. aux légumes / 1. le beurre, l'eau minérale 2. de beurre, d'eau minérale 3. de beurre, d'eau minérale 4. du beurre, de l'eau minérale 5. Ce n'est pas du beurre, de l'eau minérale 6. au beurre, à l'eau minérale

Réponses: Essayez!, page 228: 1. la patronne 2. une boulangère 3. une actrice 4. une chanteuse 5. une Parisienne

Réponses: Essayez!, page 229: 1. des journaux 2. des héros 3. des agneaux 4. des cheveux 5. des cailloux 6. des ouvre-boîtes

Réponses: Essayez!, page 232: A. 1. qui 2. où 3. dont 4. qu' B. 1. Ce que 2. ce qui 3. ce dont

Combray, où Marcel Proust passait ses vacances quand il était enfant

Le goût du souvenir

Paroles

Les courses

On peut faire ses courses dans les ***petits magasins:*** l'**épicerie**/l'**alimentation générale** (*grocery store*), la **boulangerie** (*bakery*), la **pâtisserie** (*pastry shop*), la **boucherie** (*butcher shop*), la **charcuterie** (*delicatessen*), la **poissonnerie** (*fish market*).

On peut aussi aller au **marché** (*market*) ou dans les **grandes surfaces,** comme les **supermarchés** [m.] ou les **hypermarchés** [m.], qui vendent plus que de l'alimentation et qui sont organisés en **rayons,** comme le rayon des fruits et légumes, le rayon boucherie, etc.

Un marché en plein air en Provence

Quand on fait ses courses, on choisit, on **fait peser** (*has something weighed*), on met ses achats dans un **chariot** ou un **caddy,** on **fait la queue** (*waits in line*) pour passer à la **caisse** (*cash register*), on paye le **caissier**/la **caissière** (*cashier*) par **chèque** [m.], **en liquide** (*cash*) ou avec une **carte de crédit,** on prend son **reçu** (*receipt*) et on met ses achats dans un **sac en plastique,** une **boîte en carton** (*cardboard box*) ou dans un **panier** (*basket*).

Les produits alimentaires peuvent être **frais** (*fresh*), **en conserve** (*canned*), **préparés** (des plats déjà cuisinés), **surgelés** (*frozen*), **secs** (*dry*) ou **en poudre** (*powdered*). Ils peuvent se servir **crus** (*raw*) ou **cuits** (*cooked*).

La cuisine

Que faut-il pour faire la cuisine?

Des ***ustensiles*** [m.]: un **couteau** pour **couper,** une **cuillère en bois** (*wooden spoon*) pour **remuer** (*stir*), un **mixeur** pour **mélanger** (*to mix*), une **casserole** (*cooking pan*) pour **faire cuire** (*to cook*) ou **faire bouillir** (*to boil*), une **poêle** (*frying pan*) pour **faire frire** (*to fry*), une **marmite** (*Dutch oven*), un **moule à gâteau** ou **à tarte** (*cake/pie pan*).

Des ***appareils*** [m.] ***ménagers:*** la **cuisinière** (*stove*), le **four** (*oven*), le **four à micro-ondes** (*microwave oven*), le **robot** (food processor), le **frigo** et le **congélateur** (*freezer*).

Des ***ingrédients*** [m.]: la **farine** (*flour*), le **sucre,** la **vanille,** la **crème,** le **persil** (*parsley*), l'**ail** [m.] (*garlic*), la **moutarde** (*mustard*), l'**huile** [f.] (*oil*), le **sel**

Quels sont les avantages des grandes surfaces?

(*salt*), le **poivre** (*pepper*) et autres **épices** [f.] (*spices*) pour **assaisonner** (*to season*) les plats.

Les **recettes** [f.] (*recipes*) indiquent les quantités voulues: une **cuillerée à café/à soupe** (*tea-/tablespoonful*), une **pincée** (*pinch*), un **morceau** (*piece*), une **tranche** (*slice*), une **tasse** (*cup*), une **livre** (c'est-à-dire 500 gr. ou la **moitié** d'un kilo), une **demi**-livre (250 gr), un **quart** (1/4), un **tiers** (1/3), etc.

Et bien sûr, pour faire la cuisine, il faut aussi des techniques et même un certain talent, non?

Parlons-en

A. En groupes de trois, assumez les rôles suivants:

ETUDIANT(E) A: une maman américaine avec deux jeunes enfants

ETUDIANT(E) B: l'étudiant(e) américain(e) typique

ETUDIANT(E) C: un(e) Français(e) habitué(e) à acheter son pain, sa viande, ses fruits et ses légumes dans des petits magasins, le reste dans un supermarché

Ensemble, comparez votre façon de faire les courses, en notant les différences pour pouvoir ensuite en faire un petit rapport à la classe. (Tous les combien de temps faites-vous vos courses? Par quel rayon commencez-vous quand vous entrez dans le supermarché? Mettez-vous longtemps à choisir? Sur quels critères basez-vous vos choix? etc.)

B. Des recettes. Apportez en classe une recette simple que vous aimez bien. Sans montrer la recette, et sans lire d'abord la liste complète des ingrédients, décrivez à un(e) camarade tout ce que vous faites pour préparer ce plat et voyez si votre camarade peut deviner de quel plat il s'agit. Chacun dira ensuite à la classe ce qui lui a permis de deviner la recette de son partenaire—ou pourquoi c'était impossible de deviner.

Lecture

The reading in **Chapitre 14** is excerpted from Volume I of the novel by Marcel Proust (1871–1922) *A la recherche du temps perdu* (literally, *In Search of Lost Time*). This early-twentieth-century masterpiece has been likened to a symphony, with recurring themes of love, death, jealousy, the passage of time, and memory. The complex and beautiful lines reprinted here explore the ways in which the past can come alive again through memory, and the intense sensations that a recollection can sometimes trigger—sensations often more vivid than present experience. Proust seems to be trying to capture the actual experience of remembering—that is, to describe the ways in which memory works. He suggests how long-forgotten images and sensations can be conjured up, sometimes with great difficulty. This is one of the most famous passages from his work.

Marcel Proust

A première vue

✦ ✦ ✦ ✦ ✦ ✦

Triggering Background Knowledge. Working in small groups, think of foods that evoke special memories every time that you eat them. What foods? What memories?

Tracing the Plot by Reading in Stages. Proust's intricate descriptions of an inner and an outer world may at first be difficult to follow. His sentences and paragraphs flow in a manner reminiscent of stream-of-consciousness. *You should not expect to understand every word or every image in this passage.* But can you glean the main ideas? As you read this edited version the first time, focus on the sequence of thoughts and events that constitutes the "plot" or story line.

1. Scan the opening section of the text (lines 1–5) to learn what Marcel's mother offers him to drink and to eat.
2. Read line 10 to learn what emotion he feels and whether he knows why he feels this way.
3. In lines 12–13, identify two ideas he has about the source of the feeling.
4. Find in lines 29–32 the memory he recalls.
5. Note in lines 39–42 which senses seem to be the strongest in the process of recall.
6. Scan lines 44–52 to discover what images finally come clearly back into his memory.

Le langage

✦ ✦ ✦ ✦ ✦ ✦

Reading Sentences with Many Clauses. Often, the secret to understanding a sentence with multiple clauses lies in identifying a main clause with its subject, verb, and (sometimes) object. You should then be able to see how the other clauses elaborate on these three elements. Try this technique on the following sentence. Underline the main subject, verb, and object.

Et chaque fois la lâcheté° qui nous détourne de	≠ courage
toute tâche difficile, de toute œuvre importante,	
m'a conseillé de laisser cela, de boire mon thé en	
pensant simplement à mes ennuis° d'aujourd'hui,	troubles
à mes désirs de demain qui se laissent remâcher°	reconsidérer
sans peine.	

A la recherche du temps perdu [*extrait*]

MARCEL PROUST

Un jour d'hiver, comme je rentrais à la maison, ma mère, voyant que j'avais froid, me proposa de me faire prendre, contre mon habitude, un peu de thé. Je refusai d'abord et, je ne sais pourquoi, me ravisai.° Elle envoya chercher un de ces gâteaux courts et dodus° appelés Petites Madeleines. Et bientôt, machinalement, accablé° par la morne° journée et la perspective d'un triste lendemain, je portai à mes lèvres une cuillerée du thé où j'avais laissé s'amollir° un morceau de madeleine. Mais à l'instant même où la gorgée mêlée° des miettes du gâteau toucha mon palais, je tressaillis,° attentif à ce qui se passait d'extraordinaire en moi. Un plaisir délicieux m'avait envahi,° isolé, sans la notion de sa cause. [...] J'avais cessé de me sentir médiocre, contingent, mortel. D'où avait pu me venir cette puissante joie? Je sentais qu'elle était liée° au goût du thé et du gâteau, mais qu'elle le dépassait° infiniment, ne devait pas être de même nature. D'où venait-elle? Que signifiait-elle? Où l'appréhender? Je bois une seconde gorgée où je ne trouve rien de plus que dans la première, une troisième qui m'apporte un peu moins que la seconde. Il est temps que je m'arrête, la vertu du breuvage° semble diminuer. Il est clair que la vérité° que je cherche n'est pas en lui, mais en moi [...] Je pose la tasse et me tourne vers mon esprit. C'est à lui de trouver la vérité. Mais comment? [...]

Arrivera-t-il jusqu'à la surface de ma claire conscience, ce souvenir, l'instant ancien que l'attraction d'un instant identique est venue de si loin solliciter, émouvoir, soulever tout au fond de° moi?

Dix fois il me faut recommencer, me pencher° vers lui. Et chaque fois la lâcheté° qui nous détourne de toute tâche difficile, de toute œuvre importante, m'a conseillé de laisser cela, de boire mon thé en pensant simplement à mes ennuis° d'aujourd'hui, à mes désirs de demain qui se laissent remâcher° sans peine.

Et tout d'un coup le souvenir m'est apparu. Ce goût, c'était celui du petit morceau de madeleine que le dimanche matin à Combray,° quand j'allais lui dire bonjour dans sa chambre, ma tante Léonie m'offrait après l'avoir trempé dans son infusion de thé ou de tilleul. La vue de la petite madeleine ne m'avait rien rappelé avant que je n'y eusse° goûté; peut-être parce que, en ayant souvent aperçu° depuis, sans en manger, sur les tablettes des pâtissiers, leur image avait quitté ces jours de Combray pour se lier à d'autres plus récents. [...] Mais, quand d'un passé ancien rien ne subsiste, après la mort des êtres, après la destruction des choses, seules, plus frêles° mais plus vivaces, plus immatérielles, plus persistantes, plus fidèles, l'odeur et la saveur restent encore longtemps, comme des âmes, à se rappeler, à attendre, à espérer, sur la ruine de

ravisai: j'ai changé d'opinion
dodus: *plump*
accablé / morne: fatigué / sombre
s'amollir: *soften*
mêlée: mélangée
tressaillis: j'ai tremblé
m'avait envahi: m'avait... était entré en moi
liée: associée
dépassait: considérez: passer
breuvage: boisson
vérité: considérez: vrai
au fond de: au... à l'intérieur
pencher: diriger
lâcheté: ≠ courage
ennuis: troubles
remâcher: reconsidérer
Combray: village de son enfance
eusse: aie
aperçu: remarqué
frêles: mot ap.

Des madeleines

tout le reste, à porter sans fléchir,° sur leur gouttelette° presque impalpable, l'édifice immense du souvenir.

Et dès que j'eus reconnu° le goût du morceau de madeleine trempé dans le tilleul que me donnait ma tante,... aussitôt° la vieille maison grise sur la rue, où était sa chambre, vint comme un décor de théâtre s'appliquer au petit pavillon donnant sur le jardin, qu'on avait construit pour mes parents sur ses derrières,... et avec la maison, la ville, depuis le matin jusqu'au soir et par tous les temps, la Place où on m'envoyait avant déjeuner, les rues où j'allais faire des courses, les chemins qu'on prenait si le temps était beau. [...] Toutes les fleurs de notre jardin et les bonnes gens du village et leurs petits logis et l'église et tout Combray et ses environs, tout cela est sorti, ville et jardins, de ma tasse de thé.

bending / droplet

dès... *as soon as I had recognized*

immédiatement

Avez-vous compris?

A. Complétez.

1. Au début du texte, la mère de Marcel lui a proposé du thé...
   a. parce qu'il avait froid
   b. parce que c'était son habitude
2. Quand il a bu la première gorgée,...
   a. il s'est senti médiocre, mortel
   b. il a éprouvé une joie extraordinaire
3. Avec la troisième gorgée, la joie de Proust...
   a. a augmenté
   b. a diminué
4. Quand il essaie d'analyser ce qu'il sent, Proust...
   a. comprend que la joie ne vient pas de la boisson, mais de quelque chose en lui
   b. éprouve une profonde envie de s'endormir

La maison de tante Léonie à Combray

5. Il comprend enfin que le goût de la madeleine évoque un souvenir puissant...
   a. d'un voyage en train avec ses parents
   b. de son enfance chez sa tante Léonie
6. Il voit aussi reparaître des souvenirs d(e)...
   a. toute la ville de Combray
   b. un décor de théâtre

B. Terminez les phrases de la colonne de gauche avec une expression de la colonne de droite.

1. Le narrateur a d'abord refusé...	a. goût du gâteau
2. Il a imaginé que le lendemain serait...	b. des tâches difficiles
3. Dans le thé il a trempé...	c. peuvent faire revivre «le temps perdu»
4. Sa joie était liée au...	d. son esprit
5. Il a trouvé la vérité dans...	e. le thé
6. Selon le narrateur, la lâcheté (*cowardice*) nous détourne...	f. triste
7. La vue de la madeleine...	g. ne lui avait rien rappelé
8. Mais l'odeur et la saveur...	h. la madeleine

C. D'après Proust, on peut «retrouver» le temps «perdu». Etes-vous d'accord? Expliquez aussi clairement que possible.

Et vous?

A. Est-ce que vous avez entendu parler du phénomène de «déjà vu»? Comparez votre concept du «déjà vu» avec celui de Proust. Quelles sont les différences et les similarités? Ensuite, parlez d'une expérience personnelle (réelle ou imaginaire) de «déjà vu».

B. D'après ce que vous avez lu, quelle sorte de personne est le narrateur? Décrivez son caractère, et justifiez vos conclusions.

C. Quelles sortes de techniques employez-vous comme aide-mémoire? Sont-elles efficaces?

D. Nous avons tous des plats favoris. Circulez dans la classe pour faire un sondage de trois minutes. Echangez vos préférences et les raisons de ces préférences avec vos camarades de classe. A la fin, rapportez les résultats de votre sondage.

Structures

La madeleine et la tasse de thé

Une simple tasse de thé... il **y** avait trempé une madeleine, et le souvenir avait pris vie. Le thé en soi ne lui avait rien rappelé; la madeleine non plus, parce qu'il **en** avait vu beaucoup depuis son enfance. Mais la combinaison des deux goûts sur son palais avait fait revivre «le temps perdu». Par le pouvoir du souvenir, il traversait le temps et l'espace. Combray? Il **y** était. Il n'**y** avait pas pensé depuis des années... Il s'**en** souvenait maintenant, avec une joie infinie.

The Pronouns *y* and *en*

Déduisez

In the preceding paragraph,

1. look at the use of **y.** Replace each **y** with the word or phrase it stands for. What can you conclude about **y**? What prepositions introduce a noun replaced by **y**?
2. look at the use of the pronoun **en.** What does **en** stand for? What can you conclude about **en**?

Vérifiez

THE PRONOUN **y**

Il avait trempé une madeleine **dans une simple tasse de thé** →
Il **y** avait trempé une madeleine. — *He had dipped a madeleine in it.*

Il était **à Combray.** →
Il **y** était. — *He was there.*

Il n'avait pas pensé **à cela** depuis des années. →
Il n'**y** avait pas pensé depuis des années. — *He hadn't thought about that for years.*

If the noun object is a *thing* introduced by the preposition **à,** it can be replaced by the pronoun **y.**

If the noun object is a *person* introduced by **à,** an indirect object pronoun is used (**me, te, lui, nous, vous, leur**).

Il n'avait pas répondu **à sa lettre.** → Il n'**y** avait pas répondu.
Il n'avait pas écrit **à sa tante Léonie.** → Il ne **lui** avait pas écrit.

When the prepositional phrase refers to a place, **y** can replace any preposition but **de.** In this sense, **y** means *here/there.*

La tasse est **sur** la table. →
Elle **y** est. — *It is there.*

THE PRONOUN **en**

Il avait vu beaucoup **de madeleines.** →
Il **en** avait vu beaucoup. — *He had seen many of them.*

Il se souvenait **de cela.** →
Il s'**en** souvenait. — *He remembered that.*

If the noun object is a *thing* or a *place* introduced by the preposition **de,** it can be replaced by the pronoun **en.**

Il revenait **de Combray.** →
Il **en** revenait. — *He was returning from there.*

En is also used if the noun object is a *thing* or a *person* introduced by an indefinite article, a partitive article, a number, or an expression of quantity. Numbers and expressions of quantity must be repeated when **en** is used. When **quelques** is repeated, it becomes **quelques-uns** or **quelques-unes.**

Il avait **une** tante à Combray. → Il **en** avait **une** à Combray.
Il a mangé **des** madeleines. → Il **en** a mangé.
Il a mangé **quelques** madeleines. → Il **en** a mangé **quelques-unes.**
Il a bu **du** thé; il a pris **plusieurs** tasses. → Il **en** a bu; il **en** a pris **plusieurs.**

MULTIPLE PRONOUNS

When **y** and **en** are combined with other pronouns, they always come last.

ORDER OF MULTIPLE PRONOUNS														
subject	+	(ne)	+	me te (se) nous vous	+	le la les	+	lui leur	+	y	+	en	+	*verb* (+ pas)

Il avait revu **sa tante à Combray.** →
Il **l'y** avait revue. *He had seen her there.*

Il voulait parler **à sa mère de son expérience.** →
Il voulait **lui en** parler. *He wanted to talk to her about it.*

With affirmative imperatives, note that the **s** of the **tu** form is restored before **y** and **en.**

Va au bureau! **Vas**-y!
Parle du problème! **Parles**-en!

ORDER OF MULTIPLE PRONOUNS IN THE AFFIRMATIVE IMPERATIVE								
verb	+	le la les	+	moi toi lui nous vous leur	+	y	+	en
Moi + **en** = **m'en; toi** + **en** = **t'en**								

Parle-moi du problème. Parle-**m'en.**
Souviens-toi de cette expérience. Souviens-**t'en.**

Essayez!

Remplacez les expressions indiquées par le pronom approprié.

1. Il est temps de penser **à nos devoirs.** 2. J'ai besoin **de mon dictionnaire,** mais je l'ai laissé **dans mon appartement.** 3. Quel dommage! Je

reviens juste **de mon appartement!** 4. Je n'ai pas **de mémoire!** 5. Peut-être que je pourrais téléphoner **à ma sœur** pour qu'elle m'apporte **mon dictionnaire.**

(*Réponses page 253*)

Maintenant à vous

A. Des madeleines. Vous vous préparez à faire des madeleines. Avec un(e) partenaire, vérifiez ensemble si vous avez tous les ingrédients nécessaires, et les mesures voulues.

MODELE: vanille / une demi-cuillerée à café →
ETUDIANT A: Tu as de la vanille? →
ETUDIANT B: Oui, j'en ai. →
ETUDIANT A: Combien est-ce que tu vas en mettre? →
ETUDIANT B: Je vais en mettre une demi-cuillerée à café.

1. œufs / 4
2. sucre / une tasse et demie
3. beurre / une tasse et un quart
4. jus de citron / une cuillerée à soupe
5. farine / 2 tasses et un tiers

(Et maintenant, pour les gourmands et les curieux, le reste de la recette: préchauffer le four à 350°, mélanger tous les ingrédients, beurrer les moules à madeleines et mettre au four pendant 8 ou 9 minutes. Cette recette est pour 48 madeleines.)

B. Ce que les Français mangent. Avec un(e) partenaire, discutez le tableau suivant, selon le modèle.

CE QUE VOUS MANGEZ

	QUANTITE	EVOLUTION %		QUANTITE	EVOLUTION %
Riz	3,8 kg	+ 58,3	Pain	50,6 kg	−36,4
Farine de blé	4,2 kg	+ 13,5	Pâtes	5,5 kg	−25,7
Confiture	2,7 kg	+ 50	Pommes de terre	57,8 kg	−38,8
Viande de boucherie	23,7 kg	+ 12,9	Légumes secs	1,5 kg	−34,8
dont: Bœuf		+ 14	Lait frais	73,6 l	−13,2
Mouton-Agneau		+ 84,2	Beurre	7,7 kg	−13,5
Porc frais, salé, fumé		+ 29,7	Huiles alimentaires	10,9 l	− 9,9
Volailles		+ 17,9	Sucre	13,8 kg	−31
Charcuterie	8,9 kg	+ 30,9	Vin ordinaire	48,8 l	−38,1
Fromages	14,4 kg	+ 33,3	Bière	16,6 l	−20,2
Apéritifs et liqueurs	3,5 l	+ 25	Cidre	4,6 l	−65,9

Quantités consommées à domicile par personne et par an en 1978–1980.
Evolution en % par rapport à la période 1965–1967.

MODELE: (riz) ETUDIANT A: Est-ce que les Français mangent beaucoup de riz? →
ETUDIANT B: Le Français moyen (*average*) en mange 3 kilos virgule 8 par an.

1. pain
2. pâtes
3. pommes de terre
4. légumes secs (haricots, etc.)
5. viande
6. charcuterie
7. beurre
8. fromages
9. sucre
10. confiture

Qu'est-ce qui vous surprend dans ce tableau?

C. Et vous? En groupes de deux, essayez de découvrir cinq produits que votre partenaire ne mange jamais, cinq produits qu'il (qu'elle) mange souvent et cinq produits qu'il (qu'elle) mange quelquefois. Faites une liste au fur et à mesure, pour pouvoir rapporter vos trouvailles à la classe après l'activité.

MODELE: Est-ce que tu manges du pain complet? →
—Je n'en mange jamais /
—J'en mange souvent /
—J'en mange quelquefois.

D. Tant qu'à faire (*While you're at it*). Voyant que vous allez faire les commissions, votre camarade de chambre vous demande où vous allez et si vous pourriez faire quelques achats supplémentaires. Il (Elle) vous dit les produits voulus (un ou plusieurs pour chaque magasin), tandis que vous faites la liste au fur et à mesure.

MODELE: passer/ boulangerie →
VOTRE CAMARADE: Est-ce que tu vas passer à la boulangerie? →
VOUS: Oui, je vais y passer. →
VOTRE CAMARADE: Est-ce que tu peux y prendre (une baguette) pour moi?

1. aller / épicerie
2. passer / pâtisserie
3. s'arrêter / boucherie
4. aller / charcuterie
5. s'arrêter / poissonnerie
6. ?

Oh, il (elle) exagère! Après l'activité en groupes de deux, et avec votre liste sous les yeux, faites un rapport à la classe de tout ce qu'il faut que vous preniez pour votre camarade de chambre.

E. Des voyages au pays du souvenir. Quand vous voyagez au pays du souvenir, dans les refuges de votre mémoire, où allez-vous et pourquoi?

MODELE: Je vais chez ma grand-mère. Pourquoi chez ma grand-mère?
Parce que quand j'étais petit(e), j'y retrouvais mes cousins...

Utilisez le plus de pronoms possible dans vos réponses! Après la discussion en groupes de deux, faites un rapport à la classe sur les points que vous avez en commun avec votre partenaire.

Disjunctive Pronouns

Moi, j'ai faim. Et **toi**? Ma tante est une excellente cuisinière—allons manger chez **elle**! Mon oncle, **lui,** fait de bons gâteaux. J'aime être avec **eux.** Quand ils viennent chez **nous,** ils apportent toujours des gourmandises.

Déduisez

Which disjunctive pronouns correspond to **je**? **tu**? **elle**? **nous**? **ils**? When are disjunctive pronouns used? Give two uses.

Vérifiez

The disjunctive pronoun forms are the following.

SINGULAR	PLURAL
moi	nous
toi	vous
lui, elle, soi*	eux, elles

Disjunctive pronouns are used for *people and animals only;* they are used in the following ways.

✦ to emphasize subject pronouns or nouns

Moi, j'ai faim; mon frère, **lui,** ne mange pas beaucoup; c'est **toi** qui **as** acheté ça? (*Note the agreement of the verb with the* **tu** *form.*)

✦ with **c'est** or alone

Qui est là? —**Moi!** (—C'est **moi!**)	*Who's there —Me!* (*It's me!*)
J'ai faim, et **toi?**	*I am hungry. How about you?*

✦ in compound subjects

Mes amis et **moi,** nous aimons manger!	*My friends and I love to eat!*

Soi** is used with impersonal expressions: ***On **est bien chez** ***soi.*** ***Chacun*** **pour** ***soi*** (*Every man for himself*).

✦ with **même,** to mean *-self* (myself, yourself, etc.)

Il ne le sait pas **lui-même.**	*He doesn't know it himself.*
Nous faisons tout **nous-mêmes.**	*We do everything ourselves.*

✦ with **ne... que** (*only*)

Ce n'est que **moi.**	*It's only me (I).*

✦ with all prepositions other than **à**

Allons manger **chez** elle; j'aime être **avec** eux; je me souviens **de** lui.

Notez bien: What happens when the preposition is **à**?

Rule: **à** + *person* = *indirect object pronoun*

Je téléphone **à mes amis.** → Je **leur** téléphone.

Exception: **à** + *person* = **à** + *disjunctive pronoun,* in these cases:

a. after the following verbs or verbal expressions*

se fier à (*to trust*)	Je ne me fie pas trop à **lui.**
s'habituer à (*to get used to*)	Je m'habitue à **eux.**
s'intéresser à (*to be interested in*)	Alors, tu t'intéresses à **lui,** hein?
penser à (*to think about*)	Pense à **nous!**
rêver à (*to dream about*)	Tu as rêvé à **moi?**

b. to express possession with **être à...** or for emphatic use with possessive adjectives

Ce livre est à **moi.** C'est mon livre à **moi!**

Essayez!

A. Ajoutez les pronoms qui conviennent.

Ce n'est pas ____ qui ai raconté cette histoire, c'est Robert. Tu te souviens de ____, n'est-ce pas? Robert et ____, vous étiez à l'école primaire ensemble.

B. Remplacez les expressions indiquées par des pronoms.

Quand je pense **à mes problèmes,** je pense **à ces filles;** j'ai parlé **à ces filles** l'autre jour; je ne me fie pas **à ces filles.**

(*Réponses page 253*)

*Of course, if the object of these verbs is a thing instead of a person, the pronoun used is **y: Je m'intéresse beaucoup à la cuisine française.** → **Je m'y intéresse beaucoup.**

Maintenant à vous

F. Il faut bien que quelqu'un le fasse. Personne ne veut rien faire, mais il y a pourtant des courses à faire et un grand repas à préparer. Donnez des instructions selon le modèle.

MODELE: tu / aller au supermarché → C'est toi qui iras au supermarché.

1. je / faire la liste des commissions
2. tu / acheter tout ce qu'il faut
3. il / nettoyer la maison
4. nous / faire la cuisine
5. tu / préparer les légumes
6. moi / faire cuire la viande
7. elle / s'occuper du dessert
8. il / mettre la table

Parmi les tâches précédentes, laquelle préférez-vous faire? Laquelle n'aimez-vous pas du tout?

G. Au secours! (*Help!*) L'auteur du passage suivant est conscient de son style très lourd. Pouvez-vous l'aider en remplaçant toutes les répétitions inutiles par les pronoms appropriés?

> L'expérience de Marcel Proust avec sa madeleine et sa tasse de thé me rappelle quelque chose: quand je bois de la citronnade fraîche, je pense à ma grand-mère. Quand j'étais petit, je passais mes étés chez ma grand-mère. J'aimais beaucoup ma grand-mère. C'était même amusant de travailler avec ma grand-mère, ou pour ma grand-mère. Une de mes responsabilités, avant chaque repas, était de préparer la citronnade. Je choisissais bien soigneusement les citrons: je prenais un ou deux citrons, je lavais les citrons, je pressais les citrons à la main, je mettais le jus dans le pichet (*pitcher*) à citronnade, et puis j'ajoutais l'eau et le sucre au jus. Quand la citronnade était prête, je montrais la citronnade à ma grand-mère: je demandais toujours à ma grand-mère de goûter la citronnade, pour voir s'il fallait ajouter du sucre à la citronnade. Ce n'était pas difficile de faire plaisir à ma grand-mère. Et maintenant, ce n'est pas difficile de penser à ma grand-mère: il suffit d'un simple verre de citronnade pour que je me souvienne de ma grand-mère.

Strategies for Getting and Giving Essential Information

Foreigners often need to know how to ask for clarification when they don't understand something, as well as how to express ideas when they don't know the exact words. Here are some suggestions.

Asking for Clarification

Above and beyond the very acceptable **Comment?,** the following expressions can be used:

Qu'est-ce que vous voulez (tu veux) dire?	*What do you mean?*
Qu'est-ce que ça veut dire?	*What does it mean?*
Comment ça se fait?	*How come?*
Comment se fait-il que les magasins soient fermés?	*How is it that the stores are closed?*

Circumlocuting

To circumlocute is to get a message across without the exact term(s). To get "around" a missing word, you need to remember that there usually is more than one way to say something, and that you can use the familiar to explain or describe the unfamiliar. Stalling devices or pause fillers, such as **voyons...** and **euh...** (see **Chapitre 9**) or **comment dirais-je...** (*how should I say . . . ?*) make natural leads into circumlocution. Here are some useful expressions.

✦ **C'est quelque chose qui s'utilise... qu'on utilise pour...**

Je ne sais pas comment ça s'appelle, mais c'est quelque chose qu'on utilise pour ouvrir les boîtes de conserve (*cans*).

✦ **un truc, un machin** (*familier* = **une chose**)

Passe-moi le truc pour ouvrir les boîtes de conserve.

✦ **C'est ce qu'on fait quand...**

C'est ce qu'on fait quand on ajoute des épices.

✦ **C'est ce qui arrive quand...**

C'est ce qui arrive quand on laisse quelque chose trop longtemps sur le feu.

✦ **C'est là où...**

C'est là où on garde la glace et les choses très froides.

For example, imagine that you are explaining how to make a cake, but you don't remember how to say *cake pan* in French. One possible solution would be to say **Comment dirais-je... C'est quelque chose en métal pour faire cuire le gâteau.** Can you think of other circumlocutions for *cake pan?*

Maintenant à vous

H. Place à la stratégie. Sans le mot juste (dont l'équivalent anglais est en italique dans les phrases suivantes), pouvez-vous quand même exprimer les idées?

1. Tell a French guest, who wants to help you in the kitchen, that he or she can *peel* the potatoes. 2. Explain that one of the *burners* on your stove doesn't work. 3. Explain that you prefer your vegetables *steamed.* 4. Explain that you try not to eat too many *sweets* because they are *fattening.* 5. Apologize for the fact that the ice cream you are serving is *half-melted.* 6. You are returning a bottle of milk to the store. Explain that the milk is *sour.*

I. Un jeu. Faites une liste de dix mots (français) que vous avez appris cette année (vous pouvez feuilleter les sections de vocabulaire si vous manquez d'inspiration). Ensuite, mettez-vous en groupes de deux, et à tour de rôle, faites deviner à votre partenaire chacun de vos mots. Attention de ne pas montrer vos mots à votre partenaire, et rappelez-vous que vos explications, ou circonlocutions, ne peuvent être qu'en français! Par exemple, si votre premier mot est «homard», vous pouvez le décrire de cette façon: «C'est un animal rouge qui vit dans la mer et qui ressemble à une grosse crevette; ça coûte très cher; c'est une spécialité de la Nouvelle-Angleterre.»

J. Jeu de rôles: *"It just isn't your day!"* You and your roommate are having a terrible day: car trouble, school trouble, and so on. As you discuss what has already happened, the seemingly tragic becomes almost funny. On a humorous note, anticipate (and exaggerate) together what else might go wrong today. Since you are having friends over for dinner at your apartment this evening, speculate on the problems you will have as you shop, cook, serve dinner, etc. Be prepared to act out your situation in front of the class afterward. Make it as original as you can!

Par écrit

Avant d'écrire

Introducing Variety into Your Writing. An unbroken series of short or long sentences makes for tedious reading. Nothing animates prose like variety, and sentences are infinitely variable. You can vary their structure as well as their length. Longer sentences combine related thoughts. Short sentences isolate a single thought for special focus. Compare the paragraph-opening sentences from Proust's text:

1. Un jour d'hiver, comme je rentrais à la maison, ma mère, voyant que j'avais froid, me proposa de me faire prendre, contre mon habitude, un peu de thé.
2. Je refusai d'abord, et, je ne sais pourquoi, me ravisai.

The first sentence combines several descriptive elements and the circumstances behind the offer of a cup of tea. The second short sentence provides a striking contrast: it emphasizes the narrator's decision—a seemingly trivial decision that will have profound consequences. Later in the text, another short sentence (**Et tout d'un coup le souvenir m'est apparu**) conveys the sudden recollection. Then, as Proust describes that recollection, the sentences stretch from one image to another. On a simpler scale, you too can vary your sentences to create special effects and improve your style in French.

PREWRITING TASK

Working in class with a partner, combine the following related sentences into one or two longer sentences, using relative pronouns and other connecting words, such as **et, mais, parce que, quand,** etc. Avoid unnecessary repetitions. Then add a short sentence for special effect.

1. J'étais enfant. 2. Ma mère m'envoyait souvent faire les commissions à l'épicerie du coin. 3. On vendait toutes sortes de bonbons dans cette épicerie. 4. Les bonbons n'étaient jamais sur ma liste. 5. Il fallait que je rapporte la monnaie exacte. 6. Je ne pouvais pas acheter de bonbons sans que maman le sache.

Sujet de composition

«A la recherche du temps perdu.» Pensez d'abord à une expérience particulièrement mémorable que vous avez partagée avec une ou plusieurs personnes qui vous sont chères. Pour faire revivre ce souvenir, essayez de le reproduire dans une lettre que vous envoyez à ceux qui l'ont partagé avec vous. Recréez le décor et décrivez les activités, la conversation, etc. Faites une description très détaillée. Peut-être qu'après tout il sera possible de «retrouver le temps perdu». Essayez de créer des effets de style en variant la structure et la longueur de vos phrases.

Réponses: Essayez!, pages 245–246: 1. Il est temps d'y penser. 2. J'en ai besoin, mais je l'y ai laissé. 3. J'en reviens juste. 4. Je n'en ai pas! 5. Peut-être que je pourrais lui téléphoner pour qu'elle me l'apporte.

Réponses: Essayez!, page 249: 1. moi/lui/toi 2. Quand j'y pense, je pense à elles; je leur ai parlé; je ne me fie pas à elles.

CHAPITRE 15

Ça vous tente?

A table!

Paroles

La table

Que faut-il pour **mettre le couvert** (*set the table*)? D'abord une **nappe** (*tablecloth*) et des **serviettes** [f.] (*napkins*). Puis on met les ***assiettes*** [f.]: des **assiettes creuses** (et non des **bols**) pour la soupe, des **assiettes plates** pour le reste et des **petites assiettes** pour le dessert. Les assiettes peuvent être en **porcelaine** [f.] (*china*), en **faïence** [f.] (*stoneware*) ou en **plastique** [m.].

Les ***couverts*** [m.] (*silverware*) incluent le **couteau** (*knife*), la **cuillère à soupe** (*soup spoon*), la **petite cuillère,** la **fourchette** (*fork*) et la **fourchette à dessert.**

Pour boire, il faut des **verres** [m.]. L'eau se sert dans une **carafe** (*pitcher*). Le thé et le café se boivent dans une **tasse,** placée sur une **soucoupe** (*saucer*).

Et qui fait le service? L'**hôte** ou l'**hôtesse** servent les **invités** (*guests*).

Au restaurant

On peut attirer l'attention du **serveur** ou de la **serveuse** par un simple «Monsieur/Mademoiselle, s'il vous plaît?»

On commande un **menu à prix fixe** (*set price*) ou **à la carte.** La viande peut se commander **saignante** (*rare*), **à point** (*medium*) ou **bien cuite** (*well-done*). L'**apéritif** (*before-dinner drink*) et les **vins** (blanc, rouge ou rosé) sont en supplément.

Après le repas, on paye l'**addition;** si le **service** est **compris,** il n'est pas nécessaire de laisser un **pourboire** (*tip*).

Un pique-nique

Pour un pique-nique, on prépare généralement des ***sandwichs*** [m.]: au **jambon,** au **thon** (*tuna*), au **pâté,** au **fromage,** etc. On peut emporter des **œufs durs** (*hard-boiled eggs*), un **melon** (*cantaloupe*), une **pastèque** (*watermelon*); on peut aussi faire un **barbecue.**

Les régimes

Etes-vous **au régime** (*on a diet*)? On peut suivre un régime **végétarien, amaigrissant** (*reducing*), sans sel, sans sucre, etc. Il paraît qu'il faut **faire attention à sa ligne** (*watch one's figure*)...

Parlons-en

Vous et votre camarade travaillez dans un grand restaurant parisien. Vous venez de mettre le couvert. Vous jetez un dernier coup d'œil sur les tables et vous récapitulez à haute voix, en détail, ce que vous avez mis sur chaque table. Ensuite, comme le restaurant est encore vide, vous restez là à rêver un instant. Pour vous amuser, vous imaginez les clients qui vont venir manger à deux des tables que vous avez sous les yeux. Décrivez d'abord les clients imaginaires de la table numéro 1, puis jouez les rôles du serveur (ou de la serveuse) et du client (ou de la cliente) depuis le moment où le client arrive jusqu'au moment où il commande son repas. Renversez les rôles pour la table numéro 2. N'oubliez pas que c'est un restaurant très chic.

Hors-d'oeuvre

Escargots à la bourguignonne
Caviar Romanoff
Crevettes à la marinière
Fonds d'artichauts Bayard

Potages

Soupe à l'oignon gratinée
Vichyssoise

Poissons

Filet de sole meunière
Truite amandine
Homard grillé
Crabe Thermidor

Viandes

Canard à l'orange
Poulet aux champignons
Côtelettes d'agneau grillées
Tournedos béarnaise
Chateaubriand gastronome
Veau cordon bleu

Salades

Salade d'épinards flambée au Cognac
Salade de laitue au Roquefort

Fromages assortis

Desserts

Gâteau moka
Meringue glacée
Pêche Melba
Soufflé au Grand Marnier
Crème caramel
Tarte aux framboises

Lecture

In **Chapitre 15** you will read two poems in which eating is the backdrop for the action. The first, *Le Corbeau et le Renard,* by Jean de La Fontaine, was published in 1668. Jean de La Fontaine (1621–1695) is best known for fables such as this one, although he also wrote short stories. The central figures in these fables are usually animals with human virtues and vices; their adventures lead to a moral about human behavior. In *Le Corbeau et le Renard,* notice how the fox manipulates the crow to get what he wants. The second poem, *Déjeuner du matin,* by Jacques Prévert, was published in 1946. In it, the breakfast table becomes the scene of a personal drama.

A première vue

Finding the Main Ideas. During your first reading, ask yourself: What does the fox want? Does he get what he wants? How? (It may help to identify each speaker. Find the quotations and label each one *R* for Renard or *C* for Corbeau.)

Le langage

Guessing Meaning from Context. On a second or third reading, look for the following words (many are cognates) and guess their meanings on the basis of context: **perché, le bec, l'odeur, semblez, le plumage, les hôtes, sa proie, le flatteur, confus.**

Le Corbeau et le Renard

JEAN DE LA FONTAINE

Maître° corbeau, sur un arbre perché,
Tenait en son bec un fromage.
Maître renard, par l'odeur alléché,°
Lui tint° à peu près° ce langage:

Maître: mot ap. (î = s)
alléché: attiré
tint: tenir (passé simple) / à peu près: à... presque

«Eh bonjour, Monsieur du Corbeau.
Que vous êtes joli! que vous me semblez beau!
Sans mentir, si votre ramage°
Se rapporte à° votre plumage,
Vous êtes le phénix* des hôtes de ces bois.»
A ces mots, le corbeau ne se sent pas° de joie;
Et pour montrer sa belle voix,
Il ouvre un large bec, laisse tomber sa proie.
Le renard s'en saisit, et dit: «Mon bon monsieur,
Apprenez que tout flatteur
Vit aux dépens de celui qui l'écoute.
Cette leçon vaut bien un fromage sans doute.»
Le corbeau, honteux° et confus,
Jura,° mais un peu tard, qu'on ne l'y prendrait plus.

ramage: chanson
se rapporte à: se... est comparable à
ne se sent pas: ne... *is overcome*
honteux: comparez: honte
Jura: *swore*

*Oiseau mythologique qui représente un être unique en son genre, supérieur par ses brillantes qualités

Avez-vous compris?

A. Classez les phrases (de 1 à 6) selon l'ordre de la fable:

_____ Le renard flatte le corbeau.
_____ Le renard offre la leçon.
_____ Le renard sent l'odeur du fromage.
_____ Le corbeau ouvre son bec pour chanter.
_____ Le renard a le fromage.
_____ Le corbeau est perché sur un arbre.

B. On dit que les fables de La Fontaine possèdent deux parties: l'histoire et la morale. Identifiez chacune et le moment de transition entre les deux.

C. Quelle est la conclusion du corbeau à la fin du poème?

D. Les paroles de la fable indiquent clairement qu'il s'agit d'animaux. Faites une liste des mots qui appartiennent au royaume des animaux.

E. Décrivez le caractère du corbeau et puis celui du renard.

Et vous?

A. Dans la préface des Fables, La Fontaine a écrit: «Ces fables sont un tableau où chacun de nous se trouve dépeint». Vous identifiez-vous le plus au renard ou au corbeau? Expliquez votre choix.

B. A propos du ton de ses fables, La Fontaine a écrit: «Aujourd'hui... on veut de la nouveauté et de la gaieté... un certain charme, un air agréable, qu'on peut donner à toutes sortes de sujets, même les plus sérieux». Relisez la fable et identifiez où et pourquoi vous trouvez ce charme et cette gaieté.

C. La fable présente un monde injuste. Voyez-vous le monde du 20e siècle de cette façon? Expliquez votre réponse.

D. La vanité est-elle un vice ou un aspect naturel de l'humanité? Quelle est la différence entre la vanité et une bonne opinion de soi-même, une confiance en soi qui est nécessaire au bon fonctionnement de l'individu?

E. Racontez un incident où quelqu'un a essayé de vous flatter pour arriver à ses propres fins. Quel a été le résultat?

Jacques Prévert

Jacques Prévert (1900–1977) is a popular French poet. His work often depicts everyday life. His poems are usually simple and poignant. In this poem from *Paroles,* a quiet and painful drama occurs without a word being spoken.

Jacques Prévert

A première vue

Reading Poetry. Poems, like songs, rely for their effect on the sound and arrangement of words, as well as on their meaning. Repeated words, for example, take on a special meaning in the overall context of the poem. Poetry uses sound and rhythm to shape the emotional reaction of the reader or listener. Poetry's full effect depends on its being read aloud. Read the following poem aloud at first. What feelings does it evoke (peace, sadness, contentment, anger, . . .)?

Déjeuner du matin

JACQUES PREVERT

Il a mis le café
Dans la tasse
Il a mis le lait
Dans la tasse de café
Il a mis le sucre
Dans le café au lait
Avec la petite cuiller
Il a tourné
Il a bu le café au lait
Et il a reposé la tasse
Sans me parler
Il a allumé
Une cigarette
Il a fait des ronds
Avec la fumée
Il a mis les cendres
Dans le cendrier
Sans me parler
Sans me regarder
Il s'est levé
Il a mis
Son chapeau sur sa tête
Il a mis
Son manteau de pluie
Parce qu'il pleuvait
Et il est parti
Sous la pluie

Sans une parole
Sans me regarder
Et moi j'ai pris
Ma tête dans ma main
Et j'ai pleuré.

Avez-vous compris?

A. Complétez.

1. L'histoire se passe au _____.
2. Dehors, il _____.
3. «Il» boit _____.
4. Dans son café, il met _____ et _____.
5. Il allume _____.
6. Il fait _____ avec la fumée.
7. Il met _____ sur sa tête.
8. Il met aussi _____.
9. Il ne _____ pas.
10. Après son départ, le narrateur (la narratrice) _____.

B. Qui parle? Que dit «il» dans le poème? Que lui dit le narrateur (la narratrice)?

C. Répondez aux questions suivantes. Vous allez trouver qu'il y a plusieurs réponses possibles à certaines questions.

1. *Déjeuner du matin* nous offre le spectacle de deux personnes silencieuses. Qui sont-elles? Justifiez votre réponse.
2. Décrivez l'atmosphère du poème.
3. Quels sentiments éprouve le narrateur (la narratrice) du poème? Et l'autre «il»?
4. Quels mots ou expressions se répètent dans le poème? Quel est l'effet de cette répétition?

Et vous?

A. Quel rapport mystérieux entre les deux personnages du poème! Prévert offre peu de détails qui expliqueraient leur situation. Avec un(e) camarade de classe, inventez leur histoire et soyez prêts à la raconter au bout de cinq minutes. (**Exemples:** une dispute familiale? la fin d'une période de vie ensemble? un matin typique dans un mariage?)

B. Discutez en groupes de deux. C'est le soir de la journée qui est présentée dans le poème. Lui, il revient du travail et vous, vous avez résolu de sauver votre mariage (ou relation ou amitié). Vous analysez la situation actuelle, et vous expliquez ce que vous voulez faire. Votre partenaire présente son point de vue. A deux, vous allez «négocier» votre avenir ensemble en parlant spécifiquement de vos actions futures.

C. Cette sorte de rapport peut représenter dans une certaine mesure le mariage stéréotypé des années 50 et 60 (le mari qui lit son journal et ne parle à personne). Dans les vieux films et dans les émissions de télévision, on en trouve beaucoup d'exemples: «The Honeymooners», «I Love Lucy», les films de Doris Day, etc. Est-ce réaliste? Est-ce toujours vrai? Connaissez-vous des personnes comme ça?

D. En imaginant que, d'ici dix ans, vous serez marié(e), quelle sera votre réaction et que direz-vous si votre mari ou votre femme agit de cette manière?

E. Le repas du matin. Décrivez un petit déjeuner typique dans la cafétéria, dans votre appartement ou dans votre famille. Mentionnez ce que vous prenez pendant le repas, et l'interaction typique entre ceux qui sont présents.

Structures

Les résolutions du corbeau

Que vais-je faire maintenant? **Et dire que** j'avais volé ce fromage au marché, au risque de ma propre vie... Ce n'est pas tous les jours qu'on trouve des fromages comme ça au marché, **d'ailleurs. La prochaine fois que** je verrai ce maudit renard, **même s'il** me fait les plus beaux compliments du monde, je ne l'écouterai pas!

From Sentences to Paragraphs

"Connecting" words **(les mots-liens)** change simple sentences into more complex ones and strings of sentences into paragraphs, adding coherence and a nativelike flow to what you say and write. You have already learned various kinds of connectors, such as relative pronouns (**qui, que, dont, où**), conjunctions (**quand, lorsque, depuis que, pour que,** etc.), and adverbs (**déjà, encore, parfois, toujours,** etc.). Here are more basic expressions that will help you show relationships among ideas.

Ordering of Events: **d'abord** (*first*), **puis/ensuite** (*then*), **après/plus tard** (*after; later*), **finalement/enfin*** (*finally*).

***Enfin** may also mean *well* . . . or *that is to say* . . .
C'était mon fromage... enfin, celui que j'avais volé.

ETABLE (L')

Restaurant

DANS UN CADRE AGRÉABLE
AU COEUR DE RUEIL
3 PETITES SALLES
POUR DINER OU DÉJEUNER
56, r. du Gué 92500 RUEIL MALMAISON
(1) 749.21.60

LA MAMMA

ouvert tous les jours
jusqu'à 1 heure du matin

92, av. Charles-de-Gaulle
92200 NEUILLY-SUR-SEINE
(1) 637.55.88

25, r. Marbeuf
Champs Elysées 75008 PARIS
(1) 723.94.23
PARKING

CASA DEL TEATRO

PIZZERIA
cadre et accueil
à l'Italienne
PATES FRAICHES

44, av. Paul Doumer
(à 5 mn de la Défense)
92500 Rueil-Malmaison
(Fermé le Dimanche)
(1) 751.00.50 - (1) 749.66.99

Sa formule :
Buffet de hors-d'œuvre
et une grillade ou un plat
SALLE A CIEL OUVERT
JARDIN D'HIVER

LA NONNA

LA NONNA

RESTAURANT ITALIEN
5, r. Bequet
92500 RUEIL-MALMAISON
(1) 751.22.63
OUVERT TOUS LES JOURS

EL CHIQUITO

EL CHIQUITO
Sptes POISSONS · CRUSTACÉS · JARDIN
126, av. Paul Doumer 92500 RUEIL
(1) 751.00.53

Additions and Nuances: **et, aussi** (*also*), **de même** (*similarly*), **en plus/de plus*** (*moreover*), **d'ailleurs** (*besides*), **ou plutôt** (*or rather*), **surtout** (*especially*), **quand même/de toute façon** (*anyway*), **au fait**† (*by the way*), **en fait**† (*actually*).

Explanation and Cause: **c'est-à-dire [que]** (*that is to say*), **en d'autres termes** (*in other words*), **c'est pour cette raison que.../c'est pour ça que...** (*that's why . . .*), **parce que** (*because*), **puisque/comme** (*since*), **à cause de** (*because of*).

Illustration: **par exemple** (*for example*), **comme** (*like, as*).

Purpose: **pour** (*in order to*), **pour que** [+ *subjunctive*] (*so that*).

Contrast or Concession: **mais** (*but*), **par contre/au contraire/en revanche** (*on the contrary*), **d'autre part** (*on the other hand*), **au moins** (*at least*), **malgré** (*in spite of*), **sauf (que)** (*except*), **bien que** [+ *subjunctive*] (*even though*), **cependant/pourtant** (*yet, nevertheless*), **alors que/tandis que** (*whereas*), **même si** (*even if*).

Consequence: **alors/donc/ainsi** (*so, then, therefore*), **par conséquent** (*consequently*).

*The **-s** is pronounced in both forms.
†The **-t** is pronounced.

Maintenant à vous

A. Le corbeau et le renard: Du poème à la prose. Pour raconter l'histoire du corbeau et du renard, au présent, quels mots-liens faut-il ajouter? Transformez ces phrases de style télégraphique en paragraphe, en vous servant de conjonctions, d'adverbes ou de pronoms (relatifs et autres) pour éliminer les répétitions inutiles et articuler les idées.

1. Perspective du récit, dans l'ordre **chronologique.**
   Le renard se promène dans un bois / Il sent quelque chose de bon / Il lève la tête / Il voit un corbeau perché sur un arbre / Ce corbeau tient un fromage dans son bec / Le renard pense à une ruse / Il demande au corbeau si sa voix est aussi belle que son plumage / Le corbeau, flatté, commence à chanter / Quand il ouvre son bec, il perd son fromage / Le renard le prend / Le renard fait la morale au corbeau
2. Perspective de **l'explication,** avec diverses nuances.
   C'est l'histoire d'un renard / Ce renard a faim / Il ne veut pas se fatiguer pour trouver à manger / Il voit un corbeau dans un arbre / Ce corbeau tient un fromage dans son bec / Le renard est rusé / Il pense tout de suite à un moyen d'obtenir ce fromage / La flatterie marche toujours bien / Il fait toutes sortes de compliments au corbeau / Il l'encourage à montrer sa voix / Le corbeau est fier de sa voix / Il oublie tout / Il ouvre le bec / Il perd son fromage / Le renard est tout content / Le corbeau n'est pas très fier de lui-même

B. Déjeuner du matin: Du poème à la prose. Transformez le poème de Prévert en paragraphe au présent; les mots-liens que vous utiliserez refléteront votre interprétation. («Déjeuner du matin», c'est l'histoire d'un homme qui...)

C. «Depuis que... » Est-ce que vos habitudes alimentaires ont changé ou non depuis que vous êtes à l'université? Est-ce que vous mangez le même genre de choses qu'avant? Est-ce que vos repas sont réguliers? Préférez-vous manger chez vous ou au restaurant? Quels restaurants aimez-vous, et pourquoi? Expliquez tout ceci à un(e) camarade de classe en utilisant le plus de mots-liens possible. Ensuite, renversez les rôles, puis rapportez à la classe ce que vous avez en commun avec votre partenaire. (Depuis que je suis à l'université...)

The Present of the Indicative: Review

Since the use of the present tense is quite similar in English and in French, difficulties that arise usually concern form (choosing and conjugating the verbs correctly) more than usage.

Form

Rappelez-vous

1. Il faut **étudier.** Tu ____, n'est-ce pas?
2. Vous **vous ennuyez**? Moi, je ne ____ jamais!
3. Elle ____ une nappe. (acheter)
4. Quelle nappe ____-tu? (préférer)
5. Les nappes blanches ____ facilement. (**se salir** = *to get dirty*)
6. Je ____ quelque chose de bon dans la cuisine! (sentir)
7. L'hôtesse n'____ pas les invités. (interrompre)
8. Je ne ____ pas; et vous, est-ce que vous ____? (**se plaindre** = *to complain*)
9. Je le ____ mais il ne me ____ pas. (connaître)
10. Je vous ____, la sauce est épicée. (**prévenir** = *to warn*)

Vérifiez

1. **Tu *étudies.*** For verbs ending in **-ier,** such as **étudier** and **se soucier** (*to worry*), remember that the **-i** belongs to the stem. Also remember the **-s** for the **tu** form!
2. **Je ne *m'ennuie jamais.*** For verbs ending in **-yer,** remember the change from **y** to **i** before a mute **e.**
3. **Elle *achète.*** For verbs like **acheter,** remember the change from **e** to **è** before a mute ending.
4. ***Préfères*-tu?** For verbs like **préférer,** remember the change from **é** to **è** before a mute ending.
5. **Les nappes blanches *se salissent.*** For regular **-ir** verbs like **finir,** remember the **-iss-** in plural endings. Practice conjugating **rougir** (*to blush*) and **rajeunir** (*to look or feel younger*).
6. **Je *sens.*** Remember that for irregular **-ir** verbs like **dor*m*ir, men*t*ir, par*t*ir, sen*t*ir,** and **ser*v*ir,** the last consonant of the stem is dropped for singular endings. **(servir: je ____.)**
7. **Elle n'*interrompt* pas.** Regular **-re** verbs come in two categories. Verbs ending in **-dre** have no ending added to the stem for the third person singular: **il atten*d*; elle répon*d*; on ven*d*.** Verbs ending in **-pre** do have an ending: **il interrom*pt*.**
8. **Je ne *me plains* pas; est-ce que vous *vous plaignez*?** Verbs like **craindre** (*to fear*), **peindre** (*to paint*), and **se plaindre** have **-gn-** before plural endings.
9. **Je le conna*i*s; il ne me conna*î*t pas.** For **connaître, naître** (*to be born*), **paraître** (*to appear*), and **disparaître** (*to disappear*), remember the circumflex on the **i** before a **t.**
10. **Je vous *préviens.*** **Prévenir** is conjugated like **venir.**

When the last *two* syllables of an unfamiliar irregular verb are identical to those of another irregular verb you know, you can safely assume that their conjugations are the same. For example, **aper*cevoir*** (*to catch a glimpse of*) and **dé*cevoir*** (*to disappoint*) are conjugated like ***recevoir.***

Prefixes do not affect the conjugation of irregular verbs; for example, **devenir, prévenir, revenir,** etc., are conjugated like **venir.** The exception is that verbs formed from **dire** do not have the same **vous** form. One says **vous dites,** but **vous interdisez** (*you forbid*) and **vous contredisez** (*you contradict*).

Usage

Rappelez-vous

Traduisez.

1. I've been waiting for an hour.
2. I am working in a restaurant.

Vérifiez

1. J'attends depuis une heure.

   Although the present tense is *not* used in English in these cases, remember that in French, any action *continuing into the present* must be expressed in the present tense.

Depuis quand **êtes**-vous à l'université?	*How long have you been at the university?*
Ça fait un an que je **suis** ici.	*I've been here for a year.*

2. Je travaille dans un restaurant.

   The English present progressive (*-ing* form) has no real French equivalent. The simple present is used. If you wish to emphasize the progressive nature of the action, use **être en train de** + *infinitive.*

   Je **suis en train de** travailler; ne me dérangez pas.

Maintenant à vous

D. Déjeuner du matin. Un autre «il», un autre scénario. Faites des phrases au présent avec les indications données.

MODELE: ouvrir le frigo / mais ne pas savoir pourquoi →
Il ouvre le frigo, mais il ne sait pas pourquoi.

1. regarder les œufs / et hésiter 2. s'apercevoir que / ne pas y avoir de bacon 3. décider que / ne pas vouloir d'œufs ni de bacon de toute façon 4. fermer le frigo / et jeter un coup d'œil à sa montre 5. ouvrir un placard / et choisir une boîte de céréales 6. sortir le lait du frigo / prendre un bol et une petite cuillère 7. se servir / et manger en silence 8. déplier

le journal / et lire les gros titres (*headlines*) 9. jeter un autre coup d'œil à sa montre / et se lever 10. attraper sa serviette / et partir

Qui est-il? Imaginez sa vie, sa profession, etc.

E. Et vous? Quel est le scénario de votre «déjeuner du matin» quand vous êtes pressé(e) et, au contraire, quand vous vous levez tard et que vous n'avez rien à faire? En groupes de deux, décrivez ce que vous faites dans ces deux situations, et prenez note des points que vous avez en commun avec votre partenaire. Voyez ensuite si ces points sont communs à toute la classe.

The Future Tense: Review

Form

Rappelez-vous

La prochaine fois, je ____ (manger) ce que tu ____ (préparer), et je te ____ (remercier).

Vérifiez

Remember that the "key" to the future tenses is the letter **r.**

je mange**r**ai tu boi**r**as il paie**r**a nous au**r**ons fini

If the infinitive ends in **-rer** (as in **préparer** or **préférer**), remember that both **r**'s must be used.

vous prépa**re**r**ez** ils préfé**r**e**r**ont

If the infinitive ends in **-ier** (as in **étudier** or **remercier**), the **e** is silent in the future.

tu étud**ie**ras on les remerc**ie**ra

Usage

Rappelez-vous

Traduisez.

We will eat when we are hungry.

Réponses à Rappelez-vous: je mangerai; tu prépareras; je te remercierai

Vérifiez

Nous mangerons quand nous **aurons** faim.

Concerning usage, be on the alert for the words **quand, lorsque, dès que, aussitôt que, tant que,** and **la prochaine fois que.** If the action is expected to occur in the future, the tense used in French is *not* the present, as in English, but the future.

La prochaine fois que je le **verrai,** je ne l'écouterai pas.	*The next time I see him, I will not listen to him.*

Maintenant à vous

F. La prochaine fois. Qu'est-ce que vous ferez la prochaine fois que les situations suivantes se présenteront? Complétez de façon personnelle.

1. aller au restaurant (La prochaine fois que j'irai au restaurant,...)
2. recevoir un chèque
3. faire les commissions
4. inviter quelqu'un à dîner
5. avoir l'occasion de faire un pique-nique
6. ne pas avoir eu le temps de finir mes devoirs
7. ?

G. Jeux de rôles. Discutez en groupes de deux.

1. «Le service laisse à désirer».

Student A: You and a group of guests are trying out a new restaurant, but you are not happy with the service. First, remind the waiter that there still aren't enough settings on the table (point out what's missing). Mention also that you've been waiting for the first course for a long time, and ask if there is any hope of being served soon. When the salads finally arrive, you notice that there is a fly (**une mouche**) in yours. Resolve the situation to your satisfaction.

Student B: As the waiter, act skeptical at first about the missing place settings, and then act very apologetic. Name the items as you bring them to the table. Explain that one of the cooks is on vacation, or make up other excuses for the slow service. Act shocked about the fly. Be original in your excuses and promises.

2. «Un pique-nique ou un repas à la maison?»

You and a cousin are planning a big family reunion to be held in June. Twenty to twenty-five people are expected. You are in favor of a picnic, but your cousin would prefer to have the party at home. Discuss the pros and cons of both, and come to an agreement.

Par écrit

Avant d'écrire

Paragraphs (1). Your recent work connecting ideas has led you to create paragraphs. A paragraph is a group of sentences that are about the same topic and follow the same line of thought. Writing in paragraphs means first *separating* and then *connecting* your ideas.

1. *Separate* your thoughts into smaller units. If you are working with an outline, each of your subheadings can be a paragraph starter. Aim to begin a new paragraph when your thoughts change direction.
2. To achieve unity within the paragraph, you must then *connect* your sentences. Ideas and information must be related to the main point of the paragraph. "Connecting" words, such as the ones you learned earlier in this chapter, are used to make transitions from one sentence to another.
3. Unity is achieved through sufficient development. Have you said enough about the topic to ensure that the intelligent reader won't think something has been left out? Have you anticipated most of your reader's questions?

PREWRITING TASKS

1. A brand new restaurant has just opened in your area, and you have been asked to write a brochure describing it. In groups, "create" this restaurant (style? menu? decor? price? location?).
2. Individually, define the main point you wish to make about this restaurant. This will become your topic sentence. (See the writing strategy in **Chapitre 8.**) Make sure that what you express in the topic sentence is a general idea, not a detail.
3. Expand your topic sentence by anticipating your reader's questions. List those questions and your answers.
4. Organize your material to create a logical continuum from one sentence to another.

Sujet de composition

Sachant que vous avez des connaissances en français, l'office du tourisme de votre ville vous a demandé de participer à la rédaction d'une brochure pour les touristes francophones sur les restaurants de la région. Votre tâche est de décrire, sous forme de deux ou trois paragraphes, un nouveau restaurant qui promet de faire sensation. N'hésitez pas à transformer cette description en une invitation à l'extase culinaire.

THEME VI

La santé

En bref

Thème VI focuses on health and medicine. You will read articles on stress and how to reduce it in your life, a fictional excerpt about a stressful family situation, and a satiric scene from a play about charlatanism in medicine.

Functions

- ✦ Describing and comparing
- ✦ Hypothesizing
- ✦ Expressing opinions
- ✦ Using extended discourse

Structures

- ✦ The comparative and superlative of adjectives, adverbs, and nouns
- ✦ The present and past conditional
- ✦ Using **si** clauses
- ✦ Problem verbs
- ✦ The past subjunctive

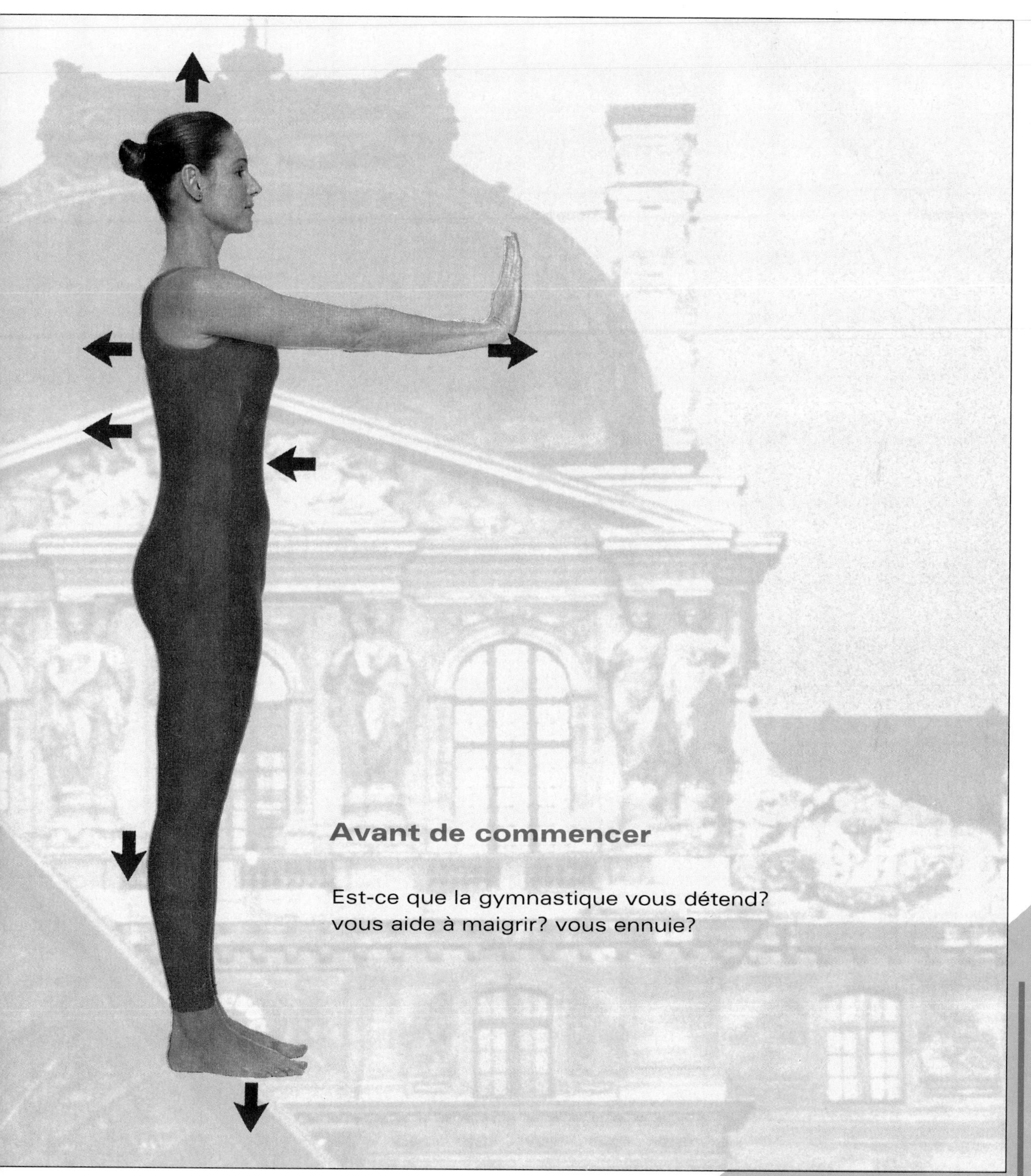

Avant de commencer

Est-ce que la gymnastique vous détend? vous aide à maigrir? vous ennuie?

CHAPITRE 16

Quels sont les bienfaits de l'exercice physique?

En bonne forme

Paroles

Le corps humain

Sous la **peau** (*skin*), il y a les **os*** [m.] (*bones*), les **muscles** [m.], les **ligaments** [m.] et les **nerfs*** [m.] (*nerves*). Le **sang** coule dans les **artères** [f.] et les **veines** [f.]. Le **cœur** (*heart*), le **cerveau** (*brain*), les **poumons** [m.] (*lungs*), le **foie** (*liver*), l'**estomac** [m.] et les **reins** [m.] (*kidneys*) sont les **organes** principaux.

*__Notes de prononciation:__ the **l** is pronounced in **cils** but not in **sourcils;** the **s** is pronounced in the singular **un os,** but not in the plural, **des os;** the **f** is not pronounced in **nerf;** and the **c** is not pronounced in **estomac.**

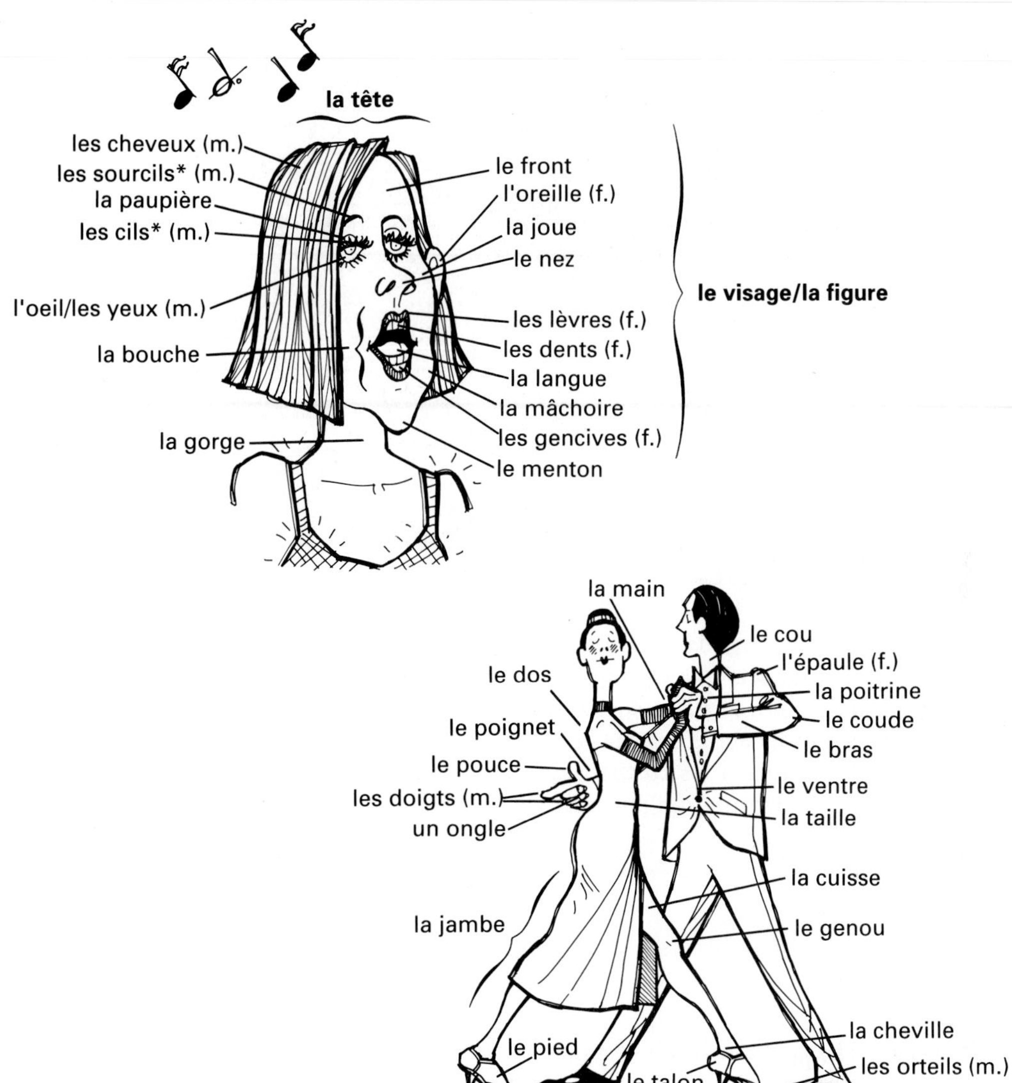

La forme

Comment vous sentez-vous (*How do you feel*) aujourd'hui? Etes-vous **en bonne forme?** Quand on est trop stressé, on ne **se sent** pas trop bien. Pour éviter le stress, il faut savoir **se détendre** (*to relax*) et **prendre le temps** de **respirer** (*to breathe*)... L'**exercice** [m.] **physique** (le sport, la danse, la marche) est une autre forme de **relaxation** [f.].

Parlons-en

Votre partenaire et vous êtes les associé(e)s du Dr Frankenstein, et vous essayez, vous aussi, de «recréer» un être humain. Faites une liste (par écrit) des parties du corps que vous avez trouvées dans les cimetières et ailleurs. Puis

décrivez en détail la personne que vous créez au fur et à mesure que vous travaillez. Donnez-lui aussi un nom, et faites quelques prédictions sur sa destinée. Quand vous aurez fini, sortez de votre laboratoire et décrivez votre créature à la classe, qui jouera le rôle de la presse (avec toutes ses questions)! La presse devra ensuite comparer les créations de chaque laboratoire, et décider qui mérite de paraître «à la une» des journaux.

Lecture

The following article, **"Le Stress,"** from the French magazine *Madame Figaro,* argues that feeling pressured is a universal problem, at least in Western societies. Chances are that stress is not unfamiliar to you as a student. Stress is often treated as a social problem. Here, you will read a more careful analysis of its characteristics and its history. You will also be told about some possible treatments for stress.

A première vue

Anticipating Content. Before you begin your reading, brainstorm with a classmate about the ideas you expect to find in an article about stress.

Skimming to Identify Structure. Before you actually read the article, skim the section titles and the sections in larger type. Jot down a quick outline of the main ideas in the article. Compare what you find with your early guesses about the content.

Finding the Main Ideas. In an article such as this one, with long, unbroken paragraphs and no obvious clues to content, finding the main ideas can be a challenge. In lines 14–28, find the four questions that mark shifts in topic. Now look at the rest of the section, and highlight the main ideas.

La plus importante de nos maladies de société

Le stress

GENEVIEVE DOUCET

Le stress est à la base de 80% de nos maladies de société. Travail, soucis, bruit, transports: tout est cause de stress. Mais ne dites surtout pas que c'est le mal du siècle. Sachez identifier votre stress. Et n'en faites pas une maladie!

Stress: un mot intraduisible et pourtant compris de chacun. «Je suis stressé», cela signifie: je suis bousculé,° malmené, agressé intérieurement. Tout peut être cause de stress, le bruit d'une perceuse° comme la peur du lendemain, puisqu'en fait, le stress, c'est tout ce que nous devons «encaisser»° dans une journée... ou dans une vie, tout ce qui nous met en déséquilibre avec nous-mêmes. Une maladie? Non. Mais un danger car, au bout du stress, nous craquons.

- bousculé: *pushed around*
- perceuse: *drilling machine*
- encaisser: tolérer

Un mal universel

Mal moderne? Sûrement pas. On pense que l'homme des cavernes° qui partait à la chasse, sans certitude d'avoir à manger le soir, était aussi stressé que celui qui se jette, le matin, sur la rubrique° «offres d'emplois» de son quotidien.° Mal des «cadres°»? Rien de moins sûr non plus: les spécialistes actuels du stress affirment qu'il touche tous les milieux sociaux. Un agriculteur endetté° est aussi stressé qu'un cadre surmené.° Mal des hommes plus que des femmes? Encore une erreur colportée° au fil des° années: les femmes n'échappent pas au stress. Celles qui travaillent encore moins que les autres puisque les stress professionnels viennent dans ce cas s'ajouter à ceux de la vie du foyer,° repas, horaires,

- cavernes: mot ap.
- rubrique: partie du journal
- quotidien / cadres: journal / *white-collar workers*
- endetté / surmené: mot ap. / *overworked*
- colportée: passée
- au fil des: au... pendant les
- foyer: maison

enfants, etc. En fait, disent les médecins, aucune femme n'est épargnée.° Car c'est presque toujours à la femme qu'incombent° la gestion du temps familial et celle des dépenses quotidiennes (or, il n'y a rien de plus stressant, dit-on, même si elle n'est pas mortelle,° qu'une préoccupation d'argent constante...). Le stress est universel? Il fait partie de la vie. Il nous arrive à tous mille choses, bonnes ou mauvaises. Il ne se passe pas une journée sans que nous ayons à subir° toutes sortes de mini-événements qui nous énervent, nous choquent, nous freinent, nous fatiguent. Notre organisme les reçoit comme il peut. Quelquefois bien, quelquefois mal. Quand, pour une raison ou pour une autre, nous n'arrivons plus à bien vivre ce qui nous arrive, les plombs sautent.° C'est à ce moment que nous nous disons «stressés», que nous nous sentons menacés. On ne peut plus supporter les cris des enfants, le bruit des voisins, l'humeur° du compagnon, les caprices du patron. Les nerfs «lâchent°». Et l'on ne peut nier° que, à ce sujet, le mode de vie actuel ne nous ménage pas. La multiplication des contraintes,° la rétraction du temps, la nécessité d'être toujours plus rapide, plus performant (professionnellement, sentimentalement et même sexuellement!) nous mettent à rude épreuve.° Sont aujourd'hui reconnus comme facteurs de troubles dus au° stress: à 49% les conditions de travail et d'habitat; à 37% les difficultés de transport (encombrements° trajets domicile-travail°); à 33%... la télévision et, de manière plus générale, la vision dramatique que les médias renvoient du monde et des événements quotidiens; enfin, à 30%, une certaine «incohérence culturelle», qui nous plonge dans une sorte d'état anxieux chronique. Les médecins disent alors que nous «décompensons». Et c'est en général à cette occasion qu'ils nous voient arriver dans leur cabinet, souffrant de maux divers. Car, si le stress—c'est vrai—fait partie de la vie, l'excès de stress nous rend presque à coup sûr° malades. Parce que notre corps ne va plus pouvoir répondre de façon satisfaisante aux informations qu'il reçoit. C'est une question d'hormones. La plupart du temps, l'équilibre émotion-réaction est maintenu. Le «coup» de colère, le «coup» de cafard° sont généralement surmontés. Mais quand les émotions ou les agressions sont trop fortes, trop répétitives, nous n'avons plus le temps de récupérer. Les sécrétions hormonales s'emballent,° et—sans que nous en soyons toujours conscients—voilà la tension° qui monte, la migraine qui s'installe, les brûlures d'estomac qui nous narguent.° «Docteur, je ne digère plus rien.» En fait, ce sont les stress qui ne passent plus.

exempte
viennent
mot ap.
supporter
les... *the fuses blow*
tempérament / *give out*
deny
mot ap.
test
dus... causés par
congestion / trajets... *commuter routes*
à... sûrement
tristesse, «blues»
are carried away
blood pressure
nous... *scoff at us*

La maladie du stress, c'est cela: un encombrement d'émotions, un trop-plein de préoccupations, avoir la tête et le cœur malmenés. Un cri du corps, en somme, qui exprime, comme il peut, son «ras-le-bol».°

limite

On ne doit pas baisser les bras devant le stress. Il existe des médicaments, des techniques, des gestes anti-stress. Et aussi un mode d'emploi intérieur de retour au calme. Là encore, à chacun de choisir dans le lot. Selon son tempérament et ses goûts.

Tranquillisants

Ils ont mauvaise réputation car on en consomme trop. Cinq à huit millions de femmes en prennent régulièrement. Sans doute parce qu'il y a abus de prescriptions. Les tranquillisants sont en effet pour le médecin une solution de facilité. Cela dit, ils peuvent momentanément° être d'un bon secours.° Mieux vaut être «tranquillisé» par un médicament léger (les benzodiazépines sont très bien tolérés) que vivre dans le stress. Ne jamais mélanger à l'alcool, éviter de cumuler avec° un somnifère.° Attention également aux tendances dépressives: les tranquillisants les accroissent.° Sur ordonnance.°

mot ap.
bon... aide
cumuler... prendre en même temps qu' / comprimé pour dormir
rendent plus sérieuses / *prescription*

Bêta-bloquants

Ce sont des substances qui «bloquent» les récepteurs bêta des catécholamines, les hormones du stress, celles qui justement engendrent les troubles physiologiques (sueurs,° tachycardie°). D'où la diminution des décharges° émotives° et de l'anxiété. On en donne aux hommes politiques avant une épreuve particulière (une émission de TV, par exemple). Effet anti-stress remarquable: moins de tremblements, moins de tensions musculaires, meilleure maîtrise° de soi. Recommandables seulement en prescription ponctuelle,° et à petites doses. Sur ordonnance.

sweats / irregular heartbeat
mot ap: (dé = dis) / considérez: émotion
contrôle
mot ap.

Vitamines et oligo-éléments

Certains médecins en sont des partisans convaincus. Leurs arguments: l'organisme humain ne sait plus fabriquer toutes les vitamines dont il a besoin (la vitamine C en particulier). De plus, notre alimentation est défectueuse° en oligo-éléments. D'où la nécessité d'un apport° supplémentaire sous forme de médicaments. Nécessité encore accrue° lorsque nous sommes fatigués ou stressés. En effet, le stress valorise la libération dans l'organisme de substances appelées radicaux libres, qui—s'ils sont en trop grand nombre—ont la fâcheuse propriété de perturber° notre production d'oxygène. Or, de récentes études semblent démontrer que certaines vitamines (C et E notamment) sont capables de piéger° ces radicaux libres et de les rendre inoffensifs. Apports souhaitables: vitamine C, vitamine E, vitamines du groupe B (B1, B6, B9). Pour les oligo-éléments: zinc, manganèse, magnésium, sélénium. De nombreux laboratoires les commercialisent. Un conseil: bien que ces médicaments soient en vente libre,° éviter l'auto-médication. Seul un traitement approprié peut se révéler utile et sans inconvénients secondaires.

mot ap. / contribution
augmentée
mot ap.
trap
en... *freely sold*

Qui a «inventé» le stress?

Le mot *stress* ne date pas d'hier. On le doit à des ingénieurs anglo-saxons qui, au début du siècle, travaillaient sur la capacité de résistance des métaux. Ils l'employèrent pour désigner le niveau de contraintes—de «stress»—que les métaux pouvaient supporter. Et c'est en 1936 qu'un physiologiste canadien, le Dr Hans Selye, fit entrer le mot dans le langage médical: il étudiait, lui, la capacité de l'homme à résister aux chocs et aux agressions. Il est reconnu aujourd'hui comme le plus grand spécialiste en ce domaine, et tout le monde s'accorde sur la définition qu'il a donnée du stress: «Une réponse non spécifique de l'organisme à une demande qui lui est faite.» En un mot, une inadaptation.

Avez-vous compris?

A. Donnez 3 causes du stress et 3 «remèdes», selon l'article.

B. Choisissez la meilleure réponse.

1. L'introduction de l'article affirme que seulement _____ des maladies de société ne sont pas liées au stress.
   a. 80%
   b. 20%
   c. 50%
2. Le stress est _____.
   a. un mal découvert récemment
   b. un mal limité aux professionnels
   c. un mal qui existe depuis longtemps
3. Le stress affecte principalement _____.
   a. les cadres
   b. les femmes plus que les hommes
   c. les membres de tous les milieux sociaux
4. La femme qui travaille hors de la maison est _____ stressée que celle qui travaille seulement au foyer.
   a. moins
   b. aussi
   c. plus
5. Quand nous ne pouvons plus _____ les événements de la vie, nous nous considérons «stressés».
   a. supporter
   b. perturber
   c. malmener
6. La télévision et les médias sont des facteurs de stress _____ importants que les difficultés de transport.
   a. plus
   b. aussi
   c. moins

7. Les médecins aiment prescrire des tranquillisants parce que ces médicaments _____.
   a. n'ont aucun mauvais effet
   b. guérissent (*cure*) le stress de façon permanente
   c. sont une solution facile
8. Il est important de ne jamais prendre de tranquillisants avec _____.
   a. de l'alcool
   b. des somnifères
   c. **a** et **b**
9. L'article affirme que les/des _____ prennent des bêta-bloquants.
   a. millions de femmes
   b. gens qui ont des troubles psychologiques
   c. politiciens
10. Certains médecins constatent que la vitamine _____ peut aider dans la lutte contre le stress.
    a. A
    b. K
    c. C
11. _____ a/ont donné au mot «stress» un sens médical.
    a. Des ingénieurs
    b. Le Dr Hans Selye
    c. Des Anglo-Saxons

C. L'article compare le stress des hommes des cavernes avec celui du chômeur moderne, et celui du cadre avec celui de l'agriculteur endetté. Faites une liste des causes probables du stress de chacun.

D. Comparez les avantages et les inconvénients des tranquillisants, des bêta-bloquants et des vitamines.

Et vous?

A. Vous connaissez sûrement quelqu'un qui est stressé. Quels sont les effets de son état sur sa famille et ses amis?

B. Dans le milieu universitaire, le stress est très souvent mentionné comme problème sérieux. Quelles sont les causes du stress pour l'étudiant? et pour le professeur?

C. A votre avis, quels sont les dangers du stress?

D. La sensibilité au bruit affecte les gens d'une manière très variable. Quels sons vous agressent le plus? Quels sons vous mettent de bonne humeur?

E. Travaillez en groupes de deux. L'article suggère que la femme qui travaille hors de la maison est plus stressée que celle qui reste à la maison. Un(e) étudiant(e) va être «pour» cette idée et l'autre «contre». Après une courte discussion, présentez vos idées à la classe.

F. Circulez dans la classe pour faire un sondage. Déterminez les faits suivants concernant vos camarades de classe: (1) dans quelles situations ils se sentent stressés, (2) leurs symptômes de stress, (3) ce qu'ils font pour se soulager, (4) la personne de leur connaissance la plus stressée.

Réflexions d'une personne stressée

Il semble que la vie va **de plus en plus** vite, vous ne trouvez pas? On dit que «**plus** ça change, **plus** c'est la même chose», mais ce n'est pas vrai. Avant, je me sentais **mieux** dans ma peau, j'étais **plus** calme, **moins** pressé, et pourtant j'étais **aussi** occupé, je faisais **autant** de choses, sinon **plus.** Maintenant, je suis toujours fatigué: je cours **de plus en plus,** je dors **de moins en moins,** la **moindre** chose m'irrite et je n'arrive même plus à me détendre sans me sentir coupable. Et à quoi ça sert, cette course constante contre la montre? Est-ce que la vie sera **meilleure** demain?

Comparing Adjectives, Adverbs, and Nouns

Déduisez

Look again at the preceding text and answer these questions.

1. With adjectives such as **pressé, occupé,** and **calme,** how do you express the comparative of inferiority (*less . . .*)? the comparative of equality (*as . . .as*)? the comparative of superiority (*more . . .*)?

Réponses: 1. moins pressé, aussi occupé, plus calme 2. meilleur(e), mieux 3. autant de choses; plus de choses, moins de choses

2. What is the comparative of superiority of **bon?** of **bien?**
3. With a noun such as **choses,** how do you express the comparative of equality (*as many* . . .)? Can you guess how to say *more things* and *fewer things*?

Vérifiez

Comparative and superlative forms in French are very regular. You can make comparisons using the following patterns.

Comparing Adjectives and Adverbs

✦ The comparative of inferiority: **moins... que** (*less . . . than*)

J'étais **moins** pressé **que** maintenant et je me fatiguais **moins** facilement.

✦ The comparative of equality: **aussi... que** (*as . . . as*)

J'étais **aussi** occupé **que** maintenant mais je ne me fatiguais pas **aussi** vite.

✦ The comparative of superiority: **plus... que** (*more . . . than*)

J'étais **plus** calme **que** maintenant; aujourd'hui, la vie va **plus** vite.

✦ The superlative

To express *the most* . . . and *the least* . . . , add a definite article to the comparative expression. The preposition **de** is used after the superlative as the equivalent of *in* or *of.*

Julie est la plus jeune de la famille.	*Julie is the youngest in the family.*

With adverbs, the article is always **le.**

Elle parle le plus vite.	*She speaks the fastest.*

With adjectives, there is agreement of the article.

C'est elle qui est **la moins** fatiguée **de** tous.	*She is the least tired of all.*
Nous sommes **les plus** stressés!	*We are the most stressed!*

A possessive adjective may replace the article.

Mon plus grand problème, c'est le manque de temps.	*My greatest problem is a lack of time.*

In the *more/most* category (comparative and superlative of superiority), the following adjectives and adverbs have irregular forms.

ADJECTIVES/ADVERBS	COMPARATIVE	SUPERLATIVE
bon → **meilleur** (*good* → *better/best*)	Est-ce que la vie sera **meilleure** demain?	**Mes meilleurs** amis viennent souvent me voir.
bien → **mieux** (*well* → *better/best*)	Je travaille **mieux** le soir que le matin.	Et vous, quand travaillez-vous **le mieux**?
beaucoup → **plus/ davantage** (*much* → *more/most*)	Le slogan des professeurs: étudiez **davantage**!	La question des étudiants: qui travaille **le plus**? Les persécuteurs ou les persécutés?
mauvais → **plus mauvais/ pire** (*bad* → *worse/worst*)	Le stress est **pire (plus mauvais)** que la fatigue.	C'est **le plus mauvais** des résultats. C'est **la pire** des choses!
petit → **plus petit** (*size: small* → *smaller/ smallest*)	Elle est **plus petite** que sa sœur.	C'est **la plus petite** de la famille.
petit → **(le/la) moindre** (*abstract sense: the least*)		**Les moindres** choses m'irritent. *The least (little) things bother me.* C'est **le moindre** de mes soucis. *It's the least of my worries.*

Notez bien: mieux is an adverb, and **meilleur** is an adjective. However, when the verb is **être,** it is quite common and acceptable to use **mieux** instead of **meilleur.**

> Cette solution est **meilleure** que les autres. / Cette solution est **mieux** que les autres.

If you want to say *much better,* use **bien** with **meilleur.**

> Ce fromage est **bien meilleur** que l'autre.

With **mieux,** use **beaucoup** or **bien.**

> Je me sens **beaucoup mieux** aujourd'hui. / Je me sens **bien mieux.**

Comparing Nouns

COMPARATIVE

✦ moins **de** (*fewer*)... **que**

> Il a **moins de** problèmes **que** nous.

✦ **plus de** (*more*)... **que**

> On a **plus de** travail **que** lui.

SUPERLATIVE

✦ **le moins de** (*the fewest*)... **de**

> Il a **le moins de** problèmes **de** tous.

✦ **le plus de** (*the most*)... **de**

> C'est elle qui a **le plus de** travail **de** tous.

COMPARATIVE

✦ **autant de** (*as much, as many as*)... **que**

Il n'a pas **autant de** responsabilités **que** nous.

Comparative Expressions

✦ **de plus en plus** (*more and more*)

Je cours **de plus en plus.**

✦ **de moins en moins** (*less and less*)

Je dors **de moins en moins.**

✦ **plus ou moins** (*more or less*)

Je dors **plus ou moins** bien.

✦ **Plus... plus...** (*The more . . .the more . . .*)

Plus ça change, **plus** c'est la même chose.

✦ **Plus... mieux...** (*The more . . . the better . . .*)

Plus on apprend, **mieux** c'est.

✦ **Moins... plus...** (*The less . . . the more . . .*)

Moins on mange, **plus** on maigrit.

✦ **le plus / le moins possible** (*the most / the least possible*)

Certaines personnes se fatiguent **le moins possible.**

✦ **de mieux en mieux** (*better and better*)

Il a été très malade, mais il va **de mieux en mieux.**

✦ **de pire en pire** (*worse and worse*)

Il est très malade; il va **de pire en pire.**

Essayez!

A. Plus (+), moins (−) ou aussi/autant (=)? Complétez selon le modèle.

MODELE: Le stress mental est _____ le stress physique. (mauvais/+) → pire (plus mauvais) que

1. Ce cours est _____ l'autre. (bon/−) 2. J'apprends _____ choses cette année. (+) 3. J'étudie _____ avant. (bien/+) 4. J'ai _____ amis _____ au lycée. (=) 5. Je suis _____ heureux. (=)

B. Complétez avec un superlatif, selon le modèle.

MODELE: l'examen/tous (facile/+) → C'est l'examen le plus facile de tous.

1. l'étudiant / la classe (bon/+) 2. le professeur / l'université (connu/+) 3. les questions / toutes (difficiles/−)

(*Réponses page 287*)

Maintenant à vous

A. Ce qui m'énerve le plus. Comparez les facteurs d'irritation suivants avec un comparatif, puis un superlatif, selon le modèle.

MODELE: (Quand j'essaie de dormir) les cris des enfants / le bruit des voisins / le bruit d'une perceuse (*drill*) →
Les cris des enfants m'énervent plus que le bruit des voisins, mais ce qui m'énerve le plus, c'est le bruit d'une perceuse.

1. (Quand j'essaie d'étudier) la musique de rock / la télévision / le téléphone
2. (Quand je passe un examen) le bruit dans le couloir / le manque de temps / le manque d'inspiration
3. (Quand j'attends l'autobus) le froid / la pluie / le vent
4. (Quand je suis en voiture) les travaux sur la route / les embouteillages / un passager qui fait constamment des remarques sur ma façon de conduire
5. (Quand je vais dans les magasins) la foule / les vendeurs trop occupés / la queue (*line*) à la caisse
6. (Quand je suis stressé[e])?

B. Les avis du docteur Dupont. Complétez par la forme appropriée de **meilleur** ou **mieux.**

1. Les soins médicaux sont ____ aujourd'hui qu'autrefois. 2. Il vaut ____ éviter les tranquillisants. 3. Vous feriez ____ de prendre de la vitamine C. 4. La vitamine C est la ____ des vitamines pour lutter contre le stress. 5. C'est ____ de se passer de (*do without*) médicaments, si on peut.

Résumez les conseils du docteur Dupont en ce qui concerne les médicaments.

C. La vie moderne. En groupes de deux, énoncez d'abord une opinion selon les indications données, puis réagissez de façon personnelle. Alternez les rôles toutes les deux phrases.

MODELE: les femmes / les hommes / stressé / moins →
Etudiant A: Les femmes sont moins stressées que les hommes.
Etudiant B: Ah, mais pas du tout! Les femmes sont même plus stressées que les hommes parce que... (*ou:* Je dirais que les femmes sont aussi stressées que les hommes, parce que...)

1. l'homme moderne / l'homme des cavernes / stressé / plus
2. les vieux / les jeunes / vulnérable au stress / aussi
3. la vie à la campagne / la vie en ville / bon pour la santé / plus
4. les conditions de travail / les conditions d'habitat / stressant / moins

D. Astérix et Obélix. Complétez les comparaisons entre ces deux «héros gaulois» chers aux amateurs de bandes dessinées (*cartoons*), en vous inspirant des illustrations.

Astérix

1. Astérix est _____ qu'Obélix. (petit)
2. Obélix est _____ des deux. (gros)
3. Astérix est _____ physiquement, mais il est _____ qu'Obélix. (fort / intelligent)
4. Astérix a les cheveux _____ qu'Obélix. (long)
5. Obélix mange _____ qu'Astérix. (beaucoup)
6. Obélix est _____ des deux. (comique)

Trouvez deux autres comparaisons à faire entre Astérix et son ami Obélix.

A votre avis, qui serait le plus vulnérable au stress: Astérix, qui, à cause de son intelligence, est chargé de toutes sortes de missions dangereuses? ou Obélix, qui accompagne son ami partout parce qu'il adore se battre (*to fight*)—et manger? Justifiez votre opinion.

Obélix

E. Des emplois du temps chargés? (*Busy schedules?*) Individuellement d'abord, calculez votre emploi du temps pour une semaine typique à l'université, selon les catégories suivantes. Puis mettez-vous en groupes de trois et faites des comparaisons basées sur ces catégories. Utilisez d'abord des comparatifs, puis des superlatifs.

MODELE: Tu as autant de cours que moi, mais c'est (Marie) qui a le plus de cours.

Nombre de cours _____
Heures passées à la bibliothèque _____
Heures passées à faire des devoirs à la maison _____
Nombre d'examens _____
Nombre d'activités non-académiques _____

F. Qu'en pensez-vous? Réagissez aux clichés suivants.

1. Plus on est riche, plus on est heureux. 2. Les blondes s'amusent davantage. 3. Plus ça change, plus c'est la même chose. 4. Plus c'est grand, mieux c'est. 5. Les gens les plus occupés accomplissent le plus de choses.

G. Voilà ce qui arrive. Complétez les phrases suivantes de manière personnelle.

1. Plus j'étudie,... 2. Plus on vieillit,... 3. Moins on fait d'exercice physique,... 4. Quelque chose que j'aime de plus en plus, c'est... 5. Ce que je fais le moins possible, c'est... 6. Je comprends de mieux en mieux pourquoi...

H. Voyons... En groupes de deux, élaborez le plus possible sur deux ou trois des comparaisons suivantes, au choix.

1. deux de vos ami(e)s les plus proches
2. deux de vos professeurs favoris

3. deux villes que vous connaissez
4. deux films que vous avez vus récemment
5. deux incidents où vous vous êtes senti(e) stressé(e)
6. votre vie il y a cinq ans, aujourd'hui et dans cinq ans

I. Jeu de rôles. You and your grandmother are talking about stress: you contend that young people nowadays face more pressures **(la pression),** and life is more difficult than it was forty or fifty years ago. Your grandmother doesn't agree: she claims that modern life, with all its conveniences, is much easier; it's just that people have less patience and less tolerance because they are more spoiled and selfish. Working with a partner, defend your chosen point of view.

Par écrit

Avant d'écrire

Paragraphs (2). You have already done some work with topic sentences. In your readings, you may have noticed that topic sentences appear in different places, not always at the beginning of a paragraph. It may be useful, as you write, to think about several patterns of paragraph organization and the merits and disadvantages of each. Among the many ways to organize a paragraph, the following three are among the most common.

1. *Topic sentence first.* In a standard paragraph, writers make the most important point near the beginning of the paragraph. They then expand or limit (define) it.
2. *Topic sentence in the middle.* This kind of paragraph delays the topic sentence. It usually begins by suggesting a viewpoint opposed to the topic sentence, and then "swerves" into the topic, which is usually a fact that is surprising in relation to the opening sentences. For example, the opening sentence might be **La plupart des gens pensent que le stress est une maladie des cadres.** This sentence is followed by supporting statements, and then the topic sentence appears: **Les femmes au foyer, cependant, sont les vraies victimes du stress.** This kind of paragraph makes a strong impression on the reader because the topic sentence stands out as a surprise.
3. *Topic sentence at the end.* In this type of paragraph, ideas build to a climax at or near the end. The paragraph moves through supporting points and examples and arrives at a statement that brings things together only at the end. For example, **L'homme d'aujourd'hui qui se jette le matin sur la**

rubrique «offres d'emploi» de son journal quotidien est certainement stressé. Mais l'homme des cavernes qui partait à la chasse sans certitude d'avoir à manger le soir était également stressé. ***Le terme «stress» est assez récent, mais le stress lui-même est loin d'être un mal moderne.*** This kind of development is especially dramatic and effective. Readers tend to remember most vividly the last points made.

PREWRITING TASK

Now, with a partner, choose one of the topics of comparison given in exercise H. Make a list of major and supporting points to be made. Next, think about which of the three kinds of paragraphs would best enable you to make the point you wish to make. Organize your list accordingly, and justify your paragraph development.

Prepare the following writing assignment by following the same steps.

Sujet de composition

«La vie à l'université vs. la vie au lycée.» Un jour que vous vous sentez particulièrement stressé(e), vous commencez à comparer mentalement votre vie à l'université et au lycée. Inspiré(e) par toutes sortes de pensées profondes, vous ouvrez votre journal, et vous écrivez deux ou trois paragraphes sur les différences et les similitudes entre vos expériences au lycée et à l'université: la vie académique, la vie sociale et le niveau de stress, bien sûr.

Réponses: Essayez!, page 283: A. 1. moins bon que 2. plus de 3. mieux qu' 4. autant d', qu' 5. aussi
B. 1. C'est le meilleur étudiant de la classe. 2. C'est le professeur le plus connu de l'université. 3. Ce sont les questions les moins difficiles de toutes.

Que ressentent-elles?

Sentiments et émotions

Paroles

La vie affective et psychique

Quel est le contraire de l'**amour** [m.]? La **haine** (*hate*) ou l'**indifférence** [f.]? Le contraire du **bonheur** (*happiness*) ou de la **joie** est plus facile à définir: c'est le **malheur,** le **chagrin** (*sorrow*) ou la **tristesse** (*sadness*).

Les **épreuves** [f.] (*trials*) de la vie peuvent nous rendre **amers** (*bitter*) ou au contraire, plus **compréhensifs** (*understanding*), plus **sensibles** (*sensitive*) aux **douleurs** [f.] (*pains*) des autres.

Quand on a le **cafard** (*the blues*), on est **déprimé** (*depressed*), ou même **angoissé;** l'**angoisse** [f.] (*anxiety*) est plus forte que l'**inquiétude** [f.] ou le **souci** (*worry*). Quand êtes-vous **inquiet (inquiète)** ou **soucieux (sou-**

cieuse)? Et quand **vous mettez-vous en colère**? Est-ce que **vous vous fâchez** facilement (**se mettre en colère/se fâcher** = *to get mad*)? Sous le coup de la **colère,** nous faisons souvent des choses que nous **regrettons** plus tard, et nous espérons que les autres vont nous **pardonner** (*forgive*), au lieu de nous **garder rancune** (*to hold a grudge*). La **rancune** est une émotion **destructrice,** ainsi que la **jalousie,** mais parfois on **ne peut pas s'empêcher de** (*can't help but*) **ressentir** (*feel*) ces émotions.

Le **manque** (*lack*) de **confiance** [f.] **en soi** (*self-confidence*) est une autre émotion naturelle; si ça devient un **complexe d'infériorité,** c'est plus **grave.** Quand on est **complexé,** on se laisse **intimider** facilement.

Le stress et l'angoisse peuvent mener à la **dépression nerveuse** (*nervous breakdown*) ou à d'autres **maladies mentales,** comme la **folie** (*madness*). Les **psychiatres** et les **psychologues** traitent les **troubles** (*disorders*) **mentaux.** Parfois il suffit d'**analyser** ou d'**extérioriser** une émotion pour la comprendre ou la **contrôler.** Il paraît que les **extravertis** sont plus **équilibrés** (*balanced*) que les **introvertis.** Est-ce vrai?

Parlons-en

La famille Groseille dans le film «La vie est un long fleuve tranquille»

tiré de la revue *L'Express international*

Voici la famille Groseille. Vous les connaissez, car vous êtes leurs voisins. En groupes de deux, vous parlez de cette famille qui vous semble étrange depuis un certain temps, et vous exprimez vos sentiments sur leur apparence et leur comportement. Vous vous demandez si ces personnes sont en bonne santé. Ensemble, vous essayez de définir les problèmes de chacun; vous dressez un portrait des parents et des cinq enfants, avec quelques hypothèses personnelles sur les causes de leurs conditions. Préparez un scénario original, que vous jouerez ensuite devant la classe.

Lecture

Gabrielle Roy

The following excerpt from *Petite Misère,* was written in 1955 by Gabrielle Roy (1909–1983). Born in Manitoba, Roy lived and wrote in Montreal for most of her life. Her novels and stories often depict the emotional dramas that lie below the calm surface of everyday routine. She wrote about both urban and rural life—for example, the misery of a Montreal family during World War II, and the plight of pioneers and Eskimos during the settlement of the northern Canadian wilderness. *Petite Misère* deals with the emotional sufferings of a child because of her father's outlook on the world.

A première vue

Characterization. An important element in fiction is characterization. A writer can give information about characters in a variety of ways: what characters say and how they say it, what they avoid saying, what they say about each other, and what the narrator says about them.

1. During your first reading of *Petite Misère,* write down four or five adjectives that are used to describe the two main characters, Petite Misère and her father.
2. Note a few other things you know about each character's personality (for example, the father had long periods of black moods).

Le langage

The *passé simple.* You have seen that the **passé simple,** a literary tense, indicates past narration, much as the **passé composé** does. Most **passé simple** forms are easy to recognize because they resemble the past participle of the verb. The most common exceptions are listed here. If you are unsure of the meaning of a **passé simple** form, see the verb charts in the Appendix.

VERBE AU PASSE SIMPLE	INFINITIF
il eut	avoir
il fut	être
il fit	faire
il tint	tenir
il vécut	vivre
il vint	venir
il vit	voir

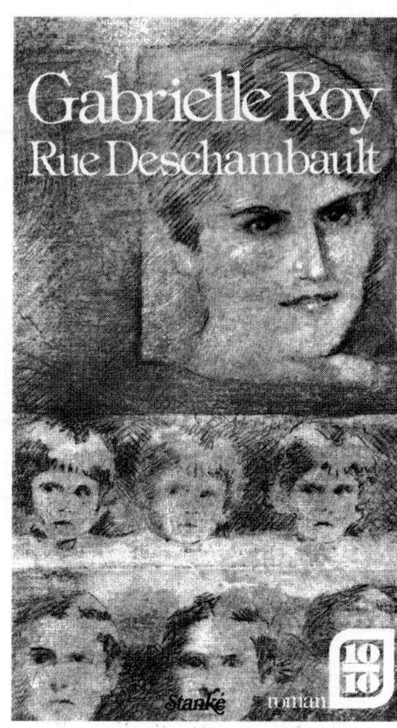

Petite Misère

GABRIELLE ROY

Mon père, parce que j'étais frêle de santé, ou que lui-même alors âgé et malade avait trop de pitié pour la vie, mon père peu après que je vins au monde me baptisa: Petite Misère. Même quand il me donnait le nom avec douceur, en caressant mes cheveux, j'en étais irritée et malheureuse, comme d'une prédisposition à cause de lui à souffrir. Je me redressais° et intérieurement me disais: «Ah non! je ne suis pas misère. Jamais je ne serai comme toi!»

Mais, un jour, il me jeta le mot détestable avec colère. Je ne sais même plus ce qui avait pu mériter pareil éclat:° bien peu de choses sans doute; mon père traversait de longues périodes d'humeur sombre où il était sans patience et comme accablé de regrets; peut-être aussi de responsabilités trop lourdes. Alors, parfois, un éclat de rire le rejoignant, l'atteignant en plein dans ses pensées moroses, provoquait chez lui un accès de détresse. J'ai compris plus tard que craignant sans cesse pour nous le moindre et le pire des malheurs, il aurait voulu tôt nous mettre en garde contre une trop grande aspiration au bonheur.

rebellais

mériter... causer cette fureur

Son visage agité, ce jour-là, m'avait paru terrifiant. Il me menaçait de sa main levée; mais, incapable de se décider à me frapper, il me jeta comme un reproche éternel:

—Ah! pourquoi ai-je eu des enfants, moi!

Les parents peuvent croire que de telles paroles, bien au-delà de l'entendement° des enfants, ne leur font pas de mal; mais parce qu'elles ne sont qu'à moitié intelligibles pour eux, les enfants les creusent° et s'en font un tourment.

au-delà... dépassant la compréhension
analysent

Je m'enfuis, je courus à mon grenier° où, face par terre, je grattai le plancher rugueux de mes ongles,° je cherchai à y entrer pour mourir. Le visage collé au plancher, j'ai essayé de m'empêcher de respirer. Je croyais que l'on peut à son gré° s'arrêter de respirer et, ainsi, quitter le mal, quand on le veut, parce que c'est le mal...

attic
grattai... *scratched the rough floor with my nails*
à... si on veut

Les heures passèrent, et je me retournai sur le dos, ma position étant vraiment trop incommode.

. . .

J'entendis des pas résonner le long du corridor, à l'étage, sous mon grenier. Puis la porte au bas de l'escalier s'ouvrit. Une voix, celle de ma mère, annonça:

—La table est mise, le souper prêt. Assez boudé.° Viens manger.

pouting

J'avais faim malgré tout, et cela même, la honte en plein chagrin d'être tentée par la nourriture, me fit nier° la chose et affirmer que je ne pouvais manger, que jamais plus je ne pourrais manger.

dire non à

Au bas de l'escalier, ma mère dit:

—Eh bien, boude, si tu veux bouder... mais après, tu ne trouveras plus rien à manger.

. . .

Alors il y eut un silence.

. . .

J'entendais encore aux étages certains bruits qui me renseignaient sur les allées et venues dans la maison. Des portes claquèrent.° Sur la galerie puis sur notre petit trottoir de ciment j'entendis le bruit des pas de ma mère dans ses souliers neufs. C'est vrai, elle devait ce soir aller jouer aux cartes chez des amis. Elle se hâtait, ses pas semblaient courir... et je fus malheureuse que d'un cœur si libre elle partît pour aller se livrer à quelque chose d'aussi futile, ce soir, que de jouer aux cartes.

se fermèrent avec bruit

La nuit me parut monter vers moi des étages obscurs. La grande maison était à présent tout à fait silencieuse... peut-être vide... Et mon chagrin fut intolérable, de tous abandonné sauf de moi, sauf de ma seule attention bien trop jeune, bien trop faible pour le comprendre; et sans plus en connaître la cause, je pleurai davantage le chagrin lui-même qui n'est peut-être qu'un enfant seul.

Alors, mon oreille proche du plancher entendit le pas traînant,° le pas accablé de mon père.

pas... *dragging footsteps*

Il entrouvrit doucement la porte au bas de l'escalier. Il resta là, sans parler, longtemps. Peut-être pensait-il que je ne le savais pas debout, un pied levé vers la première marche. Mais j'entendais sa respiration... et lui peut-être la mienne, tant le silence entre nous était poignant.

Enfin, il appela:

—Petite! Misère!

Oh! que j'avais la gorge serrée°! Jamais après, je n'y ai eu un tel nœud° la serrant à m'étouffer. Et il est bon peut-être qu'on ait eu très jeune un atroce chagrin, car après il ne peut guère plus nous étonner.

tight
knot

. . .

Puis, comme je ne répondais encore pas, mon père me dit:

—Tu dois avoir faim.

Et plus tard, après un autre silence, il me dit si tristement qu'aujourd'hui encore, trouvant son chemin entre des souvenirs touffus° comme une forêt, l'inflexion exacte de la voix de mon père me revient:

épais, nombreux

—J'ai fait une tarte à la rhubarbe... Elle est encore chaude... Veux-tu en manger?...

Moi, je ne sais plus! Depuis ce temps, la tarte à la rhubarbe ne m'a jamais tentée; mais, avant ce jour, il paraît que j'en raffolais,° bien que je fusse malade chaque fois que j'en mangeais. Aussi ma mère n'en faisait plus que très rarement et si, par exception, elle en servait une, alors elle me défendait d'en prendre plus qu'une toute petite pointe. Ainsi, donc, mon père avait profité de l'absence de ma mère ce soir... et je l'imaginai roulant ses manches, cherchant la farine, le saindoux°—jamais pourtant il ne trouvait les choses dans la maison—allumant le four, surveillant la tarte qui cuisait!... Comment aurais-je pu répondre!

j'en... je l'aimais beaucoup
lard

. . .

J'entendis mon père pousser un soupir. Il referma la porte si lentement que c'est à peine si j'entendis le très léger déclic° de la serrure.° Il s'en alla.

bruit / mécanisme de la porte

Ce long pas découragé!

J'attendis quelques minutes pourtant, longtemps à ce qu'il me sembla. Puis j'ai étiré ma robe chiffonnée.° Je me suis donné des tapes aux joues pour effacer la trace des larmes;° et, avec le bas de ma robe, j'ai tâché de réparer les barbouillages° ainsi faits sur mon visage.

wrinkled
tears
traces

Je suis descendue, m'arrêtant à chaque marche.

La table de notre grande cuisine était mise comme pour une fête... une bien triste fête, car, sur la nappe blanche, il n'y avait, au centre, que la tarte et, loin l'une de l'autre, à chaque bout, nos deux assiettes.

Nous avons pris place, sans nous regarder encore, mon père et moi, à cette longue table.

Mon père poussa alors vers moi la tarte qu'il avait taillée d'avance en si gros morceaux que brusquement je fondis en larmes.° Mais en même temps, j'avais commencé de goûter à la tarte.

fondis... commençai à pleurer

Souvent, aux étapes de ses rudes voyages en pays de colonisation, lorsqu'il allait établir des immigrants, mon père avait fricoté° lui-même ses repas sur de petits feux de braises en plein air, dans les Prairies, et il avait gardé de ce temps-là, sans doute accompagnée du regret des

préparé

espaces et de la pureté, l'illusion d'être habile à la cuisine. Mais ma mère disait que les tartes de mon père étaient de plomb.° *lead*

Et c'était bien en effet une nourriture de plomb que je cherchais à avaler.

Nos yeux se rencontrèrent. Je vis que la bouchée° que mon père avait prise ne passait pas non plus. *le morceau*

Et comment alors, à travers mon pauvre chagrin d'enfant, ai-je si bien pressenti celui combien plus lourd de mon père, le poids de la vie: cette indigeste nourriture que ce soir, comme si c'était pour toujours, mon père m'offrait!

Cette nuit, je fus bien malade d'une sérieuse indigestion. Ma mère, ne comprenant pas du tout ce qui s'était passé entre le vieil homme et sa Petite Misère, accabla mon père de reproches:

—Lui faire manger de la tarte à dix heures du soir! Es-tu fou?

Lui, avec un sourire triste, sans se disculper, pencha la tête; et, plus tard, quand il vint m'apporter un remède, il y avait sur son visage une telle douleur que, parfois, je l'imagine immortelle.

Avez-vous compris?

A. Indiquez si chaque trait de caractère correspond logiquement à Petite Misère, à son père ou aux deux.

TRAIT DE CARACTERE	PETITE MISERE	SON PERE
très sensible		
d'humeur morose		
plein(e) de ressentiment		
d'humeur gaie		
tendre mais maladroit(e)		
plein(e) de pitié pour lui(elle)-même		
têtu(e)		
frêle de santé		
boudeur(-euse)		

B. Voici des commencements de phrases qui résument la situation de Petite Misère. Relisez brièvement le passage et complétez chaque phrase.

1. Quand Petite Misère était bébé, sa santé était _____.
2. A la naissance de Petite Misère, la santé de son père était _____.
3. Quand la fillette s'entendait appeler Petite Misère, elle était _____.

4. Le père était souvent _____.
5. Un jour, après un incident oublié, il l'a appelée _____ avec colère, et il s'est demandé «Pourquoi _____?»
6. Tourmentée par les paroles de son père, Petite Misère a couru se réfugier dans _____.
7. Dans ce refuge, elle a voulu _____.
8. Elle croyait qu'il suffisait de s'arrêter de _____ pour quitter le mal.
9. Plus tard, quand sa mère lui a offert à manger, _____.
10. Après le départ de sa mère, son père a fait _____.
11. Après l'avoir mangée, Petite Misère _____.
12. De retour, la mère n'a pas compris pourquoi son mari _____.
13. A la fin du récit, quand son père est venu la voir, Petite Misère a vu une grande _____ sur son visage.

C. Comment Petite Misère décrit-elle son père? Comprend-elle les causes de ses humeurs?

Et vous?

A. Comment voyez-vous Petite Misère? Est-ce une enfant persécutée et privée d'amour ou une enfant égoïste et pleine de pitié pour elle-même?

B. Comment voyez-vous le père de Petite Misère? Est-il cruel? Ou est-ce simplement une personne malheureuse qui ne sait pas exprimer ses vrais sentiments? Voyez-vous des traces de tendresse et de compréhension dans ses actes?

C. La mère dit «Assez boudé. Viens manger.» Quel est l'effet de ce verbe **(bouder)** sur Petite Misère? Quelle serait votre réaction si un(e) ami(e) vous disait «Ne boude plus!»?

D. Il existe beaucoup de mythes concernant «la famille normale» et «l'enfance idéale». Dans cette nouvelle, vous voyez une autre sorte d'enfance. Pensez-vous que Petite Misère soit particulièrement prédisposée à des troubles émotifs? Expliquez votre opinion.

E. Vous avez déjà analysé la description que Petite Misère fait de son père et de son attitude envers la vie. Croyez-vous que les jeunes enfants puissent comprendre la vie émotionnelle de leurs parents? Expliquez.

F. D'après vous, y a-t-il un vrai danger à donner un sobriquet comme «Petite Misère» à un enfant? Discutez.

G. Jeu de rôles. Travaillez en groupes de deux.

Etudiant(e) A: Imaginez que vous êtes Petite Misère. Vous êtes en train de parler avec un(e) ami(e), et vous lui décrivez vos parents et vos rapports avec eux. Vous exprimez votre désir de partir pour commencer une nouvelle vie.

Etudiant(e) B: Ecoutez l'histoire de votre ami(e), et puis essayez de le (la) convaincre de rester à la maison au lieu de fuir. Donnez plusieurs raisons.

Structures

Les pensées de Petite Misère

Pourquoi donc m'a-t-il baptisée Petite Misère? Il se peut qu'il m'**ait prédisposée** à la misère avec un nom comme ça. **Si j'étais** dans une autre famille, une famille où on ne m'**appellerait** pas Petite Misère, est-ce que je **serais** plus heureuse? **Si j'avais** un papa plus jeune et plus gai, est-ce que j'**aurais** besoin de me cacher dans le grenier pour pleurer? Il parle si peu. **Si c'était** plus facile de parler avec lui, je lui **demanderais** pourquoi il est toujours si triste. **Si j'ai** assez de courage, ce soir, je lui **demanderai.** Est-ce qu'il regrette vraiment que je **sois née**?

Making Hypotheses

When you set up conditions or circumstances other than what is real or current and imagine the consequences of such conditions, you are making hypotheses. A hypothesis often contains a clause beginning with **si** (*if*).

Déduisez

In the preceding text, there are two types of conditions. One is very likely to happen, and the other is much less likely. Find an example of the first type (there is only one). Which tense is used after **si** to express such a condition?

Si vous pouviez redevenir enfant, que voudriez-vous faire?

Which tense is used in the main clause to express the expected result? Now find examples of conditions less likely to happen. Identify the tenses used for the conditions and the consequences.

Vérifiez

CONDITIONS		CONSEQUENCES
Likely to happen	**si + Présent**	**Futur**
	Si j'ai assez de courage,	je lui demanderai.
	Si je pleure,	mes parents auront pitié de moi.
		Impératif
	Si tu as faim,	descends!
	Si tu as quelque chose à dire,	dis-le!
Less likely to happen	**si + Imparfait**	**Conditionnel (présent)**
	Si j'étais dans une autre famille, *If I were in another family,*	est-ce que je serais plus heureuse? *would I be happier?*
	S'il* m'expliquait la situation, *If he explained the situation to me,*	est-ce que je comprendrais? *would I understand?*

Remember that verbs in the future or the conditional are *not* used in a **si** clause. This is different from English usage, where the conditional mode may be used after *if.* Do not confuse the conditional *would* with the *would* that expresses a repeated action in the past. If *would* means *used to,* the imperfect tense is used in French.

Quand nous étions en vacances, nous **dormions** jusqu'à midi.	*When we were on vacation, we **would** sleep until noon.*

Forms

The **conditionnel présent** is one of two tenses of the *conditional mood.*† The conditional and the future are very similar in form. To form the present tense of the conditional, take the future stem and add the endings of the **imparfait.** There are *no* exceptions.

*Note that **si + il(s) = s'il(s),** but **si + elle(s) = si elle(s).**
†The **conditionnel passé** will be presented in **Chapitre 18.**

	AIMER	AVOIR	ETRE
(future stem →)	**aimer-**	**aur-**	**ser-**
je/j'	aimer**ais**	aur**ais**	ser**ais**
tu	aimer**ais**	aur**ais**	ser**ais**
il/elle/on	aimer**ait**	aur**ait**	ser**ait**
nous	aimer**ions**	aur**ions**	ser**ions**
vous	aimer**iez**	aur**iez**	ser**iez**
ils/elles	aimer**aient**	aur**aient**	ser**aient**

Essayez!

Complétez.

1. Si j'ai le temps, je _____ des courses. (faire) 2. Si tu _____, viens avec moi! (pouvoir) 3. Si les magasins étaient ouverts plus tard, on n'_____ pas besoin de se dépêcher. (avoir) 4. S'il _____ beau, on pourrait manger dehors. (faire)

(*Réponses page 303*)

Maintenant à vous

A. Si demain... Que ferez-vous si demain les situations suivantes se présentent? Complétez de façon personnelle.

1. Si vous ne vous sentez pas bien (mais vous avez un examen important à passer),... 2. Si vous vous réveillez avec un cafard épouvantable,... 3. Si un(e) ami(e), sous le coup de la dépression, décide d'abandonner ses études en plein milieu de l'année,... 4. Si vous découvrez que vous avez seulement 20 dollars pour survivre jusqu'à la fin du mois,... 5. ?

B. Des inquiétudes. Vous pensez à votre vie après l'université: si les situations suivantes se présentaient, qu'est-ce que vous feriez? Répondez de façon personnelle.

1. si vous ne trouviez pas de travail dans votre domaine de spécialisation... 2. si votre travail payait bien mais ne vous plaisait pas... 3. si votre travail vous plaisait beaucoup mais ne payait pas bien du tout... 4. si vous étiez marié(e) et que votre mari/femme ne pouvait pas trouver de travail dans la même ville que vous... 5. si vous deviez choisir entre un poste temporaire très intéressant et un poste permanent moins intéressant...

C. Des hypothèses. Utilisez les éléments donnés pour poser des questions à un(e) de vos camarades de classe. Votre camarade donnera sa réponse, puis vous posera la même question.

MODELE: avoir 500 dollars à dépenser/ que/ acheter →
—Si tu avais 500 dollars à dépenser, qu'est-ce que tu achèterais?
—J'achèterais un magnétoscope. Et toi? Qu'est-ce que tu achèterais?

1. pouvoir voyager n'importe où (*anywhere*)/ où / aller
2. aller en France / que / vouloir visiter
3. commencer à étudier une autre langue / laquelle / choisir
4. avoir des pouvoirs magiques / que / changer

D. Des situations improbables, mais... on ne sait jamais! Si les conditions suivantes se présentaient, que feriez-vous? En groupes de deux, discutez deux situations au choix, en élaborant le plus possible.

1. Si votre maison ou appartement était en feu et si vous n'aviez que quelques minutes pour prendre quelques objets, qu'est-ce que vous emporteriez? Pourquoi?
2. Si vous faisiez partie d'un groupe expérimental d'astronautes et si on vous envoyait vivre sur la lune pendant plusieurs mois, qu'est-ce qui vous manquerait le plus quand vous penseriez à la terre? Qu'est-ce que vous feriez pour combler votre solitude?
3. Si vous pouviez devenir invisible, que feriez vous? Où iriez-vous?
4. Si vous pouviez changer d'identité, qui seriez-vous? Pourquoi?
5. Si vous pouviez vivre à une autre époque, quelle époque choisiriez-vous? Pourquoi?

More About the Subjunctive

Rappelez-vous

You studied the more common uses of the subjunctive in **Chapitre 12.** Do you remember how to conjugate verbs in the **présent du subjonctif?** Do you remember which verbal expressions and conjunctions require the use of the subjunctive?

Essayez!

Complétez.

1. Il ne faut pas que je _____ (être) malade cette semaine, car j'ai plusieurs examens à passer. 2. Je propose qu'on _____ (avoir) des sessions d'étude et que nous _____ (faire) nos devoirs ensemble. 3. Nous étudierons jusqu'à ce que nous _____ (savoir) tout! 4. Il est temps que nous _____ (commencer) pour que nous _____ (pouvoir) finir plus tôt. 5. Vous doutez qu'on _____ (réussir)?

(*Réponses page 303*)

The Past Subjunctive

Il se peut qu'il m'**ait prédisposée** à la misère.
Est-ce qu'il regrette vraiment que je **sois née**?

Déduisez

Is the past subjunctive used to express an action that took place *at the same time as* / *after* / *before* that of the main clause?

Vérifiez

The same verbs and expressions that must be followed by the present subjunctive require the past subjunctive. How do you decide whether to use the present or the past subjunctive?

- ✦ If the action of the subordinate clause takes place *at the same time as* or *after* the action of the main clause, use the *present* subjunctive.

  Je doute qu'il **vienne** (*is coming*) maintenant.
  Je doute qu'il **vienne** (*will come*) demain.

- ✦ If the action of the subordinate clause took place *before* the action of the main clause, use the *past* subjunctive.

  Je doute qu'il **soit venu** (*came*) hier.
  C'est dommage qu'il **ait oublié** (*forgot*)...

Forms

As you have observed, the past subjunctive is a compound tense formed with (1) the present subjunctive of the auxiliary verb **avoir** or **être** and (2) the past participle of the main verb.

	PARLER	PARTIR	SE FACHER
...que je/j'	aie parlé	sois parti(e)	me sois fâché(e)
tu	aies parlé	sois parti(e)	te sois fâché(e)
il/elle/on	ait parlé	soit parti(e)	se soit fâché(e)
nous	ayons parlé	soyons parti(e)s	nous soyons fâché(e)s
vous	ayez parlé	soyez parti(e)(s)	vous soyez fâché(e)(s)
ils/elles	aient parlé	soient parti(e)s	se soient fâché(e)s

Essayez!

Since it is the *relationship* between the dependent clause and the main clause that determines whether to use the present or the past subjunctive, it may be helpful to analyze the following examples. For each sentence, check the box *same time, after,* or *before* to identify when the action of the dependent clause took place in relation to the action of the main clause. Afterward, translate the sentences.

	SAME TIME	AFTER	BEFORE
(1) I doubted he would call.			
(2) I doubted he had called.			
(3) I'm afraid she's sick.			
(4) I was glad you were feeling better.			
(5) I don't think he saw a psychiatrist.			

(*Réponses page 303*)

Maintenant à vous

E. Les enfants d'autrefois. Il y a 50 ans, ou 100 ans, était-ce plus facile d'être un enfant? Exprimez des opinions, selon les indications données.

MODELE: Il se peut / les enfants d'autrefois / être plus heureux →
Il se peut que les enfants d'autrefois aient été plus heureux.

1. Il se peut / ils / avoir moins de stress
2. Il se peut / la vie / être plus simple
3. Je doute / ils / se faire autant de soucis
4. Mais je ne crois pas / l'enfance / changer beaucoup

Et vous, qu'en pensez-vous? L'enfance a-t-elle changé? Comment? Donnez votre opinion.

F. Les parents d'autrefois. En petits groupes, discutez votre opinion sur les parents d'autrefois en vous aidant des expressions données.

Il se peut que...	être de meilleurs parents
Je doute que...	communiquer davantage
Je crois que...	passer plus de temps avec leurs enfants
Je ne crois pas que...	être plus stricts
J'ai bien peur que...	donner plus (moins) de responsabilités à leurs enfants
Bien que...	avoir moins (plus) d'aide de la société
A moins que...	?

G. C'est dommage. Certaines choses se passent, qu'on regrette plus tard. En groupes de deux, parlez d'événements regrettables dans...

1. l'histoire de la civilisation occidentale
2. l'histoire de votre pays
3. l'actualité récente.

Commencez vos phrases par «C'est dommage que... » et expliquez votre point de vue. Comparez ensuite vos réponses avec celles des autres groupes.

H. Jeu de rôles: Le monde idéal. You are discussing what the "ideal" world would be like. One of you believes that there would be no hate, no sorrow, no sickness, etc. The other contends that it is necessary to experience the bad in order to appreciate the good, and that a world without evil and pain would not be without problems. Define and discuss your respective positions.

Par écrit

Avant d'écrire

Paragraph Continuity. To maintain continuity and fluidity among the sentences in a paragraph—that is, to ensure the coherence of the paragraph—the key is to keep the preceding sentence in mind when you write each new sentence. Each sentence should appear to grow naturally out of the one before. There are several ways to do this, according to the point you wish to make. For example, you can respond to the topic sentence **Petite Misère se croit victime d'un père cruel** in one or more of the following ways.

1. Provide an example. **(Il l'appelle Petite Misère et dit qu'il regrette d'avoir eu des enfants.)**
2. Contradict it or object to it. **(Les actions du père, cependant, montrent beaucoup de tendresse.)**

La petite ville de St Jean, sur l'île d'Orléans au Québec

3. Speculate about what it means by asking a rhetorical question. **(Mais pourquoi se croit-elle victime?)**
4. Make a transition to what will follow. **(C'est peut-être vrai qu'il est dur avec elle, mais l'imagination de la petite fille n'exagère-t-elle pas les choses?)**

Before you write your essay on the following topic, write a general, one-sentence answer to the first question in **Sujet de composition.** Then write three or four numbered sentences, each of which could be the next sentence in the paragraph. (You are trying to create alternative follow-up sentences, as just described.) You may wish to use one of these three or four sentences as the basis for your essay.

Sujet de composition

Si vous appreniez que vous n'aviez plus qu'un an à vivre, qu'est-ce que vous feriez? Quels seraient vos sentiments immédiats? Comment réagiriez-vous? Et puis après, quelles décisions prendriez-vous? Est-ce que vous continueriez vos études, ou bien est-ce que vous arrêteriez tout pour faire un grand voyage, par exemple, ou retourner chez vous, ou aller vivre ailleurs? Est-ce que votre perspective de la vie serait la même? Est-ce que vos valeurs et vos relations avec les gens que vous aimez seraient affectées? Si vous appreniez que vous n'aviez plus qu'un an à vivre, qu'est-ce qui changerait et qu'est-ce qui ne changerait pas pour vous?

Réponses: Essayez!, page 298: 1. ferai 2. peux 3. aurait 4. faisait

Réponses: Essayez!, page 299: 1. sois 2. ait / fassions 3. sachions 4. commencions / puissions 5. réussisse

Réponses: Essayez!, page 301: 1. (after) Je doutais qu'il téléphone. 2. (before) Je doutais qu'il ait téléphoné 3. (same time) J'ai peur qu'elle soit malade. 4. (same time) J'étais contente(e) que tu te sentes mieux. 5. (before) Je ne pense pas qu'il ait vu un psychiatre.

CHAPITRE 18

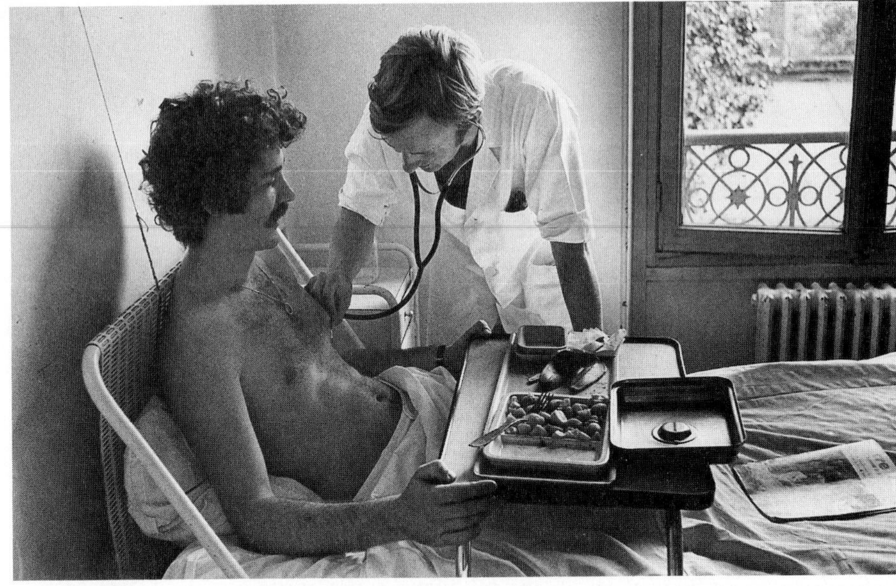

Respirez bien fort...

Le triomphe de la médecine

Paroles

Les maladies physiques

Malheureusement, il n'est pas possible d'être toujours **en bonne santé...**

Quand on a un **rhume** (*a cold*), on a généralement **mal à la tête** et **à la gorge,** on **a le nez qui coule** (*has a runny nose*)—il faut donc **se moucher** (*to blow one's nose*)—, on **éternue** (*sneezes*) et on **tousse** (*coughs*). Quand on a la **grippe** (*flu*), on a aussi **de la fièvre** (*fever*). Avec la **bronchite,** on tousse beaucoup. La **nausée** et la **diarrhée** sont des **symptômes** [m.] de la **grippe intestinale** (*stomach flu*). Des **boutons** [m.] (*pimples, rash*) peuvent indiquer une **allergie.** D'autres **maladies** [f.] dont on parle beaucoup sont l'**arthrite** [f.], le **cancer** et le **Sida** (syndrome immuno-déficitaire acquis—*AIDS*). Les **crises** [f.] **cardiaques** (*heart attacks*) et les **attaques** [f.] **d'apoplexie** ou les **hémorragies cérébrales** (*strokes*) sont souvent **fatales.** Quand on est **malade,** on **prend rendez-vous** chez le **médecin,** un **généraliste** ou un **spécialiste.** Quels **remèdes** [m.] **prescrit**-il? Parfois un **comprimé** (*tablet*) d'**aspirine** suffit, mais il faut souvent d'autres **médicaments** [m.] (*medicine, medication*): un **antibiotique,** du **syrop,** des **pilules** [f.] (*pills*) ou des **piqûres** [f.] (*shots*), pour **soulager** (*to relieve*) la douleur et **guérir** (*to heal, to cure*). L'important, c'est de **se soigner** (*to take care of oneself*)!

Les accidents

Quand on **se cogne** (*bumps, hits oneself*), on a un **bleu** (*a bruise*). Quand on **se coupe,** la **blessure** (*wound*) **saigne** (*bleeds*) et laisse parfois une **cicatrice** (*scar*).

Quels accidents avez-vous eus? Est-ce que vous vous êtes jamais **foulé** la cheville (**se fouler** = *to sprain*)? Vous êtes-vous **cassé** la jambe? Si oui, on vous a fait une **radio** (*x-ray*), on a mis votre jambe dans le **plâtre** (*cast*) et vous avez dû marcher avec des **béquilles** [f.] (*crutches*), n'est-ce pas? Dans le cas d'un accident grave, une **ambulance** transporte les **blessés** à l'**hôpital** [m.]. Dans la **salle d'opération** (*operating room*), les **infirmières** et les **infirmiers** (*nurses*) assistent le **chirurgien** (la chirurgienne) (*surgeon*).

Les soins dentaires

Pour avoir un beau sourire, il faut **se brosser les dents** [f.] régulièrement, avec un bon **dentifrice** (*toothpaste*)—n'oublions pas le **fil dentaire** (*dental floss*)! Si le **dentiste** trouve une **carie** (*cavity*), il doit faire un **plombage** (*filling*) ou mettre une **couronne** (*cap*). Parfois il faut même **arracher** (*pull*) la dent.

Parlons-en

En groupes de deux, créez par écrit des dialogues entre ce médecin et une dame imaginaire. Vous allez ensuite «jouer» vos dialogues devant la classe, et la classe choisira par un vote les dialogues les plus originaux.

Situation 1: la consultation. Pourquoi cette dame est-elle venue consulter le médecin? Imaginez la conversation entre le médecin et la dame à la fin de la consultation. Le médecin explique son diagnostic et prescrit un traitement. La dame demande des explications sur sa condition, etc.

Situation 2: une journée chargée. Après la consultation, le médecin explique à la dame qu'il a eu une journée très chargée: il a passé toute la matinée à l'hôpital où il était de service aux urgences (*emergency room*). Il parle d'un(e) accidenté(e) qu'il a traité(e); il raconte l'accident et décrit les blessures. La dame, à son tour, raconte un accident qu'elle a eu il y a quelques années, depuis le moment de l'accident même jusqu'à sa sortie de l'hôpital.

Lecture

The following scene from the play *Knock ou Le Triomphe de la médecine,* by Jules Romains (1885–1972), was published in 1923. *Knock,* a satiric farce, presents Dr. Knock, who has just bought the practice of a small-town doctor, Parpalaid. Parpalaid's practice in the mountain village of Saint-Maurice had been very small, but through a variety of devious means, Knock soon manages to lure new patients. His first act as village doctor is to offer a weekly morning of free consultation. You will read about one of these consultations.

Jules Romains

A première vue

Making Predictions About Content. We sometimes hear about unscrupulous physicians. Before you read, think of several ways in which an unethical person could build a small practice into a booming one. Verify your predictions during a first reading.

Knock ou Le Triomphe de la médecine

JULES ROMAINS

Scène V
Knock, la dame en violet

Elle a soixante ans; toutes les pièces de son costume sont de la même nuance de violet; elle s'appuie assez royalement sur une sorte d'alpenstock.°

canne pour les excursions en montagne

LA DAME EN VIOLET, avec emphase.

Vous devez bien être étonné, docteur, de me voir ici.

KNOCK

Un peu étonné, madame.

LA DAME

Qu'une dame Pons, née demoiselle Lempoumas, vienne à une consultation gratuite, c'est en effect assez extraordinaire.

KNOCK

C'est surtout flatteur pour moi.

LA DAME

Vous vous dites peut-être que c'est là un des jolis résultats du gâchis° actuel, qu'une demoiselle Lempoumas, dont la famille remonte sans interruption jusqu'au XIIIe siècle et a possédé jadis° la moitié du pays, et qui a des alliances avec toute la noblesse et la haute bourgeoisie du département, en soit réduite à faire la queue, avec les pauvres et pauvresses de Saint-Maurice? Avouez, docteur, qu'on a vu mieux.

situation confuse

autrefois

KNOCK la fait asseoir.

Hélas oui, madame.

[...]

LA DAME

Mais vous attendez, sans doute, que je vous explique pourquoi j'ai fait la queue à votre consultation gratuite?

KNOCK

Quelle que soit votre raison, madame, elle est certainement excellente.

LA DAME

Voilà! J'ai voulu donner l'exemple. Je trouve que vous avez eu là, docteur, une belle et noble inspiration. Mais, je connais mes gens. J'ai pensé: «Ils n'en ont pas l'habitude, ils n'iront pas. Et ce monsieur en sera pour sa générosité.» Et je me suis dit: «S'ils voient qu'une dame Pons, demoiselle Lempoumas, n'hésite pas à inaugurer les consultations gratuites, ils n'auront plus honte de s'y montrer.» Car mes moindres gestes sont observés et commentés. C'est bien naturel.

KNOCK

Votre démarche est très louable,° madame. Je vous en remercie.

admirable

LA DAME se lève, faisant mine° de se retirer.

faisant... *pretending*

Je suis enchantée, docteur, d'avoir fait votre connaissance. Je reste chez moi toutes les après-midi. Il vient quelques personnes. Nous faisons salon autour d'une vieille théière° Louis XV que j'ai héritée de mon aïeule.° Il y aura toujours une tasse de côté pour vous. (*Knock s'incline. Elle avance encore vers la porte.*) Vous savez que je suis réellement très, très tourmentée avec mes locataires et mes titres. Je passe des nuits sans dormir. C'est horriblement fatigant. Vous ne connaîtriez pas, docteur, un secret pour faire dormir?

considérez: thé

mon... ma grand-mère

KNOCK

Il y a longtemps que vous souffrez d'insomnie?

LA DAME

Très, très longtemps.

KNOCK

Vous en aviez parlé au docteur Parpalaid?

LA DAME

Oui, plusieurs fois.

KNOCK

Que vous a-t-il dit?

LA DAME

De lire chaque soir trois pages du Code civil. C'était une plaisanterie. Le docteur n'a jamais pris la chose au sérieux.

KNOCK

Peut-être a-t-il eu tort. Car il y a des cas d'insomnie dont la signification est d'une exceptionnelle gravité.

LA DAME

Vraiment?

KNOCK

L'insomnie peut être due à un trouble essentiel de la circulation intracérébrale, particulièrement à une altération des vaisseaux° dite «en tuyau de pipe°». Vous avez peut-être, madame, les artères du cerveau en tuyau de pipe.

(*blood*) *vessels*

en...: *like a pipe stem*

LA DAME

Ciel! En tuyau de pipe! L'usage du tabac, docteur, y serait-il pour quelque chose? Je prise° un peu.

use snuff

KNOCK

C'est un point qu'il faudrait examiner. L'insomnie peut encore provenir° d'une attaque profonde et continue de la substance grise° par la névroglie.

considérez: venir / substance... le cerveau

LA DAME

Ce doit être affreux. Expliquez-moi cela, docteur.

KNOCK, très posément.

Représentez-vous un crabe, ou un poulpe,° ou une gigantesque araignée° en train de vous grignoter,° de vous suçoter° et de vous déchiqueter° doucement la cervelle.°

octopus
spider / nibble / suck away at
mettre en pièces / le cerveau

LA DAME

Oh! (*Elle s'effondre° dans un fauteuil.*) Il y a de quoi s'évanouir d'horreur. Voilà certainement ce que je dois avoir. Je le sens bien. Je vous en prie, docteur, tuez-moi tout de suite. Une piqûre, une piqûre! Ou plutôt ne m'abandonnez pas. Je me sens glisser° au dernier degré de l'épouvante.° (*Un silence.*) Ce doit être absolument incurable? et mortel?

slumps
slide
terreur

KNOCK

Non.

LA DAME

Il y a un espoir de guérison°?

cure

KNOCK

Oui, à la longue.°

à... après beaucoup de temps

LA DAME

Ne me trompez pas, docteur. Je veux savoir la vérité.

KNOCK

Tout dépend de la régularité et de la durée du traitement.

LA DAME

Mais de quoi peut-on guérir? De la chose en tuyau de pipe, ou de l'araignée? Car je sens bien que, dans mon cas, c'est plutôt l'araignée.

KNOCK

On peut guérir de l'un et de l'autre. Je n'oserais peut-être pas donner cet espoir à un malade ordinaire, qui n'aurait ni le temps ni les moyens de se soigner, suivant les méthodes les plus modernes. Avec vous, c'est différent.

LA DAME se lève.

Oh! Je serai une malade très docile, docteur, soumise° comme un petit chien. Je passerai partout où il le faudra, surtout si ce n'est pas trop douloureux.°

docile
painful

KNOCK

Aucunement douloureux, puisque c'est à la radioactivité que l'on fait appel. La seule difficulté, c'est d'avoir la patience de poursuivre° bien

considérez: suivre

sagement° la cure pendant deux ou trois années, et aussi d'avoir sous la main un médecin qui s'astreigne° à une surveillance incessante du processus de guérison, à un calcul minutieux des doses radioactives—et à des visites presque quotidiennes.

considérez: sage
ties himself down

LA DAME

Oh! moi, je ne manquerai pas de patience. Mais c'est vous, docteur, qui n'allez pas vouloir vous occuper de moi autant qu'il faudrait.

KNOCK

Vouloir, vouloir! Je ne demanderais pas mieux. Il s'agit de pouvoir. Vous demeurez loin?

LA DAME

Mais non, à deux pas. La maison qui est en face du poids public.°

poids... *public scales*

KNOCK

J'essayerai de faire un bond° tous les matins jusque chez vous. Sauf le dimanche. Et le lundi à cause de ma consultation.

visite

LA DAME

Mais ce ne sera pas trop d'intervalle, deux jours d'affilée°? Je resterai pour ainsi dire sans soins du samedi au mardi?

sans interruption

KNOCK

Je vous laisserai des instructions détaillées. Et puis, quand je trouverai une minute, je passerai le dimanche matin ou le lundi après-midi.

LA DAME

Ah! tant mieux! tant mieux! (*Elle se relève.*) Et qu'est-ce qu'il faut que je fasse tout de suite?

KNOCK

Rentrez chez vous. Gardez la chambre. J'irai vous voir demain matin et je vous examinerai plus à fond.

LA DAME

Je n'ai pas de médicaments à prendre aujourd'hui?

KNOCK, debout.

Heu... si. (*Il bâcle° une ordonnance.*) Passez chez M. Mousquet° et priez-le d'exécuter aussitôt cette première petite ordonnance.

écrit vite / le pharmacien

Avez-vous compris?

A. Vrai ou faux? Si c'est faux, corrigez.

1. La dame vient voir le médecin pendant la période de consultations gratuites.

2. Elle dit qu'elle est venue à la consultation gratuite pour donner l'exemple aux habitants du village.
3. Le docteur Parpalaid (prédécesseur de Knock) avait pris son insomnie au sérieux.
4. Elle imagine un crabe, un poulpe ou une araignée en train de détruire sa cervelle.
5. Knock explique que son seul espoir de guérison est de voir un médecin célèbre à Paris.
6. Knock lui prescrit des médicaments.
7. Elle accepte tout ce qu'il propose.

B. Pendant les premiers moments de la scène, Knock se montre très attentif à ce que dit la dame sur ses problèmes d'insomnie. Pourquoi?

C. Après, il suggère certaines causes possibles de son insomnie. Parlez de sa manière de les présenter à Madame Pons. Quelles sortes d'images crée-t-il? Pourquoi? Quel effet cette présentation a-t-elle sur la dame?

D. Analysez la façon dont Knock manipule Madame Pons psychologiquement.

Et vous?

A. La dame en violet explique très clairement qu'elle se considère supérieure à la grande majorité des gens du village. Faites une liste des mots et des expressions qu'elle emploie pour donner cette impression. Que pensez-vous de ce genre de personne? Connaissez-vous quelqu'un de semblable? Si oui, décrivez cette personne.

B. Est-ce qu'il y a un peu du «malade imaginaire» en nous tous? Expliquez.

C. Imaginez que vous êtes journaliste. Vous avez fait une enquête sur le Dr Knock. Maintenant, vous allez écrire un article détaillé sur ce qu'il fait à Saint-Maurice. N'hésitez pas à exprimer vos opinions.

En France, depuis 5 ans, les dispensaires gratuits de Médecins du Monde ont accueilli et soigné "illégalement" * 200 000 consultants sans protection sociale.

Faut-il continuer... ? A vous de décider.

(*) Illégalement parce que gratuitement et dans un lieu autre qu'un hôpital ou qu'un cabinet médical

D. Jeu de rôles. Travaillez en groupes de deux.

Etudiant(e) A: You are the doctor. Suggest to your patient that his or her feeling of being under stress probably has very serious causes. Talk about a disease that has a long name (invent it). After the patient has asked questions about the outlook, describe what will help.

Etudiant(e) B: You are the patient who has consulted the doctor about the severe stress you are feeling. Listen to the doctor's diagnosis with great fear, and ask a lot of questions about what he or she can do for you.

L'indignation de la dame en violet

Qu'est-ce qui me **serait arrivé** si le docteur Knock **n'était pas venu** s'installer à Saint-Maurice! Cette gigantesque araignée **aurait continué** à me grignoter la cervelle sans que je le sache, et puis je **serais morte** d'une mort horrible et lente... moi, une dame Pons, née demoiselle Lempoumas, dont la famille remonte jusqu'au XIIIe siècle... Quand même, le docteur Parpalaid **aurait dû** se rendre compte que mes insomnies avaient pour causes une chose en tuyau de pipe et une araignée! **S'il avait été** qualifié, il **aurait pu** prévoir que «trois pages du Code civil chaque soir» ne tueraient pas les araignées cérébrales!

More Hypotheses: The Past Conditional

If things had been different, what would have happened? This type of hypothesis no longer deals with the realm of possibilities but with the world of regrets and missed opportunities. The conditions or circumstances for such hypotheses are even further removed from reality than conditions discussed earlier. The consequences are sheer suppositions.

Déduisez

In the preceding text, find two examples of such hypotheses. What tenses are used to express (1) the conditions (**si...**) and (2) the consequences of those hypotheses? How is the latter tense formed?

Vérifiez

When hypotheses deal with regrets and missed opportunities, the conditions are expressed in the **plus-que-parfait;** their consequences are expressed in the **conditionnel passé.**

Si le Dr Knock **n'était pas venu,** qu'est-ce qui me **serait arrivé?**	*If Dr. Knock hadn't come, what would have happened to me?*
S'il **avait été** qualifié, il **aurait pu** prévoir...	*If he had been qualified, he could have foreseen . . .*

The past tense of the conditional is a compound tense formed with (1) the present conditional of the auxiliary verb **avoir** or **être** and (2) the past participle of the main verb.

FORMS OF THE PAST CONDITIONAL			
je	serais mort(e)	nous	aurions souffert
tu	aurais souffert	vous	seriez mort(e)(s)
il/elle/on	serait mort(e)	ils/elles	auraient souffert

Your repertoire of hypothetical sentences is now as follows.

si CLAUSE	MAIN CLAUSE
présent	**futur** **impératif**
imparfait	**conditionnel présent**
plus-que-parfait	***conditionnel passé***

Essayez!

Complétez.

1. Si je/j' _____ (savoir), je ne serais pas venu(e)! 2. Si on pouvait, on _____ (partir). 3. Si je m'étais levé(e) plus tôt, je/j' _____ (avoir) le temps de manger ce matin.

(*Réponses page 319*)

Maintenant à vous

A. Si j'avais été conscient(e)... Vous vous êtes cassé la jambe en faisant du ski. Comme vous aviez perdu connaissance, vous n'avez pas vu ce qui s'est passé après l'accident. Mais **si** vous aviez été conscient(e)...

MODELE: entendre l'ambulance →
j'aurais entendu l'ambulance.

1. crier «au secours» 2. voir arriver les secouristes (*rescuers*) 3. devoir expliquer trente-six fois ce qui s'était passé 4. s'inquiéter dans l'ambulance 5. imaginer le pire 6. ?

B. Et après? Si vraiment vous vous étiez cassé la jambe, et si la fracture avait été grave, qu'est-ce qui se serait passé après votre arrivée à l'hôpital?

MODELE: On m'admet à l'hôpital. →
On m'aurait admis(e) à l'hôpital.

1. On me transporte dans la salle des urgences. 2. Un docteur m'examine. 3. On prend plusieurs radios. 4. On me fait une piqûre pour m'endormir. 5. On m'opère. 6. On met ma jambe dans le plâtre. 7. Plus tard, je marche avec des béquilles. 8. ?

C. Des regrets. Monsieur Malchance (vous le connaissez?) examine sa vie avec quelques regrets. Formez des phrases selon le modèle.

MODELE: faire plus attention / être en meilleure santé →
Si j'avais fait plus attention, j'aurais été en meilleure santé.

1. se brosser les dents plus régulièrement / avoir moins de caries 2. suivre un régime / ne pas devenir si gros 3. faire plus de sport / se sentir mieux 4. être moins inquiet / être plus heureux 5. ?

D. Et vous? En groupes de deux, discutez les hypothèses suivantes. Prenez note des réponses que vous avez en commun, pour en faire ensuite part au reste de la classe. Qu'est-ce que vous auriez fait différemment...

1. si la situation économique de votre famille avait été différente?
2. si vous aviez été enfant unique, ou au contraire, si vous aviez eu plus de frères et sœurs?
3. si, quand vous étiez au lycée, vous aviez su ce que vous savez maintenant?

E. Des hypothèses historiques. Changez de partenaire et trouvez ensemble quatre personnages de l'histoire, ou de l'actualité politique, dont vous pourrez dire: «Si j'avais été à sa place dans telle ou telle situation, j'aurais fait comme lui/elle parce que... », ou «Je n'aurais pas fait la même chose parce que... » Après votre discussion, soyez prêts à présenter vos hypothèses et vos conclusions à la classe. Le groupe choisira par un vote les réponses les plus originales.

Difficulties with pouvoir, vouloir, and devoir

Pouvoir

The meaning of **pouvoir** is fairly constant. It expresses the ability to do something.

Tu **peux** partir.	*You can (may) leave.*
Tu **pourras** partir.	*You will be able to leave.*

Difficulties arise, however, when English speakers try to translate *could.* Depending on the context, four tenses are possible in French. Compare the following cases.

Nous étions toujours trop occupés; nous ne **pouvions** jamais parler.	*We were always too busy; we could never talk.*

In this context, *could* refers to *past circumstances* and is expressed in the **imparfait.**

Nous **n'avons pas pu** parler hier soir; nous n'avons pas eu le temps.	*We couldn't talk last night; we didn't have time.*

When *could* refers to a *single past success or failure to do something,* the **passé composé** is used in French. In this case, **j'ai pu** = **j'ai réussi; je n'ai pas pu** = **je n'ai pas réussi (à faire quelque chose).**

Si tu venais, on **pourrait** parler.	*If you came, we could talk.*
Si tu étais venu(e), on **aurait pu** parler.	*If you had come, we could have talked.*

In the case of hypotheses, *could* corresponds to the **conditionnel présent,** and *could have* corresponds to the **conditionnel passé.** Note that with *could have* the second verb is a past participle in English (*we could have* ***talked***) but an infinitive in French (**on aurait pu** ***parler***).

Vouloir

✦ Remember that the present tense of **vouloir (je veux)** is considered too blunt to express polite requests. The conditional form **(je voudrais)** is preferable.

Je voudrais un bonbon.	*I would like a candy.*

✦ In a past context, since **vouloir** usually expresses a state of mind, the **imparfait** is most common.

Je **voulais** partir. — *I wanted to leave.*

✦ In the **passé composé, vouloir** takes on different meanings.

J'ai **voulu** partir. — *I tried to leave.*
Je **n'ai pas voulu** partir. — *I refused to leave.*

✦ **Vouloir bien** means *to be willing.*

Je **veux bien** le faire. — *I'm willing to do it.*

✦ In the conditional, **bien** reinforces **vouloir;** this is a very common usage.

Je **voudrais bien** partir. — *I would (really) like to leave.*

Devoir

When followed by a number or a noun, **devoir** means *to owe.*

Je vous dois des excuses. — *I owe you an apology.*
Il me devait dix dollars. — *He owed me ten dollars.*

When followed by an infinitive, **devoir** has special meanings that must be learned for each tense.

TENSE		MEANING
présent (indicatif)	→	obligation or probability
Il **doit** partir.		*He **must** leave.* (*or*) *He is **supposed to leave.***
Il **doit** être malade.		*He **must** be sick.*
passé composé	→	obligation or probability
Il **a dû** partir.		*He **had to leave**.* (*or*) *He **must have** left.*
imparfait	→	supposition or obligation
Il **devait** partir aujourd'hui.		*He **was supposed to** leave today.*
conditionnel présent	→	suggested obligation or advice
Il **devrait** partir.		*He **should** (**ought to**) leave.*
conditionnel passé	→	unfulfilled obligation or reproach
Il **aurait dû** partir.		*He **should have** left.*

For tenses not mentioned in this chart, such as the future or the **plus-que-parfait,** the meaning is always that of an obligation (*to have to*).

Il **avait dû** partir sans nous. — *He had been forced to leave without us.*

Essayez!

Traduisez.

1. My friends were supposed to come; they must have forgotten. 2. I wanted to go out, but I had to stay home to do my homework. 3. I should have listened in class; I could have answered the question. 4. I should study more . . .

(*Réponses page 319*)

Maintenant à vous

F. Reproches à un malade têtu. Complétez les phrases suivantes en mettant le verbe indiqué au temps correct. Pensez bien au sens avant de répondre.

1. Si tu ____ (vouloir) guérir plus vite, tu serais allé voir un médecin. 2. Mais je ____ (ne pas pouvoir)! Mon médecin était en vacances. 3. Tu ____ (pouvoir) en voir un autre; ton médecin n'est pas le seul au monde. 4. Peut-être que je/j' ____ (devoir) le faire, en effet, mais ça ne sert à rien de me faire des reproches, puisque je vais mieux.

G. Chez le dentiste. Remplacez les phrases indiquées par des phrases contenant le verbe **devoir.**

MODELE: **Il faut que j'aille chez le dentiste.** →
Je dois aller chez le dentiste.

1. J'ai mal aux dents; **j'ai sans doute une carie.** 2. J'avais déjà pris un rendez-vous chez le dentiste, **mais j'ai été obligé(e) de l'annuler.** 3. J'avais oublié que **j'avais autre chose à faire ce jour-là.** 4. D'habitude je n'ai jamais mal aux dents; **j'ai sans doute mangé trop de chocolat ces derniers temps.** 5. J'espère que **je ne serai pas obligé(e) d'attendre trop longtemps.**

H. Des conseils. Mettez-vous en groupes de deux, et avec le conditionnel présent de **devoir,** donnez des conseils qui s'appliquent aux problèmes de votre pauvre camarade de classe. Inversez les rôles après chaque phrase.

MODELE: «Personne ne m'aime.» →
Tu devrais penser un peu moins à toi-même, t'ouvrir davantage, etc.

1. «Je suis toujours fatigué(e).» 2. «J'ai un rhume depuis une quinzaine de jours.» 3. «Je viens de me cogner la tête; regarde un peu cette bosse (*bump*).» 4. «Je souffre d'insomnie.»

Maintenant, inventez chacun(e) un autre problème. N'ayez pas peur d'être fantaisistes!

I. Des reproches. Toujours avec votre pauvre camarade de classe, mais cette fois-ci avec le conditionnel passé du verbe **devoir,** formulez des reproches qui s'appliquent aux situations suivantes. Continuez à inverser les rôles toutes les deux phrases.

MODELE: «J'ai attrapé un rhume en faisant du jogging.» →
Tu aurais dû mieux te couvrir, etc.

1. «Je me suis brûlé(e) en sortant le plat du four.»
2. «J'ai failli m'évanouir en voyant mon ancien petit ami (ancienne petite amie) avec quelqu'un d'autre.»
3. «J'avais un cafard horrible, alors j'ai pris des somnifères.»
4. «J'avais oublié ma clé, alors j'ai passé la nuit dehors.»

Maintenant, inventez chacun(e) un autre problème—quelque chose que vous avez fait et que vous n'auriez peut-être pas dû faire, ou le contraire.

J. Jeux de rôles

1. L'adolescente et son père

Student A: You are a father whose teenaged daughter ran away from home to live with some friends in "the big city" and "have more freedom." After a few weeks, you find your daughter and speak with her. Uneasy at first, begin the conversation with small talk, then tell her how worried you've been, and explain that if she had given her family a chance, you could have talked this over. She shouldn't have left like that, etc.

Student B: You are the teenager who ran away from home. Life in the big city is not what you had thought it would be, but you certainly don't want to admit that to your father. Explain to him that you "had" to run away, because if you had told your parents of your desire to drop out of school, get a job, and have more freedom, they wouldn't have gone along with it. It would have created a scene, and you were tired of having to do things you didn't want to do, etc.

2. Le triomphe de la médecine?

Student A: You think that "progress" in medical science is really no progress at all in some instances, such as preserving the lives of infants who have no chance to live normally, or prolonging the lives of elderly people who would themselves prefer to die. Shouldn't doctors let nature take its course?

Student B: You think that doctors have a moral obligation to do everything they can to preserve or prolong life, no matter what that life is like.

Par écrit

Avant d'écrire

Transitions Between Paragraphs. Linking paragraphs is just as important as linking sentences. Here are three ways to make the transition to a new paragraph.

1. Use a transitional word or phrase: **mais, cependant, d'autre part,** etc. (See **Structures** in **Chapitre 15**).
2. Answer a question raised at the end of the preceding paragraph.

   Last sentence of paragraph 1: **Mais pourquoi n'y avais-je pas pensé?**

   First sentence of paragraph 2: **Mon ignorance venait en partie de mon manque d'expérience.**
3. Repeat a key word or recall a key idea from the preceding paragraph.

   Last sentence of paragraph 1: **Il fallait que je considère toutes les possibilités.**

   First sentence of paragraph 2: **Une de ces possibilités était bien sûr de ne rien faire.**

As you do the following writing assignment, continue to work on coherence and unity (see **Avant d'écrire, Chapitres 15, 16,** and **17**).

Sujet de composition

Racontez une mésaventure (*mishap*) que vous avez eue, et expliquez ce que vous auriez pu (ou dû) faire pour éviter certaines difficultés. Si cette même situation se représentait aujourd'hui, que feriez-vous?

Réponses: Essayez!, page 313: 1. j'avais su (**plus-que-parfait**) 2. on partirait (**conditionnel présent**) 3. j'aurais eu (**conditionnel passé**)

Réponses: Essayez!, page 317: 1. Mes amis devaient venir; ils ont dû oublier. 2. Je voulais sortir, mais j'ai dû rester à la maison pour faire mes devoirs. 3. J'aurais dû écouter en classe; j'aurais pu répondre à la question. 4. Je devrais étudier davantage...

THEME VII

Encore une fois

En bref

Thème VII is intended to help you review the important language skills that you have been learning. The topics of **Thème VII** are listed here, with their corresponding language functions.

Topics	***Functions***
Etape I: Les mots	✦ Asking and answering questions ✦ Describing and narrating in present and past time ✦ Dealing with a complicated situation ✦ Hypothesizing
Etape II: Les âges de la vie	✦ Describing and narrating in present, past, and future time ✦ Comparing and contrasting ✦ Expressing and supporting opinions
Etape III: Décisions et destin	✦ Comparing ✦ Stating and supporting opinions ✦ Describing and narrating in present and past time

Avant de commencer

B. Le papy-boom a-t-il des inconvénients?

A. Le fossé entre les générations est-il une réalité?

C. Dire oui? Dire non? Quels sont les choix difficiles de la vie?

ETAPE 1

Les mots

In this **Etape,** you will read a poem/song about communication.

Lecture

Yves Duteil est un chanteur-poète contemporain très populaire en France. Il écrit et la musique et les paroles de ses chansons. Ses concerts attirent un auditoire d'âges variés. En 1987, il a publié un livre dans lequel il explique les inspirations particulières de la plupart de ses chansons. Vous lirez ici une de ces chansons, «Les Mots qu'on n'a pas dits», basée sur une histoire vécue que Duteil a entendue à la radio.

Yves Duteil

D'après une histoire vécue, entendue à la radio : une jeune femme tombe amoureuse d'un homme, ils vivent tous les deux une passion exceptionnelle, jusqu'au départ du monsieur pour un pays lointain.

Il promet d'écrire dès qu'il sera installé pour qu'elle le rejoigne. Elle attend cette lettre chaque jour.

... Elle l'attendra pendant quarante ans. Un jour, elle refait son appartement, et sous le linoléum de l'entrée, elle trouve la lettre tant espérée, jaunie,[a] que le facteur[b] avait glissé sous la porte, quarante ans auparavant...

a. considérez: jaune

b. celui qui porte et distribue les lettres

Les mots qu'on n'a pas dits

YVES DUTEIL

Dans le fond des tiroirs° y'a des chansons qui dorment (compartiments des commodes)
Et des mots que jamais on n'a dits à personne
Qui auraient pu changer le cours d'une existence
Mais qui ont préféré rester dans le silence

Des phrases emprisonnées dans des yeux qui s'appellent
Et que pas un baiser ne referme ou ne scelle° (mot ap.)
Jamais tous ces mots-là ne sombrent° dans l'oubli (se perdent, disparaissent)
Ils se changent en regrets, en souvenirs transis° (morts)

Mais les cendres du feu des mots qu'on n'a pas dits
Jamais ne sont vraiment éteintes° ou refroidies (mortes)
Elles se consument encore au cœur de nos mémoires
En réchauffant nos nuits d'une lueur° d'espoir (trace)

Comme du temps qui dort
Au fond du sablier° (*hourglass*)
Mais que l'on garde encore
Pour ne pas l'oublier

La nuit dans les miroirs y'a des mots qui s'allument
Et qui refont parfois la gloire ou la fortune
Avec tous les regards qu'on n'a pas su saisir
Et les amours fanées° qui semblent refleurir

Alors dans les miroirs y'a des mots qui résonnent
Comme un destin tout neuf qui ne sert à personne
Et l'on caresse encore les espoirs de bonheurs
Qui ressemblent aux prénoms que l'on connaît par cœur

Aux lettres enrubannées° que l'on n'a pas reçues
Mais qu'on relit cent fois pourtant la nuit venue
A tous ces mots d'amour restés dans l'encrier°
Mais qu'on n'a plus personne à qui pouvoir crier

Dans le fond des tiroirs y'a des larmes qui sèchent
Un portrait du passé qui s'écorne° ou s'ébrèche°
Et la vie doucement referme de ses plis°
Ces chemins qui s'ouvraient mais qu'on n'a pas suivis.

fanées: mortes
enrubannées: *tied with ribbon*
encrier: *inkwell*
s'écorne / s'ébrèche: *is dog-eared / is chipped*
plis: *folds*

Activités

I. DISCUSSION

A. Racontez à un(e) camarade de classe l'histoire qui a inspiré la chanson.

B. «Elle» attend 40 ans une lettre qui n'arrive pas. Qu'est-ce que vous auriez fait à sa place?

C. Imaginez une autre fin et racontez cette nouvelle histoire.

D. Selon la chanson, qu'est-ce qui arrive aux mots qu'on n'a pas dits?

E. Y a-t-il des mots que vous n'avez pas dits? Racontez un incident où vous avez gardé le silence. Qu'est-ce qui se serait passé si vous aviez parlé? Pourquoi ne l'avez-vous pas fait?

F. «Le chemin qu'on n'a pas suivi» nous fascine quelquefois après coup. Parlez d'un moment d'hésitation et d'un chemin qui s'ouvrait que vous n'avez pas suivi (une autre université? un travail d'été différent? une amitié? une autre destination de voyage?). Que feriez-vous aujourd'hui?

II. JEU DE ROLES

Vous vous êtes disputé(e) avec votre meilleur(e) ami(e). Allez chez lui (chez elle) pour faire des excuses. Dites les mots que vous n'avez pas dits la première fois.

ETAPE II

Les âges de la vie

In this **Etape,** you will read an article that discusses, in some depth, changes in the population of France.

Lecture

Vous avez sans doute entendu parler du «baby-boom». L'article qui suit vous présente une autre sorte de réalité démographique: le «papy-boom». Assistons-nous aujourd'hui à une explosion du troisième âge?

Les promesses du «papy-boom»

SYLVIE SANTINI

Industries de la beauté, de la santé, services... Les «nouveaux vieux» constituent d'ores et déjà° un formidable marché. Parce qu'ils ont plus de besoins, mais aussi plus de moyens.

d'... maintenant

Place aux° «vieux»! Les plus de 65 ans représentent déjà près de 14% de la population française. Avant la moitié du XXIe siècle, ils dépasseront

Place... *Make room for*

Des jeux pour tous les âges

Vieux, nous? Jamais de la vie!

les 20% dans l'ensemble des pays développés... Actuellement, un adulte sur trois a atteint la soixantaine. Après le baby-boom, la déferlante° des cartes vermeil°! Il ne naît plus suffisamment d'enfants (1,8 seulement par Française) et on vit plus longtemps. Une bonne moitié des vieux se trouvent au-delà de 75 ans. Et la France comptera, en 2025, 2 millions d'octogénaires.°

«En luttant victorieusement contre les maladies, la médecine a mis en place les grands vieillards», explique le Pr° Philippe Meyer, auteur du «Mythe de Jouvence» (Odile Jacob). Les vieux vieillissent. Mais ils portent beau.° Passé un certain âge, en somme, il n'y a plus d'âge... Sur-

unfurling

cartes... *senior citizen discount cards*

80 ans ou plus

professeur

portent... vieillissent bien

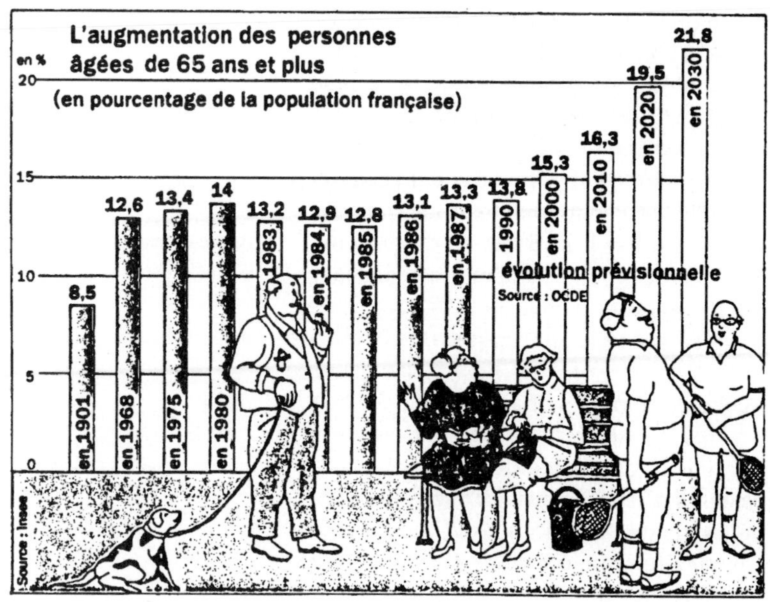

Le vieillissement de la population rend précaire la sécurité financière des personnes âgées.

tout pas de «3e».° Obsolète, l'étiquette° un rien° condescendante des années 70: les fringants° anciens d'aujourd'hui font du jogging, de l'informatique et peuplent les circuits des tours-opérateurs (20% des clients de Fram voyages, en 1986). Leur obsession? Repousser les frontières du 4e âge—alias «grand» âge. Aux yeux des auteurs de «Seniorscopie», sorti il y a peu chez Larousse, ce sont même de «nouveaux jeunes». Au total, «jeunes-vieux»—de 50 à 75 ans—et vrais patriarches—au-delà°—représentent, en France, un marché de 14,3 millions de consommateurs. «Autant de combattants de l'anti-âge», comme le disait le publicitaire Jean Feldman lors des récentes IIIes Rencontres internationales de la parfumerie. Le thème? «Rester jeune».

3e age = vieillesse / *label* / peu
vifs, alertes
(ici) plus de 75 ans

L'industrie de la beauté est, de toute évidence, celle qui s'intéresse aux outrages° des ans, ou plutôt à la crainte qu'ils inspirent. Si, dans ce secteur, les parfums marquent le pas,° les produits de soins, eux, opèrent une progression sensible: + 16.1% en 1986. Jamais, de mémoire de consommateur, l'on n'a vu s'afficher° tant de produits spécifiques: anti-rides, anti-stress, anti-peau sèche... Bref, anti-âge. Pourquoi? «Parce que la vieillesse fait peur. Les évolutions démographiques n'enlèveront rien à la survalorisation° de la jeunesse», constate Emeric Deutsch, directeur à la Sofres° d'une étude sur «les âges de la vie», commandée par les parfumeurs.

excès
marquent... stagnent
sortir
overvaluation
organisme qui fait des sondages

Signe des temps: parler sans ambages° de lutte contre le vieillissement devient possible. Profitable, même. «Hier, on n'aurait jamais osé être si directif», explique le Dr Pierre Perrier, directeur des laboratoires Dior. De là à se lancer sur le créneau des° crèmes gériatriques et autres cosmétiques «spécial septuagénaires»... il y a un grand pas. Perrier, lui, est convaincu que, à terme, on y viendra.

sans... sans détours, clairement
sur... dans le domaine des

Les seniors ne consomment pas que des potions plus ou moins magiques. Loin de là. L'industrie de la santé doit même aux plus de 60 ans 45% de son chiffre d'affaires. L'un des produits vedettes de la pharmacopée n'est-il pas un irrigateur du cerveau prescrit pour pallier° certains troubles de la sénescence°? Les laboratoires de Rhône-Poulenc Santé, quant à eux, consacrent chaque année environ 35% d'un budget de 1,6 milliard de francs à la recherche-développement sur les maladies «dégénératives». Le marché, hélas! n'est pas près de se résorber.° En l'an 2000, on estime, en effet, que la proportion des déments° séniles parmi la classe d'âge des plus de 65 ans sera d'environ 20%. La prise en charge° d'un seul d'entre eux, évaluée sur trois ans, coûte 700 000 francs à la collectivité.

remédier à
vieillesse
diminuer, disparaître
mot ap.
prise... les soins

Le grand âge serait-il le nouvel eldorado° des affaires? Pendant que les promoteurs immobiliers d'Arcadie (pionnier du genre), des Hespérides et autres Symphoniales° continuent de vendre des résidences aux «jeunes-vieux», d'autres investissent sur le 4ᵉ âge. Avec des chambres facturées° au prix de journée: de moins de 300 francs chez Mapi à 500 francs dans les maisons Clairefontaine (groupe d'investissements médicaux Fim). Entre hôpital et hôtel. L'une des dernières venues sur ce marché, la chaîne Hotelia, n'est autre, d'ailleurs, qu'une émanation du groupe hôtelier Accor.

paradis
Arcadie... chaînes de logements pour gens âgés
payées

Hôtellerie, restauration. Le géant Accor s'intéresse de très près aux perspectives offertes par la livraison° de repas chez les personnes âgées. Il s'associe avec le Gan° pour répondre vingt-quatre heures sur vingt-quatre à l'appel des détenteurs° d'une nouvelle carte d'assistance. «SSS: santé, secours, services». Moyennant 350 francs par an, un standard° unique permet de joindre les pompiers,° l'infirmière ou le traiteur°; de se faire «télésurveiller» ou apporter le journal.

delivery
société d'assurance
possesseurs
switchboard
firemen / *caterer*

Le Gan réfléchit aussi à un système d'assurance post-retraite.° Or «qui dit assurance-vie dit emprunt garanti et crédit à la consommation», souligne le Dr Thabaut. Les «nouveaux vieux», en effet, ont plus de moyens qu'avant. «Arrivent les couples à double retraite, observe Laurent Dereux, responsable du marketing chez Findus.° Ils sont dotés,° de surcroît,° d'appétits de consommation moins frugaux que leurs prédécesseurs... » C'est la «cuisine légère» qu'ils préfèrent. Comme les juniors. Mais leur porte-monnaie, en revanche, a pris du poids:° le pouvoir d'achat de l'ensemble des retraités a augmenté de 1% par an, de 1979 à 1984, tandis que celui des actifs° diminuait d'autant. Aisance° très relative—20% des plus de 65 ans ne perçoivent° que le minimum vieillesse—et, surtout, éminemment précaire.

after retirement
compagnie de produits alimentaires / Ils... Ils ont
de... en plus
a... est plus gros
personnes qui travaillent / sécurité financière
reçoivent

«Les seniors du siècle prochain seront désargentés°!» prophétise le Dr Most, président du Comité scientifique international pour la lutte contre le vieillissement. «Mais ceux d'aujourd'hui ont «pouvoir, savoir et avoir», rappelle l'un de ses confrères, le gérontologue° Lambert. Ne possèdent-ils pas près de la moitié des biens patrimoniaux? Il est grand temps que les hommes politiques en tiennent compte... »

sans argent
mot ap. (médecin qui a pour spécialité les problèmes du vieillissement)

Activités

A. Regardez de près chaque section de l'article et préparez vos réponses aux questions suivantes:

1. Quelle proportion de la population a plus de 65 ans? Quelle évolution l'article prévoit-il?
2. Pourquoi les «vieux» s'intéressent-ils aux produits de beauté? Donnez des exemples.
3. Pourquoi dit-on que les vieux d'aujourd'hui ont «pouvoir, savoir et avoir»?

B. Le «papy-boom» montre qu'il y a aujourd'hui beaucoup plus de gens âgés dans la société française. Vous avez vu qu'il y a un vocabulaire particulier pour parler de ces personnes. Expliquez le sens de chaque mot ou expression qui suit.

1. les plus de 65 ans
2. le troisième âge
3. le quatrième âge
4. les actifs
5. les retraités
6. les grands vieillards
7. les jeunes vieux
8. les nouveaux vieux
9. le gérontologue

C. L'article dit que la lutte de la médecine contre les maladies est à la base de ce «papy-boom». Quelles sont les découvertes de la médecine qui nous permettent de vivre plus longtemps? Expliquez.

II. QU'EN DITES-VOUS?

A. Cet article présente le «papy-boom» d'un point de vue surtout économique. On décrit le «papy-boom» en fonction de la consommation, avec des expressions comme «un marché de», «pouvoir d'achat» et «appétit de consommation».

1. Expliquez ce que l'article dit du pouvoir d'achat des retraités en comparaison avec celui de la population active.
2. Est-ce que les retraités que vous connaissez peuvent se permettre de consommer comme l'article le dit? Donnez quelques exemples parmi vos connaissances.
3. S'il y a des seniors "argentés," il y a aussi des retraités sans ressources, dont la santé est souvent fragile. Quelle est la responsabilité du gouvernement vis à vis de ces retraités?

B. L'auteur de l'article pense que c'est à cause de la «survalorisation de la jeunesse» que les 14,3 millions de Français qui ont plus de 50 ans luttent férocement contre le vieillissement.

1. Trouvez-vous que la société américaine survalorise la jeunesse? Expliquez.
2. D'après l'article, quelles sont les activités favorites des «seniors»? Est-ce vrai aux Etats-Unis aussi? Sinon, que font ces gens?
3. Quelles sont les industries qui ont intérêt à survaloriser la jeunesse?

C. La «jeunesse» est un terme relatif. Comment le définissez-vous? Jusqu'à quel âge est-on jeune?

D. Les industries de service représentent un secteur de l'économie en pleine croissance (*growth*). Quels services pour les retraités mentionne-t-on dans l'article? Quels autres services pouvez-vous imaginer pour eux?

E. Quand vous étiez plus jeune, quelle opinion aviez-vous des «vieux»? Et maintenant?

F. Essayez de vous imaginer à l'âge de 60 ans. Quelle sorte de personne serez-vous? Où habiterez-vous? Que ferez-vous pour vos loisirs? Que penserez-vous de la survalorisation de la jeunesse?

G. Quelquefois nous gardons des souvenirs précieux d'une journée ou d'une activité spéciale avec un grand-père, une grand-mère ou un(e) ami(e) âgé(e). Parlez d'un tel souvenir.

H. Très souvent, les «seniors» doivent vendre leur maison devenue trop grande et trop difficile à entretenir, et choisir d'aller vivre ou dans un appartement privé ou dans une maison de retraite. Quels sont les avantages et les inconvénients de chaque sorte de logement?

ETAPE III

Décisions et destin

The reading in **Etape III** deals with the ageless question of what it means to be a human being. Jean Anouilh, a twentieth-century playwright, has two characters (Antigone and Créon) debate this topic.

Lecture

Jean Anouilh est l'un des dramaturges français les plus connus du vingtième siècle. Vous allez lire une scène d'*Antigone,* une tragédie représentée pour la première fois en 1944 à Paris, pendant l'occupation allemande.

L'intrigue suit étroitement celle du mythe classique, présenté dans l'*Antigone* de Sophocle. Polynice et Etéocle, frères d'Antigone, se disputent le trône de Thèbes et s'entretuent. Créon, l'oncle, a la tâche difficile de prendre le pouvoir au milieu de l'anarchie. Pour rétablir l'ordre, il ordonne que Polynice, le mauvais frère, soit laissé sans sépulture sur les murs de la ville—la punition suprême pour un Grec—et «quiconque osera lui rendre les devoirs funèbres sera impitoyablement puni de mort». Antigone a osé désobéir aux ordres de Créon, et a jeté de la terre sur le corps de son frère. Vous allez lire le dialogue entre Créon et Antigone après l'arrestation de celle-ci. Créon voudrait la sauver, d'autant plus qu'elle est la fiancée de son fils, Hémon. Mais sans la coopération d'Antigone, il va être forcé de la faire exécuter.

Jean Anouilh

Antigone et le garde

Antigone

JEAN ANOUILH

ANTIGONE

Vous êtes odieux!

CREON

Oui, mon petit. C'est le métier qui le veut. Ce qu'on peut discuter, c'est s'il faut le faire ou ne pas le faire. Mais si on le fait, il faut le faire comme cela.

ANTIGONE

Pourquoi le faites-vous?

CREON

Un matin, je me suis réveillé roi de Thèbes. Et Dieu sait si j'aimais autre chose dans la vie que d'être puissant...

ANTIGONE

Il fallait dire non, alors!

CREON

Je le pouvais. Seulement, je me suis senti tout d'un coup comme un ouvrier° qui refusait un ouvrage. Cela ne m'a pas paru honnête. J'ai dit oui.

ouvrier° travailleur

ANTIGONE

Eh bien, tant pis pour vous. Moi, je n'ai pas dit «oui»! Qu'est-ce que vous voulez que cela me fasse, à moi, votre politique, votre nécessité, vos pauvres histoires? Moi, je peux dire «non» encore à tout ce que je n'aime pas et je suis seul juge. Et vous, avec votre couronne, avec vos gardes, avec votre attirail,° vous pouvez seulement me faire mourir, parce que vous avez dit «oui».

attirail° *finery*

CREON

Ecoute-moi.

ANTIGONE

Si je veux, moi, je peux ne pas vous écouter. Vous avez dit «oui». Je n'ai plus rien à apprendre de vous. Pas vous. Vous êtes là à boire mes paroles. Et si vous n'appelez pas vos gardes, c'est pour m'écouter jusqu'au bout.

CREON

Tu m'amuses!

ANTIGONE

Non. Je vous fais peur. C'est pour cela que vous essayez de me sauver. Ce serait tout de même plus commode de garder une petite Antigone vivante et muette dans ce palais. Vous êtes trop sensible pour faire un bon tyran, voilà tout. Mais vous allez tout de même me faire mourir tout à l'heure, vous le savez, et c'est pour cela que vous avez peur. C'est laid un homme qui a peur.

CREON, sourdement.

Eh bien, oui, j'ai peur d'être obligé de te faire tuer si tu t'obstines. Et je ne le voudrais pas.

ANTIGONE

Moi, je ne suis pas obligée de faire ce que je ne voudrais pas! Vous n'auriez pas voulu non plus, peut-être, refuser une tombe à mon frère? Dites-le donc, que vous ne l'auriez pas voulu?

CREON

Je te l'ai dit.

ANTIGONE

Et vous l'avez fait tout de même. Et maintenant, vous allez me faire tuer sans le vouloir. Et c'est cela, être roi!

CREON

Oui, c'est cela!

ANTIGONE

Pauvre Créon! Avec mes ongles cassés et pleins de terre et les bleus que tes gardes m'ont faits aux bras, avec ma peur qui me tord° le ventre, moi je suis reine.

tord: twists

CREON

Alors, aie pitié de moi, vis. Le cadavre de ton frère qui pourrit° sous mes fenêtres, c'est assez payé pour que l'ordre règne dans Thèbes. Mon fils t'aime. Ne m'oblige pas à payer avec toi encore. J'ai assez payé.

pourrit: rots

ANTIGONE

Non. Vous avez dit «oui». Vous ne vous arrêterez jamais de payer maintenant!

CREON la secoue° soudain, hors de lui.

secoue: shakes

Mais, bon Dieu! Essaie de comprendre une minute, toi aussi, petite idiote! J'ai bien essayé de te comprendre, moi. Il faut pourtant qu'il y en ait qui disent oui. Il faut pourtant qu'il y en ait qui mènent la barque.° Cela prend l'eau de toutes parts, c'est plein de crimes, de bêtise, de misère... Et le gouvernail° est là qui ballotte.° L'équipage° ne veut plus rien faire, il ne pense qu'à piller la cale° et les officiers sont déjà en train de se construire un petit radeau° confortable, rien que pour eux, avec toute la provision d'eau douce pour tirer au moins leurs os de là. Et le mât°

barque: bateau; gouvernail: rudder / ballotte: is tossing / équipage: crew; cale: hold (cargo); radeau: raft; mât: mast craque, et le vent siffle, et les voiles vont se déchirer,° et toutes ces brutes vont crever° toutes ensemble, parce qu'elles ne pensent qu'à leur peau, à leur précieuse peau et à leurs petites affaires. Crois-tu, alors, qu'on a le temps de faire le raffiné, de savoir s'il faut dire «oui» ou «non», de se demander s'il ne faudra pas payer trop cher un jour et si on pourra encore être un homme après? On prend le bout de bois, on redresse° devant la montagne d'eau, on gueule° un ordre et on tire dans le tas, sur le premier qui s'avance. Dans le tas! Cela n'a pas de nom. C'est comme la vague° qui vient de s'abattre° sur le pont devant vous; le vent qui vous gifle,° et la chose qui tombe dans le groupe n'a pas de nom. C'était peut-être celui qui t'avait donné du feu en souriant la veille.° Il n'a plus de nom. Et toi non plus, tu n'as plus de nom, cramponné à° la barre.° Il n'y a plus que le bateau qui ait un nom et la tempête. Est-ce que tu le comprends, cela?

to rip / mourir / remet droit / crie / *wave* / tomber / donne un coup, frappe / le jour avant / tenant / *helm*

ANTIGONE secoue la tête.

Je ne veux pas comprendre. C'est bon pour vous. Moi je suis là pour autre chose que pour comprendre. Je suis là pour vous dire non et pour mourir.

CREON

C'est facile de dire non!

ANTIGONE

Pas toujours.

CREON

Pour dire oui, il faut suer° et retrousser° ses manches, empoigner° la vie à pleines mains et s'en mettre jusqu'aux coudes. C'est facile de dire non, même si on doit mourir. Il n'y a qu'à ne pas bouger et attendre. Attendre pour vivre, attendre même pour qu'on vous tue. C'est trop lâche.° C'est une invention des hommes. Tu imagines un monde où les arbres aussi auraient dit non contre la sève,° où les bêtes auraient dit non contre l'instinct de la chasse ou de l'amour? Les bêtes, elles au moins, sont bonnes et simples et dures. Elles vont, se poussant les unes après les autres, courageusement, sur le même chemin. Et si elles tombent, les autres passent et il peut s'en perdre autant que l'on veut, il en restera toujours une de chaque espèce prête à refaire des petits et à reprendre le même chemin avec le même courage, toute pareille à celles qui sont passées avant.

perspire / *roll up* / prendre / sans courage / *sap*

ANTIGONE

Quel rêve, hein, pour un roi, des bêtes! Ce serait si simple.

Un silence, Créon la regarde.

CREON

Tu me méprises,° n'est-ce pas? (*Elle ne répond pas, il continue comme pour lui.*) C'est drôle. Je l'ai souvent imaginé, ce dialogue avec un petit jeune homme pâle qui aurait essayé de me tuer et dont je ne

scorn, despise

pourrais rien tirer après que du mépris. Mais je ne pensais pas que ce serait avec toi et pour quelque chose d'aussi bête... (*Il a pris sa tête dans ses mains. On sent qu'il est à bout de forces.*).

Activités

I. QU'EN DITES-VOUS?

A. Avec lesquelles des opinions qui suivent êtes-vous d'accord? Pourquoi ou pourquoi pas?

1. L'œuvre d'Anouilh est une révolte contre ce qui diminue ou attaque la pureté des êtres.
2. *Antigone* montre la tyrannie du pouvoir gouvernemental.
3. Antigone est comme une très jeune fille: égoïste et obstinée.

B. Est-ce plus difficile de dire oui ou de dire non à la vie selon Antigone? selon Créon? selon vous?

C. Dans quel sens la vie est-elle comme un bateau au milieu d'une tempête? Expliquez la métaphore de Créon. Quelle est la réaction de la plupart des gens (l'équipage et les officiers) au milieu d'une crise, selon Créon? Etes-vous d'accord avec lui? La solution de Créon est-elle la seule pour sauver le bateau? Que feriez-vous?

D. Antigone reste fidèle à son idéal de pureté. D'après vous, est-il possible de rester pur dans la vie, ou faut-il compromettre ses valeurs pour la société? Donnez votre opinion, avec un ou deux exemples personnels.

E. Le monde dans lequel Créon fonctionne, et qu'Antigone rejette, est un monde plein de compromis. Trouvez-vous que ce soit une vision pessimiste du monde? réaliste? Commentez.

F. Qui est le héros (l'héroïne) dans cette scène: Antigone ou Créon? Justifiez vos idées.

G. Cette pièce est quelquefois considérée comme une métaphore pour l'occupation allemande de la France. En acceptant cette interprétation comme une possibilité, parlez du symbolisme du refus d'Antigone d'obéir à l'autorité de Créon. (Par exemple, elle représenterait quel groupe de Français sous l'occupation: les collaborateurs? les résistants?)

H. La question de la désobéissance civile nous trouble toujours. Dans quelles situations est-il nécessaire de désobéir à une loi? pour quelles raisons?

I. Quand il faut choisir entre les choses que vous voudriez faire et les choses que vous êtes obligé(e) de faire, que faites-vous? Donnez des exemples.

II. JEU DE ROLES

L'administration de votre université vient d'annoncer un règlement que vous trouvez injuste. (Décidez ensemble de quel règlement il pourrait s'agir.) Certains étudiants veulent occuper le bureau du président de l'université en guise de protestation. Vous discutez de la situation avec votre camarade de chambre. L'un(e) compte participer à la manifestation, l'autre pense que ce n'est pas une bonne idée. Quelle position sera la plus convaincante?

Appendix 1
Verb Conjugations

NOTE: Examples of English equivalents are given for the regular verb forms in this appendix. They can be misleading if taken out of context. Remember, for example, that the English auxiliary verb *would* can be expressed by the French **imparfait** or the **conditionnel.** Consult the relevant grammar sections.

The left-hand column of each chart contains the infinitive, participles, and (in parentheses) the auxiliary verb necessary to form the perfect tenses. Complete conjugations (including compound tenses) are modeled for regular verbs, verbs conjugated with **être,** and pronominal verbs (Sections I, II, III, and IV). Irregular verb conjugations (Section V) do not include compound tenses, since these can be generated from the models given in the previous sections and the past participle listed with each irregular verb.

I. Verbes réguliers: temps simples

Infinitif et participes	Indicatif			Conditionnel
	PRÉSENT	IMPARFAIT	FUTUR SIMPLE	PRÉSENT
1er Groupe **parler** (*to speak*) parlé *spoken* parlant *speaking* ayant parlé *having spoken* (avoir)	je parle tu parles il parle nous parlons vous parlez ils parlent *(I speak / do speak / am speaking / have been speaking; you speak; etc.)*	je parlais tu parlais il parlait nous parlions vous parliez ils parlaient *(I spoke / was speaking / used to speak / would speak / had been speaking; you spoke; etc.)*	je parlerai tu parleras il parlera nous parlerons vous parlerez ils parleront *(I will / shall speak; you will / shall speak; etc.)*	je parlerais tu parlerais il parlerait nous parlerions vous parleriez ils parleraient *(I would speak; you would speak; etc.)*

Impératif	Subjonctif	Passé simple
	PRÉSENT	
parle *speak* parlons *let's speak* parlez *speak*	que je parle que tu parles qu' il parle que nous parlions que vous parliez qu' ils parlent *([that] I speak / do speak / will speak / would speak / [for] me to speak; [that] you speak; etc.)*	je parlai tu parlas il parla nous parlâmes vous parlâtes ils parlèrent *(I spoke / have spoken / did speak; you spoke; etc.)*

Infinitif et participes	Indicatif			Conditionnel	Impératif	Subjonctif	Passé simple
	PRÉSENT	IMPARFAIT	FUTUR SIMPLE	PRÉSENT		PRÉSENT	
2e groupe **finir** (*to finish*) fini finissant ayant fini (avoir)	je finis tu finis il finit nous finissons vous finissez ils finissent	je finissais tu finissais il finissait nous finissions vous finissiez ils finissaient	je finirai tu finiras il finira nous finirons vous finirez ils finiront	je finirais tu finirais il finirait nous finirions vous finiriez ils finiraient	finis finissons finissez	que je finisse que tu finisses qu' il finisse que nous finissions que vous finissiez qu' ils finissent	je finis tu finis il finit nous finîmes vous finîtes ils finirent
3[e] groupe **rendre** (*to return, give back*) rendu rendant ayant rendu (avoir)	je rends tu rends il rend nous rendons vous rendez ils rendent	je rendais tu rendais il rendait nous rendions vous rendiez ils rendaient	je rendrai tu rendras il rendra nous rendrons vous rendrez ils rendront	je rendrais tu rendrais il rendrait nous rendrions vous rendriez ils rendraient	rends rendons rendez	que je rende que tu rendes qu' il rende que nous rendions que vous rendiez qu' ils rendent	je rendis tu rendis il rendit nous rendîmes vous rendîtes ils rendirent

II. Verbes conjugués avec *avoir* aux temps composés

Indicatif		
PASSÉ COMPOSÉ	PLUS-QUE-PARFAIT	FUTUR ANTÉRIEUR
j'ai / tu as / il a / nous avons / vous avez / ils ont } parlé, fini, rendu	j' avais / tu avais / il avait / nous avions / vous aviez / ils avaient } parlé, fini, rendu	j' aurai / tu auras / il aura / nous aurons / vous aurez / ils auront } parlé, fini, rendu
(I spoke / did speak / have spoken; you spoke; etc.)	*(I had spoken; you had spoken; etc.)*	*(I shall/will have spoken; you shall/will have spoken; etc.)*

Conditionnel	Subjonctif
PASSÉ	PASSÉ
j' aurais / tu aurais / il aurait / nous aurions / vous auriez / ils auraient } parlé, fini, rendu	que j' aie / que tu aies / qu' il ait / que nous ayons / que vous ayez / qu' ils aient } parlé, fini, rendu
(I would have spoken; you would have spoken; etc.)	*([that] I spoke / did speak / have spoken; [that] you spoke; etc.)*

III. Verbes conjugués avec *être* aux temps composés

Indicatif			Conditionnel	Subjonctif
PASSÉ COMPOSÉ	PLUS-QUE-PARFAIT	FUTUR ANTÉRIEUR	PASSÉ	PASSÉ
suis entré(e)	étais entré(e)	serai entré(e)	serais entré(e)	sois entré(e)
es entré(e)	étais entré(e)	seras entré(e)	serais entré(e)	sois entré(e)
est entré(e)	était entré(e)	sera entré(e)	serait entré(e)	soit entré(e)
sommes entré(e)s	étions entré(e)s	serons entré(e)s	serions entré(e)s	soyons entré(e)s
êtes entré(e)(s)	étiez entré(e)(s)	serez entré(e)(s)	seriez entré(e)(s)	soyez entré(e)(s)
sont entré(e)s	étaient entré(e)s	seront entré(e)s	seraient entré(e)s	soient entré(e)s

IV. Verbes pronominaux aux temps simples et aux temps composés

Infinitif et participes	Indicatif			Conditionnel	Impératif	Subjonctif
	PRÉSENT	IMPARFAIT	FUTUR SIMPLE	PRÉSENT		PRÉSENT
se laver	me lave	me lavais	me laverai	me laverais		me lave
(*to wash oneself*)	te laves	te lavais	te laveras	te laverais	lave-toi	te laves
	se lave	se lavait	se lavera	se laverait		se lave
se lavant	nous lavons	nous lavions	nous laverons	nous laverions	lavons-nous	nous lavions
s'étant lavé(e)(s)	vous lavez	vous laviez	vous laverez	vous laveriez	lavez-vous	vous laviez
lavé	se lavent	se lavaient	se laveront	se laveraient		se lavent
(être)						
	PASSÉ COMPOSÉ	PLUS-QUE-PARFAIT	FUTUR ANTÉRIEUR	PASSÉ		PASSÉ
	me suis lavé(e)	m'étais lavé(e)	me serai lavé(e)	me serais lavé(e)		me sois lavé(e)
	t'es lavé(e)	t'étais lavé(e)	te seras lavé(e)	te serais lavé(e)		te sois lavé(e)
	s'est lavé(e)	s'était lavé(e)	se sera lavé(e)	se serait lavé(e)		se soit lavé(e)
	nous sommes lavé(e)s	nous étions lavé(e)s	nous serons lavé(e)s	nous serions lavé(e)s		nous soyons lavé(e)s
	vous êtes lavé(e)(s)	vous étiez lavé(e)(s)	vous serez lavé(e)(s)	vous seriez lavé(e)(s)		vous soyez lavé(e)(s)
	se sont lavé(e)s	s'étaient lavé(e)s	se seront lavé(e)s	se seraient lavé(e)s		se soient lavé(e)s

Passé simple
me lavai
te lavas
se lava
nous lavâmes
vous lavâtes
se lavèrent

V. Verbes irréguliers

accueillir	conduire	cueillir	être	mettre	pleuvoir	rire	valoir
aller	connaître	devoir	faire	mourir	pouvoir	savoir	venir
s'asseoir	conquérir	dire	falloir	ouvrir	prendre	suivre	vivre
avoir	courir	dormir	fuir	partir	recevoir	tenir	voir
battre	craindre	écrire	lire	plaire	résoudre	vaincre	vouloir
boire	croire	envoyer					

Infinitif et participes	Indicatif			Conditionnel	Impératif	Subjonctif	Passé simple
	PRÉSENT	IMPARFAIT	FUTUR SIMPLE	PRÉSENT		PRÉSENT	
accueillir	accueille	accueillais	accueillerai	accueillerais		accueille	accueillis
(*to welcome*)	accueilles	accueillais	accueilleras	accueillerais	accueille	accueilles	accueillis
accueilli	accueille	accueillait	accueillera	accueillerait		accueille	accueillit
	accueillons	accueillions	accueillerons	accueillerions	accueillons	accueillions	accueillîmes
accueillant	accueillez	accueilliez	accueillerez	accueilleriez	accueillez	accueilliez	accueillîtes
(avoir)	accueillent	accueillaient	accueilleront	accueilleraient		accueillent	accueillirent
aller	vais	allais	irai	irais		aille	allai
(*to go*)	vas	allais	iras	irais	va	ailles	allas
	va	allait	ira	irait		aille	alla
allé	allons	allions	irons	irions	allons	allions	allâmes
allant	allez	alliez	irez	iriez	allez	alliez	allâtes
(être)	vont	allaient	iront	iraient		aillent	allèrent
s'asseoir*	m'assieds	m'asseyais	m'assiérai	m'assiérais		m'asseye	m'assis
(*to sit down*)	t'assieds	t'asseyais	t'assiéras	t'assiérais	assieds-toi	t'asseyes	t'assis
	s'assied	s'asseyait	s'assiéra	s'assiérait		s'asseye	s'assit
assis	nous asseyons	nous asseyions	nous assiérons	nous assiérions	asseyons-nous	nous asseyions	nous assîmes
asseyant	vous asseyez	vous asseyiez	vous assiérez	vous assiériez	asseyez-vous	vous asseyiez	vous assîtes
(être)	s'asseyent	s'asseyaient	s'assiéront	s'assiéraient		s'asseyent	s'assirent
avoir	ai	avais	aurai	aurais		aie	eus
(*to have*)	as	avais	auras	aurais	aie	aies	eus
	a	avait	aura	aurait		ait	eut
eu	avons	avions	aurons	aurions	ayons	ayons	eûmes
ayant	avez	aviez	aurez	auriez	ayez	ayez	eûtes
(avoir)	ont	avaient	auront	auraient		aient	eurent
battre	bats	battais	battrai	battrais		batte	battis
(*to beat*)	bats	battais	battras	battrais	bats	battes	battis
	bat	battait	battra	battrait		batte	battit
battu	battons	battions	battrons	battrions	battons	battions	battîmes
battant	battez	battiez	battrez	battriez	battez	battiez	battîtes
(avoir)	battent	battaient	battront	battraient		battent	battirent
boire	bois	buvais	boirai	boirais		boive	bus
(*to drink*)	bois	buvais	boiras	boirais	bois	boives	bus
	boit	buvait	boira	boirait		boive	but
bu	buvons	buvions	boirons	boirions	buvons	buvions	bûmes
buvant	buvez	buviez	boirez	boiriez	buvez	buviez	bûtes
(avoir)	boivent	buvaient	boiront	boiraient		boivent	burent

* *Alternate conjugation of* ***s'asseoir*** *in the present tense:* assois, assois, assoit, assoyons, assoyez, assoient.

Infinitif et participes	Indicatif			Conditionnel	Impératif	Subjonctif	Passé simple
	PRÉSENT	IMPARFAIT	FUTUR SIMPLE	PRÉSENT		PRÉSENT	
conduire	conduis	conduisais	conduirai	conduirais		conduise	conduisis
(*to lead*)	conduis	conduisais	conduiras	conduirais	conduis	conduises	conduisis
	conduit	conduisait	conduira	conduirait		conduise	conduisit
conduit	conduisons	conduisions	conduirons	conduirions	conduisons	conduisions	conduisîmes
conduisant	conduisez	conduisiez	conduirez	conduiriez	conduisez	conduisiez	conduisîtes
(avoir)	conduisent	conduisaient	conduiront	conduiraient		conduisent	conduisirent
connaître	connais	connaissais	connaîtrai	connaîtrais		connaisse	connus
(*to be*	connais	connaissais	connaîtras	connaîtrais	connais	connaisses	connus
acquainted	connaît	connaissait	connaîtra	connaîtrait		connaisse	connut
connu	connaissons	connaissions	connaîtrons	connaîtrions	connaissons	connaissions	connûmes
connaissant	connaissez	connaissiez	connaîtrez	connaîtriez	connaissez	connaissiez	connûtes
(avoir)	connaissent	connaissaient	connaîtront	connaîtraient		connaissent	connurent
conquérir	conquiers	conquérais	conquerrai	conquerrais		conquière	conquis
(*to conquer*)	conquiers	conquérais	conquerras	conquerrais	conquiers	conquières	conquis
	conquiert	conquérait	conquerra	conquerrait		conquière	conquit
conquis	conquérons	conquérions	conquerrons	conquerrions	conquérons	conquérions	conquîmes
conquérant	conquérez	conquériez	conquerrez	conquerriez	conquérez	conquériez	conquîtes
(avoir)	conquièrent	conquéraient	conquerront	conquerraient		conquièrent	conquirent
courir	cours	courais	courrai	courrais		coure	courus
(*to run*)	cours	courais	courras	courrais	cours	coures	courus
	court	courait	courra	courrait		coure	courut
couru	courons	courions	courrons	courrions	courons	courions	courûmes
courant	courez	couriez	courrez	courriez	courez	couriez	courûtes
(avoir)	courent	couraient	courront	courraient		courent	coururent
craindre	crains	craignais	craindrai	craindrais		craigne	craignis
(*to fear*)	crains	craignais	craindras	craindrais	crains	craignes	craignis
	craint	craignait	craindra	craindrait		craigne	craignit
craint	craignons	craignions	craindrons	craindrions	craignons	craignions	craignîmes
craignant	craignez	craigniez	craindrez	craindriez	craignez	craigniez	craignîtes
(avoir)	craignent	craignaient	craindront	craindraient		craignent	craignirent
croire	crois	croyais	croirai	croirais		croie	crus
(*to believe*)	crois	croyais	croiras	croirais	crois	croies	crus
	croit	croyait	croira	croirait		croie	crut
cru	croyons	croyions	croirons	croirions	croyons	croyions	crûmes
croyant	croyez	croyiez	croirez	croriez	croyez	croyiez	crûtes
(avoir)	croient	croyaient	croiront	croiraient		croient	crurent
cueillir	cueille	cueillais	cueillerai	cueillerais		cueille	cueillis
(*to pick*)	cueilles	cueillais	cueilleras	cueillerais	cueille	cueilles	cueillis
	cueille	cueillait	cueillera	cueillerait		cueille	cueillit
cueilli	cueillons	cueillions	cueillerons	cueillerions	cueillons	cueillions	cueillîmes
cueillant	cueillez	cueilliez	cueillerez	cueilleriez	cueillez	cueilliez	cueillîtes
(avoir)	cueillent	cueillaient	cueilleront	cueilleraient		cueillent	cueillirent

devoir	dois	devais	devrai	devrais		doive	dus
(*to have to,*	dois	devais	devras	devrais	dois	doives	dus
to owe)	doit	devait	devra	devrait		doive	dut
dû	devons	devions	devrons	devrions	devons	devions	dûmes
devant	devez	deviez	devrez	devriez	devez	deviez	dûtes
(avoir)	doivent	devaient	devront	devraient		doivent	durent
dire	dis	disais	dirai	dirais		dise	dis
(*to say, tell*)	dis	disais	diras	dirais	dis	dises	dis
	dit	disait	dira	dirait		dise	dit
dit	disons	disions	dirons	dirions	disons	disions	dîmes
disant	dites	disiez	direz	diriez	dites	disiez	dîtes
(avoir)	disent	disaient	diront	diraient		disent	dirent
dormir	dors	dormais	dormirai	dormirais		dorme	dormis
(*to sleep*)	dors	dormais	dormiras	dormirais	dors	dormes	dormis
	dort	dormait	dormira	dormirait		dorme	dormit
dormi	dormons	dormions	dormirons	dormirions	dormons	dormions	dormîmes
dormant	dormez	dormiez	dormirez	dormiriez	dormez	dormiez	dormîtes
(avoir)	dorment	dormaient	dormiront	dormiraient		dorment	dormirent
écrire	écris	écrivais	écrirai	écrirais		écrive	écrivis
(*to write*)	écris	écrivais	écriras	écrirais	écris	écrives	écrivis
	écrit	écrivait	écrira	écrirait		écrive	écrivit
écrit	écrivons	écrivions	écrirons	écririons	écrivons	écrivions	écrivîmes
écrivant	écrivez	écriviez	écrirez	écririez	écrivez	écriviez	écrivîtes
(avoir)	écrivent	écrivaient	écriront	écriraient		écrivent	écrivirent
envoyer	envoie	envoyais	enverrai	enverrais		envoie	envoyai
(*to send*)	envoies	envoyais	enverras	enverrais	envoie	envoies	envoyas
	envoie	envoyait	enverra	enverrait		envoie	envoya
envoyé	envoyons	envoyions	enverrons	enverrions	envoyons	envoyions	envoyâmes
envoyant	envoyez	envoyiez	enverrez	enverriez	envoyez	envoyiez	envoyâtes
(avoir)	envoient	envoyaient	enverront	enverraient		envoient	envoyèrent
être	suis	étais	serai	serais		sois	fus
(*to be*)	es	étais	seras	serais	sois	sois	fus
	est	était	sera	serait		soit	fut
été	sommes	étions	serons	serions	soyons	soyons	fûmes
étant	êtes	étiez	serez	seriez	soyez	soyez	fûtes
(avoir)	sont	étaient	seront	seraient		soient	furent
faire	fais	faisais	ferai	ferais		fasse	fis
(*to do, make*)	fais	faisais	feras	ferais	fais	fasses	fis
	fait	faisait	fera	ferait		fasse	fit
fait	faisons	faisions	ferons	ferions	faisons	fassions	fîmes
faisant	faites	faisiez	ferez	feriez	faites	fassiez	fîtes
(avoir)	font	faisaient	feront	feraient		fassent	firent
falloir	il faut	il fallait	il faudra	il faudrait		il faille	il fallut
(*to be*							
necessary)							
fallu							
(avoir)							

Infinitif et participes	Indicatif			Conditionnel	Impératif	Subjonctif	Passé simple
	PRÉSENT	IMPARFAIT	FUTUR SIMPLE	PRÉSENT		PRÉSENT	
fuir	fuis	fuyais	fuirai	fuirais		fuie	fuis
(*to flee*)	fuis	fuyais	fuiras	fuirais	fuis	fuies	fuis
	fuit	fuyait	fuira	fuirait		fuie	fuit
fui	fuyons	fuyions	fuirons	fuirions	fuyons	fuyions	fuîmes
fuyant	fuyez	fuyiez	fuirez	fuiriez	fuyez	fuyiez	fuîtes
(avoir)	fuient	fuyaient	fuiront	fuiraient		fuient	fuirent
lire	lis	lisais	lirai	lirais		lise	lus
(*to read*)	lis	lisais	liras	lirais	lis	lises	lus
	lit	lisait	lira	lirait		lise	lut
lu	lisons	lisions	lirons	lirions	lisons	lisions	lûmes
lisant	lisez	lisiez	lirez	liriez	lisez	lisiez	lûtes
(avoir)	lisent	lisaient	liront	liraient		lisent	lurent
mettre	mets	mettais	mettrai	mettrais		mette	mis
(*to put*)	mets	mettais	mettras	mettrais	mets	mettes	mis
	met	mettait	mettra	mettrait		mette	mit
mis	mettons	mettions	mettrons	mettrions	mettons	mettions	mîmes
mettant	mettez	mettiez	mettrez	mettriez	mettez	mettiez	mîtes
(avoir)	mettent	mettaient	mettront	mettraient		mettent	mirent
mourir	meurs	mourais	mourrai	mourrais		meure	mourus
(*to die*)	meurs	mourais	mourras	mourrais	meurs	meures	mourus
	meurt	mourait	mourra	mourrait		meure	mourut
mort	mourons	mourions	mourrons	mourrions	mourons	mourions	mourûmes
mourant	mourez	mouriez	mourrez	mourriez	mourez	mouriez	mourûtes
(être)	meurent	mouraient	mourront	mourraient		meurent	moururent
ouvrir	ouvre	ouvrais	ouvrirai	ouvrirais		ouvre	ouvris
(*to open*)	ouvres	ouvrais	ouvriras	ouvrirais	ouvre	ouvres	ouvris
	ouvre	ouvrait	ouvrira	ouvrirait		ouvre	ouvrit
ouvert	ouvrons	ouvrions	ouvrirons	ouvririons	ouvrons	ouvrions	ouvrîmes
ouvrant	ouvrez	ouvriez	ouvrirez	ouvririez	ouvrez	ouvriez	ouvrîtes
(avoir)	ouvrent	ouvraient	ouvriront	ouvriraient		ouvrent	ouvrirent
partir	pars	partais	partirai	partirais		parte	partis
(*to leave*)	pars	partais	partiras	partirais	pars	partes	partis
	part	partait	partira	partirait		parte	partit
parti	partons	partions	partirons	partirions	partons	partions	partîmes
partant	partez	partiez	partirez	partiriez	partez	partiez	partîtes
(être)	partent	partaient	partiront	partiraient		partent	partirent
plaire	plais	plaisais	plairai	plairais		plaise	plus
(*to please*)	plais	plaisais	plairas	plairais	plais	plaises	plus
	plaît	plaisait	plaira	plairait		plaise	plut
plu	plaisons	plaisions	plairons	plairions	plaisons	plaisions	plûmes
plaisant	plaisez	plaisiez	plairez	plairiez	plaisez	plaisiez	plûtes
(avoir)	plaisent	plaisaient	plairont	plairaient		plaisent	plurent

pleuvoir (*to rain*) plu pleuvant (avoir)	il pleut	il pleuvait	il pleuvra	il pleuvrait		il pleuve	il plut
pouvoir (*to be able*) pu pouvant (avoir)	peux, puis peux peut pouvons pouvez peuvent	pouvais pouvais pouvait pouvions pouviez pouvaient	pourrai pourras pourra pourrons pourrez pourront	pourrais pourrais pourrait pourrions pourriez pourraient		puisse puisses puisse puissions puissiez puissent	pus pus put pûmes pûtes purent
prendre (*to take*) pris prenant (avoir)	prends prends prend prenons prenez prennent	prenais prenais prenait prenions preniez prenaient	prendrai prendras prendra prendrons prendrez prendront	prendrais prendrais prendrait prendrions prendriez prendraient	prends prenons prenez	prenne prennes prenne prenions preniez prennent	pris pris prit prîmes prîtes prirent
recevoir (*to receive*) reçu recevant (avoir)	reçois reçois reçoit recevons recevez reçoivent	recevais recevais recevait recevions receviez recevaient	recevrai recevras recevra recevrons recevrez recevront	recevrais recevrais recevrait recevrions recevriez recevraient	reçois recevons recevez	reçoive reçoives reçoive recevions receviez reçoivent	reçus reçus reçut reçûmes reçûtes reçurent
résoudre (*to resolve,* *to solve*) résolu résolvant (avoir)	résous résous résout résolvons résolvez résolvent	résolvais résolvais résolvait résolvions résolviez résolvaient	résoudrai résoudras résoudra résoudrons résoudrez résoudront	résoudrais résoudrais résoudrait résoudrions résoudriez résoudraient	résous résolvons résolvez	résolve résolves résolve résolvions résolviez résolvent	résolus résolus résolut résolûmes résolûtes résolurent
rire (*to laugh*) ri riant (avoir)	ris ris rit rions riez rient	riais riais riait riions riiez riaient	rirai riras rira rirons rirez riront	rirais rirais rirait ririons ririez riraient	ris rions riez	rie ries rie riions riiez rient	ris ris rit rîmes rîtes rirent
savoir (*to know*) su sachant (avoir)	sais sais sait savons savez savent	savais savais savait savions saviez savaient	saurai sauras saura saurons saurez sauront	saurais saurais saurait saurions sauriez sauraient	sache sachons sachez	sache saches sache sachions sachiez sachent	sus sus sut sûmes sûtes surent
suivre (*to follow*) suivi suivant (avoir)	suis suis suit suivons suivez suivent	suivais suivais suivait suivions suiviez suivaient	suivrai suivras suivra suivrons suivrez suivront	suivrais suivrais suivrait suivrions suivriez suivraient	suis suivons suivez	suive suives suive suivions suiviez suivent	suivis suivis suivit suivîmes suivîtes suivirent

Infinitif et participes	Indicatif			Conditionnel	Impératif	Subjonctif	Passé simple
	PRÉSENT	IMPARFAIT	FUTUR SIMPLE	PRÉSENT		PRÉSENT	
tenir	tiens	tenais	tiendrai	tiendrais		tienne	tins
(*to hold,*	tiens	tenais	tiendras	tiendrais	tiens	tiennes	tins
keep)	tient	tenait	tiendra	tiendrait		tienne	tint
	tenons	tenions	tiendrons	tiendrions	tenons	tenions	tînmes
tenu	tenez	teniez	tiendrez	tiendriez	tenez	teniez	tîntes
tenant	tiennent	tenaient	tiendront	tiendraient		tiennent	tinrent
(avoir)							
vaincre	vaincs	vainquais	vaincrai	vaincrais		vainque	vainquis
(*to beat*)	vaincs	vainquais	vaincras	vaincrais	vaincs	vainques	vainquis
	vainc	vainquait	vaincra	vaincrait		vainque	vainquit
vaincu	vainquons	vainquions	vaincrons	vaincrions	vainquons	vainquions	vainquîmes
vainquant	vainquez	vainquiez	vaincrez	vaincriez	vainquez	vainquiez	vainquîtes
(avoir)	vainquent	vainquaient	vaincront	vaincraient		vainquent	vainquirent
valoir	vaux	valais	vaudrai	vaudrais		vaille	valus
(*to be worth*)	vaux	valais	vaudras	vaudrais	vaux	vailles	valus
	vaut	valait	vaudra	vaudrait		vaille	valut
valu	valons	valions	vaudrons	vaudrions	valons	valions	valûmes
valant	valez	valiez	vaudrez	vaudriez	valez	valiez	valûtes
(avoir)	valent	valaient	vaudront	vaudraient		vaillent	valurent
venir	viens	venais	viendrai	viendrais		vienne	vins
(*to come*)	viens	venais	viendras	viendrais	viens	viennes	vins
	vient	venait	viendra	viendrait		vienne	vint
venu	venons	venions	viendrons	viendrions	venons	venions	vînmes
venant	venez	veniez	viendrez	viendriez	venez	veniez	vîntes
(être)	viennent	venaient	viendront	viendraient		viennent	vinrent
vivre	vis	vivais	vivrai	vivrais		vive	vécus
(*to live*)	vis	vivais	vivras	vivrais	vis	vives	vécus
	vit	vivait	vivra	vivrait		vive	vécut
vécu	vivons	vivions	vivrons	vivrions	vivons	vivions	vécûmes
vivant	vivez	viviez	vivrez	vivriez	vivez	viviez	vécûtes
(avoir)	vivent	vivaient	vivront	vivraient		vivent	vécurent
voir	vois	voyais	verrai	verrais		voie	vis
(*to see*)	vois	voyais	verras	verrais	vois	voies	vis
	voit	voyait	verra	verrait		voie	vit
vu	voyons	voyions	verrons	verrions	voyons	voyions	vîmes
voyant	voyez	voyiez	verrez	verriez	voyez	voyiez	vîtes
(avoir)	voient	voyaient	verront	verraient		voient	virent
vouloir	veux	voulais	voudrai	voudrais		veuille	voulus
(*to wish,*	veux	voulais	voudras	voudrais		veuilles	voulus
want)	veut	voulait	voudra	voudrait		veuille	voulut
voulu	voulons	voulions	voudrons	voudrions		voulions	voulûmes
voulant	voulez	vouliez	voudrez	voudriez	veuillez	vouliez	voulûtes
(avoir)	veulent	voulaient	voudront	voudraient		veuillent	voulurent

Appendix 2

Forms of the *passé simple*

The **passé simple** is used to refer to a completed action in the past. It is frequently used in literary works and journalistic prose instead of the **passé composé.** You do not need to use the **passé simple,** but you should learn to recognize it. Many of the forms are presented here. Pay particular attention to the highly irregular forms in Section C.

A. Regular Verbs

	-er	**-ir**	**-re**
	parler	*finir*	*attendre*
je	parl**ai**	fin**is**	attend**is**
tu	parl**as**	fin**is**	attend**is**
il/elle/on	parl**a**	fin**it**	attend**it**
nous	parl**âmes**	fin**îmes**	attend**îmes**
vous	parl**âtes**	fin**îtes**	attend**îtes**
ils/elles	parl**èrent**	fin**irent**	attend**irent**

B. Irregular Verbs That Follow a Pattern

Most irregular verbs follow a regular pattern in the **passé simple.** The past participle is used as the stem, and the following endings are added: **-s, -s, -t, -^mes, -^tes, -rent.**

INFINITIVE	PAST PARTICIPLE	PASSÉ SIMPLE
avoir	eu	j'eus
croire	cru	tu crus
lire	lu	il lut
prendre	pris	nous prîmes
sortir	sorti	vous sortîtes
vouloir	voulu	ils voulurent

C. Other Irregular Verbs

A few irregular verbs are irregular in the **passé simple,** too. The endings are the same, but the stem is *not* found in their past participles. The third person singular forms of the more common of these verbs are listed below.

INFINITIVE	PASSÉ SIMPLE	INFINITIVE	PASSÉ SIMPLE
(se) battre	(se) battit	naître	naquit
conduire	conduisit	ouvrir	ouvrit
écrire	écrivit	tenir	tint
être	fut	venir	vint
faire	fit	vivre	vécut
mourir	mourut	voir	vit

Vocabulaire

français-anglais

This vocabulary contains French words and expressions used in this book, with their contextual meanings. The gender of nouns is indicated by **le** or **la**; the abbreviation *m.* or *f.* is provided when the gender is not otherwise clear. Both masculine and feminine forms of adjectives are shown.

Conjugated verb forms, present participles, and regular past participles are not included. Most exact cognates, including feminine nouns ending in **-ion** and masculine nouns used with the same meaning in English (**le caviar**, **le sweat-shirt**) do not appear here.

A.	archaic	*inf.*	infinitive	*pl.*	plural
ab.	abbreviation	*interj.*	interjection	*p.p.*	past participle
adj.	adjective	*intr.*	intransitive	*pref.*	prefix
adv.	adverb	*inv.*	invariant	*prep.*	preposition
conj.	conjunction	*irreg.*	irregular	*pron.*	pronoun
f.	feminine	*m.*	masculine	*s.*	singular
fam.	familiar	*n.*	noun	*trans.*	transitive
Gram.	grammar term	*pej.*	pejorative	*	aspirated *h*

A

l'abandon *m.* forsaking, abandonment
abandonné(e) *adj.* abandoned, deserted
abandonner to give up; to abandon; to desert
abîmer to ruin; **s'abîmer** to get ruined, wrecked
abord: d'abord *adv.* first, at first
l'abricot *m.* apricot
l'absence *f.* absence; lack
absolu(e) *adj.* absolute
absolument *adv.* absolutely
absorbant(e) *adj.* absorbing; consuming
l'abus *m.* abuse; misuse
abuser de to misuse, abuse
académique *adj.* academic
accablé(e) *adj.* overwhelmed, overcome; tired out
accabler to overwhelm, besiege
accéder (j'accède) to accede; to gain access
l'accélérateur *m.* accelerator
accélérer (j'accélère) to accelerate
l'accent *m.* accent; **prendre l'accent** to take on, assume the accent
accepté(e) *adj.* accepted
accepter to accept
l'accès *m.* attack, bout, fit; access
l'accessoire *m.* accessory
l'accident *m.* accident; **avoir un accident** to have an accident
l'accidenté(e) victim of an accident
accompagné(e) de *adj.* accompanied by
accompagner to accompany
accomplir to accomplish, fulfill, carry out
l'accord *m.* agreement; **d'accord** all right, O.K.; **être d'accord** to agree, be in agreement; **se mettre d'accord** to reconcile, come to an agreement
s'accorder sur to be in agreement
accrochant(e) *adj.* gripping, fascinating
accroché(e) à *adj.* hooked to, caught on to
accrocher to hang up; **s'accrocher** to get caught

accroître (*like* **croître**) to increase, add to
accru(e) *adj.* increased
l'accueil *m.* greeting, welcome; **l'hôtesse** (*f.*) **d'accueil** hostess, greeter
accueillir to welcome; to greet
accuser de to accuse of
l'achat *m.* purchase; **faire des achats** to go shopping; **le pouvoir d'achat** purchasing power
acheter (j'achète) to buy
l'acheteur (-euse) buyer
l'acier *m.* steel; **d'acier** steely
l'acompte *m.* deposit, down payment
acquis(e) *adj.* acquired; **le syndrome immuno-déficitaire acquis (SIDA)** AIDS
l'acrylique *n. m., adj.* acrylic
l'acte *m.* act
l'acteur (-trice) actor (actress)
actif (-ive) *adj.* active; working; *n. m. pl.* people in the workforce
l'activité *f.* activity
l'actualité *f.* present-day; *pl.* current events
actuel(le) *adj.* present, current
actuellement *adv.* now, at the present time
adapter to adapt; **s'adapter à** to adapt oneself to; to get accustomed to
l'addition *f.* bill (*in a restaurant*); addition
additionner to add up; to add to
l'adjectif *m.* adjective
admettre (*like* **mettre**) to admit
l'administrateur (-trice) administrator
administratif (-ive) *adj.* administrative
admirer to admire
l'adolescent(e) *n., adj.* adolescent, teenager
adopté(e) *adj.* adopted
adopter to adopt; to embrace
adoptif (-ive) *adj.* adoptive
adorer to adore, worship
l'adresse *f.* address; cleverness
adresser to address, speak to; **s'adresser à** to speak to, appeal to
l'adulte *m., f., adj.* adult
l'adverbe *m.* adverb
aérien(ne) *adj.* aerial; **la compagnie aérienne** airline
l'aérobic *f.* aerobics
l'aéroport *m.* airport
l'affaire *f.* affair, business matter; *pl.* belongings; business; **le chiffre d'affaires** turnover (*in commerce*); **l'homme (la femme) d'affaires** businessman (-woman)
affecté(e) *adj.* affected
affecter to affect
affectif (-ive) *adj.* affective, emotional
affectueusement *adv.* affectionately
affectueux (-euse) *adj.* affectionate
l'affiche *f.* poster
afficher to display, show; **s'afficher** to be seen, be displayed
affilée: d'affilée *adv.* in a row; at a stretch
l'affinité *f.* affinity
affirmatif (-ive) *adj.* affirmative
affirmer to affirm, assert
affluer to flow (towards); to abound
affrété(e) *adj.* chartered
affreux (-euse) *adj.* horrible, frightful
afin (de) *prep.* to, in order to; **afin que** *conj.* so, so that
africain(e) *adj.* African
l'Afrique *f.* Africa
agacer (nous agaçons) to annoy, irritate
l'âge *m.* age; years; epoch; **la force de l'âge** prime of life; **le moyen âge** Middle Ages; **quel âge avez-vous?** how old are you?; **le troisième âge** senior citizens
âgé(e) *adj.* aged, old, elderly
l'agence *f.* agency; **l'agence de voyages** travel agency
l'agent *m.* agent; **l'agent de police** police officer; **l'agent immobilier** real estate agent
agir to act; **s'agir de** to be a question of
agité(e) *adj.* agitated, restless; **s'agiter** to be in movement, bustle about
l'agneau *m.* lamb; **la côtelette d'agneau** lamb chop
agréable *adj.* pleasant, nice, agreeable
agréer to accept, recognize
agressé(e) *adj.* attacked, victimized
agresser to attack, assault
agressif (-ive) *adj.* aggressive
l'agression *f.* aggression; assault
l'agriculteur (-trice) cultivator, farmer
l'agriculture *f.* agriculture, farming
agrippé(e) *adj.* clasped, grasping
s'agripper to hold on tightly
ah: ah bon? ah oui? *interj.* really?
l'aide *f.* help, assistance; helper, assistant; **à l'aide de** with the help of
l'aide-mémoire *m.* memorandum; memory aid
aider to help
l'aïeul(e) (*m. pl.* **aïeux**) ancestor
aiguiser to sharpen
l'ail *m.* garlic
ailleurs *adv.* elsewhere; **d'ailleurs** *adv.* moreover; anyway
aimable *adj.* likeable, friendly
aimer to like; to love
l'aîné(e) oldest sibling; *adj.* older
ainsi *conj.* thus, so, such as; **ainsi que** *conj.* as well as, in the same way as
l'air *m.* air; look; tune; **air conditionné(e)** *adj.* air-conditioned; **avoir l'air (de)** to seem, look (like); **en plein air** outdoors, in the open air; **l'hôtesse** (*f.*) **de l'air** flight attendant, stewardess
l'aisance *f.* ease, freedom
l'aise *f.* ease, comfort; **être à l'aise** to be at ease
ajouter to add
l'alcool *m.* alcohol
alcoolisé(e) *adj.* alcoholic
alentour *adv.* around
alerte *adj.* alert, quick
l'algèbre *f.* algebra
l'aliment *m.* food
alimentaire *adj.* alimentary, food
l'alimentation *f.* food, feeding, nourishment; **l'alimentation générale** grocery store
alléché(e) *adj.* attracted, enticed
l'allée *f.* (*action of*) going; **les allées et venues** coming and going
l'Allemagne *f.* Germany
allemand(e) *adj.* German; *n. m.* German (*language*)
aller *irreg.* to go; + *inf.* to be going to + *inf.*; **aller à la chasse** to go hunting; **aller à la pêche** to go fishing; **aller à l'université** to attend college; **aller en**

vacances to go on vacation; **l'aller simple** *m.* one-way ticket
l'allergie *f.* allergy
l'aller-retour *m.* round-trip ticket
l'alliance *f.* alliance, connection
allô *interj.* hello (*phone greeting*)
l'allongement *m.* lengthening, extension
allumer to light; to turn on; **s'allumer** to light up
l'allusion *f.* allusion; **faire allusion à** to allude, make allusion to
alors *adv.* then, in that case, therefore; **alors que** *conj.* while, whereas
l'alpenstock *m.* alpenstock, walking stick
alpin(e) *adj.* alpine; **le ski alpin** downhill skiing
l'alpinisme *m.* mountain climbing; **faire de l'alpinisme** to go mountain climbing
l'altération *f.* change (*for the worse*), impairment
alterner to alternate
altruiste *adj.* altruistic
amaigrissant(e) *adj.* thinning, slimming
amandin(e): la truite amandine trout prepared with almonds
l'amant(e) lover
l'amateur *m.* amateur, connoisseur
les ambages *f. pl.* circumlocution; **parler sans ambages** to speak to the point, straight out
l'ambiance *f.* atmosphere, surroundings
ambiant(e) *adj.* ambient; surrounding; **la température ambiante** room temperature
ambitieux (-euse) *adj.* ambitious
l'ambulance *f.* ambulance
l'âme *f.* soul
améliorer to improve
aménagé(e) *adj.* equipped, set up
l'amende *f.* fine
amer (amère) *adj.* bitter
américain(e) *adj.* American
l'Amérique *f.* America
l'ameublement *m. s.* furnishings
l'ami(e) friend; **le/la petit(e) ami(e)** boyfriend (girlfriend)
amicalement *adv.* in a friendly way; fondly
l'amitié *f.* friendship
s'amollir to soften
l'amour *m.* love (*f. in pl.*)
amoureux (-euse) *adj.* in love; **tomber amoureux (-euse) (de)** to fall in love (with)
amusant(e) *adj.* amusing, fun
amuser to entertain, amuse; **s'amuser** to have fun, have a good time
l'an *m.* year; **par an** per year, each year
l'analyse *f.* analysis
analyser to analyze
l'ananas *m.* pineapple
l'anarchie *f.* anarchy
l'ancêtre *m., f.* ancestor; ancestress
ancien(ne) *adj.* old, antique; former, ancient; *n. m. pl.* ancients
l'ancienneté *f.* seniority
ancré(e) *adj.* anchored
l'âne *m.* donkey, ass
l'ange *m.* angel
l'Angleterre *f.* England
anglo-saxon(ne) *adj., n.* Anglo-Saxon
l'angoisse *f.* anguish
angoissé(e) *adj.* distressed
animé(e) *adj.* animated, motivated; **le dessin animé** (*film*) cartoon
l'année *f.* year; **l'année scolaire** academic year; **les années** (*f. pl.*) **cinquante** the fifties
l'anniversaire *m.* anniversary; birthday
l'annonce *f.* announcement, ad; **la petite annonce** (classified) ad
annoncer (nous annonçons) to announce, declare
annuel(le) *adj.* annual, yearly
annuler to cancel, annul
antérieur(e) *adj.* anterior, previous; **le futur antérieur** *Gram.* future perfect
l'anthologie *f.* anthology
l'antibiotique *m.* antibiotic
anticiper to anticipate, expect
l'Antillais(e) native of the West Indies (Antilles)
les Antilles *f. pl.* the West Indies
antipathique *adj.* unlikeable
antique *adj.* old: antique; classical
l'antisémitisme *m.* antisemitism
l'anxiété *f.* anxiety
anxieux (-euse) *adj.* anxious
août August; **à la mi-août** in mid-August
apercevoir (*like* **recevoir**) to perceive, notice; **s'apercevoir de** to become aware of, notice
aperçu(e) *adj.* noticed
l'apéritif *m.* before-dinner drink, aperitif
aplatir to flatten
l'apoplexie *f.* apoplexy
apparaître (*like* **connaître**) to appear
l'appareil *m.* apparatus, device; appliance; camera; **l'appareil ménager** *m.* appliance; **qui est à l'appareil?** who's speaking?
l'appareil-photo *m.* (*still*) camera
l'apparence *f.* appearance
apparenté(e) *adj.* related; **le mot apparenté** cognate
l'apparition *f.* (*first*) appearance
l'appartement *m.* apartment
appartenir (*like* **tenir**) **à** to belong to
apparu(e) *adj.* appeared
l'appel *m.* call; **faire appel à** to call on, appeal to
appeler (j'appelle) to call; **s'appeler** to be named, called
l'appétit *m.* appetite; **bon appétit!** *interj.* enjoy your meal!
appliqué(e) *adj.* applied
s'appliquer (à) to apply (to)
l'apport *m.* contribution
apporter to bring; to furnish
apprécier to appreciate, value
appréhender to seize, arrest; to dread
apprendre (like **prendre**) to learn; to teach; **apprendre à** to learn how to
l'apprenti-chauffeur *m.* student driver
l'apprêt *m.* preparation
approcher to approach; **s'approcher de** to approach, draw near
approprié(e) *adj.* appropriate, proper, suitable
s'approprier to appropriate
approuver to approve
appuyer (j'appuie) to press; to support; **s'appuyer (sur)** to lean (on); **appuyer son opinion** to stress one's opinion
après *prep.* after; **après avoir (être)...** after having. . . ; **après coup** after the event; **après que** *conj.* after; when;

après tout after all, anyway; **d'après** *prep.* according to
après-demain *adv.* the day after tomorrow
l'après-midi *m.* afternoon
l'aptitude *f.* aptitude, fitness; **le certificat d'aptitude professionnelle (C.A.P.)** vocational diploma
arabe *adj.* Arabic; *n. m.* Arabic (language); **l'Arabe** *m., f.* Arab
l'Arabie Saoudite *f.* Saudi Arabia
l'araignée *f.* spider
l'arbre *m.* tree
l'arc *m.* bow (*weapon*); **le tir à l'arc** archery
l'architecte *m., f.* architect
archiver to store, archive
l'argent *m.* money; silver; **changer de l'argent** to change currency
argenté(e) *adj.* silvery; silverplated
l'argument *m.* argument; outline
Aristote Aristotle
l'arme *f.* weapon
l'armoire *f.* wardrobe; closet
arpenter to stride along
arracher to pull (off, out)
l'arrangement *m.* arrangement; **l'arrangement des pièces** layout (*of a dwelling*)
arranger (nous arrangeons) to arrange; to accommodate; *fam.* to fix
l'arrestation *f.* arrest
l'arrêt *m.* stop
arrêter (de) to stop; to arrest; **s'arrêter de** to stop (oneself)
arrière *adv.* back; **faire marche arrière** to back up; **la poche arrière** back pocket
l'arrière-grand-mère *f.* great-grandmother
l'arrière-grand-parent *m.* great-grandparent
l'arrière-grand-père *m.* great-grandfather
l'arrivée *f.* arrival
arriver to arrive, come; to happen; **arriver à** to manage to, succeed in
l'arrondissement *m.* district (*division of Paris*)
l'arrosage *m.* watering; **l'arrosage automatique** sprinkling system
l'art *m.* art; **l'objet** (*m.*) **d'art** piece of art
l'artère *f.* artery
l'arthrite *f.* arthritis
l'artichaut *m.* artichoke; **le fond d'artichaut** artichoke heart
articuler to articulate
artificiel(le) *adj.* artificial
l'artiste *m., f.* artist
artistique *adj.* artistic
l'ascenseur *m.* elevator
l'aspect *m.* aspect; appearance
les asperges *f. pl.* asparagus
l'aspirateur *m.* vacuum cleaner
l'aspirine *f.* aspirin
assaisonner to season
l'assemblée *f.* assembly
asseoir (*p.p.* **assis**) *irreg.* to seat; **s'asseoir** to sit down
assez (de) *adv.* enough; rather; quite
l'assiette *f.* plate
s'assimiler to assimilate
assis(e) *adj.* seated
l'assistance *f.* assistance; social welfare
assister to help, assist; **assister à** to attend
l'associé(e) associate, partner; *adj.* associated
s'associer avec to be associated with
assorti(e) *adj.* assorted; matching
assumer to assume
l'assurance *f.* assurance; insurance
l'assurance-vie *f.* life insurance
assurer to insure; to assure
l'astre *m.* star; planet
astreindre (*like* **craindre**) to compel; to tie down; **s'astreindre à** to commit oneself to
l'astronaute *m., f.* astronaut
l'atelier *m.* workshop; (*art*) studio
athlétique *adj.* athletic
l'athlétisme *m.* athletics; track and field
l'Atlantique *m.* the Atlantic Ocean
l'atmosphère *f.* atmosphere; feeling
atroce *adj.* atrocious, awful
attaché(e) *adj.* attached, buckled
l'attaque *f.* attack
attaquer to attack
atteindre (*like* **craindre**) to reach; to affect
attendre to wait
attendu(e) *adj.* expected, anticipated
l'attentat *m.* (terrorist) attack
attentif (-ive) *adj.* attentive
l'attention *f.* attention; **faire attention à** to pay attention to
atterrir to land (*plane*)
l'attirail *m.* pomp, show
attirer to attract; to draw
attiser to fuel, stir up
l'attitude *f.* attitude
attraper to catch; **attraper une contravention** to get a traffic ticket
l'aube *f.* dawn
l'auberge *f.* inn; **l'auberge de jeunesse** youth hostel
aucun(e) *adj., pron.* none; no one, not one, not any; anyone; any
aucunement *adv.* not at all, not in the least
l'audace *f.* audacity; **avoir l'audace de** to have the audacity to
l'auditoire *m.* audience
l'augmentation *f.* increase; **l'augmentation de salaire** raise
augmenter to increase
aujourd'hui *adv.* today; nowadays
auparavant *adv.* previously
auprès de *prep.* close to; with
aussi *adv.* also; so; as; consequently; **aussi bien que** as well as
aussitôt *conj.* immediately, at once, right then; **aussitôt que** as soon as
l'Australie *f.* Australia
autant *adv.* as much, so much, as many, so many; **autant de** as many . . . as; **autant que** *conj.* as much as, as many as; **d'autant** proportionally; **d'autant mieux** all the better; **d'autant plus** especially, particularly
l'auteur *m.* author; perpetrator
authentique *adj.* authentic, genuine
l'auto *f.* car, auto
l'autobus *m.* bus
l'auto-école *f.* driving school
automatique *adj.* automatic; *n. f.* automatic (*car*)
automatiquement *adv.* automatically
l'auto-médication *f.* self-medication
l'automobile *f.* automobile, car
l'autorisation *f.* authorization
l'autorité *f.* authority
l'autoroute *f.* freeway

l'auto-stop *m.* hitchhiking; **faire de l'auto-stop** to hitchhike
autour de *prep.* around
autre *adj., pron.* other; another; *m., f.* the other; *pl.* the others, the rest; **d'autre part** on the other hand; **personne d'autre** no one else; **quelqu'un d'autre** someone else
autrefois *adv.* formerly, in the past
autrement *adv.* otherwise
avaler to swallow
l'avance *f.* advance; **à l'avance** beforehand; **d'avance** in advance, earlier; **en avance** early; **faire des avances** to make advances
avancer (nous avançons) to advance
avant *adv.* before (in time); *prep.* before, in advance of; **avant de** *prep.* before; **avant que** *conj.* before
l'avantage *m.* advantage, benefit
avantageux (-euse) *adj.* advantageous
avec *prep.* with
l'avenir *m.* future
l'aventure *f.* adventure
l'avenue *f.* avenue
aviné(e) *adj.* drunk (*with wine*)
l'avion *m.* airplane; **en avion** by plane; **prendre l'avion** to take a plane
l'avis *m.* opinion; **à son (mon, votre) avis** in his/her (my, your) opinion
l'avocat(e) lawyer
avoir (*p.p.* **eu**) *irreg.* to have; *n. m.* holdings, assets; **avoir (20) ans** to be (20) years old; **avoir besoin de** to need; **avoir confiance** to have confidence; **avoir de la chance** to be lucky; **avoir de la peine** to have a problem, trouble; **avoir droit à** to be entitled to; **avoir du mal à** to have a hard time; **avoir envie de** to feel like; to want to; **avoir faim** to be hungry; **avoir froid** to be cold; **avoir hâte (de)** to be in a hurry, be eager (to); **avoir honte (de)** to be ashamed (of); **avoir horreur de** to hate; **avoir l'air de** to look like; **avoir le cafard** to be depressed, have the blues; **avoir le droit de** to have the right to; **avoir le mal de mer** to be seasick; **avoir le temps (de)** to have the time (to); **avoir l'habitude (de)** to have the custom, habit (of); **avoir l'honneur de** to have the honor of; **avoir lieu** to take place; **avoir l'intention de** to have the intention to; **avoir l'occasion de** to have the opportunity to; **avoir mal à la tête (aux dents)** to have a headache (a toothache); **avoir peur (de)** to be afraid (of); **avoir pitié de** to have pity on; **avoir raison** to be right; **avoir tort** to be wrong; **avoir un accident** to have an accident; **il y a** there is, there are; ago
l'azur *m.* azure, blue; **la Côte d'Azur** the French Riviera

B

le baccalauréat (le bac) baccalaureate; secondary school degree
bâcler to hurry over; to botch
les bagages *m. pl.* luggage
la bagnole *fam.* car, jalopy
la bague ring (*jewelry*)
la baguette loaf of French bread, baguette
baigner to bathe; **se baigner** to bathe (*oneself*); to go for a swim
le bain bath; **le maillot de bain** swimsuit, bathing suit; **la salle de bains** bathroom
le baiser kiss
baisser to lower
la balade stroll; outing; **faire une balade** to take a stroll
la balançoire (*child's*) swing
le balcon balcony
ballant(e) *adj.* swinging, dangling
la balle ball; **jouer à la balle** to play ball
le ballon large (*inflated*) ball; balloon; **jouer au ballon** to play ball
banal(e) *adj.* commonplace, trite
la banane banana
la bande band; group; gang; **la bande dessinée** cartoon (*strip*)
la banlieue suburbs; **en banlieue** in the suburbs
la banque bank
le/la banquier (-ière) banker
baptiser to baptize; to name
la baraque barrack, hut, shed; *fam.* house
la barbaresque Berber style
le barbouillage smearing; scribbling
bariolé(e) *adj.* gaudy, splashed with color
la barrière barrier; fence
bas(se) *adj.* low; *n. m.* stocking(s); bottom; *adv.* low, softly; **au bas de** at the bottom of; **là-bas** *adv.* over there; **parler bas** to speak softly
basané(e) *adj.* tanned, dark-skinned
la base base; basis; **à la base de** at the source of
basé(e) (sur) *adj.* based (on)
baser to base
le basket basketball; **faire du basket** to play basketball
les baskets *m. pl.* tennis shoes
basquais(e) *adj.* Basque, from the Basque region
le bastion bastion, stronghold
le bateau boat; **en bateau** by boat, in a boat
le bâtiment building
le battant leaf; flap; door
battre (*p.p.* **battu**) *irreg.* to beat; **se battre** to fight
battu(e) *adj.* beaten; **en terre battue** clay (*court*)
bavard(e) *adj.* talkative
le bavardage talk, conversation, chat
bavarder to chat; to talk
bd. *ab.* **boulevard** *m.* boulevard
béarnais(e) *adj.* from the Béarn region
beau (bel, belle, beaux, belles) *adj.* beautiful; handsome; **faire beau** to be nice outside; **porter beau** to have a fine presence
beaucoup *adv.* much, many
le beau-frère brother-in-law
le beau-père father-in-law; stepfather
la beauté beauty
le bébé baby
le bec beak
bégayer (je bégaie) to stammer, stutter
belge *adj.* Belgian
la belle-mère mother-in-law; stepmother
la belle-soeur sister-in-law; stepsister
la béquille crutch
berbère *adj.* Berber
la berline sedan (car)
besogner to work hard, slave
le besoin need; **avoir besoin de** to need

le beta-bloquant beta blocker
bête *adj.* silly; stupid; *n. f.* beast; animal
la bêtise foolishness; foolish thing; **faire une bêtise** to do something stupid
la betterave beet
le beurre butter
beurré(e) *adj.* buttered
beurrer to butter
le bibelot knickknack
la Bible Bible
la bibliothèque library
biblique *adj.* biblical
la bicyclette bicycle
le bidon can; large drum (*container*)
bien *adv.* well, quite; comfortable; *n. m.* good; *pl.* goods, belongings; **aimer bien** to like; **aussi bien que** as well as; **bien d'autres** many others; **bien élevé(e)** *adj.* well-behaved; **bien que** *conj.* although; **bien sûr** *interj.* of course; **eh bien** *interj.* well!; **être bien chez soi** to be comfortable at home; **merci bien** thanks a lot; **noter bien** to pay attention to; **ou bien** or else; **s'amuser bien** to have a good time; **s'entendre bien** to get along; **tout va bien** all is well
le bien-être well-being; welfare
bientôt *adv.* soon; **à bientôt!** *interj.* see you soon!
la bière beer
le bifteck steak
le bijou jewel
le bilan statement of account; schedule of assets and liabilities; **faire le bilan (de)** to take stock (of)
bilingue *adj.* bilingual
la bille marble (*for games*)
le billet ticket; **composter son billet** to punch one's ticket; **prendre un billet** to buy, obtain a ticket
la biographie biography
la biologie biology
le/la biologiste biologist
bis *adv.* twice, repeat
la blague joke
blâmé(e) *adj.* blamed
blanc (blanche) *adj.* white
le blé wheat; **la farine de blé** wheat flour
blême *adj.* pale
blessé(e) *adj.* wounded, injured; *n.* wounded person
la blessure wound
bleu(e) *adj.* blue; *n. m.* blue cheese; bruise, contusion; *pl.* workclothes; **bleu clair** light blue; **bleu marine** navy blue; **cordon bleu** blue ribbon; first-rate cook(ing); **en bleus** in work clothes
blond(e) *adj.* blond
bloqué(e) *adj.* stopped, halted; blocked
bloquer to block
le blouson (*bomber-style*) jacket
le blue-jean jeans
le boa boa; boa constrictor; **le serpent boa** boa constrictor
le bœuf beef; ox; **le bouillon de bœuf** beef bouillon; **le rôti de bœuf** beef roast
bof! *interj. and gesture of skepticism*
boire (*p.p.* **bu**) *irreg.* to drink
le bois wood; forest; woodworking; **la cheminée à feu de bois** woodburning fireplace
la boisson drink; **la boisson gazeuse** carbonated drink; **le débit de boisson** government-licensed liquor store; pub
la boîte box; can; *fam.* workplace; **la boîte à gants** glove compartment; **la boîte aux lettres** mailbox; **la boîte de conserve** can (*of food*); **la boîte de nuit** nightclub
le bol bowl; wide coffee cup; **en avoir ras-le-bol** *fam.* to have it up to here
bon(ne) *adj.* good; charitable; right, correct; *n. f.* maid, chambermaid; **ah bon?** *interj.* really?; **bon appétit!** enjoy your meal!; **bon marché** *adj. inv.* cheap, inexpensive; **le bon train** a good pace; **de bon ton** in good taste; **de bonne humeur** in a good mood; **elle est bonne** that's a good one (joke); **en bonne santé** in good health; **être en bonne forme** to be physically fit
le bonbon piece of candy
le bond jump, leap; **faire un bond** to stop by, make a short visit
le bonheur happiness
le bonhomme (little) fellow
bonjour *interj.* hello
le bord edge; windowsill; (*river*) bank; **à bord de** on board; **au bord de la mer** at the seashore
la borne road marker (*for kilometers*)
la bosse lump; bump
la botte boot
la bouche mouth
la bouchée mouthful
la boucherie butchershop
bouclé(e) *adj.* curly
bouder to pout
boudeur (-euse) *adj.* sulky, pouting
bouger (nous bougeons) to move
bouillir to boil; **faire bouillir** to boil, bring to a boil
le bouillon broth
le/la boulanger (-ère) baker
la boulangerie bakery
la boule ball; lump
le boulet cannonball; projectile
le boulet-wagon rocket-ship
le boulot *fam.* job
la boum *fam.* party
la bourgeoisie middle-class, bourgeoisie; **la haute bourgeoisie** the upper middle-class; **la petite bourgeoisie** the lower middle class
bourguignon(ne) *adj.* from the Burgundy region
la bousculade shoving and pushing
bousculé(e) *adj.* pushed, jostled
bousculer to push and shove
le bout end; **à bout d'arguments** at wit's end; **à bout de forces** exhausted; **au bout (de)** at the end (of)
la bouteille bottle
la boutique shop, store; **fermer boutique** to close the store
le bouton button; pimple
boutonné(e) *adj.* buttoned
boutonner to button (up)
la boutonnière buttonhole
la braise charcoal; embers; **le feu de braise** charcoal fire
la branche branch; sector
brancher to plug in
le bras arm
le brasero brazier, charcoal-pan

bref (brève) *adj.* short, brief; **(en) bref** in short
le Brésil Brazil
la Bretagne Brittany
les bretelles *f. pl.* suspenders
breton(ne) *adj.* from Brittany
le breuvage drink; brew
bricoler to putter around the house
le brie Brie (*cheese*)
brièvement *adv.* briefly
la brièveté brevity
le brigand bandit, brigand
briguer to seek
brillant(e) *adj.* brilliant
le brin shoot, blade (*grass*); **un brin de** a bit of
la brique brick
la broche brooch
la brochure pamphlet; leaflet
broder to embroider; to create
la bronchite bronchitis
bronzer to tan
la brosse brush; **la brosse à dents** toothbrush
brosser to brush; **se brosser les dents** to brush one's teeth
le bruit noise
brûler to burn
la brûlure burn, scald; **la brûlure d'estomac** *fam.* heartburn
brun(e) *adj.* brown; dark-haired
brusquement *adv.* abruptly, bluntly
bu(e) *adj.* drunk (*refers to beverages*)
buissonnière: faire l'école buissonnière to play hooky
la Bulgarie Bulgaria
le bureau office; desk; **l'employé(e) de bureau** office worker
la bureautique office, data processing equipment
le but goal

C

C.A.P. (Certificat d'Aptitude Professionnelle) French vocational certificate
ça this, that; it; **comme ça** that way, like that
la cabine cabin
le cabinet (doctor's) office
le cabriolet cabriolet, convertible
caché(e) *adj.* hidden
le cache-cache hide-and-seek; **jouer à cache-cache** to play hide-and-seek
cacher to hide
le cadavre cadaver, corpse
le caddy shopping cart, basket
le cadeau present, gift
le cadre frame; setting; (*business*) executive, manager
le cafard cockroach, bug; the blues, depression; **avoir le cafard** to be depressed
le café coffee; café; **le café au lait** coffee with milk; **une (demi-) cuillerée à café** a (half) teaspoonful
le cahier notebook, workbook
le caillou pebble
le Caire Cairo
la caisse cash register; cashier's desk; box, crate
le/la caissier (-ière) cashier
le calcul calculation; arithmetic; calculus
la calculatrice calculator
calculer to calculate, figure
caler to steady, provide stability
la Californie California
calme *adj., n. m.* calm
calmement *adv.* calmly
calmer to calm; **se calmer** to quiet down
la calorie calorie
le/la camarade friend, companion; **le/la camarade de chambre** roommate; **le/la camarade de classe** classmate, schoolmate
le Cambodge Cambodia
cambré(e) *adj.* arched; shapely
le camembert Camembert cheese
la caméra movie camera
le caméscope camcorder, video camera
le camion truck
la camionnette pickup truck
le camp vacation camp
la campagne countryside, country; campaign; **à la campagne** in the country
le camping camping; campground; **faire du camping** to go camping
canadien(ne) *adj.* Canadian
le canapé sofa, couch
le canard duck; **le canard à l'orange** duck with orange sauce
le caneton (male) duckling
la canne cane, walking stick; **la canne à sucre** sugar-cane
le canoë canoe
capable *adj.* capable, able; **être capable de** to be capable of
la capacité ability; **la capacité de résistance** resistance
capillaire *adj.* capillary
le capitaine captain
la capitale capital (*city*)
le capot hood (*of car*)
le caprice whim
capricieux (-euse) *adj.* capricious; flighty
car *conj.* for, because
la carabine carbine
le caractère character; typeface, font
la caractéristique characteristic, trait
la carafe pitcher; decanter
les Caraïbes *f. pl.* Caribbean (islands)
le caramel caramel; **la crème caramel** caramel custard
la caravane (camping) trailer
cardiaque *adj.* cardiac; **la crise cardiaque** heart attack
caresser to caress
la caricature caricature
la carie (*dental*) cavity
le carnet notebook, booklet; **le carnet d'adresses** address book
la Caroline du Nord (du Sud) North (South) Carolina
la carotte carrot
carré(e) *adj.* square; *n. m.* square; silk scarf
le carreau small square; tile; **la chemise à carreaux** checkered shirt
le carrefour intersection, crossroad
se carrer to loll (back), recline
la carrière career
carriériste *adj.* career-oriented
le carrosse coach; **rouler carrosse** to live in great style
le cartable school bag
la carte card; map; menu; **à la carte** à la carte, off the menu; **la carte d'assistance** social services ID card; **la carte de crédit** credit card; **la carte**

d'embarquement boarding pass; **la carte postale** postcard; **jouer aux cartes** to play cards
le carton cardboard
le cas case; **en cas de** in case of, in the event of; **en tout cas** in any case; **selon le cas** as the case may be
la caserne barracks
la casquette cap
cassé(e) *adj.* broken; broken-down
casser to break; **se casser la jambe** to break one's leg
la casserole pan
la cassette video- or audiocassette
la catastrophe catastrophe, disaster
la catégorie category, class
catégoriser to categorize
la cathédrale cathedral
la cause cause; **à cause de** because of
causé(e) *adj.* caused
causer to cause
la caverne cave, cavern
ce (cet, cette, ces) *pron.* this, that
ceci *pron.* this, that
céder (je cède) to give in; to give up; to give away
la ceinture belt; seat, safety belt; **la ceinture de sécurité** seat belt, safety belt
cela *pron.* this, that
célèbre *adj.* famous
le/la célibataire single, unmarried person; *adj.* single
celui (ceux, celle, celles) *pron.* the one, the ones, this one, that one, these, those
la cendre ash
le cendrier ashtray
Cendrillon Cinderella
cent one hundred
la centaine about one hundred
le centimètre centimeter
la centrale center; headquarters
le centre center; **le centre commercial** shopping center, mall; **le centre hospitalier** medical center
cependant *adv.* in the meantime; meanwhile; *conj.* yet, still, however, nevertheless
les céréales *f. pl.* cereals; grains
cérébral(e) *adj.* cerebral
la cerise cherry
certain(e) *adj.* sure; particular; certain; **depuis un certain temps** for some time
certainement *adv.* certainly
le certificat certificate; diploma; **le certificat d'aptitude professionnelle (C.A.P.)** vocational diploma
la certitude certainty
le cerveau brain
la cervelle brain
la cesse ceasing; **sans cesse** ceaselessly
cesser de to stop, cease
chacun(e) *pron.* each, each one, every one
le chagrin sorrow, sadness
la chaîne channel; chain; **la chaîne stéréo** stereo system; **changer de chaîne** to change the channel
la chair flesh; **bien en chair** plump
la chaise chair
le chalet chalet; cottage
la chaleur heat; warmth
chaleureusement *adv.* warmly
la chambre bedroom, chamber; **le/la camarade de chambre** roommate
le champ field
le champagne champagne; **sabler le champagne** to swig, toss off champagne
le champignon mushroom
le/la champion(ne) champion
la chance luck; possibility; opportunity; **avoir de la chance** to be lucky
le change currency exchange; **le bureau de change** foreign currency exchange office
le changement change
changer (nous changeons) (de) to change; **changer de chaîne** to change the channel; **se changer en** to change into
la chanson song
le chant song; birdsong
chanter to sing
le/la chanteur (-euse) singer
le chantier work area, building site
le chapeau hat
le chaperon hood
chaque *adj.* each, every
la charcuterie deli; cold cuts; pork butcher
la charge load; **prendre en charge** to cover, insure; **la prise en charge** coverage
chargé(e) de *adj.* in charge of, responsible for; heavy, loaded; busy; **une journée chargée** a busy day
le chariot (*shopping*) cart
le charme charm
la chasse hunting; **partir (aller) à la chasse** to go hunting
chassé(e) *adj.* chased, pursued
chasser to hunt; to chase away
le/la chasseur (-euse) hunter
châtain(e) *adj.* chestnut, auburn (*hair*)
le château castle
le chateaubriand porterhouse steak
chaud(e) *adj.* warm; hot; **il fait chaud** the weather is hot
chaudement *adv.* warmly
le chauffage heat; heating system
chauffer to heat (*up*)
le chauffeur chauffeur, driver
la chaussée pavement
les chaussettes *f. pl.* socks
les chaussures *f. pl.* shoes
chauve *adj.* bald, bald-headed
le/la chauvin(e) chauvinist
le chef leader; head; **le chef de l'équipage** crew, team leader; **le chef d'équipe** group leader
le chef-d'oeuvre masterpiece
le chemin way; road; path; **aller mon chemin** to do as I please; **le chemin de fer** railroad
la cheminée chimney; fireplace; hearth; **la cheminée à feu de bois** wood-burning fireplace
la chemise shirt
la chemisette tee shirt; short-sleeved shirt
le chemisier blouse
le chêne oak (*tree*); **en chêne massif** solid oak
le chèque check
cher (chère) *adj.* dear; expensive; **coûter cher** to be expensive
chercher to look for; to pick up
le/la chercheur (-euse) seeker; researcher

le cheveu (*strand of*) hair; **les cheveux** *m. pl.* hair
la cheville ankle; **se fouler la cheville** to sprain one's ankle
la chèvre goat; **le fromage de chèvre** goat cheese
chez *prep.* at, to, in (*the house, family, business or country of*); among, in the works of
le chic chic; style; *adj. inv.* chic, stylish
le/la chien(ne) dog
chiffonné(e) *adj.* rumpled, crumpled
le chiffre number, digit; **le chiffre d'affaires** turnover (*in commerce*)
la chimie chemistry
le/la chimiste chemist
la Chine China
chinois(e) *adj.* Chinese
le/la chirurgien(ne) surgeon
le choc shock
le chocolat chocolate
choisir (de) to choose (to)
le choix choice; **au choix** of your choosing
le cholestérol cholesterol
le chômage unemployment; **être au chômage** to be out of work, unemployed
le/la chômeur (-euse) unemployed person
choquer to shock
la chose thing; **autre chose** something else; **quelque chose** something
le chou cabbage; **un chou à la crème** cream puff
chouette *adj. inv. fam.* super, neat, great
chromé(e) *adj.* chrome-plated
chronique *adj.* chronic
chronologique *adj.* chronological
la chute fall, descent; scrap (*in sewing*)
la cicatrice scar
le cidre (apple) cider
le ciel sky, heaven
le cigare cigar
la cigarette cigarette
le cil eyelash
le ciment cement
le cimetière cemetery
le/la cinéaste film director, movie maker
le cinéma movies; cinema
la cinquantaine about fifty
cinquante *adj.* fifty
la circonlocution circumlocution
la circonstance circumstance; occurrence
la circulation traffic
circuler to circulate
le cirque circus
les ciseaux *m. pl.* scissors
la cité (*area in a*) city
citer to cite, quote
le/la citoyen(ne) citizen
le citron lemon; *adj. inv.* lemon-colored
la citronnade lemonade
civil(e) *adj.* civil; **le code civil** civil law; **l'état** (*m.*) **civil** civil, marital status
la civilisation civilization
civilisé(e) *adj.* civilized
clair(e) *adj.* light-colored; clear; evident; **le clair de lune** moonlight
clairement *adv.* clearly
claquer to snap; to slam
la classe class; classroom; **le/la camarade de classe** classmate; **la première (deuxième) classe** first (second) class
classer to classify; to sort
le classeur classifier; binder
classique *adj.* classical; classic
le clavier keyboard
la clé key; **fermer à clé** to lock
le/la client(e) customer, client
le clignotant turn signal, blinker
le climat climate
la clinique clinic; private hospital
le/la clochard(e) hobo
la cloche bell
le clou nail
le coca Coca-Cola
cocher to check off
le cochon pig
le cocotier coconut tree
le code code; **le code civil** civil law
le cœur heart
le coffre chest
se cogner to hit oneself, bump (*one's head*)
le coin corner; **le coin repas** breakfast nook
la coïncidence coincidence
le col collar
la colère anger; **se mettre en colère** to get angry
le/la collaborateur (-trice) collaborator
la colle glue
collé(e) *adj.* glued, stuck
collectif (-ive) *adj.* collective
collectionner to collect
la collectivité collectivity
le collège French lower secondary school; college
le/la collègue colleague
le collier necklace
la colombe dove
la colonie colony; **la colonie de vacances** summer camp
la colonisation colonization
la colonne column
coloré(e) *adj.* colorful
colorier to color
colporté(e) *adj.* spread; broadcast; peddled
combatif (-ive) *adj.* pugnacious
combattre (*like* **battre**) to fight
combien (de) *adv.* how much; how many
la combinaison combination
combiner to combine
combler to fill (up); to fulfill
la comédie comedy
le/la comédien(ne) actor (actress); comedian
comique *adj.* funny, comical, comic
le comité committee
commandé(e) *adj.* ordered, commanded
le commandement leadership; command; commandment
commander to order (*a meal*); to give orders
comme *adv.* as, like, how
le commencement beginning
commencer (nous commençons) to begin
comment *adv.* how; **comment êtes-vous?** what do you look like?; **comment se fait-il que... ?** how is it that. . . ?
le commentaire commentary
commenté(e) *adj.* commented upon
commenter to comment
le commerce business

commercial(e) *adj.* commercial, business; **le centre commercial** shopping center, mall
commercialisé(e) *adj.* sold, marketed
commercialiser to commercialize
commettre (*like* **mettre**) to commit
le commissariat police station
la commission commission; errand; **faire les commissions** to do the grocery shopping
la commode dresser; chest of drawers; *adj.* convenient; comfortable
commun(e) *adj.* ordinary, common, usual; popular; **en commun** in common
la communauté community
communiqué(e) *adj.* communicated, conveyed
communiquer to communicate
compact(e) *adj.* compact; **le disque compact** compact disk
la compagnie company; **la compagnie aérienne** airline
le compagnon (la compagne) companion
la comparaison comparison
le comparatif *Gram.* comparative
comparer to compare
le compartiment compartment
le compère fellow, associate; *fam.* crony
la compétence competence, ability
la compétition competition
la complainte complaint
complet (-ète) *adj.* complete; filled; *n. m.* suit (*of clothes*); **le pain complet** whole grain bread
complètement *adv.* completely
compléter (je complète) to complete, finish
le complet-veston (*business*) suit
le complexe complex
complexé(e) *adj.* affected by complexes
compliqué(e) *adj.* complicated
se compliquer to become complicated
le comportement behavior
comporter to conduct (oneself); to include; **se comporter** to behave
composé(e) *adj.* composed; **le passé composé** present perfect
composer to compose; to make up
composter to stamp (*date*); to punch (*ticket*)
le composteur (*automatic*) ticket puncher
compréhensif (-ive) *adj.* understanding
la compréhension understanding
comprendre (*like* **prendre**) to understand; to comprise, include
le comprimé tablet; *adj.* compressed
compris(e) *adj.* included; **le service compris** tip included; **y compris** *prep.* including
compromettre (*like* **mettre**) to compromise
le compromis compromise
le/la comptable accountant
comptant: payer comptant to pay cash
le compte account; **faire un compte** to tally; **se rendre compte de** to realize; **tenir compte de** to take into account
compter to plan on; to intend; to count
le comptoir counter
la comtesse countess
concerner to concern; **en ce qui concerne** with regard to, concerning
conclure (*p.p.* **conclu**) *irreg.* to conclude
le concombre cucumber
la concordance *Gram.* agreement
le concours competition; contest
concret (concrète) *adj.* concrete, tangible
le/la concubin(e) concubine; common-law spouse
le concubinage concubinage; common-law marriage
le/la concurrent(e) competitor
condamné(e) *adj.* condemned, convicted
condescendant(e) *adj.* condescending
le/la condisciple fellow student, schoolmate
conditionné(e) *adj.* conditioned; **air conditionné(e)** *adj.* air-conditioned
le conditionnel *Gram.* conditional
le/la conducteur (-trice) driver
conduire *irreg.* to drive; to take; to conduct; **le permis de conduire** driver's license
la conduite behavior; driving; guidance
confectionner to make (up)
la confiance confidence; **avoir confiance en** to have confidence in; **faire confiance à** to trust
confier to confide; to give
confirmer to strengthen; to confirm
confisquer to confiscate
la confiture jam
confondre to confuse
confondu(e) *adj.* confused, mingled
conformer to conform
confortable *adj.* comfortable
le confrère colleague, fellow-member
confus(e) *adj.* confused; troubled
le congé leave, vacation; **le jour de congé** holiday, day off
le congélateur freezer
la congrégation congregation
le/la conjoint(e) spouse
la conjonction *Gram.* conjunction
conjugué(e) *Gram. adj.* conjugated
conjuguer *Gram.* to conjugate
la connaissance knowledge; acquaintance; consciousness; **enchanté(e) d'avoir fait votre connaissance** delighted to have met you; **perdre connaissance** to faint
connaître (*p.p.* **connu**) *irreg.* to know; to be acquainted with
connu(e) *adj.* known
la conquête conquest
consacré(e) *adj.* consecrated, devoted
consacrer to consecrate; to devote
la conscience conscience
conscient(e) *adj.* conscious
le conseil advice; council
conseiller to advise; to counsel
le/la conseiller (-ère) advisor, counselor
la conséquence consequence; **en conséquence** accordingly, as a result
conséquent: par conséquent *conj.* therefore, accordingly
conservateur (-trice) *adj.* conservative
la conserve preserve(s); **la boîte de conserve** can of food; **en conserve** canned
conservé(e) *adj.* preserved, kept; bottled, canned
conserver to conserve
la considération consideration
considéré(e) *adj.* considered, deemed
considérer (je considère) to consider; **se**

considérer to consider oneself, each other
la consigne orders; **à la consigne** (in the) baggage room, check room
consister to consist
le/la consommateur (-trice) consumer
la consommation consumption; consumerism
consommé(e) *adj.* consumed
consommer to consume
constamment *adv.* constantly
constant(e) *adj.* constant, unceasing
constater to notice; to remark
constituer to constitute
construire (*like* **conduire**) to construct, build
construit(e) *adj.* constructed, built
consulter to consult
se consumer to burn out; to be consumed
le contact contact; **perdre contact avec** to lose contact with
contacter to contact
contaminé(e) *adj.* contaminated
le conte tale, story; **le conte de fées** fairy tale
contempler to contemplate, meditate upon
contemporain(e) *adj.* contemporary
contenir (*like* **tenir**) to contain
content(e) *adj.* content; happy; **être content(e) de** to be happy about
le contenu contents
conter to tell, retell
le contexte context
contingent(e) *adj.* contingent, fortuitous
continuellement *adv.* continually, constantly
continuer to continue
la contrainte constraint
contraire *adj.* opposite; *n. m.* opposite; **au contraire** on the contrary; **sauf indication contraire** except where otherwise indicated
contrairement (à) *adv.* contrarily, contrary (to)
le contrat contract; **le contrat de location** rental contract
la contravention traffic ticket; minor violation; **attraper une contravention** to get a traffic ticket
contre *prep.* against; **par contre** on the other hand; **le pour et le contre** the pros and cons
contredire *irreg.* to contradict
la contrefaçon counterfeiting; fraudulent imitation
le contrôle control; **le contrôle de soi** self-control
contrôler to check, verity; to stamp
le/la contrôleur (-euse) ticket collector
la controverse controversy
convaincant(e) *adj.* convincing
convaincre (*like* **vaincre**) to convince
convaincu(e) *adj.* sincere, earnest; convinced
convenable *adj.* proper; appropriate
convenir (*like* **venir**) to fit; to be suitable
la convivialité conviviality, friendliness
la coopération cooperation
le copain (la copine) friend, pal
la copie copy; imitation
copié(e) *adj.* copied, imitated
copier to copy
le/la copieur (-euse) copier
copieux (-euse) *adj.* copious, abundant
le coq rooster
coquet(te) *adj.* coquettish; stylish
la coquille seashell; **la coquille Saint-Jacques** scallops in their shells
le corbeau crow
le cordon ribbon; string; **cordon bleu** first-rate cook, cordon bleu
le corps body
correct(e) *adj.* correct
la correspondance correspondence; transfer, change (*of trains*)
le/la correspondant(e) correspondant; pen-pal
correspondre to correspond
corriger (nous corrigeons) to correct
la cosmétique cosmetic
le costume suit (*of clothes*)
la côte coast; **la Côte d'Azur** French Riviera
le côté side; **à côté (de)** *prep.* by, near, next to; at one's side; **de côté** put by; **laisser de côté** to set aside, give up
la côtelette cutlet; **la côtelette d'agneau (de veau)** lamb (veal) chop
le coton cotton; **en coton** (*made of*) cotton
le cou neck
coucher to put to bed; **se coucher** to go to bed; to set (*sun*)
la couchette couchette; bunk (*on a train*)
le coude elbow; **jouer des coudes** to jostle for position
coudre (*p.p.* **cousu**) *irreg.* to sew
couler to flow; to run (*nose*)
la couleur color; **le crayon de couleur** colored pencil; **en couleur(s)** *adj.* color; colored
le couloir hall(way)
le coup blow; coup; (*gun*) shot; influence; **à coup sûr** certainly, surely; **après coup** too late, after the event; **le coup de cafard (de colère)** attack of depression (of anger); **le coup de pied** kick; **le coup de soleil** sunstroke; sunburn; **le coup d'oeil** glance; **faire le coup à** to do a dirty trick on; **rouer de coups** to beat (up); **sous le coup de** under the (heavy) influence of; **tout d'un coup** *adv.* at once, all at once
coupable *adj.* guilty
coupé(e) *adj.* cut (up); divided; *n. m.* coupé, brougham (*car*)
couper to cut; to censor; **se couper** to cut oneself
le couple couple; married couple
courageusement *adv.* courageously, bravely
courant(e) *adj.* frequent; general; *n. m.* current, tide; course; **la prise de courant** electric outlet
courbé(e) *adj.* leaning (*over*), bent (*over*)
le/la coureur (-euse) runner; promiscuous person
courir (*p.p.* **couru**) *irreg.* to run
la couronne crown
couronner to crown; to finish off
le courrier mail
le cours course; **au cours de** *prep.* during; **laisser (donner) libre cours à** to give free rein to; **sécher un cours** to skip class, play hooky; **suivre un cours** to take a course

la course race; **faire les courses** to do the shopping (*errands*)
court(e) *adj.* short (*not used for persons*); *n. m.* (*tennis*) court; **le court en terre battue** clay (*tennis*) court
le court-circuit short circuit
le/la cousin(e) cousin; **le/la cousin(e) germain(e)** first cousin
le couteau knife
coûter to cost; **coûter cher** to be expensive
la coutume custom
la couture sewing; clothes design; **la *haute couture** high fashion
le/la couturier (-ière) fashion designer; dressmaker
couvert(e) *adj.* covered; *n. m.* table setting; **mettre le couvert** to set the table
la couverture blanket
couvrir (*like* **ouvrir**) to cover; **se couvrir** to cover oneself (up); to dress warmly
le crabe crab
la craie chalk
craindre (*p.p.* **craint**) *irreg.* to fear
la crainte fear
craquer to crack; to break down, go mad
la cravate tie
le crayon pencil; **le crayon de couleur** colored pencil
le/la créateur (-trice) creator
la création creation
la créature creature
le crédit credit; **acheter crédit** to buy on credit; **la carte de crédit** credit card
créer to create
la crème cream; *m.* white coffee; coffee and cream; **le chou à la crème** cream puff; **la crème caramel** caramel custard
le créneau crenel; battlement; specialty; market; **faire un créneau** to reverse into a parking place
la crêpe crepe, French pancake
creuser to excavate; to go deeply into
creux (-euse) *adj.* hollow
la crevasse crevice; crack; crevasse
crevé(e) *adj.* punctured; **le pneu crevé** flat tire
la crevette shrimp; **les crevettes** (*f. pl.*) **à la marinière** shrimp with onion and parsley sauce; **le filet à crevettes** shrimp net
le cri shout; **pousser un cri** to utter a cry
crier to cry out; to shout
la crise crisis; **la crise cardiaque** heart attack; **la crise économique** recession; depression
crispé(e) *adj.* rigid; on edge
critique *adj.* critical
croire (*p.p.* **cru**) *irreg.* to believe
croiser to cross; to run across
la croisière cruise
la croissance growth, development
le croissant crescent (*moon*); croissant (*roll*)
cru(e) *adj.* believed; raw
la crudité raw vegetable; *pl.* plate of raw vegetables
cruel(le) *adj.* cruel
la cuillère, la cuiller spoon; **la cuillère à café (à soupe)** teaspoon; tablespoon; **la petite cuillère** teaspoon
la cuillerée spoonful
cuire (*p.p.* **cuit**) *irreg.* to cook; to bake; **faire cuire** to cook
cuisant(e) *adj.* cooking; burning (*regret*)
la cuisine cooking; kitchen; **faire la cuisine** to cook; **la grande cuisine** fine cooking; **le livre de cuisine** cookbook; **la nouvelle cuisine** light, low-fat cuisine
le/la cuisinier (-ière) cook; *f.* stove; **le cuisinier en chef** head cook, chef
la cuisse thigh; leg
la cuisson cooking (*process*)
cuit(e) *adj.* cooked; **bien cuit(e)** well done (*meat*)
le cuivre copper
culinaire *adj.* culinary
le culte cult
cultivé(e) *adj.* educated; cultured
la culture education, culture
culturel(le) *adj.* cultural
cumuler to cumulate; to pluralize
la cure treatment
curieux (-euse) *adj.* curious
la curiosité curiosity
CV *ab.* **chevaux** horsepower
le cyclisme bicycle riding
le/la cycliste bicycle rider

D

le/la dactylographe (le/la dactylo) typist
dactylographié(e) *adj.* typed
la dame lady, woman; *pl.* (*game of*) checkers
le Danemark Denmark
dangereux (-euse) *adj.* dangerous
dans *prep.* within, in
la danse dance; dancing
danser to dance
la date date (*time*)
dater de to date from
le dauphin crown prince
davantage *adv.* more
le débat debate
se débattre (*like* **battre**) to fight; to struggle
le débit (*retail*) sales outlet; **le débit de boisson** (*licensed*) liquor store
le débouché opening, demand; market for
debout *adv.* standing; **être debout** to be standing
débrancher *fam.* to relax, rest
débrouiller to disentangle; **se débrouiller** to manage, get along
le début beginning; **au début (de)** in, at the beginning (of)
débuter to begin
décapotable *adj.* convertible
décédé(e) *adj.* deceased, dead
décembre Decembre
la déception disappointment
décevoir (*like* **recevoir**) to disappoint
la décharge discharge; unloading
le déchet (*industrial*) waste; **les déchets nucléaires** nuclear waste
déchiqueter (je déchiquète) to tear apart
déchirant(e) *adj.* tearing; excruciating; **le choix déchirant** agonizing choice
déchiré(e) *adj.* torn; divided
décider de to decide to; **se décider à** to make up one's mind to

la décision decision; **prendre une décision** to make a decision
déclarer to declare
le déclic click
décoller to take off (*airplane*)
décommander to cancel (*an order*)
décompenser to lose emotional equilibrium
décontracté(e) *adj.* relaxed
le décor decor; scenery
la décoration decoration
découragé(e) *adj.* discouraged
décourageant(e) *adj.* discouraging
découvert(e) *adj.* discovered
la découverte discovery
découvrir (like **ouvrir**) to discover
le décret decree
décrire (*like* **écrire**) to describe
décrit(e) *adj.* described
déçu(e) *adj.* disappointed
dedans *prep., adv.* within, inside
déduire (*like* **conduire**) to deduce
défaillant(e) *adj.* failing, weakening
le défaut bad quality, fault; **faire défaut** to fail
défectueux (-euse) *adj.* defective; lacking
défendre to defend; **défendre de** to forbid; **se défendre** to fight back
défenestré(e) *adj.* thrown out of the window
la défense defense
la déferlante unfurling, outpouring
déficitaire *adj.* deficient; **le syndrome immuno-déficitaire acquis (SIDA)** AIDS
définir to define
la définition definition
le dégât damage
dégénératif (-ive) *adj.* degenerative
dégonfler to deflate
le degré degree
déguster to taste; to relish; to eat
dehors *adv.* out-of-doors, outside; **en dehors de** outside of, besides
déjà *adv.* already; **d'ores et déjà** *adv.* from now on
déjeuner to lunch; *n. m.* lunch; **le petit déjeuner** breakfast
déjouer to thwart, foil
delà: au delà de *prep.* beyond
le délai delay
délicat(e) *adj.* delicate; touchy; sensitive
la délicatesse tactfulness
le délice delight
délicieux (-euse) *adj.* delicious
délié(e) *adj.* slender; fine; sharp
demain *adv.* tomorrow
la demande request; application; **la demande d'emploi** job application
demander to ask; **se demander** to wonder
la démarche walk, air; (*necessary*) step; **faire une démarche auprès de quelqu'un** to approach someone (*about something*)
démarrer to start (*a car*)
le déménagement moving (*out of a house*)
déménager (nous déménageons) to move (*house*)
le/la déménageur (-euse) mover, furniture mover
le/la dément(e) mad person, lunatic
demeurer to stay; to live, to reside
demi(e) *adj.* half
la demi-cuillerée half-spoonful
le demi-frère half-brother; stepbrother
la demi-livre half-pound
la demi-soeur half-sister; stepsister
la démission resignation (*from a job*)
le demi-tour U-turn; **faire demi-tour** to make a U-turn
la démocratie democracy
démographique *adj.* demographic, pertaining to population
la demoiselle young lady; single, unmarried woman
démontrer to demonstrate
démouler to unmold; to remove from pan (*cake*)
démystifier to explain, demystify
dénicher to find, uncover
la dent tooth; **arracher une dent** to pull a tooth; **avoir mal aux dents** to have a toothache; **la brosse à dents** toothbrush; **se brosser les dents** to brush one's teeth
dentaire *adj.* dental; **le fil dentaire** dental floss
le dentifrice toothpaste
le/la dentiste dentist
le départ departure
le département department; district
dépasser to go beyond; to pass, surpass; **se dépasser** to surpass one's limits
se dépêcher (de) to hurry (to)
dépeint(e) *adj.* depicted
dépendre (de) to depend (on)
dépens: aux dépens de at the expense of
la dépense expense
dépensé(e) *adj.* spent
dépenser to spend
le dépit spite
déplacer (nous déplaçons) to displace; to shift; **se déplacer** to move around
déplier to unfold
déployer (je déploie) to deploy; to spread out
déporté(e) *adj.* deported
déporter to deport
dépressif (-ive) *adj.* depressive
la dépression depression; breakdown
déprimé(e) *adj.* depressed
depuis (que) *prep.* since; **depuis combien de temps?** how long?
déranger (nous dérangeons) to disturb; to bother
déraper to skid (*in car*)
dernier (-ière) *adj.* last, most recent; past
derrière *prep.* behind; *n. m.* back, rear
désagréable *adj.* disagreeable, unpleasant
désargenté(e) *adj.* destitute, penniless
le désastre disaster
le désavantage disadvantage
descendre *intr.* to go down; *trans.* to take down
le déséquilibre imbalance
le désert desert; wilderness
désespéré(e) *adj.* desperate
le désespoir despair
se déshabiller to get undressed
se déshumaniser to become dehumanized
désigné(e) *adj.* designated, named
désigner to designate
le désir desire

désirer to desire
désobéir à to disobey
la désobéissance disobedience
désobéissant(e) *adj.* disobedient
la désolation desolation; grief
désolé(e) *adj.* desolate; very sorry
désormais *adv.* henceforth
le dessin drawing; **le dessin animé** (*film*) cartoon
dessiné(e) *adj.* drawn, sketched; **la bande dessinée** comics; comic strip
dessiner to draw; **dessiner à la craie** to draw with chalk
dessous *adv.* under, underneath; **ci-dessous** *adv.* below
dessus *adv.* above; over; **au-dessus de** *prep.* above; **ci-dessus** *adv.* above, previously
le destin fate
destiné(e) *adj.* designed, aimed
la destinée destiny
se destiner à to intend to enter (*a career*)
destructeur (-trice) *adj.* destructive
détachable *adj.* removable
le détail detail; **en détail** in detail
détaillé(e) *adj.* detailed
le détective detective
détendre to relax; **se détendre** to relax
la détente relaxation
le/la détenteur (-trice) holder, possessor
la détention detention; imprisonment
déterminer to determine
détestable *adj.* hateful
détester to detest; to hate
le détour detour
détourner to divert; to distract
la détresse distress
détruire (*like* **conduire**) to destroy
la dette debt
deux *adj.* two; **tous (toutes) les deux** both (*of them*)
deuxième *adj.* second
devant *prep.* before, in front of
dévastateur (-trice) *adj.* devastating
développé(e) *adj.* developed, industrialized
le développement development
développer to spread out; to develop; **se développer** to expand; to develop
devenir (*like* **venir**) to become
deviner to guess
devoir (*p.p.* **dû**) *irreg.* to be obliged to; to have to; to owe; *n. m.* duty; *n. m. pl.* homework; **faire ses devoirs** to do one's homework
dévolu(e) *adj.* reserved for
le diable devil
le diagnostic diagnosis
la diapositive (la diapo) (*photographic*) slide
la diarrhée diarrhea
la diatribe diatribe
le dictionnaire dictionary
le dieu god; **Dieu soit loué!** praise be to God!
différemment *adv.* differently
la différence difference
différent(e) *adj.* different
différer (je diffère) to differ
difficile *adj.* difficult
la difficulté difficulty
digérer (je digère) to digest
la dignité dignity
dim. *ab.* **dimanche** *m.* Sunday
le dimanche Sunday
diminuer to lessen, diminish
la dinde turkey
dîner to dine; to have dinner; *n. m.* dinner
le diplôme diploma
diplômé(e) *adj.* graduated; *n.* graduate; holder of a diploma
dire (*p.p.* **dit**) *irreg.* to tell; to say; to speak; **c'est-à-dire** that is to say, namely; **vouloir dire** to mean
direct(e) *adj.* direct, straight; through, fast (*train*)
directement *adv.* directly
le/la directeur (-trice) director
directif (-ive) *adj.* directing, guiding
la direction direction; management; leadership
se diriger (nous nous dirigeons) vers to go, make one's way, towards
la discothèque discothèque
le discours discourse; speech
discret (discrète) *adj.* discreet; considerate; unobtrusive
se disculper to clear oneself
discuter (de) to discuss
le disjoncteur circuit-breaker; switch
disparaître (*like* **connaître**) to disappear
disparu(e) *adj.* missing; dead
disponible *adj.* available
disposé(e) *adj.* prone, inclined
disposer de to have (available)
la dispute quarrel
se disputer to quarrel
le disque record, recording; **le disque compact** compact disk
la disquette diskette
disséminé(e) *adj.* scattered, spread (out)
la dissertation essay, term paper
la distance distance
distillé(e) *adj.* distilled, condensed
distinct(e) *adj.* distinct, separate
distingué(e) *adj.* distinguished; **croyez... à l'assurance de ma considération distinguée** yours very truly
se distraire (*like* **traire**) to amuse oneself
distribuer to distribute
le/la distributeur (-trice) distributor
dit(e) *adj.* called; so-called
divers(e) *adj.* changing; varied; **le fait divers** news item, incident
divisé(e) *adj.* divided
diviser to divide
divorcé(e) *adj.* divorced
la dizaine about ten
docile *adj.* docile, submissive; manageable
le docteur doctor
le doctorat doctoral degree, Ph.D.
documentaire *adj., n. m.* documentary;
dodu(e) *adj.* plump
le doigt finger
le domaine domain; specialty
le domicile place of residence, home; **à domicile** at home
dominé(e) *adj.* dominated, ruled
le dommage damage; pity; **c'est dommage! quel dommage!** it's too bad! what a pity!
donc *conj.* then; therefore
donné(e) *adj.* given, supplied
donner to give; **donner à manger** to

feed (*animals*); **donner libre cours à** to give free rein to; **donner sur** to open out onto
dont *pron.* whose, of which, of whom, from whom, about which
dorer to brown; to glaze (*in cooking*)
d'ores et déjà *adv.* from now on
dormir *irreg.* to sleep
le dortoir dormitory
le dos back; **le sac à dos** backpack
la dose amount; dose
doté(e) de *adj.* endowed with
doter to endow
la douane customs
le/la douanier (-ière) customs officer
doublé(e) *adj.* lined (*clothing*)
doublement *adv.* doubly
doubler to pass (*a car*); to double
doucement *adv.* gently, softly; sweetly; slowly
la douceur softness; gentleness; sweetness; **la douceur de vivre** easy, gentle way of life
la douche shower (*bath*)
doué(e) *adj.* talented, gifted, bright
la douleur pain
douloureux (-euse) *adj.* painful
le doute doubt; **sans doute** probably, no doubt
douter to doubt
douteux (-euse) *adj.* doubtful, uncertain, dubious
doux (douce) *adj.* sweet, kindly, pleasant; soft, gentle
dr. *ab.* **docteur** *m.* doctor
dramatique *adj.* dramatic
le/la dramaturge playwright
le drame drama
le drap (*bed*) sheet
dresser to set (up); to arrange; to draw up (*list*); to hold up, lift (*head*)
droit *adv.* straight on; **à droite** on the right; **avoir droit à** to have a right to; **droit(e)** *adj.* straight; right; *n. m.* law; right; fee; *n. f.* right hand; right
drôle (de) *adj.* funny, amusing
dû (due) *adj.* due, owing to
la dune dune
dur(e) *adj.* hard; difficult; **l'oeuf dur** hardboiled egg; **travailler dur** to work hard
la durée duration
durer to last, continue; to endure; to last a long time
dynamique *adj.* dynamic

E

l'eau *f.* water; **l'eau minérale** mineral water; **la salle d'eau** bathroom
s'ébrécher (il s'ébrèche) to chip (*crockery*)
échanger (nous échangeons) to exchange
l'échappée *f.* passage, close
échapper (à) to escape; **s'échapper** to escape, break free
l'écharpe *f.* scarf
l'échec *m.* failure; **jouer aux échecs** to play chess
l'échelle *f.* scale; ladder
échouer to fail
l'éclair *m.* flash of lightning; éclair (*pastry*)
éclairé(e) *adj.* lit, lighted
l'éclat *m.* outburst, blaze, display; **l'éclat de rire** burst of laughter
éclater to break out
l'école *f.* school; **l'école maternelle** preschool, kindergarten; **l'école primaire (secondaire)** elementary (secondary) school; **faire l'école buissonnière** to skip school, play hooky; **les grandes écoles** (*state-run*) graduate schools
l'écologiste *m., f.* ecologist (*political*)
l'économie *f.* economy
économique *adj.* economic, financial
économiser to save
l'économiste *m., f.* economist
l'écorce *f.* bark; crust; **l'écorce terrestre** the earth's crust
s'écorner to chip off a corner
écouter to listen
l'écran *m.* screen
écraser to crush; to run over
s'écrier to cry out, exclaim
écrire (*p.p.* **écrit**) *irreg.* to write; **la machine à écrire** typewriter
écrit(e) *adj.* written; **par écrit** in writing
l'écriture *f.* writing; handwriting
l'écrivain *m.* writer, author
l'édifice *m.* building, edifice
l'édition *f.* publishing; edition
l'éducation *f.* upbringing; breeding; education
éduqué(e) *adj.* educated; brought up
effacer (nous effaçons) to erase
l'effet *m.* effect; **en effet** as a matter of fact, indeed
efficace *adj.* efficacious, effective, effectual
l'efficacité *f.* efficiency
s'effondrer to collapse
l'effroi *m.* fright, fear
égal(e) *adj.* equal; all the same
également *adv.* equally; likewise, also
l'égard *m.* consideration; **à l'égard de** with respect to
égaré(e) *adj.* lost
l'église *f.* church
égoïste *adj.* selfish
l'Égypte *f.* Egypt
eh *interj.* hey!; **eh bien!** well!; now then!
élaboré(e) *adj.* elaborate; complex
élaborer to elaborate
élastique *adj.* elastic
l'électricité *f.* electricity
électrique *adj.* electric; **le fil électrique** electrical wire; **la prise électrique** electrical outlet
l'électrocution *f.* electrocution
l'électronique *f.* electronics; *adj.* electronic
élégant(e) *adj.* elegant, stylish; *n. m., f.* elegant person
l'élément *m.* element
l'éléphant *m.* elephant
l'élève *m., f.* pupil, student
élevé(e) *adj.* high; raised; brought up
élever (j'élève) to raise; to lift up; to erect
éliminer to eliminate
l'élite *f.* elite
éloigné(e) *adj.* distant; remote
éloigner to remove to a distance; **s'éloigner** to move off, go away
l'émanation *f.* emanation; product
l'émancipation *f.* liberation

s'emballer to get carried away
l'embarquement *m.* embarcation; **la carte d'embarquement** boarding pass
embarrassant(e) *adj.* embarrassing
embauché(e) *adj.* hired
embêté(e) *adj., fam.* annoyed, bothered
emboîter to encase; **emboîter le pas à quelqu'un** to follow someone
l'embouteillage *m.* traffic jam
embrasser to kiss; to embrace; **s'embrasser** to embrace or kiss each other
émettre (*like* **mettre**) to emit; to utter
l'emeute *f.* riot
éminemment *adv.* eminently, to a high degree
l'émission *f.* show; program
emménager (nous emménageons) to move in
emmener (j'emmène) to take (*someone somewhere*)
emmerder *fam.* to plague, annoy
émotif (-ive) *adj.* emotive; emotional
l'émotion *f.* emotion
émotionnel(le) *adj.* emotional
émouvoir (*p.p.* **ému**) *irreg.* to touch (*emotionally*)
empêcher to prevent; **s'empêcher de** to prevent oneself from
l'emphase *f.* emphasis
l'emploi *m.* use; job; **l'emploi du temps** schedule; **faire une demande d'emploi** to apply for a job; **le marché de l'emploi** job market; **le mode d'emploi** directions for use
l'employé(e) employee
employer (j'emploie) to use; to employ
l'employeur (-euse) employer
empoigner to grasp, seize; **empoigner la vie à pleines mains** to take on life whole-heartedly
emporter to take (*something somewhere*)
emprisonné(e) *adj.* imprisoned
l'emprisonnement *m.* imprisonment
l'emprunt *m.* loan
emprunter to borrow
ému(e) *adj.* moved, touched (*emotionally*)
en *prep.* in; to; within; into; at; like; in the form of; by; *pron.* of him, of her, of it, of them; from him, by him, etc.; some of it; any
l'encadrement *m.* framework; frame
encaisser *fam.* to take, put up with
encercler to circle, encircle
enchanté(e) *adj.* enchanted; pleased; **enchanté(e) d'avoir fait votre connaissance** delighted to have met you
encombré(e) *adj.* laden; encumbered; filled
l'encombrement *m.* litter; confusion; (*traffic*) congestion
encore *adv.* still; again; yet; even
encourager (nous encourageons) to encourage
encouru(e) *adj.* incurred; taken, run (*a risk*)
l'encrier *m.* inkwell
endetté(e) *adj.* in debt
endommager (nous endommageons) to damage, do damage to
s'endormir (*like* **dormir**) to fall asleep
l'endroit *m.* place, spot
l'enduit *m.* (*outer*) coating; glaze
l'énergie *f.* energy
énergique *adj.* energetic
énervé(e) *adj.* irritated, upset
énerver to irritate; **s'énerver** to get upset
l'enfance *f.* childhood
l'enfant *m., f.* child; **le/la garde d'enfant** babysitter, childcare worker
enfin *adv.* finally, at last
enfoui(e) *adj.* buried
enfreindre (*like* **craindre**) to infringe, transgress
s'enfuir to run away, escape
engagé(e) *adj.* hired
engendrer to generate; to create
l'engouement *m.* infatuation
enlever (j'enlève) to take away; to take off (*clothing*)
l'ennui *m.* trouble, worry
ennuyer (j'ennuie) to bother; to bore; **s'ennuyer** to be bored
ennuyeux (-euse) *adj.* boring; annoying
énoncer (nous énonçons) to state
énorme *adj.* huge, enormous
l'enquête *f.* inquiry; investigation
enregistré(e) *adj.* recorded; stored
enregistrer to record; to register (*luggage*)
enrubanné(e) *adj.* beribboned
l'enseignant(e) teacher, instructor
enseigner to teach
ensemble *adv.* together; *n. m.* suit (*clothing*)
ensuite *adv.* next; then
l'entendement *m.* understanding, judgment
entendre to hear; **entendre dire que** to hear it said that; **entendre parler de** to hear about; **s'entendre avec** to get along with
l'enthousiasme *m.* enthusiasm
enthousiaste *adj.* enthusiastic
entier (-ière) *adj.* entire, whole, complete
l'entrain *m.* liveliness, high spirits
entre *prep.* between, among
l'entrée *f.* entrance, entry; admission; first course; **la porte d'entrée** entrance
s'entremêler to mix, mingle, intermingle
l'entreprise *f.* enterprise, business
entrer (dans) to go into, enter
entretenir (*like* **tenir**) to maintain, keep up
s'entretuer to kill each other
entrouvrir (*like* **ouvrir**) to half-open; to set ajar
énumérer (j'énumère) to enumerate; to count up
envahir to invade
envers *prep.* to; toward; in respect to
l'envie *f.* desire; **avoir envie de** to want; to feel like
environ *adv.* about, approximately; *n. m. pl.* neighborhood, surroundings; outskirts
l'environnement *m.* environment; milieu
envisager (nous envisageons) to envision
envoyer (j'envoie) to send
épais(se) *adj.* thick
épargné(e) *adj.* spared, exempt
épargner to spare; to save
l'épaule *f.* shoulder
épeler (j'épelle) to spell

l'épice *f.* spice
épicé(e) *adj.* spicy
l'épicerie *f.* grocery store
les épinards *m. pl.* spinach
épineux (-euse) *adj.* thorny, ticklish
l'épisode *m.* episode
l'époque *f.* epoch, period, era; time; **à l'époque de** at the time of
épouvantable *adj.* frightful, terrible
l'épouvante *f.* terror
l'époux (l'épouse) spouse; husband; wife
l'épreuve *f.* test; trial; examination
éprouver to feel; to experience; to test
l'équilibre *m.* balance
l'équipage *m.* crew
l'équipe *f.* team; working group; **le chef d'équipe** working group
l'équipement *m.* equipment; gear
l'équitation *f.* horseback riding
l'équivalent *m.* equivalent
l'erreur *f.* error; mistake
l'escalier *m.* stairs, stairway
l'escargot *m.* snail; escargot
l'espace *m.* space
l'espadrille *f.* espadrille, sandal
l'Espagne *f.* Spain
espagnol(e) *adj.* Spanish; *n. m.* Spanish (*language*)
l'espèce *f.* species; **une espèce de** a kind of
espéré(e) *adj.* hoped for, expected
espérer (j'espère) to hope
espiègle *adj.* mischievous
l'espoir *m.* hope
l'esprit *m.* mind, spirit; wit
esquinter *fam.* to spoil; to ruin
essayer (j'essaie) de to try to
l'essence *f.* gasoline; essence; **être en panne d'essence** to be out of gas; **prendre de l'essence** to get gas
essentiel(le) *adj.* essential; *n. m.* the important thing
essuyer (j'essuie) to wipe
l'estaminet *m.* pub, café
estimer to value; to esteem
l'estomac *m.* stomach; **les brûlures** (*f. pl.*) **d'estomac** heartburn
estudiantin(e) *adj.* student
et *conj.* and
établi(e) *adj.* established, set up
établir to establish, set up; **s'établir dans** to settle in
l'étage *m.* floor (*of building*)
étanche *adj.* impervious, tight; separate
l'étape *f.* stage, stopping place
l'état *m.* state; **l'état civil** civil status; marital status
les États-Unis *m. pl.* United States (*of America*)
l'été *m.* summer
éteindre (*like* **craindre**) to put out; to turn off
éteint(e) *adj.* extinguished; dead
éternel(le) *adj.* eternal
éternuer to sneeze
l'étiquette *f.* label; etiquette
étirer to stretch, spread out
l'étoile *f.* star
étonnant(e) *adj.* astonishing, surprising
étonné(e) *adj.* astonished
étonner to surprise, astonish
étouffer to smother
étrange *adj.* strange
étranger (-ère) *adj.* foreign; *n. m., f.* stranger, foreigner
être (*p.p.* **été**) *irreg.* to be; *n. m.* being; **être à l'aise** to be comfortable; **être au chômage** to be unemployed; **être au régime** to be on a diet; **être capable de** to be capable of, able to; **être d'accord** to agree; **être debout** to be standing; **être en (bonne) forme** to be in shape; **être en retard** to be late; **être en rodage** being broken in (*car*); **être en train de** to be in the process of; **être en vacances** to be on vacation; **être fier (fière) de** to be proud of; **être obligé(e) de** to be obligated to; **être pressé(e)** to be in a hurry
étroitement *adv.* closely; narrowly
l'étude *f.* study; **faire des études** to study
l'étudiant(e) student
étudié(e) *adj.* studied
étudier to study
l'Europe *f.* Europe
européen(ne) *adj., n. m., f.* European
eux *pron., m. pl.* them
s'évader to escape
évalué(e) *adj.* appraised; evaluated
s'évanouir to faint
l'événement *m.* event
l'éventail *m.* fan
éventer to fan
évidemment *adv.* evidently, obviously
l'évidence *f.* evidence
évident(e) *adj.* obvious, clear
l'évier *m.* (*kitchen*) sink
éviter to avoid
l'évocation *f.* evocation; recalling
évoluer to evolve
l'évolution *f.* evolution, development
évoquer to evoke
exact(e) *adj.* exact, correct
exactement *adv.* exactly
exagérément *adv.* exaggerately
exagérer (j'exagère) to exaggerate
l'examen *m.* test, exam; **passer un examen** to take a test; **réussir à un examen** to pass a test
l'examinateur (-trice) examiner
examiner to examine
l'excellence *f.* excellence; **par excellence** pre-eminently, particularly
excellent(e) *adj.* excellent
l'exception *f.* exception; **par exception** exceptionally
exceptionnel(le) *adj.* exceptional
l'excès *m.* excess
excessif (-ive) *adj.* excessive
exclure (*like* **conclure**) to exclude
l'excuse *f.* excuse
s'excuser to excuse oneself
exécuter to execute; to carry out
l'exemple *m.* example; **par exemple** for example
exercer (nous exerçons) to exercise; **s'exercer (à)** to practice; to be practiced
l'exercice *m.* exercise; **faire de l'exercice** to do exercise(s)
exigé(e) *adj.* demanded, required
l'existence *f.* life, existence
exister to exist
exorbitant(e) *adj.* exorbitant, outrageous
expér. *ab.* **l'expérience** *f.* experience
l'expérience *f.* experience; experiment

expérimental(e) *adj.* experimental
expérimenté(e) *adj.* experienced
l'explication *f.* explanation
expliquer to explain
explorer to explore
exposé(e) *adj.* shown, displayed
l'exposition *f.* exhibition; show
exprès *adv.* on purpose; **le faire exprès** to do it on purpose
exprimer to express
l'extérieur *m.* exterior; outside
extérioriser to exteriorize, externalize
l'extrait *m.* excerpt; extract
extraordinaire *adj.* extraordinary
extrême *adj.* extreme
l'extrémiste *m., f.* extremist

F

la fable fable; story
la fabrication manufacture
fabriquer to fabricate; to manufacture
la façade façade, frontage
la face face; façade; **en face (de)** *prep.* opposite, facing; **faire face à** to confront
la facette facet
fâché(e) *adj.* angry, annoyed
se fâcher to get angry
fâcheux (-euse) *adj.* troublesome, annoying
facile *adj.* easy; **facile à vivre** easy to get along with
facilement *adv.* easily
la facilité aptitude, talent; easiness
la façon way, manner; **de façon (bizarre)** in a (funny) way; **de toute façon** anyhow, in any case
le facteur factor; mail carrier
factice *adj.* artificial, forced
la facture bill (*to pay*)
facturé(e) *adj.* billed, charged
faible *adj.* weak; small
la faïence earthenware
faillir + *inf.* to be on the point of; to almost do something
la faim hunger; **avoir faim** to be hungry
faire to do; to make; to form; to be; **ça fait (un an)** it's been (a year); **faire allusion à** to allude, make allusion to; **faire appel à** to appeal to, call upon; **faire attention** to pay attention; **faire beau** to be nice out; **faire confiance à** to trust; **faire cuire** to cook; **faire de l'alpinisme** to go mountain climbing; **faire de l'auto-stop** to hitchhike; **faire de la planche à voile** to go windsurfing; **faire de la vitesse** to speed; **faire de la voile** to sail; **faire demi-tour** to make a U-turn; **faire des achats** to go shopping; **faire des avances** to make a pass; **faire des bêtises** to do silly things; **faire des courses** to do the shopping; **faire des études** to study; **faire des excuses** to make excuses; **faire des progrès** to make progress; **faire des remarques** to criticize; **faire du camping** to camp; **faire du gringue** *fam.* to make a pass; **faire du jogging** to jog; **faire du mal à** to hurt; **faire du shopping** to go shopping; **faire du ski** to ski; **faire du ski de fond** to go cross-country skiing; **faire du sport** to do sports; **faire du stop** to hitchhike; **faire exprès** to do something on purpose; **faire face** to face, confront; **faire faire** to have done, make someone do something; **faire frais** to be cool out; **faire froid** to be cold; **faire l'école buissonnière** to play hooky; **faire l'expérience** to do an experiment; **faire l'inventaire** to draw up an inventory; **faire la cuisine** to cook; **faire la grimace** to make a face; **faire la lessive** to do the laundry; **faire la queue** to stand in line; to queue up; **faire le bilan** to strike the balance; to review; **faire le ménage** to do housework; **faire le plein (d'essence)** to fill up (with gas); **faire le tour du monde** to go around the world; **faire les commissions** to do the grocery shopping; **faire les courses** to do errands; **faire les valises** to pack one's bags; **faire marche arrière** to back up; **faire mine de** to pretend to; **faire part de** to inform; **faire partie de** to belong to; **faire peur** to scare, frighten; **faire place** to make room; **faire plaisir** to please; **faire ses devoirs** to do one's homework; **faire ses preuves** to prove oneself; **faire sombre** to be dark; **faire un bond** *fam.* to stop by, pay a short visit; **faire un créneau** to parallel park; **faire un détour** to make a detour; **faire un pique-nique** to go on a picnic; **faire un plombage** to put in a filling; **faire un sondage** to take a poll; **faire un voyage** to take a trip; **faire une balade** to take a stroll; **faire une demande d'emploi** to apply for a job
le faire-part (*wedding, birth*) announcement
le fait fact; **le fait divers** event, incident; **tout à fait** completely, entirely
falloir (*p.p.* **fallu**) *irreg.* to be necessary; to be lacking
fameux (-euse) *adj.* famous
familial(e) *adj.* family
familier (-ière) *adj.* familiar
familièrement *adv.* familiarly
la famille family
le/la fan fan, fanatic
fanatique *adj.* fanatical
fané(e) *adj.* faded, wilted
la fantaisie fantasy
fantaisiste *adj.* imaginative; whimsical
fantastique *adj.* fantastic
la farce practical joke
la farine flour
fascinant(e) *adj.* fascinating
fasciner to fascinate
fatal(e) *adj.* fatal
fatigant(e) *adj.* tiring
la fatigue tiredness, fatigue
fatigué(e) *adj.* tired
fatiguer to tire; **se fatiguer** to get tired
la faute fault, mistake; **faute de quoi** for lack of which
le fauteuil armchair
le fauve wild animal; big game
faux (fausse) *adj.* false; *n. m.* counterfeit (item)
favori (-ite) *adj.* favorite
favoriser to favor
la fée fairy; **le conte de fée(s)** fairy tale
féminin(e) *adj.* feminine
féministe *adj.* feminist
la femme woman; wife; **la femme au**

foyer homemaker; **la femme de ménage** cleaning woman
la fenêtre window
le fer iron; **le chemin de fer** railroad; **le fer à repasser** (*pressing*) iron
ferme *adj.* firm; *n. f.* farm
fermé(e) *adj.* closed
fermer to close; **fermer à clé** to lock; **fermer boutique** to close the shop; **se fermer** to close; to be closed
la fermeture closing; closure
férocement *adv.* ferociously
la fesse buttock
la fessée spanking
le festin feast; banquet
la fête celebration, holiday
fêter to celebrate; to observe a holiday
le feu fire; stoplight; **la cheminée à feu de bois** wood-burning fireplace; **le feu de braises** charcoal fire
la feuille leaf; **la feuille de papier** sheet of paper
feuilleter (je feuillette) to leaf through
le feuilleton (*radio, TV*) serial
février February
le/la fiancé(e) fiancé(e), betrothed
se ficher de *fam.* not to give a damn
fidèle *adj.* faithful
fier (fière) *adj.* proud; **être fier (fière) de** to be proud of
se fier à to trust
la fièvre fever
la figure face
figuré: au propre et au figuré literally and figuratively
figurer to appear
le fil thread; cord; **le fil dentaire** dental floss; **le fil électrique** electrical wire
la file file, line; lane
le filet net; fillet (*of fish*); thin strip; **le filet à crevettes** shrimp net
la filière channel, path
la fille girl; daughter; **la jeune fille** girl, young woman
la fillette little girl
filmer to film
le fils son
fin(e) *adj.* fine; thin; *n. f.* end; purpose; **mettre fin à** to put an end to
final(e) *adj.* final
finalement *adv.* finally
financier (-ière) *adj.* financial
finir (de) to finish; **finir par** to finish up by
fixe *adj.* fixed; **le menu à prix fixe** prix fixe meal
flambé(e) *adj.* flambé; set on fire
la flamme flame
flâner to stroll; to dawdle
flatter to flatter, compliment
la flatterie flattery
flatteur (-euse) *adj.* flattering; *n. m., f.* flatterer
la flèche arrow; turn signal; **démarrer en flèche** to start fast
fléchir to weaken, flag
la fleur flower; **en fleur** flowering
fleurir to flower, flourish
le fleuve river
le flic *fam.* cop, police officer
flirter to flirt
la Floride Florida
flotter to float
la foi faith
le foie liver; **le foie gras** goose liver pâté
la fois time, occasion; **à la fois** at the same time; **il était une fois** once upon a time; **une fois** once
la folie madness
foncé(e) *adj.* dark (*in color*)
la fonction function; use, office; **en fonction de** as a function of; according to; **le logement de fonction** company housing
le fonctionnement working order, functioning
fonctionner to function
le fond bottom; back, background; (*artichoke*) heart; **à fond** thoroughly; **au fond** basically; **le ski de fond** cross-country skiing
fondre to melt
fondu(e) *adj.* melted; *n. f.* Swiss melted cheese dish
la fonte melting, thawing; **en fonte** cast-iron
le football (le foot) soccer
la force strength; **à bout de forces** exhausted; **à force de l'entendre** by hearing it constantly; **la force de l'âge** prime of life
forcé(e) *adj.* forced, obliged
forcément *adv.* necessarily
forcer (nous forçons) to force, compel
la forêt forest
le forfait contract
la formation formation; education, training
la forme form; shape; **en bonne forme** physically fit; **prendre forme** to take shape; **sous (en) forme de** in the form of
formé(e) *adj.* formed, shaped
former to form
formidable *adj.* great; wonderful; formidable
le formulaire form (*to fill out*)
la formule formula
formuler to formulate
fort *adv.* loudly; very, very much; hard; **fort(e)** *adj.* loud; heavy-set; strong
la fortune fortune
le fossé ditch; gap
fou (fol, folle) *adj.* crazy, mad
fouiller to search; to go through (*suitcase*)
le foulard scarf
la foule crowd
la foulée stride; tread; track
fouler to press; to trample; to crush; **se fouler la cheville** to sprain one's ankle
le four oven; **le four à micro-ondes** microwave oven
la fourchette fork
fourmiller to swarm; to teem
fournir to furnish, supply
les fournitures *f. pl.* supplies, equipment
foutre *irreg. fam.* to do, make; **qu'est-ce que je fous avec une valise?** what am I doing with a suitcase?
le foyer hearth; home; **la femme au foyer** homemaker
la fracture fracture
fragmenté(e) *adj.* fragmented
frais (fraîche) *adj.* fresh; cool; *n. m. pl.* expenses; **il fait frais** it's cool out
la fraise strawberry
la framboise raspberry
franc (franche) *adj.* frank; truthful; honest; *n. m.* franc (*currency*)

français(e) *adj.* French; **le/la Français(e)** Frenchman (-woman)
la France France
franchement *adv.* frankly
franchir to cross
la franchise freedom, exemption; openness, candor
francophone *adj.* French-speaking, of the French language
la frange fringe; bangs (*hair style*)
frapper to strike; to knock
la fraternité fraternity; brotherhood
le frein brake
freiner to brake
frêle *adj.* frail, weak
fréquemment *adv.* frequently
fréquenté(e) *adj.* much visited, popular
fréquenter to frequent, visit frequently
le frère brother
fricoter *fam.* to stew; to cook
le frigo fridge
fringant(e) *adj.* spirited, frisky
frire (*p.p.* **frit**) to fry; **faire frire** to fry
frisé(e) *adj.* curly
les frites *f. pl.* French fries
frivole *adj.* frivolous
froid(e) *adj.* cold; *n. m.* cold; **avoir froid** to be cold; **il fait froid** it's cold out
le fromage cheese
le front forehead; front
la frontière frontier; border
frs. *ab.* **francs** *m. pl.* francs (currency)
frugal(e) *adj.* frugal, thrifty
le fruit fruit; **le fruit de mer** seafood; **le jus de fruit** fruit juice
le fuel fuel-oil (*for heating*)
fuir (*p.p.* **fui**) *irreg.* to flee, run away; to shun
fumé(e) *adj.* smoked
la fumée smoke
fumer to smoke
le/la fumeur (-euse) smoker
funèbre *adj.* funereal, gloomy
fur: au fur et à mesure *adv.* (*in proportion*) as, progressively
la fureur furor
furieux (-euse) *adj.* furious
la fusée rocket; spaceship
le fusible fuse; cut-out
le fusil gun
futil(e) *adj.* futile
futur(e) *adj.* future; *n. m.* future; **le futur antérieur** *Gram.* future perfect; **le futur simple** *Gram.* (*simple*) future

G

la gabardine gabardine (*textile*)
le gâchis *fam.* mess
gagner to win; to earn
gai(e) *adj.* gay, cheerful
la gaieté gaiety; cheerfulness
la galerie gallery; balcony
le gant glove; **la boîte à gants** glove compartment
garanti(e) *adj.* guaranteed
la garantie warranty, guarantee; safeguard
le garçon boy
le/la garde watch; guard; **en garde à vue** under close watch; **le/la garde d'enfants** babysitter; **mettre en garde contre** to warn against
garder to keep; **garder rancune à** to hold a grudge against
la garde-robe wardrobe
la gare station, train station
se garer to park
garni(e) *adj.* garnished
le/la gastronome gourmet; *adj.* food-loving
la gastronomie gastronomy
gâté(e) *adj.* spoiled (*child*)
le gâteau cake; **le moule à gâteau** cake pan, mold; **le petit gâteau** cookie
gâter to spoil
la gauche left; **à gauche** on the left; **de gauche** on the left side
gaulois(e) *adj.* Gallic, of Gaul
le gaz gas
gazeux (-euse) *adj.* carbonated
géant(e) *adj.* giant
les gencives *f. pl.* gums
le gendarme (*state*) police officer
général(e) *adj.* general; **le/la directeur (-trice) général(e)** CEO; **en général** in general
généralement *adv.* generally
généraliser to generalize
le/la généraliste general practitioner (M.D.)
la généralité generality
la génération generation
généreux (-euse) *adj.* generous
la générosité generosity
Genève (*f.*) Geneva
génial(e) *adj.* brilliant, inspired
le génie genius; genie
le genou (*pl.* **-oux)** knee
le genre gender; kind, type
les gens *m. pl.* people; **les jeunes gens** young men; young people
gentil(le) *adj.* nice, kind
la gentillesse kindness, niceness
gentiment *adv.* nicely, prettily
la géographie geography
géographique *adj.* geographic
la géométrie geometry
la Géorgie Georgia
le géranium geranium
gériatrique *adj.* geriatric
germain(e): le/la cousin(e) germain(e) first cousin
le/la gérontologue gerontologist
le geste gesture; movement
la gestion management
gestionnaire *adj.* administrative; *n. m., f.* administrator, manager
gigantesque *adj.* gigantic
le gîte lodging(s)
la glace ice cream; ice; mirror
glacé(e) *adj.* chilled; frozen
le glaçon ice cube
glissant(e) *adj.* slippery
glisser to slide; to slip
la gloire glory, fame
glorifier to glorify; to praise
goguette: les militaires (*m. pl.*) **en goguette** *fam.* soldiers making merry on leave
le golfe gulf
gonfler to inflate; to swell
la gorge throat
la gorgée mouthful; gulp
gourmand(e) *adj.* gluttonous; *n. m., f.* glutton, gourmand
la gourmandise treat, sweets
le goût taste
goûter to taste
la gouttelette droplet
le gouvernement government

gouvernemental(e) *adj.* governmental
gr. *ab.* **gramme** *m.* gram
grâce à *prep.* thanks to
la grammaire grammar
le gramme gram
grand(e) *adj.* great; large, big; tall; **de grand luxe** high luxury; **le grand magasin** department store; **la grande cuisine** high-quality cooking; **la grande personne** adult; **la grande surface** mall; superstore; **la grande vie** the good life; **les grandes écoles** state-run graduate schools; **le train à grande vitesse (TGV)** high-speed train
grand-chose *pron. m.* much
grandiose *adj.* grand, imposing
grandir to grow (up)
la grand-mère grandmother
le grand-oncle great-uncle
le grand-père grandfather
les grands-parents *m. pl.* grandparents
la grand-tante great-aunt
gras(se) *adj.* fat; **en gras** in bold-face type; **le foie gras** goose liver pâté
gratiné(e) *adj.* sprinkled with cheese and browned
le gratte-ciel skyscraper
gratter to scratch; to overtake, pass
gratuit(e) *adj.* free (*of charge*)
grave *adj.* serious
la gravité seriousness
gré: à son gré to his/her liking, taste
grec (grecque) *adj.* Greek
la Grèce Greece
le grelot small bell, sleigh-bell
le grenier attic
le grès sandstone
la grève strike, walk-out
la griffe designer label, brand
grignoter to nibble
grillé(e) *adj.* toasted; grilled; broiled
griller to burn out
la grimace grimace; **faire la grimace** to make a face
le gringue *fam.* pass, flirting; **faire du gringue** to make a pass
la grippe flu
gris(e) *adj.* gray; **la matière grise** grey matter, intelligence
grogner to grumble, complain
gronder to scold, reprimand
gros(se) *adj.* big; stout; loud; **les gros titres** *m. pl.* (*newspaper*) headlines
grossier (-ière) *adj.* vulgar, gross
le groupe group
le gruyère Gruyère (*Swiss cheese*)
guadeloupéen(ne) *adj.* of, from Guadeloupe
guère *adv.* but little; **ne… guère** scarcely, hardly
guérir to cure
la guérison cure; recovery
la guerre war
la gueule mouth of an animal; **faire la gueule** *fam.* to sulk
le guichet (ticket) window, counter, booth
le/la guide guide; *m.* guidebook; instructions
guider to guide
le guidon handlebar (*bicycle*)
les guillemets *m. pl.* quotation marks
la guise manner, way; **en guise de** in place of
la gymnastique (la gym) gymnastics; exercise; **faire de la gymnastique** to do exercises; to do gymnastics

H

habile *adj.* clever, skilful
habillé(e) *adj.* dressed
habiller to dress; **s'habiller** to get dressed
l'habit *m.* clothing
l'habitant(e) inhabitant; resident
l'habitation *f.* lodging, housing; **Habitation à Loyer Modéré (HLM)** French public housing
habité(e) *adj.* inhabited
habiter to live
l'habitude *f.* habit; **avoir l'habitude de** to be accustomed to; **d'habitude** *adv.* usually, habitually
habitué(e) *adj.* accustomed to
habituel(le) *adj.* habitual
habituer to familiarize; **s'habituer à** to get used to
***haché(e)** *adj.* ground (*meat*); chopped up
la *haine hatred
le *hall entrance hall; hotel lounge
les *halles *f. pl.* covered market
la *halte stop, halt
la *hantise obsession; haunting memory
le *harcèlement harassment; pestering
le *haricot bean
l'harmonie *f.* harmony
le *hasard chance, luck; **par hasard** by accident, by chance
la *hâte haste; **avoir hâte (de)** to be in a hurry (to)
se *hâter to hurry
***haut(e)** *adj.* high, tall; *n. m.* top; height; **à haute voix** in a loud voice; **la haute bourgeoisie** upper middle class; **la haute saison** high (*tourist*) season
les hébreux *m. pl.* Hebrews
***hein** *interj.* eh? what?; **on ne sait jamais, hein?** one never knows, does one?
hélas *interj.* alas!
l'hémorragie *f.* hemorrhage, bleeding
l'herbe *f.* grass
l'héritage *m.* inheritance; heritage
hériter (de) to inherit
l'héroïne *f.* heroine
le *héros hero
l'hésitation *f.* hesitation
hésiter to hesitate
la *hêtraie, la *hêtrée beech grove
l'heure *f.* hour; time; **à quelle heure** what time; **à toute heure** at any time; **ça fait une heure** it's been an hour since, for an hour; **de l'heure** an hour, per hour; **dix heures d'affilée** ten hours in a row; **les heures de pointe** rush hour; **il y a une heure** an hour ago; **tout à l'heure** in a little while; a little while ago
heureusement *adv.* fortunately
heureux (-euse) *adj.* happy
hier *adv.* yesterday
la *hiérarchie hierarchy
***hiérarchique** *adj.* hierarchical
l'histoire *f.* history; story
historique *adj.* historical
l'hiver *m.* winter
***hollandais(e)** *adj.* Dutch

le *homard lobster
l'hommage *m.* homage, respects
l'homme *m.* man; **l'homme d'affaires** businessman; **l'homme des cavernes** cave man
honnête *adj.* honest
l'honnêteté *f.* honesty
l'honneur *m.* honor; **avoir l'honneur de** to have the honor of
la *honte shame; **avoir honte de** to be ashamed of
***honteux (-euse)** *adj.* shameful; ashamed
l'hôpital *m.* hospital
l'horaire *m.* schedule
hormonal(e) *adj.* hormonal
l'hormone *f.* hormone
l'horreur *f.* horror; **avoir horreur de** to hate, detest
horriblement *adv.* horribly
hors de *prep.* out of, outside of
le *hors-d'oeuvre appetizer
hospitalier (-ière) *adj.* pertaining to hospitals
l'hostilité *f.* hostility
l'hôte (l'hôtesse) host (hostess); guest; **l'hôtesse** (*f.*) **d'accueil** (*restaurant, hotel*) hostess; **l'hôtesse** (*f.*) **de l'air** flight attendant, stewardess
l'hôtel *m.* hotel
hôtelier (-ière) *adj.* pertaining to hotels
l'hôtellerie *f.* inn; hotel trade
l'hôtesse *f.* hostess; guest; **l'hôtesse** (*f.*) **d'accueil** hostess, greeter
l'huile *f.* oil; **l'huile alimentaire** cooking oil
huit *adj.* eight
l'huître *f.* oyster
humain(e) *adj.* human
l'humanité *f.* humanity
l'humeur *f.* temperament, disposition; **être de bonne (mauvaise) humeur** to be in a good (bad) mood
l'humour *m.* humor
hydraulique *adj.* hydraulic
hydrofuge *adj.* waterproof
l'hypermarché *m.* big supermarket, superstore
l'hypothèse *f.* hypothesis

I

ici *adv.* here
idéal(e) *adj.* ideal; *n. m.* ideal
idealiste *adj.* idealistic; *n. m., f.* idealist
l'idée *f.* idea
identifier to identify
identique *adj.* identical
l'identité *f.* identity
idéologique *adj.* ideological
idiot(e) *adj.* idiotic, foolish
l'ignorance *f.* ignorance
ignorer to not know; to be ignorant of
l'île *f.* island
illégal(e) *adj.* illegal, unlawful
illimité(e) *adj.* unlimited, limitless
illusoire *adj.* illusory; illusive
illustré(e) *adj.* illustrated
l'image *f.* picture
imaginaire *adj.* imaginary
imaginer to imagine
imiter to imitate
immatériel(le) *adj.* immaterial
immédiat(e) *adj.* immediate
immédiatement *adv.* immediately
immergé(e) *adj.* immersed, sunk
l'immeuble *m.* (*apartment or office*) building
l'immigrant(e) immigrant
l'immigré(e) immigrant
immigrer to immigrate
immobile *adj.* motionless
immobilier (-ière) *adj.* pertaining to real estate; **l'agent** (*m.*) **immobilier** real estate agent
immortel(le) *adj.* immortal
impalpable *adj.* intangible
l'imparfait *m., Gram.* imperfect (*verb tense*)
l'impatience *f.* impatience
impatient(e) *adj.* impatient
impénétrable *adj.* unfathomable
l'impératif *m., Gram.* imperative; command
impérieux (-euse) *adj.* pressing; urgent
l'imperméable *m.* raincoat
impersonnel(le) *adj.* impersonal
impitoyablement *adv.* pitilessly, unmercifully
l'implantation *f.* site
s'implanter to settle
impliquer to imply
l'importance *f.* importance
important(e) *adj.* important
importé(e) *adj.* imported
importer to matter; **n'importe où** anywhere; **n'importe quel(le)** any, no matter which; **n'importe qui** anyone
impressionnant(e) *adj.* impressive
impressionné(e) *adj.* impressed
impressionner to impress
l'imprimante *f.* (*electronic*) printer
imprimé(e) *adj.* printed
l'inadaptation *f.* maladjustment
l'inaptitude *f.* inaptitude, unfitness
inattendu(e) *adj.* unexpected
inaugurer to usher in, inaugurate
incarner to incarnate; to play the part of
incessant(e) *adj.* unending
s'incliner to bow; to yield to
inclure (*p.p.* **inclus**) *irreg.* to include
l'incohérence *f.* incoherence
incomber à to rest with
incommode *adj.* uncomfortable
inconscient(e) *adj.* unconscious
incontesté(e) *adj.* undisputed
l'inconvénient *m.* disadvantage
incorporer to incorporate; to add
incrédule *adj.* unbelieving
inculquer to inculcate
l'indépendance *f.* independence
indépendant(e) *adj.* independent
indéterminé(e) *adj.* undetermined
l'indicatif *m., Gram.* indicative
les indications *f. pl.* instructions
l'indice *m.* evidence
indien(ne) *adj.* Indian
l'indifférence *f.* indifference
indifférent(e) *adj.* indifferent
indigeste *adj.* indigestible
s'indigner to become indignant
indiqué(e) *adj.* indicated
indiquer to indicate
indirect(e) *adj.* indirect
l'individu *m.* person
individuel(le) *adj.* individual
individuellement *adv.* individually
indulgent(e) *adj.* indulgent
l'industrie *f.* industry
l'inégalité *f.* inequality
inextinguible *adj.* unquenchable
inférieur(e) *adj.* inferior; lower
l'infériorité *f.* inferiority
infini(e) *adj.* infinite
infiniment *adv.* infinitely
l'infinitif *m., Gram.* infinitive
l'infirmier (-ière) nurse

l'influence *f.* influence
influencé(e) *adj.* influenced
influencer (nous influençons) to influence
l'informatique *f.* computer science
l'ingénieur *m.* engineer
l'ingrédient *m.* ingredient
inhérent(e) (à) *adj.* inherent (in)
injuste *adj.* unjust, unfair
innocemment *adv.* innocently
innovateur (-trice) *adj.* innovative
inoffensif (-ive) *adj.* harmless
inoubliable *adj.* unforgettable
inquiet (-ète) *adj.* worried
inquiéter (j'inquiète) to worry; **s'inquiéter** to be worried
l'inquiétude *f.* worry
l'inscription *f.* matriculation; registration; inscription; **les frais** (*m. pl.*) **d'inscription** university fees
s'inscrire (*like* **écrire**) **(à)** to join; to enroll; to register
insister to insist
l'insomnie *f.* insomnia
inspecter to inspect
inspiré(e) *adj.* inspired
inspirer to inspire; **s'inspirer de** to take inspiration from
installé(e) *adj.* settled
s'installer to settle down, settle in
l'institut *m.* institute
l'instituteur (-trice) elementary school teacher
l'insuccès *m.* failure
l'insulte *f.* insult
insulté(e) *adj.* insulted
s'intégrer (je m'intègre) to integrate oneself, get assimilated
intellectuel(le) *adj.* intellectual
l'intelligence *f.* intelligence
intelligent(e) *adj.* intelligent
intentionnellement *adv.* intentionally
interdire to forbid
intéressant(e) *adj.* interesting
intéressé(e) *adj.* interested
intéresser to interest; **s'intéresser à** to take an interest in
l'intérêt *m.* interest, concern
intérieur(e) *adj.* interior; *n. m.* interior; **à l'intérieur** inside
intérieurement *adv.* internally
l'interlocuteur (-trice) interlocutor; speaker
l'intermédiaire *m.* intermediary; **par l'intermédiaire** through
international(e) *adj.* international
l'interprétation *f.* interpretation
interpréter to interpret
interrogatif (-ive) *adj., Gram.* interrogative
interroger (nous interrogeons) to question
interrompre (*like* **rompre**) to interrupt
l'intervalle *m.* interval
intervenir (*like* **venir**) to intervene
l'interview *f.* interview
interviewer to interview
intestinal(e) *adj.* intestinal
intime *adj.* intimate; private
intimider to intimidate
intitulé(e) *adj.* titled
intolérable *adj.* unbearable
l'intolérance *f.* intolerance
intracérébral(e) *adj.* within the brain
intraduisible *adj.* untranslatable
l'intrigue *f.* plot
introduire (*like* **conduire**) to introduce
l'intrus(e) intruder
inutile *adj.* useless
l'inventaire *m.* inventory
inventer to invent
inverser to reverse; to invert
investir to invest
l'investissement *m.* investment
l'invité(e) guest
inviter to invite
ironique *adj.* ironic(al)
irrégulier (-ière) *adj.* irregular
l'irrigateur *m.* irrigator
irrité(e) *adj.* irritated, annoyed
irriter to irritate
isolé(e) *adj.* isolated; detached
isoler to isolate
Israël *m.* Israel
l'Italie *f.* Italy
italien(ne) *adj.* Italian
l'italique *m.* italic; **en italique** in italics
l'itinéraire *m.* itinerary
ivre *adj.* drunk

J

jadis *adv.* once; formerly
la jalousie jealousy
jaloux (-ouse) *adj.* jealous
jamais *adv.* never, ever
la jambe leg
le jambon ham
le Japon Japan
le jardin garden
le/la jardinier (-ière) gardener
jaune *adj.* yellow; **le jaune d'oeuf** egg yolk
jeter (je jette) to throw
le jeu game; **le jeu de société** parlor game; board game
le jeudi Thursday
jeune *adj.* young; **la jeune fille** girl; **les jeunes** *m. pl.* young people; youth; **les jeunes gens** *m. pl.* young men; young people
la jeunesse youth; **l'auberge** (*f.*) **de jeunesse** youth hostel
la joie joy
joindre (*like* **craindre**) to join
joint(e) *adj.* joined, linked
joli(e) *adj.* pretty
la joue cheek
jouer to play; **jouer à** to play (*a sport or game*); **jouer aux cartes** to play cards; **jouer aux échecs** to play chess; **jouer des coudes** to jostle, jockey for position
le jouet toy
jouir to enjoy
le jour day
le journal newspaper; journal
journalier (-ière) *adj.* daily
le/la journaliste reporter, newscaster, journalist
la journée day; **toute la journée** all day long
la jouvence *A.* youth
le juge judge
juger (nous jugeons) to judge
juif (juive) *adj., n.* Jewish; Jew
juil. *ab.* **juillet** July
juillet July
juin June
le jumeau (la jumelle) twin
la jungle jungle
la jupe skirt
jurer to swear
le jus juice; **le jus de raisin** grape juice
jusqu'à *prep.* until, up to; **jusqu'à ce que** *conj.* until

juste *adj.* just; *adv.* precisely
justement *adv.* justly; exactly
la justice justice
justifier to justify

K

kaki *adj.* khaki (*color*)
le kilo kilogram
le kilométrage measuring (*of road, etc.*) in kilometers; marking (*of road*) with milestones
le kilomètre kilometer
km. *ab.* **kilomètre** *m.* kilometer

L

là-bas *adv.* over there
le laboratoire (le labo) laboratory
le lac lake
lâche *adj.* cowardly
lâcher to release, let go; **ses nerfs ont lâché** he/she broke down
la lâcheté cowardice
laid(e) *adj.* ugly
la laine wool
laisser to let, allow; **laisser à désirer** to leave something to be desired; **laisser libre cours à** to give free rein to; **laisser tomber** to drop
le lait milk; **le café au lait** coffee with hot milk
la laitue lettuce
lancé(e) *adj.* thrown, tossed
lancer (nous lançons) to launch; to throw, hurl; **se lancer** to plunge; to dash off; to launch oneself
le langage language; jargon
la langue language; tongue
le lapin rabbit
large *adj.* wide
la larme tear, teardrop
le lavabo bathroom sink
laver to wash; **la machine à laver** washing machine; **se laver** to wash (oneself), get washed; **se laver les mains** to wash one's hands
le lave-vaisselle dishwasher
la leçon lesson
le/la lecteur (-trice) reader; *m.* disk drive; (*compact disk*) player
la lecture reading
légal(e) *adj.* legal
léger (-ère) *adj.* light; slight; mild
léguer to bequeath
le légume vegetable
le lendemain next day, day after, following day
lent(e) *adj.* slow
lentement *adv.* slowly
la lentille contact lens
lequel (laquelle) *pron.* which one, who, whom, which
la lessive laundry; **faire la lessive** to do the laundry
la lettre letter; *pl.* literature; humanities; **la boîte aux lettres** mailbox
leur *adj.* their; *pron.* to them
levé(e) *adj.* raised
lever (je lève) to raise, lift; **se lever** to get up
la lèvre lip
la liaison liaison; love affair
le Liban Lebanon
la libération releasing; liberation
libérer (je libère) to free
la liberté freedom
libre *adj.* free; available; vacant; **donner (laisser) libre cours à** to give free rein to; **en vente libre** over-the-counter
la licence bachelor's degree; license; permission
licencié(e) *adj.* fired (*from job*); graduated (*with a diploma*)
lié(e) *adj.* linked, tied
se lier à to link oneself, attach oneself to
le lieu place; **au lieu de** *prep.* instead of, in the place of; **avoir lieu** to take place
la lieue *A.* league (*approx. 2.5 miles*)
la ligne line; figure; **faire attention à sa ligne** to watch one's figure
la limitation limit; restriction
la limite limit; boundary
limité(e) *adj.* limited, restricted
le linge (*household*) linen; clothes; **le sèche-linge** clothes-dryer
le linoléum linoleum
la liquéfaction liquefaction
la liqueur liquor
liquide *adj.* liquid; *n. m.* liquid; cash; **en liquide** in cash
lire (*p.p.* **lu**) *irreg.* to read
la liste list
le lit bed; **faire son lit** to make one's bed
le litre liter
littéraire *adj.* literary
la littérature literature
la livraison delivery
le livre book; *f.* pound (*half-kilo*)
livré(e) *adj.* delivered; supplied
se livrer to surrender; to give oneself up
local(e) *adj.* local
le/la locataire renter, tenant
la location rental
la locomotive locomotive
logé(e) *adj.* housed, put up
le logement housing; **le logement de fonction** company housing
logique *adj.* logical
logiquement *adv.* logically
le logis home, dwelling
la loi law
loin *adv.* far, at a distance; **loin de** *prep.* far from
lointain(e) *adj.* distant
le loisir leisure, spare time; *pl.* spare-time activities; **à loisir** at one's leisure
Londres *f.* London
long(ue) *adj.* long; slow; **à la longue** in the long run; **à long terme** long term; **le long de** *prep.* along
longtemps *adv.* long time
la longueur length
lors de *prep.* at the time of
lorsque *conj.* when
le lot batch (*of goods, etc.*); set
le loto lottery; **gagner au loto** to win the lottery
louable *adj.* praiseworthy, admirable
louanger (nous louangeons) to praise, glorify
louer to rent; to reserve; to praise; **Dieu soit loué!** praise be to God!
la Louisiane Louisiana
lourd(e) *adj.* heavy
le loyer rent; **Habitation** (*f.*) **à Loyer Modéré (HLM)** French public housing
lucide *adj.* lucid
la lueur gleam; glistening
la lumière light
lunaire *adj.* lunar

le lundi Monday
la lune moon; **le clair de lune** moonlight
les lunettes *f. pl.* eyeglasses
la lutte struggle
lutter to fight; to struggle
le luxe luxury; **de luxe** luxury; first-class
le lycée French secondary school
le lys lily

M

ma *adj. f.* my
mâcher to chew
le machin *fam.* thing
machinalement *adv.* mechanically
la machine machine; **la machine à écrire** typewriter; **la machine à laver** washing machine; **taper à la machine** to type
la mâchoire jaw
Madame (Mme) (*pl.* **Mesdames)** madam; lady
la madeleine madeleine (*shell-shaped pastry*)
Mademoiselle (Mlle) (*pl.* **Mesdemoiselles)** Miss
le magasin store; **le grand magasin** department store
le magazine (*illustrated*) magazine
le/la Maghrébin(e) North African (*person*); *adj.* from French-speaking North Africa
la magie magic
magique *adj.* magic
le magnésium magnesium
le magnétoscope videocassette recorder (VCR)
magnifique *adj.* magnificent
mai May
maigre *adj.* thin
maigrir to grow thin
le maillot jersey, tee-shirt; **le maillot de bain** bathing suit
la main hand; **à la main** by hand; **empoigner la vie à pleines mains** to take on life whole-heartedly; **se serrer la main** to shake hands
maintenant *adv.* now
maintenu(e) *adj.* maintained, upheld
mais *conj.* but; *interj.* why
la maison house; firm; **à la maison** at home; **l'employé(e) de maison** domestic servant
le maître (la maîtresse) master (mistress); teacher, mentor
la maîtrise master's degree; mastery; control
la majorité majority
mal *adv.* badly; *n. m.* (*pl.* **maux**) evil; pain; **avoir du mal** to have a hard time; **avoir le mal de mer** to be seasick; **avoir mal à la tête** to have a headache; **avoir mal aux dents** to have a toothache; **le mal du siècle** world weariness; typical ailment; **mal élevé(e)** *adj.* ill-bred; ill-mannered; **pas mal (de)** quite a few (of)
malade *adj.* sick; *n. m., f.* sick person
la maladie illness, disease; **en faire une maladie** to make a song and dance about it
maladroit(e) *adj.* unskillful; clumsy
la malchance bad luck, misfortune
malchanceux (-euse) *adj.* unlucky
le malentendu misunderstanding
malgré *prep.* in spite of
le malheur misfortune, calamity
malheureusement *adv.* unfortunately
malheureux (-euse) *adj.* unhappy; miserable
le/la Malien(ne) person from Mali; *adj.* from Mali
malin (maligne) *adj.* sly, clever
malmené(e) *adj.* mistreated, abused
malmener (je malmène) to handle roughly; to maul
le/la malotru(e) boor; uncouth person
malpoli(e) *adj.* impolite
maltraiter to mistreat, abuse
maman *f.* mom, mommy
mamy *f. fam.* grandma
la manche sleeve
le manganèse manganese
manger (nous mangeons) to eat; **la salle à manger** dining room
le manguier mango tree
le/la maniaque maniac
la manière manner, way
la manifestation (*political*) demonstration; manifestation
Manille Manila (*Philippines*)
manipuler to manipulate
le manque lack
manqué(e) *adj.* missed; failed
manquer to miss; to fail; to be lacking; **manquer (de)** + *inf.* to almost, nearly do something
le manteau coat, overcoat; **le manteau de pluie** raincoat
manuel(le) *adj.* manual; *n. m.* manual
le/la marchand(e) merchant, shopkeeper
la marche walking; gait; running; movement; step; stair tread; **en marche** in motion, moving; **faire marche arrière** to back up
le marché market; **bon marché** *adj. inv.* cheap, inexpensive; **le marché de l'emploi** job market; **meilleur marché** better buy, less expensive
marcher to walk; to work, function (*device*)
le mardi Tuesday
la margarine margarine
le mari husband
le mariage marriage
le/la marié(e) groom (bride); *adj.* married; **les (nouveaux) mariés** *m. pl.* newlyweds, newly married couple; **se marier** to get married
la marine navy; **le bleu marine** navy blue
marinière: moules (*f. pl.*) **à la marinière** mussels with onion and parsley sauce
la marmite (*stew*) pot
le Maroc Morocco
la marque trade name; brand
marquer to mark; to indicate; **marquer le pas** to mark time
marron *adj. inv.* brown; maroon
mars March
masculin(e) *adj.* masculine
massif (-ive) *adj.* massive, bulky; solid
le matérialisme materialism
le matériau (*pl.* **-aux)** building material
matériel(le) *adj.* material; *n. m.* material, working stock
maternel(le) *adj.* maternal; **l'école** (*f.*) **maternelle** nursery school, pre-school

les mathématiques (les maths) *f. pl.* mathematics
la matière academic subject; matter; **en matière de** in the matter of; **la matière grise** "gray matter," intelligence
le matin morning
la matinée morning
maudit(e) *adj.* cursed, damn(ed)
mauvais(e) *adj.* bad; wrong; **être de mauvaise humeur** to be in a bad mood; **le mauvais sens** wrong direction
le/la mécanicien(ne) mechanic; technician
mécanique *adj.* mechanical; **la remontée mécanique** (ski) lift
le mécanisme mecanism
méchant(e) *adj.* naughty, bad; wicked
mécontent(e) *adj.* dissatisfied; unhappy
le médecin doctor
la médecine medicine (*study, profession*)
les médias *m. pl.* media
médical(e) *adj.* medical
le médicament medication; drug
la médication medical treatment
médiocre *adj.* mediocre
la Méditerranée Mediterranean (sea)
meilleur(e) *adj.* better; **le/la méilleur(e)** best; **meilleur marché** better buy, less expensive
le mélange mixture; blend
mélangé(e) *adj.* mixed
mélanger (nous mélangeons) to mix
mêlé(e) *adj.* mixed; mingled
le membre member
même *adj.* same; itself; very same; **quand même** anyway; **tout de même** all the same, for all that
la mémoire memory; thesis, term paper
mémorable *adj.* memorable, eventful (*trip*)
la menace threat
menacé(e) *adj.* threatened
menacer (nous menaçons) to threaten; **menacer de** to threaten to
le ménage housekeeping; married couple; **faire le ménage** to do the housework; **la femme de ménage** housekeeper
ménager (-ere) *adj.* pertaining to the home; **l'appareil** (*m.*) **ménager** household appliance; **les taches** (*m. pl.*) **ménagères** housework
mené(e) *adj.* guided, directed
mener (je mène) to take; to lead
le/la meneur (-euse) leader, driver
mental(e) *adj.* mental
mentalement *adv.* mentally
la mentalité mentality
le/la menteur (-euse) liar
mentionné(e) *adj.* mentioned
mentionner to mention
mentir (*like* **partir**) to lie
le menton chin
la menuiserie woodwork; carpentry
le mépris scorn
mépriser to despise, scorn
la mer sea; **au bord de la mer** at the seashore; **avoir le mal de mer** to be seasick; **le fruit de mer** seafood; **la grosse mer** heavy, high sea
merci *interj.* thanks
le mercredi Wednesday
merde *interj., fam.* shit
la mère mother
la meringue meringue
mériter to deserve
merveilleux (-euse) *adj.* marvelous
mes *pl. adj., m., f.* my
la mésaventure misadventure
la messe (*Catholic*) mass
la mesure measure; extent; **au fur et à mesure** (*in proportion*) as, progressively; **dans une certaine mesure** to a certain extent; **prendre des mesures** to take measures
mesurer to measure
le métal metal
la métallurgie metallurgy
se métamorphoser to be transformed
la métaphore metaphor
la méthode method
méticuleux (-euse) *adj.* meticulous
le métier trade, profession, occupation
le métro subway (*train, system*)
mettre (*p.p.* **mis**) *irreg.* to put; to put on; to take (*time*); **mettre à la porte** to fire, dismiss; **mettre au point** to put into shape; **mettre en garde** to warn; **mettre en page** to format (*printing*); **mettre en pièces** to pull to pieces; **mettre fin (à)** to end, put an end (to); **mettre le couvert** to set the table; **mettre sa flèche** to put on one's turn signal; **se mettre à** to begin; **se mettre à l'aise** to relax; **se mettre en colère** to get angry; **se mettre en groupes** to get into groups
le meuble piece of furniture
meunière: la sole meunière sole sautéed in light batter
le Mexique Mexico
mi: à la mi-août in the middle of August; **à mi-chemin** halfway; **à mi-temps** part-time
le micro *fam.* personal computer
le microcosme microcosm
la micro-informatique use of personal computers
la micro-onde microwave; **le four à micro-ondes** microwave oven
le midi noon; **à midi** at noon
le/la mien(ne) *pron.* mine
la miette crumb
mieux *adv.* better; **d'autant mieux** all the better; **de mieux en mieux** better and better; **le mieux** the best; **tant mieux** so much the better; **valoir mieux** to be better
mignon(ne) *adj.* cute
la migraine migraine (*headache*)
le milieu environment; milieu; **au milieu de** in the middle of; **en plein milieu** right in the middle
le militaire serviceman, soldier
le militarisme militarism
mille *adj.* thousand
le mille-feuilles *s.* flaky pastry; napoleon
le milliard billion
le millier (around) a thousand
mince *adj.* thin; slender; **mince alors!** *interj. fam.* that's fantastic!
la mine appearance, look; **faire mine de** to make as if to
minéral(e) *adj.* mineral; **l'eau** (*f.*) **minérale** mineral water
la minéralité level of minerals
le ministre minister
la minorité minority
la minute minute
minutieux (-euse) *adj.* meticulous
le miroir mirror
la mise putting; **de mise** proper, suitable;

la mise en page formatting (*printing*); **la mise en scène** production, staging, setting; direction
la misère misery, poverty
le mixeur mixer, blender
mixte *adj.* interracial; coed
mn. *ab.* **minute** *f.* minute
la mobylette moped, scooter
moche *adj. fam.* ugly; rotten
la mode fashion, style; *m. Gram.* mood; mode; method; **à la mode** in style; **le mode d'emploi** directions for use; **le mode de vie** lifestyle
le modèle model; pattern
la modération moderation, temperance
modéré(e) *adj.* moderate; **Habitation** (*f.*) **à Loyer Modéré (HLM)** French public housing
moderne *adj.* modern
moderniser to modernize
modeste *adj.* modest, humble
modifier to modify, transform
moi *stressed pron.* I; **à moi** mine
moindre *adj.* less, smaller, slighter; **la moindre chose** the least thing
le moine monk
moins *adv.* less; **à moins que** *conj.* unless; **de moins en moins** less and less; **du moins** at least; **moins de/que** fewer
le mois month
la moitié half; **à moitié** half(way)
moka *adj. inv.* mocha-, coffee-flavored
mollement *adv.* weakly; indolently
le moment moment; **au moment de** at the time of
momentanément *adv.* temporarily
mondain(e) *adj.* worldly
le monde world; people; society; **le tiers monde** third world, developing countries; **tout le monde** everybody; **venir au monde** to be born
mondial(e) *adj.* world; worldwide
le/la moniteur (-trice) coach; instructor; supervisor
la monnaie change; coins
Monsieur (M.) (Messieurs) mister (Mr.); gentleman; sir
le monstre monster
montagnard(e) *adj.* in the mountains
la montagne mountain; **à la montagne** in the mountains
monter *intr.* to climb into; to get in; to go up; *trans.* to take up; to climb
la montre watch; wristwatch
montrer to show
se moquer de to make fun of; to mock
la moquette wall-to-wall carpet
moqueur (-euse) *adj.* derisive. mocking
la morale moral
le morceau piece
morne *adj.* gloomy; *n. m.* hillock, knoll
la mort death
mortel(le) *adj.* mortal; fatal
Moscou *m.* Moscow
le mot word
le moteur motor; engine
motiver to motivate
le mot-lien connecting word
la moto *fam.* motorbike
mou (molle) *adj.* soft; flabby
la mouche fly; housefly
se moucher to wipe or blow one's nose
le mouchoir handkerchief
le moule mold; **le moule à gâteaux** cake pan
moulé(e) *adj.* molded
mourir (*p.p.* **mort**) *irreg.* to die
la moutarde mustard
le mouton mutton; sheep
le mouvement movement
moyen(ne) *adj.* average; mean, middle, medium; *n. m.* means; way; **de taille moyenne** of average height; **le moyen âge** Middle Ages; **le Moyen Orient** Middle East
moyennant *prep.* on condition, in return for which
mû (mue) *adj.* driven, moved
muet(te) *adj.* silent
mugir to bellow (*of cattle*); to moan
se multiplier to be multiplied
le mur wall
musclé(e) *adj.* muscular
musculaire *adj.* muscular
la musculation muscle development
le musée museum
musical(e) *adj.* musical
la musique music
musulman(e) *adj.* Moslem
le mystère mystery
mystérieux (-euse) *adj.* mysterious
le mythe myth
mythologique *adj.* mythological

N

nager (nous nageons) to swim
naïf (naïve) *adj.* naïve; simple-minded
la naissance birth
naître (*p.p.* **né**) to be born
nantais(e) *adj.* of the Nantes region
la nappe tablecloth
narguer to taunt
le/la narrateur (-trice) narrator
natal(e) *adj.* native
la natation swimming
national(e) *adj.* national
la nationalité nationality
la nature nature; **le yaourt nature** plain yoghurt
naturel(le) *adj.* natural
naturellement *adv.* naturally
la nausée nausea
nautique *adj.* nautical; **le ski nautique** water skiing
la navette (space) shuttle
le navire ship
né(e) *adj.* born
nécessaire *adj.* necessary
nécessairement *adv.* necessarily
la nécessité need
nécessiter to need
négatif (-ive) *adj.* negative
négativement *adv.* negatively
négliger (nous négligeons) to neglect
négocier to negotiate
le nègre (la négresse) negro (negress)
la neige snow
le nerf nerve
nerveux (-euse) *adj.* nervous; **la dépression nerveuse** nervous breakdown
la nervosité irritability
nettoyer (je nettoie) to clean
neuf (neuve) *adj.* new, brand-new; *m.* nine
neutre *adj.* neuter
le neveu nephew
la névralgie neuralgia
le nez nose
ni neither; nor
la nièce niece
nier to deny
le niveau level
la noblesse nobility
la noce wedding; **le voyage de noces** honeymoon trip

nocturne *adj.* nocturnal
le Noël Christmas
le noeud knot
noir(e) *adj.* black
le nom noun; name
le nombre number; quantity
nombreux (-euse) *adj.* numerous
nommer to name
le nord north; **la Caroline du Nord** North Carolina
nord-africain(e) *adj.* North African
normal(e) *adj.* normal
normand(e) *adj.* of the Normandy region
la Normandie Normandy
nos *pl. adj., m., f.* our
la nostalgie nostalgia
notamment *adv.* notably; especially
la note note; grade; bill; **prendre note de** to note down
noté(e) *adj.* noted
noter to notice; **à noter** worth remembering
notre *pron. m., f., s.* our
la nouille noodle
nourri(e) *adj.* fed, nourished
se nourrir to eat, nourish oneself
la nourriture food
nous *subj. pron., stressed pron.* we; us
nouveau (nouvel, nouvelle) *adj.* new; **la nouvelle cuisine** light, low-fat cooking
la nouveauté novelty
la nouvelle news; short story
la Nouvelle-Angleterre New England
noyé(e) *adj.* drowned
nu(e) *adj.* naked; bare
la nuance shade of meaning
nucléaire *adj.* nuclear
la nuit night; **la boîte de nuit** nightclub; **de nuit** at night
nul(le) *adj., pron.* no, not any; **nulle part** *adv.* nowhere
le numéro number
le nymphéa white water lily

O

obéir (à) to obey
obéissant(e) *adj.* obedient
l'objectif *m.* goal, objective
l'objet *m.* objective; object; **l'objet d'art** piece of artwork
l'obligation (*f.*) obligation; **avoir l'obligation de** to be obliged to
obligatoire *adj.* obligatory; mandatory
obligé(e) *adj.* obliged, required; **être obligé(e) de** to be obliged to
obliger (nous obligeons) to oblige; to compel; to do a favor
obscur(e) *adj.* dark; obscure
obsédé(e) *adj.* obsessed
observé(e) *adj.* observed
observer to observe
obstiné(e) *adj.* stubborn, obstinate
s'obstiner to persevere, persist
obtenir (*like* **tenir**) to obtain
obtenu(e) *adj.* gotten, obtained
l'occasion *f.* opportunity; occasion; bargain; **avoir l'occasion de** to have the chance to; **une voiture d'occasion** second-hand car
occidental(e) *adj.* western, occidental
occupé(e) *adj.* occupied; held; busy
s'occuper de to look after, be interested in
l'océan *m.* ocean
octobre October
l'octogénaire *m., f.* octogenarian
l'odeur *f.* odor, smell
odieux (-euse) *adj.* odious, hateful
l'œil *m.* (*pl.* **yeux**) eye; look; **jeter un coup d'oeil à** to glance at
l'oeuf *m.* egg; **le jaune d'oeuf** egg white
l'oeuvre *f.* work; artistic work; **le chef-d'oeuvre** masterpiece; **le *hors-d'oeuvre** hors-d'oeuvres, appetizer
offert(e) *adj.* offered
officiel(le) *adj.* official
l'officier *m.* officer
offrir (*like* **ouvrir**) to offer; **s'offrir** to buy for oneself
l'oignon *m.* onion
l'oiseau *m.* bird
l'oligo-élément *m.* oligo-element, trace mineral
l'olivier *m.* olive tree
l'ombre *f.* shadow
l'omelette *f.* omelet
l'oncle *m.* uncle
l'onde *f.* wave; **la micro-onde** microwave
ondulé(e) *adj.* wavy
l'ongle *m.* (*finger*) nail
onze *adj.* eleven
l'opérateur (-trice) operator
l'opération *f.* operation; **la salle d'opération** operating room
opérer (j'opère) to operate; to perform
oppressif (-ive) *adj.* oppressive
opprimant(e) *adj.* oppressive
optimiste *adj.* optimistic
or *conj.* now; well; *n. m.* gold
oralement *adv.* orally
orange *adj. inv.* orange; *n. f.* orange
l'orchestre *m.* orchestra
ordinaire *adj.* ordinary
l'ordinateur *m.* computer
l'ordonnance *f.* prescription
ordonner to order, command
l'ordre *m.* order
l'oreille *f.* ear
ores: d'ores et déjà *adv.* from now on
l'organe *m.* organ
l'organisateur (-trice) organizer
l'organisation *f.* organization
organisé(e) *adj.* organized; **le voyage organisé** guided tour
organiser to organize
l'organisme *m.* organism
l'orient *m.* Orient, East; **le Moyen Orient** Middle East
oriental(e) *adj.* oriental, eastern
original(e) *adj.* eccentric; original
l'originalité *f.* originality
l'origine *f.* origin
l'orphelin(e) orphan
l'orteil *m.* toe
l'orthographe *f.* spelling
l'os *m.* bone
oser to dare
ostensiblement *adv.* ostensibly
l'oubli *m.* forgetfulness; forgetting
oublié(e) *adj.* forgotten
oublier (de) to forget (to)
l'ouest *m.* west; **le sud-ouest** southwest
oui *interj.* yes
l'outil *m.* tool
l'outrage *m.* outrage, insult; **l'outrage des ans** the ravages of time
outre *prep.* beyond, in addition to
ouvert(e) *adj.* open; frank

ouvertement *adv.* openly
l'ouverture *f.* opening
l'ouvrage *m.* (piece of) work; literary work
l'ouvre-boîtes *m. inv.* can-opener
l'ouvrier (-ière) worker, factory worker
ouvrir (*p.p.* **ouvert**) *irreg.* to open; **s'ouvrir** to open (up)
l'oxygène *m.* oxygen

P

le Pacifique Pacific Ocean
la pagaille *fam.* disorder; confusion; mess
la page page
la paille straw
le pain bread
la paire pair
paisible *adj.* peaceful, tranquil
la paix peace
le palais palace; palate
pâle *adj.* pale
pâlir to grow pale
pallier to extenuate, palliate
le palmier palm tree
la pancarte sign, notice; placard
le panier basket
la panne (*mechanical*) breakdown; **la panne d'essence** out of gas; **tomber en panne** to have a breakdown
le panneau road sign; panel
panoramique *adj.* panoramic
le pantalon (*pair of*) pants
papa *m. fam.* dad, daddy
le papier paper
le papillon butterfly
papy *m. fam.* grandpa
le paquet package
par *prep.* by, through; **par cœur** by heart; **par conséquent** consequently; **par contre** on the other hand; **par écrit** in writing; **par exemple** for example; **par hasard** by chance; **par rapport à** with regard to, in relation to; **par terre** on the ground
le paradis paradise
le paradoxe paradox
le paragraphe paragraph
paraître (*like* **connaître**) to appear
le parapluie umbrella
le parc park
parcourir (*like* **courir**) to travel through; to skim (*in reading*)
le parcours route, course, distance to cover
pardon *interj.* pardon me; *n. m.* pardon, forgiveness; **demander pardon** to apologize
pardonner to pardon
le parebrise windshield
pareil(le) *adj.* like, similar
le parent parent; relative
la parenthèse parenthesis
paresseux (-euse) *adj.* lazy
parfait(e) *adj.* perfect
parfois *adv.* sometimes; now and then
le parfum perfume
la parfumerie perfume factory
le parfumeur perfume manufacturer, perfumer
parisien(ne) *adj.* Parisian; **le/la Parisien(ne)** Parisian (person)
le parking parking lot
parler to speak; to talk; **parler à** to speak to; **parler de** to talk about
parmi *prep.* among
la parole word
la part share, portion; **nulle part** nowhere; **quelque part** somewhere
partager (nous partageons) to share
le/la partenaire partner
le parti (*political*) party
le participe *Gram.* participle
participer (à) to participate (in)
la particularité particularity; peculiarity
particulier (-ière) *adj.* particular
particulièrement *adv.* particularly
la partie part (*of a whole*); **en partie** in part; **faire partie de** to be part of
partir to leave; **à partir de** *prep.* starting from
le/la partisan(e) partisan
partout *adv.* everywhere
parvenir (*like* **venir**) **à** to attain; to succeed in
le passage passage; passing
le passage-piéton crosswalk
le/la passager (-ère) passenger
passé(e) *adj.* past, gone, last; spent
le passeport passport
passer *intr.* to pass; *trans.* to pass; to cross; to spend; **passer par** to pass through; **passer un examen** to take an exam; **se passer** to happen; to take place; **se passer de** to do without
le passe-temps pastime, hobby
passionné(e) *adj.* passionate; **passionné(e) de** very fond of
la passivité passivity, passiveness
la pastèque watermelon
la pâte dough; *pl.* pasta
le pâté liver paste, pâté
la patience patience
patient(e) *adj.* patient
le patinage skating
la patinoire skating rink
la pâtisserie pastry; pastry shop
le/la pâtissier (-ière) pastry chef
le patriarche patriarch
patrimonial(e) *adj.* patrimonial
le/la patron(ne) boss
la paupière eyelid
la pause pause, break
pauvre *adj.* poor needy; wretched, unfortunate; *n. m. pl.* the poor; **le pauvre (la pauvresse)** poor person
pauvrement *adv.* poorly
la pauvreté poverty
le pavillon pavilion
payer (je paie) to pay; **payer comptant** to pay cash
le pays country; land
le paysage landscape, scenery
la peau skin
la pêche fishing; peach; **aller à la pêche** to go fishing
pêcher to fish
le/la pêcheur (-euse) fisherman (-woman)
pédagogique *adj.* pedagogical, teaching
la pédale pedal
se peigner to comb one's hair
peindre (*like* **craindre**) to paint
la peine bother, trouble; punishment, sentence; **à peine** hardly; **avoir de la peine** to have trouble, difficulty; to be unhappy; **ce n'est pas la peine** it's not worth the bother; **la peine de mort** death penalty; **sans peine** painlessly

le peintre painter
la peinture paint; painting
péjoratif (-ive) *adj.* pejorative, negative
penché(e) *adj.* leaned, bent
pencher to lean, bend; **se pencher** to bend down, lean over
pendant *prep.* during; **pendant que** *conj.* while
pendu(e) *adj.* hanging
pénétrer (je pénètre) to penetrate, reach
la pénibilité (*physical*) difficulty
la Pennsylvanie Pennsylvania
la pensée thought
penser to think; to reflect; to expect; **penser à** to think of (*something*); **penser de** to thing about, have an opinion about
pensif (-ive) *adj.* pensive, thoughtful
la perceuse drill
percevoir (*like* **recevoir**) to perceive
perché(e) *adj.* perched
perdre to lose; **perdre connaissance** to lose consciousness; **perdre du temps** to waste time; **se perdre** to get lost
perdu(e) *adj.* lost
le père father
perfectionner to perfect
performant(e) *adj.* performing
la période period (*of time*)
le périple long journey, odyssey
permanent(e) *adj.* permanent
permettre (*like* **mettre**) to permit, allow, let; **se permettre** to permit oneself; to take the liberty
le permis license; **le permis de conduire** driver's license
perplexe *adj.* perplexed, confused
persécuté(e) *adj.* persecuted; *n. m., f.* persecuted person
persécuter to persecute
le/la persécuteur (-trice) persecutor
persévérer (je persévère) to persevere
le persil parsley
persistant(e) *adj.* persistent
le personnage (*fictional*) character; personage
la personnalisation personalization
la personnalité personality; personal character
la personne person; **la grande personne** adult; **ne... personne** nobody, no one
personnel(le) *adj.* personal
la personnification personification
la perspective view; perspective
persuasif (-ive) *adj.* persuasive
perturber to disturb
peser (je pèse) to weigh
pessimiste *adj.* pessimistic
la pétanque game of bowling (*south of France*)
petit(e) *adj.* little; short; very young; *m. pl.* young ones; little ones; **le petit déjeuner** breakfast; **les petites annonces** *f. pl.* classified ads
la petite-fille granddaughter
le petit-fils grandson
peu *adv.* little, not much; few, not many; not very; **à peu près** *adv.* nearly; **il y a peu** a little while ago
le peuple nation; people of a country
peupler to populate
la peur fear; **avoir peur (de)** to be afraid (of); **faire peur à** to scare, frighten
le/la pharmacien(ne) pharmacist
la pharmacopée pharmacopoeia
le phénix phoenix
le phénomène phenomenon
Philadelphie Philadelphia
le/la philosophe philosopher
la philosophie philosophy
la photo picture, photograph
le/la photographe photographer
la photographie photography
photographier to photograph
la phrase sentence
physiologique *adj.* physiological
le/la physiologiste physiologist
physique *adj.* physical; *n. m.* physical appearance; *n. f.* physics
physiquement *adv.* physically
le/la pianiste pianist
le pichet (*water*) pitcher
la pièce (*theatrical*) play; piece; coin; room (*of a house*); **mettre en pièces** to pull to pieces
le pied foot; **à pied** on foot; **au pied de** at the foot of; **le coup de pied** kick; **pieds nus** barefoot
piéger (je piège, nous piégeons) to trap
la pierre stone
le/la piéton(ne) pedestrian
la pile pile; battery
le/la pilote pilot
piloter to pilot
la pilule pill
la pincée pinch
le/la pionnier (-ière) pioneer
la pipe pipe
le pique-nique picnic; **faire un pique-nique** to go on a picnic
la piqûre shot
pire *adj.* worse; **de pire en pire** worse and worse; **le/la pire** the worst
pis *adv.* worse; **le/la pis** the worst; **tant pis** too bad
la piscine swimming pool
la piste path, trail; course; slope
la pitié pity; **avoir pitié de** to have pity on
pittoresque *adj.* picturesque
le placard cupboard
la place place; position; seat; public square; **faire place à** to make room for
placé(e) *adj.* situated; placed
placer (nous plaçons) to find a seat for; to place
la plage beach
se plaindre (*like* **craindre**) to complain
plaire (*p.p.* **plu**) *irreg.* to please; **s'il te (vous) plaît** *interj.* please
plaisant(e) *adj.* pleasant
la plaisanterie joke; trick
le plaisir pleasure; **faire plaisir (à)** to please; **prendre plaisir à** to take pleasure in
le plan plan; diagram, map
la planche board; **la planche à voile** sailboard, windsurfer
le plancher (*wood*) floor
planer to hover
la planète planet
planifier to plan
la plaque (*liquor*) license; **la plaque en fonte** cast-iron plate
le plastique plastic
plat(e) *adj.* flat; *n. m.* dish; course; **le plat garni** entrée with vegetables
le plateau tray; plateau
Platon Plato
le plâtre plaster; cast
plein(e) *adj.* full; **à plein temps** full-time; **empoigner la vie à pleines**

mains to take on life whole-heartedly; **en plein** fully, precisely; **en plein air** in the open air, outdoors; **en plein milieu** right in the middle; **faire le plein (d'essence)** to fill up (with gasoline); **plein de gens** *fam.* a lot of people
pleurer to cry
pleuvoir (*p.p.* **plu**) *irreg.* to rain
le pli pleat; fold
le plomb lead (*metal*); (*electric*) fuse
le plombage filling (*in tooth*)
plonger (nous plongeons) to dive; to dip
la pluie rain
le plumage plumage; feathers
la plupart (de) most (of); the majority of
le pluriel *Gram.* plural
plus *adv.* more; **de plus en plus** more and more; **ne... plus** no longer, not anymore; **non plus** neither, not . . . either
plusieurs *adj., pron.* several
le plus-que-parfait *Gram.* pluperfect, past perfect
plutôt *adv.* more; rather; sooner
le pneu tire
la poche pocket; **le livre de poche** paperback
la poêle frying pan
le poème poem
le poète poet
le poids weight; **prendre du poids** to gain weight
poignant(e) *adj.* poignant, touching
le poignet wrist
le poil hair, bristle
le point point; period (*punctuation*); **en tous points** in every respect; **mettre au point** to restate, focus; **ne... point** not at all; **le point de vue** point of view
la pointe peak; touch, bit; **les heures** (*f. pl.*) **de pointe** rush hour(s)
pointu(e) *adj.* pointed
la poire pear
le pois pea; **les petits pois** *m. pl.* green peas
le poisson fish
la poissonnerie fish market
la poitrine chest; breasts
le poivre pepper
poli(e) *adj.* polite; polished
la police police; **l'agent** (*m.*) **de police** police officer
policier (-ière) *adj.* pertaining to the police; *n. m.* police officer
la politesse politeness; good breeding
le/la politicien(ne) *pej.* politician
politique *adj.* political; *n. f.* politics; policy; **l'homme (la femme) politique** politician
le polo polo shirt; sweatshirt
la Pologne Poland
la pomme apple
la pompe (*gasoline*) pump; **à toute pompe** *fam.* at full speed
le pompier firefighter
le/la pompiste service station attendant
ponctuel(le) *adj.* punctual
le pont bridge
populaire *adj.* popular; common
le porc pork
la porcelaine porcelain; china
le port port; harbor
la porte door; **mettre à la porte** to fire, dismiss (*an employee*); **la porte d'embarquement** departure gate; **la porte d'entrée** entrance
porté(e) *adj.* worn; carried
la portée reach; **se mettre à la portée de quelqu'un** to get down to someone's level
le portefeuille wallet
le porte-monnaie change purse, coin purse
porter to carry; to wear; **porter beau** to have a noble bearing; **le prêt-à-porter** ready-to-wear; women's clothing
la portière (*car*) door
le/la Portugais(e) Portuguese (*person*)
posément *adv.* soberly, deliberately
poser to put (down); to state; to pose; to ask; **se poser des questions** to ask one another questions
positif (-ive) *adj.* positive
la position position; stand; **prendre position contre (pour)** to take sides against (for)
posséder (je possède) to possess
le possesseur owner
possessif (-ive) *adj.* possessive
la possession possession; **être en possession de** to possess, be in possession of
la possibilité possibility
postal(e) *adj.* postal, post; **la carte postale** postcard
le poste position; employment
le/la postulant(e) applicant; postulant
le pot pot; jar; pitcher
le potage soup
le pote *fam.* buddy, pal
le potentiel potential
la poubelle garbage can
le pouce thumb; inch; **se tourner les pouces** to twiddle one's thumbs
la poudre powder; **en poudre** powdered
le poulet chicken
le poulpe octopus
le poumon lung
la poupée doll
pour *prep.* for; on account of; in order; for the sake of; **pour que** *conj.* so that, in order that
le pourboire tip, gratuity
le pourcentage percentage
pourquoi *adv., conj.* why
poursuivre (*like* **suivre**) to pursue
pourtant *adv.* however, yet, still, nevertheless
pourvoir *irreg.* to fill (*a vacancy*)
pousser to push; to utter, emit
pouvoir (*p.p.* **pu**) *irreg.* to be able; *n. m.* power, strength; **le pouvoir d'achat** purchasing power
pr. *ab.* **professeur** *m.* professor
la prairie prairie
pratique *adj.* practical; *n. f.* practice
pratiquer to practice
précaire *adj.* precarious
précédent(e) *adj.* preceding
préchauffer to preheat
précieux (-euse) *adj.* precious
précis(e) *adj.* precise, fixed, exact
la précision precision
précoce *adj.* precocious
le prédécesseur predecessor
la prédiction prediction
prédisposé(e) *adj.* predisposed
la prédisposition predisposition
la préface preface
préférable *adj.* preferable, more advisable
préféré(e) *adj.* preferred, favorite

la préférence preference; **de préférence (à)** in preference (to)
préférer (je préfère) to prefer; to like better
le préjugé prejudice
premier (-ière) *adj.* first; principal; former; **à première vue** at first glance
prendre (*p.p.* **pris**) *irreg.* to take; to catch, capture; to choose; to begin to; **prendre forme** to take shape; **prendre note de** to make a note of; **prendre plaisir (à)** to take pleasure (in); **prendre rendez-vous** to make an appointment, a date; **prendre un pot** *fam.* to have a drink; **prendre une décision** to make a decision
le prénom first name, Christian name
la préoccupation preoccupation, worry
préoccupé(e) *adj.* preoccupied; concerned
les préparatifs *m. pl.* preparations
la préparation preparation
préparatoire *adj.* preparatory
préparé(e) *adj.* prepared
préparer to prepare; **se préparer à** to prepare oneself, get ready for
la préposition *Gram.* preposition
près *adv.* by, near; **à peu près** around, approximately; **près de** *prep.* near, close to
prés. *ab.* **présenter** to present
préscrire (*like* **écrire**) to prescribe
la présence presence
présent(e) *adj.* present; *n. m.* present
la présentation presentation
présenter to present; to introduce; to put on; **se présenter** to present oneself; to appear
le/la président(e) president
présider to preside
presque *adv.* almost, nearly
la presse press (*media*)
pressé(e) *adj.* in a hurry; squeezed
pressentir to sense, anticipate
presser to squeeze
la pression pressure; tension
la prestation benefit; loan(ing) (*of money*)
prestigieux (-euse) *adj.* prestigious
prêt(e) *adj.* ready
le prêt-à-porter ready-to-wear; women's clothing
la prétention pretension, claim
la preuve proof; **faire preuve de** to prove
prévenir (*like* **venir**) to warn
la prévention prevention
prévisionnel(le) *adj.* estimated
prévoir (*like* **voir**) to foresee; to anticipate
prier to pray; to ask (*someone*); **je vous (t') en prie** please
la prière prayer
primaire *adj.* primary
principal(e) *adj.* principal, most important
principalement *adv.* principally, mainly
le principe principle
pris(e) *adj.* taken
la prise setting; grasp; **la prise de courant** electric wall outlet; **la prise en charge** taking over, takeover
priser to take snuff
la prison prison
le/la prisonnier (-ière) prisoner
privé(e) *adj.* private; deprived of
le privilège privilege
privilégier to favor
le prix price; **le menu à prix fixe** fixed price meal(s)
probablement *adv.* probably
le problème problem
le processus process
le procès-verbal report; minutes (*of meeting*)
prochain(e) *adj.* next; near; immediate
proche *adj., adv.* near, close; **proche de** *prep.* near, on the verge of
le produit product
le professeur professor; teacher
professionnel(le) *adj.* professional
professionnellement *adv.* professionally
le profil profile; outline; cross-section
profiter (de) to take advantage of
profond(e) *adj.* deep
le programme program; course program; design, plan
le progrès progress; **faire du (des) progrès** to make progress
la progression progress, advancement
la proie prey
le projet project; plan
prolonger (nous prolongeons) to prolong, extend
la promenade walk; stroll; drive; excursion, pleasure trip
promener (je promène) to take out walking (*for exercise*); **se promener** to go for a walk, drive, ride
la promesse promise
promettre (*like* **mettre**) to promise
le/la promoteur (-trice) promoter, originator
promouvoir (*p.p.* **promu**) *irreg.* to promote
prôner to praise, extol; to recommend
le pronom *Gram.* pronoun
prononcer (nous prononçons) to pronounce; **se prononcer** to be pronounced
prophétiser to prophetize, foresee
propice *adj.* propitious; favorable
le propos talk; utterance; **à propos de** *prep.* with respect to
proposer to propose
propre *adj.* own; proper; clean; **au propre et au figuré** literally and figuratively
le/la propriétaire owner
la propriété property
la prose prose
prosécuter to prosecute
protéger (je protège, nous protégeons) to protect
la protestation protest; objection
protester to protest
prouver to prove
provençal(e) *adj.* from Provence
provenir (*like* **venir**) to arise, come
la province province
le proviseur headmaster
la provision supply; **les provisions** *f. pl.* groceries
provisoire *adj.* temporary, provisional
provoquer to provoke
la proximité proximity, closeness; **à proximité de** near
le/la psychiatre psychiatrist
la psychologie psychology
psychologique *adj.* psychological
psychologiquement *adv.* psychologically

le/la psychologue psychologist
public (publique) *adj.* public; *n. m.* public; audience
le/la publicitaire person in advertising; *adj.* advertising, ad
la publicité (la pub) publicity; advertising
publier to publish
puer *fam.* to stink
puis *adv.* then afterward, next; besides; **et puis** and then; and besides
puisque *conj.* since, as, seeing that
puissant(e) *adj.* powerful, strong
le pull(over) pullover
punir to punish
punitif (-ive) *adj.* punitive
la punition punishment
pur(e) *adj.* pure
la purée purée
purement *adv.* purely, exclusively
la pureté purity
le pyjama pajamas
les Pyrénées *f. pl.* Pyrenees

Q

le quai quai; (*railroad*) platform
qualifié(e) *adj.* qualified
la qualité quality; virtue
quand *adv., conj.* when; **quand même** even though; all the same; nevertheless
quant à *prep.* as for
la quantité quantity
la quarantaine about forty
quarante *adj.* forty
le quart quarter; fourth (*part*)
le quartier neighborhood
quatre *adj.* four
quatrième *adj.* fourth
quel(le) *adj.* what, which; what a
quelque(s) *adj.* some, any; a few; **quelque chose** *pron.* something; **quelque part** somewhere
quelquefois sometimes
quelqu'un *pron.* someone, somebody; **quelques-un(e)s** *pron.* some, a few
la querelle quarrel
questionner to question, ask questions
la queue tail; line (*of people*); **faire la queue** to stand in line
la quiche quiche (*egg custard pie*)
quiconque *pron.* whoever, anyone who
la quinzaine about fifteen
quinze *adj.* fifteen
quitter to leave; to abandon, leave behind
quoi *pron.* which; what
quotidien(ne) *adj.* daily, quotidian; *n. m.* daily (newspaper)

R

la race race; ancestry; stock
le rachat repurchase, take-over
racial(e) *adj.* racial
la racine root
le racisme racism
raciste *adj.* racist
la raclette melted cheese with boiled potatoes (*Swiss*)
raconter to tell; to recount, narrate
le radiateur radiator
le radical *Gram.* stem; root; radical (*chemistry*)
la radio radio; x-ray
radioactif (-ive) *adj.* radioactive
la radioactivité radioactivity
se raffoler de to dote on, be very fond of
raide *adj.* stiff; straight
la raideur stiffness
rainuré(e) *adj.* grooved, fluted
le raisin grape(s)
la raison reason; **avoir raison** to be right
raisonnable *adj.* reasonable; rational
rajeunir to rejuvenate
ralentir to slow down
le ramage chirping, warbling (*of birds, children*)
ramollir to soften
la rancune rancour, spite; **garder rancune à** to harbor resentment against
la randonnée tour, trip; ride
ranger (nous rangeons) to put in order; to arrange
rapide *adj.* rapid, fast
rappeler (je rappelle) to remind; **se rappeler** to recall; to remember
le rapport connection, relation; report; **par rapport à** concerning, regarding; **les rapports** *m. pl.* relations
rapporter to bring back; to report; **se rapporter à** to fit
rarement *adv.* rarely
raser to shave; to graze, brush
ras-le-bol *adv., fam.* up to here
rassurant(e) *adj.* reassuring
rassuré(e) *adj.* reassured
raté(e) *adj.* missed; failed
rater to miss; to fail
ravi(e) *adj.* delighted
la ravine ravine, gully
se raviser to change one's mind
le rayon department
la rayure stripe
le raz tidal wave
la réaction reaction
réagir to react
réalisé(e) *adj.* carried out, executed
réaliser to realize; to carry out, fulfill
réaliste *adj.* realist
la réalité reality
se rebeller to rebel, rise up
récapituler to sum up
récemment *adv.* recently, lately
récent(e) *adj.* recent, new, late
le récepteur receptor, receiver
la réception entertainment, reception; lobby desk
le/la réceptionnaire receiving agent
le/la réceptionniste receptionist
la recette recipe
recevoir (*p.p.* **reçu**) *irreg.* to receive; to entertain (*guests*)
rech. *ab.* **rechercher** to look for
réchauffer to warm up
la recherche research; search
rechercher to seek; to search for
le récit account, story
la réclame advertisement, commercial
réclamer to demand; to clamor for; to claim
recommandable *adj.* to be recommended
la recommandation recommendation
recommandé(e) *adj.* recommended; registered (*letter*)
recommander to recommend
recommencer (nous recommençons) to start again
reconnaissant(e) *adj.* grateful

reconnaître (*like* **connaître**) to recognize
reconnu(e) *adj.* recognized
reconsidérer (je reconsidère) to reconsider
reconstituer to reconstitute
reconstruire (*like* **conduire**) to rebuild
recouvert(e) *adj.* covered, recovered
la récréation recess (*at school*)
recréer to recreate
recruter to recrute
le recruteur recruter, recruiting agent
rectifier to rectify
le reçu receipt
recueillir to collect, to gather; to shelter
récupérer to recuperate; to recover
le/la rédacteur (-trice) writer; editor
redemander to ask for something again
rédiger (nous rédigeons) to draft (*writing*)
redonner to give back
se redresser to straighten (up)
la réduction reduction
réduit(e) *adj.* reduced
réel(le) *adj.* real, actual
réellement *adv.* really
réexpédié(e) *adj.* sent back
refaire to make again; to redo
la référence reference
refermer to shut, close again
réfléchir to reflect; to think
refléter (je reflète) to reflect
refleurir to flourish again
la réflexion reflection, thought
la réforme reform
reformuler to reformulate
le réfrigérateur refrigerator
refroidi(e) *adj.* cooled (down)
refroidir to cool
se réfugier to take refuge
le refus refusal
refuser (de) to refuse (to)
le regard glance; gaze
regarder to look at
le régime diet; **être au régime** to be on a diet
la région region
régional(e) *adj.* local, of the district
réglable *adj.* adjustable
la règle ruler (*measuring*); rule
réglé(e) *adj.* ruled
le règlement regulation; statute
régler (je règle) to regulate, adjust
régner (je règne) to reign
regretter to regret; to be sorry for
la régularité regularity; steadiness
régulier (-ière) *adj.* regular
régulièrement *adv.* regularly
le rein kidney
la reine queen
réinventer to reinvent
rejeté(e) *adj.* rejected
rejeter (je rejette) to reject
rejoindre (*like* **craindre**) to join; to rejoin
relancer (nous relançons) to start again
relatif (-ive) *adj.* relative
relaxer to relax
relever (je relève) to raise; to bring up; **se relever** to get up
relié(e) *adj.* tied, linked
religieux (-euse) *adj.* religious
relire (*like* **lire**) to reread
remâcher to chew again; to turn over in one's mind
remarquable *adj.* remarkable
la remarque remark; **faire des remarques** to make remarks, criticize
remarquer to remark; to notice
le remède remedy; treatment
remédier à to remedy something; to cure
remercier to thank
remettre (*like* **mettre**) to put back; **se remettre à** to start again
la remontée climb; **la remontée mécanique** (ski) lift
remonter to go back (up); to get back in; to revive; to repair
la remorque (camping) trailer
le remplacement replacement
remplacer (nous remplaçons) to replace
remplir to fill (in, out)
remuer to stir
le renard fox
la rencontre meeting, encounter
rencontrer to meet, encounter; **se rencontrer** to meet each other
le rendez-vous meeting, appointment; date; meeting place
rendre to render; to make; to give (back); **rendre un service** to do a favor; **rendre visite à** to visit (*a person*); **se rendre (à, dans)** to go to; **se rendre compte** to realize
renoncer (nous renonçons) to give up, renounce
rénover to renovate, restore
le renseignement (*piece of*) information
renseigner to inform, give information; **se renseigner sur** to find out, get information about
la rentrée beginning of the school year
rentrer *intr.* to go home; *trans.* to put away, take in
renverser to reverse
renvoyé(e) *adj.* dismissed; expelled
renvoyer (je renvoie) to reflect; to send back
reparaître (*like* **connaître**) to reappear
réparer to repair
repartir (*like* **partir**) to leave (again)
le repas meal
repasser to iron; **le fer à repasser** (*pressing*) iron
répéter (je répète) to repeat
répétitif (-ive) *adj.* repetitive
la répétition repetition
la réplique replica, counterpart
répliquer to respond, reply
se replonger (nous nous replongeons) to dive in again
répondre to answer, respond
la réponse answer, response
le repos rest
reposer to put down again; **se reposer** to rest
repousser to push back
reprendre (*like* **prendre**) to take (up) again; to continue; **s'y reprendre à plusieurs fois** to make several attempts
le/la représentant(e) traveling salesperson
représenté(e) *adj.* presented; represented; played
représenter to represent; to present again; **se représenter** to imagine
réprimander to scold, reprimand
la reprise retake; round
le reproche reproach; **faire des reproches à** to reproach someone

reprocher to reproach
reproduire (*like* **conduire**) to reproduce
repu(e) *adj.* full
la république republic
la réputation reputation
requis(e) *adj.* required
la réservation reservation
réservé(e) *adj.* reserved
réserver to reserve; **se réserver** to reserve (*for oneself*)
la résidence residence; apartment building
le/la résident(e) resident
la résistance resistance; rheostat
le/la résistant(e) resistant
résister to resist; to participate in the Resistance movement
résolu(e) *adj.* solved; resolved
la résolution resolution
résonner to resonate
se résorber to reabsorb; to diminish
résoudre (*p.p.* **résolu**) to resolve
respecter to respect, have regard for
la respiration breathing
respirer to breathe
la responsabilité responsibility
le/la responsable supervisor; *adj.* responsible
la ressemblance resemblence
ressembler à to resemble
le ressentiment resentment
ressentir (*like* **partir**) to feel, sense
la ressource resource; funds
la restauration restaurant (*business*)
le reste rest, remainder
resté(e) *adj.* remaining
rester to stay, remain
le résultat result
le résumé summary; resumé
résumer to summarize
rétablir to reestablish
le retard delay; **en retard** late
retenir (*like* **tenir**) to retain; to keep
se retirer to withdraw
retomber to come down on
le retour return; **au retour de** upon returning from; **de retour** back (*from somewhere*)
retourner to return; **se retourner** to turn over, around
retracer (nous retraçons) to retrace
la rétraction retraction; shrinking
la retraite retreat; retirement; **la maison de retraite** retirement home
le/la retraité(e) retired person
retrousser to turn up, roll up (*sleeves*)
retrouver to find (*again*); to regain; **se retrouver** to find oneself again
le rétroviseur rear view mirror
la réunion meeting; reunion
réunir to unite, reunite
réussi(e) *adj.* successful
réussir (à) to succeed (in)
la réussite success
la revanche revenge; **en revanche** on the other hand; in return
le rêve dream
rêvé(e) *adj.* dreamed of; **une neige de rêve** ideal snow
se réveiller to wake up
révélateur (-trice) *adj.* revealing
révéler to reveal
revendre to resell; **avoir de quelque chose à revendre** *fam.* to have enough and to spare
revenir (*like* **venir**) to return, come back; **en revenir à** to revert, hark back to
rêver to dream
le revêtement facing, coating
revivre (*like* **vivre**) to relive; to come to life, revive
revoir (*like* **voir**) to see (again); **au revoir** goodbye, see you soon
la révolte revolt, rebellion
se révolter to revolt, rebel
la révolution revolution
la revue review; journal; magazine
le rez-de-chaussée ground floor, first floor
la rhubarbe rhubarb
le rhume cold
ricaner to snicker; to smirk
riche *adj.* rich
rien (ne... rien) *pron.* nothing
rigide *adj.* strict, inflexible
la rigidité stiffness
rigoler *fam.* to laugh; to have fun
rigolo *adj. inv., fam.* funny
la rigueur rigor; harshness
rire (*p.p.* **ri**) *irreg.* to laugh; *n. m.* laughter; **le fou rire** uncontrollable laughter
le risque risk
risquer to risk
la rivière river
le riz rice
la robe dress
le roc rock
le rocher rock, crag
le rodage breaking in; **en rodage** breaking-in (*new car)*
rodé(e) *adj.* broken-in (*new car*)
roder to break in (*new car*)
le roi king
le rôle part, character, role; **à tour de rôle** in turn
le roman novel
rond(e) *adj.* round; *n. f.* round (*dance, song*); rounds, watch; *n. m.* ring; slice, round; **le rond de fumée** smoke ring
le roquefort roquefort
rose *adj.* pink
rosé(e) *adj.* rosé (*wine*)
le rôti roast
la roue wheel; **la roue de secours** spare tire
rouer to break (someone); **rouer de coups** to thrash
rouge *adj.* red
rougir to blush, redden
rouler to drive; to travel along: to roll (*up*); **rouler carrosse** to live in great style
la route road
la routine routine
roux (rousse) *adj.* red-haired
royal(e) *adj.* royal
royalement *adv.* royally
le royaume realm, kingdom
la rubrique heading; column
la ruche beehive
rude *adj.* harsh, difficult
la rue street
rugueux (-euse) *adj.* rugged; rough
la ruine collapse
rural(e) *adj.* rural; **le gîte rural** lodging in the country
la ruse ruse, trick
rusé(e) *adj.* cunning

la Russie Russia
rustique *adj.* rustic
le rythme rhythm

S

le sable sand
sabler to sand, spread with sand; **sabler le champagne** to celebrate with champagne
le sablier hourglass
le sac sack; bag; handbag; **le sac à dos** backpack
sacré(e) *adj.* sacred, holy; *fam.* cursed, damned
sage *adj.* good, well-behaved; wise
sagement *adv.* docilely
la sagesse wisdom
saharien(ne) *adj.* Saharan
saignant(e) *adj.* rare (*meat*); bloody
saigner to bleed
le saindoux lard
le/la saint(e) saint
Saint-Jacques: coquille (*f.*) **Saint-Jacques** (*sea*) scallop
saisir to seize, grasp, grab
la saison season; **la haute saison** high tourist season
la salade salad
le salaire salary; paycheck
sale *adj.* dirty
salé(e) *adj.* salted
se salir to get dirty
la salle room; auditorium; **la salle à manger** dining room; **la salle de bains** bathroom, washroom; **la salle d'eau** washroom; **la salle de séjour** living room; **la salle des urgences** emergency room; **la salle d'opération** operating room
le salon salon; drawing room; **faire salon** to gather to converse; **le salon de l'automobile** auto show
le salopard *fam.* bastard
salut! *interj.* hi! bye!
la salutation greeting
sam. *ab.* **samedi** *m.* Saturday
le samedi Saturday
la sandale sandal
le sang blood
sanitaire *adj.* sanitary; plumbing; *m. pl. fam.* plumbing fixtures; **le vide sanitaire** septic tank
sans *prep.* without; **sans ambages** to the point, straight out; **sans cesse** ceaselessly; **sans doute** doubtless, for sure; **sans peine** painlessly; **sans que** *conj.* without
la santé health; **en bonne (mauvaise) santé** in good (bad) health
saoudite: l'Arabie Saoudite *f.* Saudi Arabia
le sapin fir (*tree*)
le sarcasme sarcasm
satisfaisant(e) *adj.* satisfying
satisfait(e) *adj.* satisfied; pleased
la sauce sauce; gravy; salad dressing
le saucisson hard salami
sauf *prep.* except
sauter to jump; **les plombs sautent** [you] blow a fuse
sauvage *adj.* wild; uncivilized
sauver to save
le/la savant(e) scientist
la saveur flavor
savoir (*p.p.* **su**) *irreg.* to know; to know how to
le savon soap
savourer to savor; to relish
scandinave *adj.* Scandinavian
sceller to seal
le scénario scenario, script
la scène stage; scenery; scene; **la mise en scène** setting, staging (*of a play*)
le/la sceptique skeptic; *adj.* skeptical
schizophrène *adj.* schizophrenic
la science science
scientifique *adj.* scientific
scolaire *adj.* of schools, academic; **l'année** (*f.*) **scolaire** school year; **la rentrée scolaire** the beginning of fall classes
la sculpture sculpture
sec (sèche) *adj.* dry
le sèche-linge clothes dryer
sécher (je sèche) to dry; to avoid; **sécher un cours** to cut class
le séchoir hairdryer
secondaire *adj.* secondary
la seconde second gear; second (*unit of time*); *adj.* second
secouer to shake
le secourisme first-aid
le/la secouriste first aid worker
le secours help; **au secours!** help!; **la roue de secours** spare tire; **la sortie de secours** emergency exit
le/la secrétaire secretary
le secteur sector
la sécurité security; safety; **la ceinture de securité** safety belt
le Seigneur Lord
seize *adj.* sixteen
le séjour stay; **la salle de séjour** living room
le sel salt
selon *prep.* according to
la semaine week
semblable *adj.* like, similar, such
les semblables *m. pl.* fellow men, fellow beings
le semblant semblance; **faire semblant** to pretend
sembler to seem; to appear
semer (je sème) to sow
la sénescence old age, senescence
sénile *adj.* senile
le sens meaning; sense; way, direction; **à sens unique** one-way (*road*); **le mauvais sens** the wrong way
la sensibilité sensitivity
sensible *adj.* sensitive
le sentier path
le sentiment feeling
sentimentalement *adv.* sentimentally
sentir (*like* **partir**) to feel; to smell; to smell of; **se sentir** to feel
séparé(e) *adj.* separated
sept *adj.* seven
septembre September
septième *adj.* seventh
le/la septuagénaire seventy-year-old person
la sépulture tomb; interment
la série series
sérieux (-euse) *adj.* serious; **prendre au sérieux** to take seriously
sérieusement *adv.* seriously
le serpent snake
serré(e) *adj.* tight
serrer to tighten; to close, close up; **se**

serrer la main to shake hands
la serrure lock (*of door*)
le/la serveur (-euse) barman; waiter (waitress)
le service service; service charge; favor; **être de service** to be on duty; **service compris** tip included
la serviette napkin; towel; briefcase
servir (*like* **partir**) to serve; to be useful; **à quoi ça sert?** what's the use of that?; **servir à** to be of use in; **servir de** to serve as, take the place of; **se servir** to help oneself; **se servir de** to use
seudo- *pref.* pseudo-
le seuil threshold; limit
seul(e) *adj.* alone; only
seulement *adv.* only
la sève sap
sévère *adj.* severe, stern, harsh
le sexe sex
sexuel(le) *adj.* sexual
sexuellement *adv.* sexually
le short (*pair of*) shorts
le SIDA AIDS
le siècle century
le siège seat; place
le/la sien(ne) *pron.* his/hers
la sieste nap
le sifflet whistle; **le coup de sifflet** whistle (blast)
la signalisation system of road signs
le signe acronym; abbreviation; sign, gesture
signé(e) *adj.* signed
la signification meaning
signifier to mean
silencieux (-euse) *adj.* silent
similaire *adj.* similar
la similarité similarity, likeness
la similitude resemblance
simple *adj.* simple; **l'aller** (*m.*) **simple** one-way ticket
simplement *adv.* simply
singulier (-ière) *adj.* singular
le sinistre fire; disaster
sinon *conj.* otherwise
la sirène siren
le sirop syrup
sixième *adj.* sixth
le ski skiing; **faire du ski** to ski; **le ski alpin** downhill skiing; **le ski de fond** cross-country skiing; **la station de ski** ski resort
le/la skieur (-euse) skier
le snobisme snobbery
le sobriquet nickname
social(e) *adj.* social
la société society; firm; **le jeu de société** board game; parlor game
la sociologie sociology
la soeur sister
soi (soi-même) *pron.* oneself
la soie silk
la soif thirst; **avoir soif** to be thirsty
soigné(e) *adj.* finished, carefully done
soigner to take care of; to treat
soigneusement *adv.* carefully
le soin care
le soir evening
la soirée party; evening
la soixantaine about sixty; sixty (years old)
soixante *adj.* sixty
le sol soil; ground
la sole sole (*fish*)
le soleil sun; **le bain de soleil** sunbath; **le coup de soleil** sunburn; sunstroke
solide *adj.* sturdy
la solidité solidity, strength
solitaire *adj.* solitary; single; alone
la solitude solitude, loneliness
solliciter to request
la sollicitude care, concern
sombre *adj.* dark; **faire sombre** to be dark, dull outside
sombrer to founder, sink
la somme sum, total; amount; **en somme** all things considered
le sommet summit, top
le somnifère sleeping pill
le son sound; bran
le sondage opinion poll; **faire un sondage** to conduct a survey
sonner to ring
le sorbet sorbet, sherbet
le/la sorcier (-ière) wizard (witch); **ce n'est pas sorcier** there is no magic about that
la sorte sort, kind; manner
la sortie exit; going out; end; **la sortie de secours** emergency exit
sortir *intr.* to go out, come out; *trans.* to take out
le sou sou (*copper coin*); cent
la souche origin; stump
le souci care, worry
se soucier to worry
soucieux (-euse) *adj.* worried
la soucoupe saucer
soudain(e) *adj.* sudden; **soudain** *adv.* suddenly
le soufflé soufflé, raised omelet
souffler to blow (*wind*); to breathe
souffrir (*like* **ouvrir**) to suffer
le souhait wish
souhaitable *adj.* desirable
souhaiter to desire, wish for
le souk souk, Arab market
soulager (nous soulageons) to relieve
soulever (je soulève) to raise
le soulier shoe
souligné(e) *adj.* underlined
souligner to underline; to emphasize
soumis(e) *adj.* submissive, docile
soupçonneux (-euse) *adj.* suspicious
la soupe soup; **la cuillère à soupe** tablespoon
le souper supper
le soupir sigh
souple *adj.* flexible; supple
le sourcil eyebrow
sourdement *adv.* secretly, sotto voce
souriant(e) *adj.* smiling
sourire (*like* **rire**) to smile; *n. m.* smile; **se sourire** to smile at each other
sous *prep.* under, beneath; **sous forme de** in the form of
le sousmarin submarine
le sous-sol basement, cellar
les sous-vêtements *m. pl.* underwear
soutenir (*like* **tenir**) to support; to assert
le souvenir memory, remembrance, recollection
se souvenir de to remember
souvent *adv.* often
spatial(e) *adj.* spatial
spécial(e) *adj.* special
la spécialisation specialization; **le domaine de spécialisation** major (*subject*)
spécialisé(e) *adj.* specialized

se spécialiser to specialize
le/la spécialiste specialist
la spécialité speciality (*in restaurant*)
spécifique *adj.* specific
spécifiquement *adv.* specifically
le spectacle show, performance; spectacle
spéctaculaire *adj.* spectacular
spirituel(le) *adj.* spiritual
spontanément *adv.* spontaneously
le sport sports; **faire du sport** to do, participate in sports; **la voiture de sport** sports car
sportif (-ive) *adj.* athletic
stabiliser to stabilize
le stage training course; practicum
stagner to stagnate
la stance stanza
le/la standardiste switchboard operator
la station resort; station; **la station de ski** ski resort
la station-service gas station
sté. *ab.* **société** *f.* business, firm
stéréo *adj. m., f.* stereo(phonic); **la chaîne stéréo** stereo system
le stéréotype stereotype
stéréotypé(e) *adj.* stereotyped
le steward flight attendant
le stop hitchhiking; stoplight, stop sign; **faire du stop** to hitchhike
la stratégie strategy
stressant(e) *adj.* stressful
stressé(e) *adj.* stressed
strict(e) *adj.* strict; severe
la structure structure
studieux (-euse) *adj.* studious
stupide *adj.* stupid; foolish
la stupidité stupidity, foolishness
le stylo pen
subir to undergo
le subjonctif *Gram.* subjunctive (*mood*)
subsister to subsist; to remain
la substance substance
succéder (je succède) to follow after, succeed
succulent(e) *adj.* succulent, tasty
suçoter to suck away at
le sucre sugar; **la canne à sucre** sugarcane
la sucrerie sugar refinery
le sud south
le sud-ouest southwest
la Suède Sweden
suer to sweat, perspire
la sueur sweat, perspiration
suffire (*like* **conduire**) to suffice
suffisamment (de) *adv.* sufficient, enough
suffisant(e) *adj.* sufficient
suggéré(e) *adj.* suggested
suggérer (je suggère) to suggest
la Suisse Switzerland; *adj. m., f.* Swiss
la suite continuation; series; **de suite** at once; **tout de suite** immediately
suivant(e) *adj.* following; **suivant** *prep.* according to
suivre (*p.p.* **suivi**) *irreg.* to follow; to take; **suivre des cours** to take classes
le sujet subject; topic; **à ce sujet** in this matter; **au sujet de** concerning
la superette small supermarket
supérieur(e) *adj.* superior; upper; **les études** (*f. pl.*) **supérieures** advanced studies
le superlatif *Gram.* superlative
le supermarché supermarket
le supplément supplement, addition; **en supplément** additional
supplémentaire *adj.* supplementary, additional
supporter to tolerate, put up with
supposer to suppose
supprimer to suppress; to delete
suprême *adj.* supreme, uppermost
sur *prep.* on upon; concerning; about; **donner sur** to open out onto
le surcroît addition, increase; **de surcroît** additionally, besides
sûrement *adv.* certainly, surely
la surface surface; **la grande surface** large supermarket, superstore; **refaire surface** to surface again
surgelé(e) *adj.* frozen
le surmenage overwork, overexertion
surmené(e) *adj.* overworked
surmonté(e) *adj.* overcome, conquered
surprendre (*like* **prendre**) to surprise
surpris(e) *adj.* surprised
la surprise surprise
surtout *adv.* above all, chiefly, especially
la survalorisation overvaluing, excessive value
survaloriser to value excessively, overvalue
la surveillance supervision
surveiller to watch over
survivre (*like* **vivre**) to survive
susciter to create, give rise to
suspendre to suspend, hang up
la suspense suspense
le symbolisme symbolism
sympathique *adj.* nice, likeable
sympathiser to sympathize
le symptôme symptom
le syndicat labor union
le synonyme synonym
la Syrie Syria
systématiquement *adv.* systematically
le système system

T

ta *adj. f. s.* your
le tabac tobacco
la table table; **mettre la table** to set the table
le tableau picture; painting; chart; chalkboard
la tablette tablet; shelf
la tâche task
la taille waist; size
le taille-crayon pencil sharpener
tailler to carve; to sharpen
le tailleur woman's suit; tailor
se taire (*like* **plaire**) to be quiet; **tais-toi** be quiet
le talon heel
tandis que *conj.* while; whereas
tant *adv.* so much; so many; **tant de** so many; **tant mieux** so much the better; **tant pis** too bad; **tant que** as long as
la tante aunt
la tape tap, slap
taper to hit, strike; **taper à la machine** to type
le tapis rug
tard *adv.* late
tarder to delay

tardivement *adv.* tardily, belatedly
le tarif tariff; fare, price
la tarte tart; pie
la tartine bread and butter
le tas lot, pile; **un tas de** a lot of
la tasse cup
la taxe tax
le/la technicien(ne) technician
la technique technique; *adj.* technical
la technologie technology
tel(le) *adj.* such
la télé *fam.* T.V.
la télécommande remote control device
la télécommunication telecommunications
le téléfilm film for television
télégraphique *adj.* telegraphic
le téléphone telephone
téléphoner to phone, telephone
téléphonique *adj.* telephonic, by phone
le/la téléspectateur (-trice) telespectator
télévisé(e) *adj.* televised, broadcast
la télévision television
tellement *adv.* so; so much
le tempérament temperament; constitution
la température temperature; **la température ambiante** room temperature
la tempête tempest, storm
temporaire *adj.* temporary
le temps *Gram.* tense; time; weather; **à plein temps** full-time; **à temps** in time; **avoir le temps de** to have time to; **de temps en temps** from time to time; **l'emploi** (*m.*) **du temps** schedule; **quel temps fait-il?** what's the weather like?
la tendance tendency; trend
tendre *adj.* sensitive; soft; *v.* to stretch; to tend (to)
la tendresse tenderness
tendu(e) *adj.* stretched; outstretched (arms)
les ténèbres *f. pl.* darkness
tenir (*p.p.* **tenu**) *irreg.* to hold; **oh, tiens!** by the way! well!; **tenir à** to cherish; to be anxious to; **tenir en place** to hold still
la tente tent
tenté(e) *adj.* tempted
tenter to tempt; to try, attempt
tenu(e) *adj.* held; operated
le terme term; **à terme** eventually, in good time; **le but à long terme** long-term goal
terminer to end; to finish; **se terminer** to finish, end
le terrain ground; land; **du terrain** land
la terrasse terrace, patio
la terre land; earth; **le court en terre battue** clay (*tennis*) court
terrestre *adj.* terrestrial, of the earth
la terreur terror
terrifiant(e) *adj.* terrifying
tes *pl. adj., m., f.* your
la tête head; **avoir mal à la tête** to have a headache; **coûter les yeux de la tête** to be horribly expensive
têtu(e) *adj.* stubborn
le texte text; passage; **le traitement de texte** word processor
T.G.V. *ab.* **Train à Grande Vitesse** *m.* French high-speed train
la Thaïlande Thailand
le thé tea
le théâtre theater
la théière teapot
le thème theme
la théorie theory
thermal(e) *adj.* thermal; pertaining to spas
thermique *adj.* thermic, heat-sensitive
le thon tuna
tiède *adj.* lukewarm; mild
le tiers one-third; *adj.* third; **le tiers monde** third world
le tilleul lindenflower tea; linden tree
timide *adj.* shy
le tir: le tir à l'arc archery
tirer to draw (out); to shoot; to fire at; to pull; **tirer des conclusions** to draw conclusions
le tiroir drawer
le tissu material, fabric
le titre title; **le gros titre** (newspaper) headline
le toc imitation goods; **en toc** imitation
la toile cloth; canvas; painting
la toilette lavatory; **la trousse de toilette** toiletry kit
le toit roof
la tolérance tolerance
toléré(e) *adj.* tolerated
tolérer (je tolère) to tolerate
la tomate tomato
la tombe tomb
tomber to fall; **laisser tomber** to drop; **tomber amoureux (-euse)** to fall in love; **tomber en panne** to have a (mechanical) breakdown
le tome tome, volume
le ton color; shade; tone; *adj. m. s.* your
tordre to twist
le torrent torrent; mountain stream
le tort wrong; **avoir tort** to be wrong
tôt *adv.* early
total(e) *adj.* total; *n. m.* total; **au total** on the whole, all things considered
toucher to touch
touffu(e) *adj.* bushy, thick; involved
toujours *adv.* always; still
la tour tower; *n. m.* turn; tour; **à son (votre) tour** in his/her (your) turn; **à tour de rôle** in turn, by turns; **faire le tour du monde** to go around the world
le tourisme tourism
le/la touriste tourist
le tourment torment; **se faire un tourment de** to torture oneself over
tourmenté(e) *adj.* uneasy, agitated
le tournedos filet mignon
tourner to turn; **se tourner les pouces** *fam.* to twiddle one's thumbs
tousser to cough
tout(e) (*pl.* **tous, toutes)** *adj.* all; whole, the whole of; every; each; any; **à toute heure** at all hours, anytime; **de toute façon** anyhow, in any case; **en tout cas** in any case; **tous (toutes) les deux** both (of them); **tout** *adv.* wholly, entirely, quite, very, all; **tout à fait** completely, entirely; **tout à l'heure** presently, in a little while; a little while ago; **tout de même** all the same, for all that; **tout de suite** immediately; **tout d'un coup** at once, all at once; **tout le monde** everybody
tout-terrain *adj. inv.* all-terrain

la trace trace; impression
tracer (nous traçons) to draw; to trace out; to lay out; to outline
traditionnel(le) *adj.* traditional
traduire (*like* **conduire**) to translate
la tragédie tragedy
tragique *adj.* tragic
le train train; **être en train de** to be in the process of; **râter le train** to miss one's train
trainant(e) *adj.* dragging, shuffling
traité(e) *adj.* treated
le traitement treatment
traiter to treat
le traiteur caterer, deli owner
le trajet journey, distance (*to travel*)
la tranche slice
tranquille *adj.* tranquil, quiet, calm
tranquillement *adv.* tranquilly, calmly
le tranquillisant tranquilizer
tranquillisé(e) *adj.* tranquilized, calmed
transformable *adj.* convertible
transformer to transform; to change
la transhumance movement of livestock
transi(e) *adj.* (be)numbed, paralyzed
le transport transportation
transporter to carry, transport
traqué(e) *adj.* chased, pursued
traquer to track down
le travail work
travailler to work
le/la travailleur (-euse) worker; *adj.* hardworking
travers: à travers *prep.* through; **de travers** crooked
traverser to cross
le tremblement shaking, trembling
trembler to shake, tremble
trempé(e) *adj.* dipped, soaked
tremper to dunk; to dip
trente *adj.* thirty
très *adv.* very; most; very much
tressaillir to shudder; to be startled
la tribu tribe
tricher to cheat
le triomphe triumph
triompher to triumph
triste *adj.* sad
tristement *adv.* sadly
la tristesse sadness
troglodytique *adj.* troglodytic, pertaining to cave dwellers
troisième *adj.* third
tromper to deceive; **se tromper** to be mistaken; to err
le trône throne
trop *adv.* too much, too many; **trop de** too much (of), too many (of)
trotter to trot, scamper
le trottoir sidewalk
le trou hole
le trouble disturbance; trouble; *adj.* uneasy; murky
troubler to muddy; to disturb, interfere
la trousse case; **la trousse de toilette** dressing case, toilet case
la trouvaille (lucky) find; windfall
trouvé(e) *adj.* found
trouver to find; to deem; to like; **se trouver** to be; to be located
le truc *fam.* thing; gadget
le truffe truffle
la truite trout; **la truite amandine** trout prepared with almonds
tuer to kill
la tuile tile
la Tunisie Tunisia
tunisien(ne) *adj.* Tunisian
la Turquie Turkey
le tuyau pipe
le type type; *fam.* guy
typique *adj.* typical
le tyran tyrant
la tyrannie tyranny

U

uni(e) *adj.* plain (*material*); united
l'uniforme *m.* uniform
unique *adj.* only, sole; **l'enfant** (*m.*) **unique** only child; **la rue à sens unique** one-way street
unisexe *adj.* unisex
l'univers *m.* universe
universel(le) *adj.* universal
universitaire *adj.* of or belonging to the university
l'université *f.* university
l'urgence *f.* emergency; **la salle des urgences** emergency room
urgent(e) *adj.* urgent
l'usage *m.* use
usé(e) *adj.* used; used up
l'usine *f.* factory
l'ustensile *m.* utensil
utile *adj.* useful
l'utilisation *f.* utilization, use
utilisé(e) *adj.* used
utiliser to use
utopique *adj.* utopic

V

les vacances *f. pl.* vacation; **(aller) partir en vacances** to leave on vacation; **passer des vacances** to spend one's vacation; **prendre des vacances** to take a vacation
le/la vacancier (-ière) vacationer
la vague (*ocean*) wave
vain(e) *adj.* vain; **en vain** in vain
vaincre (*p.p.* **vaincu**) *irreg.* to vanquish, conquer
le vaisseau vessel; ship
la vaisselle dishes; **faire (essuyer) la vaisselle** to wash (wipe) the dishes
valable *adj.* valid, good
la valeur value; worth; **mettre en valeur** to show to advantage
la valise suitcase; **faire la valise** to pack one's bag
la vallée valley
valoir (*p.p.* **valu**) *irreg.* to be worth; **il vaut mieux** it is better
valoriser to put value on
la valve valve
la vanille vanilla
la vanité vanity
varié(e) *adj.* varied
varier to vary; to change
la variété variety; *pl.* variety show
Varsovie Warsaw (*Poland*)
vaste *adj.* vast, wide
le veau veal; calf
vécu(e) *adj.* lived; real-life
la vedette star, celebrity
végétarien(ne) *adj.* vegetarian
la végétation vegetation
le véhicule vehicle
la veille the day (night) before; eve
la veillée evening gathering
la veine *fam.* (good) luck

le vélo *fam.* bike; **faire du vélo** to bike, go cycling
velu(e) *adj.* hairy
le/la vendeur (-euse) salesperson
vendre to sell
le vendredi Friday
vendu(e) *adj.* sold
la vengeance revenge, vengeance
venir (*p.p.* **venu**) *irreg.* to come; **venir de** + *inf.* to have just
le vent wind
la vente sale; selling; **en vente libre** over-the-counter
le ventilateur fan
le ventre abdomen, belly
verbal(e) *adj.* verbal; oral; **le procès verbal** report; minutes (of meeting)
le verbe verb; language
verdoyant(e) *adj.* verdant, green
vérifier to verify
la vérité truth
vermeil(le) *adj.* bright red, vermilion
le verre glass
vers *prep.* toward, to; about
vert(e) *adj.* green
la vertu virtue
la veste jacket
le veston jacket; **le complet-veston** (*man's*) suit
le vêtement garment; *pl.* clothes, clothing
le/la vétérinaire veterinary, veterinarian
le veuf (la veuve) widower (widow)
la viande meat
vichyssois(e) *adj.* pertaining to Vichy; *n. f.* leek and potato soup
la vicissitude vicissitude, change
la victime victim (*m. or f.*)
victorieusement *adv.* victoriously
vide *adj.* empty; *n. m.* empty space; tank; vacuum
la vidéo *fam.* video (cassette); **faire de la video** to make videos
la videocassette videocassette, video
vider to empty
la vie life; **mener sa vie** to lead one's life; **le mode de vie** lifestyle; **prendre vie** to come to life
le vieillard (la vieille) old man (old woman); *m. pl.* old people, elderly
la vieillesse old age
vieillir to grow old
le vieillissement aging
vierge *adj.* virgin; **la forêt vierge** virgin forest
vieux (vieil, vieille) *adj.* old; **vivre vieux** to live to an old age
vif (vive) *adj.* lively, bright
vilain(e) *adj.* ugly; naughty
la villa bungalow; single-family house; villa
la ville city; **aller en ville** to go to town; **en pleine ville** in the center of town
le vin wine
la vinaigrette vinegar and oil dressing
vingt *adj.* twenty
vingtième *adj.* twentieth
violent(e) *adj.* violent
violet(te) *adj.* purple, violet; *n. m.* violet (*color*)
le virage curve (*in road*)
la Virginie Virginia
la virgule comma
le visage face, visage
vis-à-vis *prep.* opposite, relative to
viser to aim
visiblement *adv.* visibly
la visite visit; **être en visite** to be visiting; **rendre visite à** to visit (*people*)
visiter to visit (*a place*)
le/la visiteur (-euse) visitor
la vitamine vitamin
vite *adv.* quickly, fast, rapidly
la vitesse speed; **changer de vitesse** to switch gears; **faire de la vitesse** to speed; **la limitation de vitesse** speed limit; **le Train à Grande Vitesse (TGV)** French high-speed train
la vitrine display window, store window
vivace *adj.* vivacious
vivant(e) *adj.* living; alive
vivre (*p.p.* **vécu**) *irreg.* to live
le vocabulaire vocabulary
la vogue fashion, vogue; **en vogue** in fashion, in vogue
voilà *prep.* there, there now, there is, there are, that is
la voile sail; **faire de la voile** to sail; **la planche à voile** windsurfer, sailboard
voir (*p.p.* **vu**) *irreg.* to see
le/la voisin(e) neighbor
la voiture car, auto
la voix voice; **à haute voix** out loud, aloud
le vol flight; burglary
la volaille poultry, fowl
le volant steering wheel; ruffle
voler *intr.* to fly; *trans.* to steal; **voler sur** to fly down upon
le volet shutter
le volley-ball (le volley) volleyball
volontiers *adv.* willingly
volubile *adj.* talkative; glib
vomir to spew out; to vomit
voter to vote
vouloir (*p.p.* **voulu**) *irreg.* to wish, want; **vouloir dire** to mean
le voyage trip; journey; **faire un voyage** to take a trip; **le voyage de noces** honeymoon, wedding trip
voyager (nous voyageons) to travel
le/la voyageur (-euse) traveler
vrai(e) *adj.* true, real
vraiment *adv.* truly, really
vu(e) *adj.* seen
la vue view; sight; **en garde à vue** under close watch; **le point de vue** point of view
vulnérable *adj.* vulnerable; sensitive

W

le wagon train car
les W.C. *m. pl. fam.* toilet, restroom
le week-end weekend

y: il y a there is, there are; ago
le yaourt yoghurt
les yeux (*m. pl. of* **oeil**) eyes

Z

le Zaïre Zaire
la zoologie zoology

Index

Grateful acknowledgment is made for use of the following.

Readings and Realia *Page 1* © *Figaro Magazine,* 1985; *8–9 Voici; 24 L'Express/NYTSS; 25* From *La place* by Annie Ernaux. © Editions Gallimard; *31 Le Point; 38 L'Express/NYTSS; 40 Plaisir de la Maison; 41* folio/Editions Denoël, *42–43* From *La Civilisation, ma Mère!...,* by Driss Chraïbi. © folio/Editions Denoël, 1972; *54* Reprinted with permission of *VSD Magazine; 59* Copyright J. Tisne. Reprinted with permission of *Madame Figaro; 62* Copyright C. Charillon, Paris; *63* © Editions du Club de L'Honnête Homme, Paris; *Oeuvres complètes de Saint-Exupéry en 7 volumes; 63–65* Extract from *Le Petit Prince,* copyright 1943 by Harcourt Brace Jovanovich, Inc., and renewed by Consuelo de Saint-Exupéry, reprinted with permission of the publisher; *64* and *67* Illustrations from *Le Petit Prince,* copyright 1943 by Harcourt Brace Jovanovich, Inc., and renewed by Consuelo de Saint-Exupéry, reprinted with permission of the publisher; *77 L'Express/NYTSS; 80–81 «Prière d'un petit enfant nègre,»* by Guy Tirolien from *Anthologie de la nouvelle poésie nègre de langue française* by Léopold Sédar Senghor. Presses universitaires de France, Paris; *94–96 «La grande vie»* from *La ronde et autres faits divers* by J. M. G. Le Clézio. © Editions Gallimard; *110* Key Services International; *112–114* From *Les stances à Sophie,* by Christiane Rochefort. Editions Bernard Grasset, Paris; *128, 129,* and *131* Reprinted with permission of Club Med; *132* © *Madame Figaro.* Photo by Sylvie Lancrenon; *132–134 «Gilbert Trigano: L'homme qui a réinventé les vacances.»* © *Madame Figaro*/G. de Sairigné; *141* Photo JOS; *142* © Editions Cap-Theojac. Photo by D. Faure; *148–151* From *Les vacances du petit Nicolas,* by René Goscinny and Jean-Jacques Sempé. © Editions Denoël, 1962; *150* and *151* Copyright C. Charillon, Paris; *169–170 «Femmes: Les longs chemins de l'ambition,»* by Marie-Anne Lescourret. *L'Express/NYTSS; 184 L'Express/NYTSS; 185–187* From *Autour de la lune* by Jules Verne; *188, 193,* and *201 L'Express/NYTSS; 204–206 «La France est-elle toujours 'terre d'accueil'?»* by Patrick van Rœkeghem. *Journal Français d'Amérique; 221–223 «Julia Child, Superstar,»* by Kitty Morse, *Journal Français d'Amérique; 236* Mireille/Société Provençale d'Edition et Cadeaux; *240–241* From *A la recherche du temps perdu* by Marcel Proust; *256 France Today; 257–258 «Le corbeau et le renard»* by Jean de La Fontaine; *258* illustration © *Fables Choisies de la Fontaine,* Librairie Larousse; *260–261 «Déjeuner du matin»* from *Paroles,* by Jacques Prévert. © Editions Gallimard; *275–278 «Le stress,»* © *Madame Figaro*/Geneviève Doucet; *281* Cartoon by Piem. © Le Cherche Midi Editeur; *285* © 1992 Les Editions Albert René/Goscinny-Uderzo; *289 L'Express/NYTSS; 291* Editions Stanké, Agence Distribution Populaire; *291–294 «Petite Misère»* from *Rue Deschambault* by Gabrielle Roy. Copyright: Fonds Gabrielle Roy; *307–310* From *Knock, ou le triomphe de la médecine,* by Jules Romains. © Editions Gallimard; *323–324 «Les mots qu'on n'a pas dits,»* by Yves Duteil. Artistes & Producteurs Associés; *325–328 «Les promesses du 'papy-boom,'»* by Silvie Santini, *L'Express/NYTSS; 327 L'Express/NYTSS; 332* (top) Le Cuziat-Rapho; *332* (bottom) Lipnitzki/Roger Viollet; *333–336* From *Antigone* by Jean Anouilh. © Les Editions de la Table Ronde, 1946.

Photographs *Page 4* Peter Menzel/Stock, Boston; *14* Peter Menzel/Stock, Boston; *21* Mark Antman/The Image Works; *23* Chantal Thompson; *28* Collection Roger-Viollet, Paris; *30* Stuart Cohen/Comstock; *41* S. Bassouls/Sygma; *45* Marc Riboud/Magnum; *49* Martine Franck/Magnum; *60* J.J. Gonzales/The Image Works; *68* Richard Kalvar/Magnum; *75* Philippe Gontier/The Image Works; *82* Courtesy French West Indies Tourist Board; *87* Mark Antman/The Image Works; *90* Peter Menzel; *91* Owen Franken/Stock, Boston; *93* S. Bassouls/Sygma; *97* Beryl Goldberg; *108* Mike Mazzaschi/Stock, Boston; *111* Courtesy Editions Grasset, Paris; *119* Peter Menzel/Stock, Boston; *124* Mike Mazzaschi/Stock, Boston; *126* Hugh Rogers/Monkmeyer Press Photos; *135* Helena Kolda/Photo Researchers; *138* D & J Heaton/Stock, Boston; *145* Stuart Cohen/Comstock; *146* Peter Menzel/Stock, Boston; *147* (top) Peter Menzel; *147* (bottom left) Martine Gossieaux; *147* (bottom right) AP/Wide World Photos; *157* Mark Antman/The Image Works; *165* (top left) Beryl Goldberg; *165* (bottom left) Georg Gerster/Comstock; *165* (right)

J.F. Didelot/Sipa Press; *166* J. Bernau/Stock, Boston; *171* Owen Franken/Stock, Boston; *173* Dityvon/The Image Works; *177* Mark Antman/The Image Works; *181* Courtesy NASA; *183* The Bettmann Archive; *191* Philippe Gontier/The Image Works; *196* Courtesy Swiss National Tourist Office; *200* Peter Menzel; *203* J.J. Gonzales/The Image Works; *207* Beryl Goldberg; *213* Comstock; *217* Stuart Cohen/Comstock; *218* Mike Mazzaschi/Stock, Boston; *221* UPI/Bettmann Newsphotos; *225* Louis Sahuc; *227* Stuart Cohen/Comstock; *235* Carol Palmer; *237* Stuart Cohen/Comstock; *238* The Bettmann Archive; *241* Mart Antman/The Image Works; *242* Collection Roger-Viollet; *254* Stuart Cohen/Comstock; *259* Globe Photos; *272* Beryl Goldberg; *288* Richard Kalvar/Magnum; *290* Editions Stanké, Montreal. Photo: Alain Stanké; *296* Beryl Goldberg; *303* Mark Antman/The Image Works; *304* Mark Antman/The Image Works; *306* (top left) Peter Menzel; *306* (bottom right) UPI/Bettmann Newsphotos; *321* (left) Rick Smolan/Stock, Boston; *321* (top right) Leonard Freed/Magnum; *321* (bottom right) Jean Gaumy/Magnum; *322* Yann Matton/Gamma-Liaison; *326* (top) Mike Mazzaschi/Stock, Boston; *326* (middle) Martine Franck/Magnum.

About the Authors

Bette G. Hirsch is Division Chair of The Foreign Languages and Communications Division at Cabrillo College (Aptos, California). She holds an M.A. and Ph.D in French Literature from Case Western Reserve University. A member of the original group of instructors to be trained by the American Council on the Teaching of Foreign Languages (ACTFL) as Oral Proficiency trainers and testers, Professor Hirsch has conducted proficiency workshops in Australia, Finland, and Canada as well as the United States. She was the 1988 President of the Association of Departments of Foreign Languages of the Modern Language Association. She has taught at Cabrillo since 1973.

Chantal Péron Thompson is a native of Quimper (France). She holds a degree in French, English, and Russian from the *Université de Rennes,* and an M.A. from Brigham Young University. She has taught French language and literature at all levels, and currently directs the first- and second-year French programs at Brigham Young University. She is a certified ACTFL Oral Proficiency Tester and Trainer, and conducts workshops nationwide on teaching and testing for proficiency. At Brigham Young University, Chantal Thompson has received several teaching awards, including the Outstanding Teacher Award and the Karl G. Maeser Distinguished Teaching Award.

Bette Hirsch and Chantal Thompson are also the authors of *Moments Littéraires: Anthologie pour cours intermédiaires.* (1992).

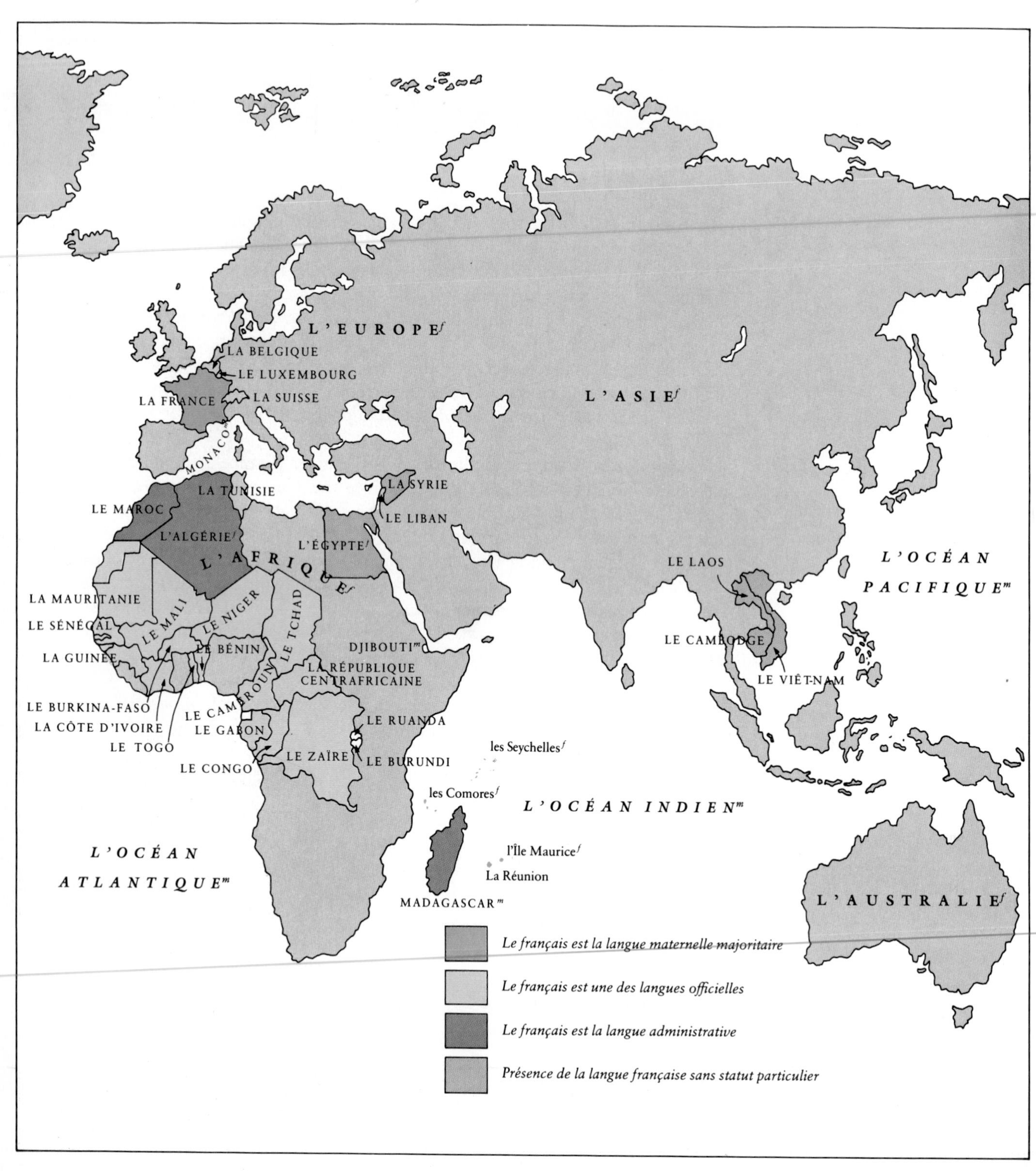
L'EUROPE f
LA BELGIQUE
LE LUXEMBOURG
LA FRANCE
LA SUISSE
MONACO m
L'ASIE f
LA SYRIE
LA TUNISIE
LE MAROC
LE LIBAN
L'ALGÉRIE f
L'ÉGYPTE f
L'AFRIQUE f
LA MAURITANIE
LE MALI
LE NIGER
LE TCHAD
LE SÉNÉGAL
LA GUINÉE
LE BÉNIN
DJIBOUTI m
LA RÉPUBLIQUE CENTRAFRICAINE
LE BURKINA-FASO
LA CÔTE D'IVOIRE
LE TOGO
LE CAMEROUN
LE GABON
LE CONGO
LE ZAÏRE
LE RUANDA
LE BURUNDI
les Seychelles f
les Comores f
L'OCÉAN INDIEN m
l'Île Maurice f
La Réunion
MADAGASCAR m
LE LAOS
LE CAMBODGE
LE VIÊT-NAM
L'OCÉAN PACIFIQUE m
L'OCÉAN ATLANTIQUE m
L'AUSTRALIE f
Le français est la langue maternelle majoritaire
Le français est une des langues officielles
Le français est la langue administrative
Présence de la langue française sans statut particulier

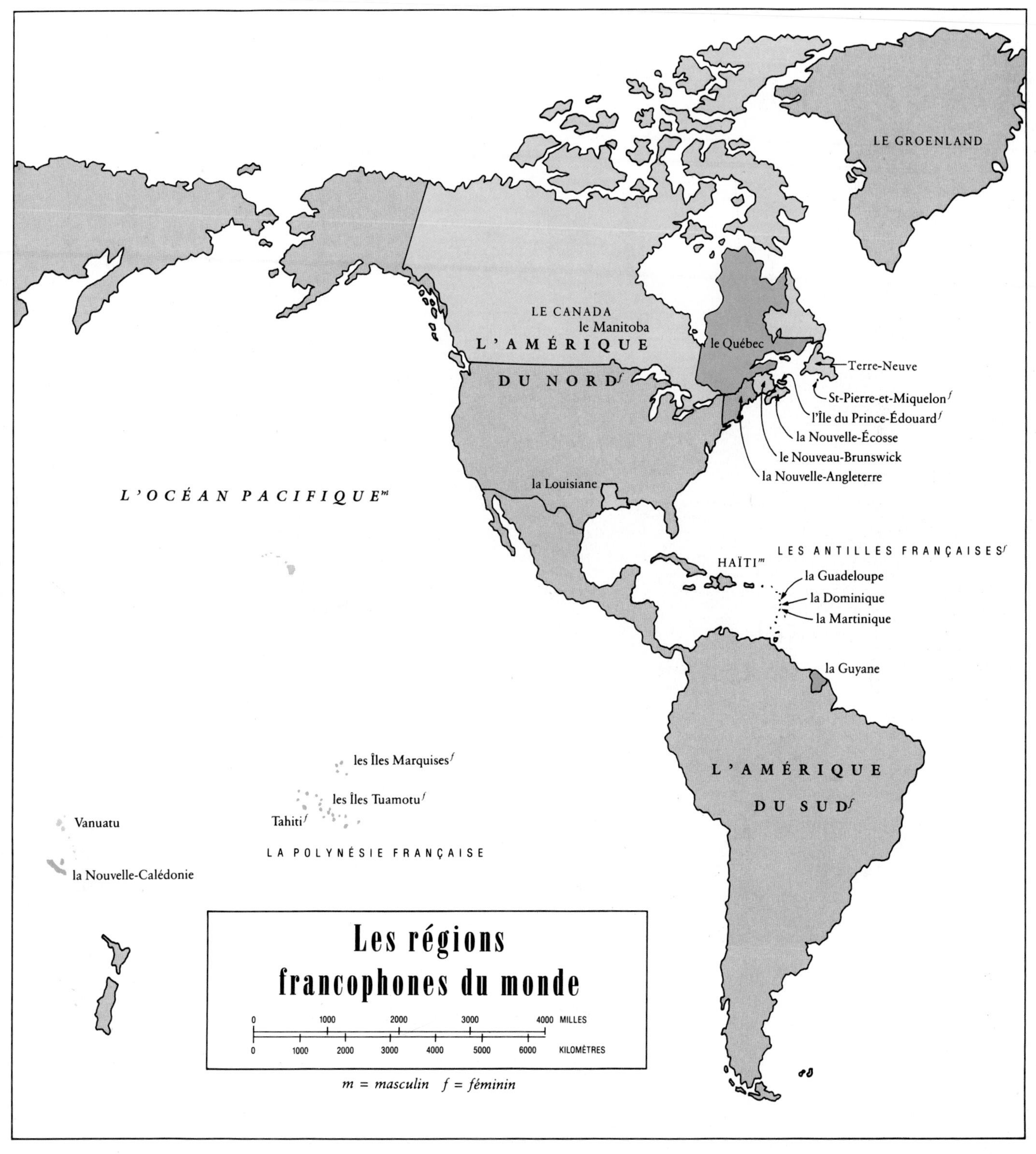
LE GROENLAND
LE CANADA
le Manitoba
L'AMÉRIQUE DU NORD f
le Québec
Terre-Neuve
St-Pierre-et-Miquelon f
l'Île du Prince-Édouard f
la Nouvelle-Écosse
le Nouveau-Brunswick
la Nouvelle-Angleterre
la Louisiane
L'OCÉAN PACIFIQUE m
LES ANTILLES FRANÇAISES f
HAÏTI m
la Guadeloupe
la Dominique
la Martinique
la Guyane
L'AMÉRIQUE DU SUD f
les Îles Marquises f
les Îles Tuamotu f
Tahiti f
Vanuatu
LA POLYNÉSIE FRANÇAISE
la Nouvelle-Calédonie
Les régions francophones du monde
0 1000 2000 3000 4000 MILLES
0 1000 2000 3000 4000 5000 6000 KILOMÈTRES
m = masculin f = féminin

La France
L'ANGLETERRE f
LA MANCHE
L'OCÉAN ATLANTIQUE m
LA BELGIQUE
L'ALLEMAGNE f
LE LUXEMBOURG
LA SUISSE
L'ITALIE f
MONACO m
L'ESPAGNE f
L'ANDORRE f
LA MER MÉDITERRANÉE
Dunkerque
Calais
Boulogne
Lille
la Picardie
Amiens
Dieppe
Le Havre
Rouen
Cherbourg
Caen
la Seine
Paris
Versailles
Chartres
Reims
Verdun
la Normandie
la Champagne
l'Île-de-France f
la Lorraine
Nancy
Strasbourg
l'Alsace f
LES VOSGES
le Rhin
Brest
la Bretagne
Rennes
l'Anjou m
Orléans
la Loire
Angers
Tours
Blois
Nantes
la Touraine
Bourges
le Berry
la Vendée
la Bourgogne
Dijon
Besançon
la Saône
LE JURA
La Rochelle
le Poitou
le Limousin
Limoges
Clermont-Ferrand
Lyon
le Rhône
la Savoie
Grenoble
LES ALPES
l'Auvergne f
LE MASSIF CENTRAL
Bordeaux
la Garonne
l'Aquitaine f
LES CÉVENNES
le Dauphiné
le Pays Basque
Biarritz
Toulouse
Carcassonne
le Languedoc
Avignon
Nîmes
Arles
Montpellier
la Provence
Aix-en-Provence
Marseille
Nice
Cannes
St-Tropez
LES PYRÉNÉES
Perpignan
la Corse
Ajaccio
0 50 100 150 MILLES
0 50 100 150 200 250 KILOMÈTRES
m = masculin f = féminin

Le français est la langue maternelle majoritaire
Le français est une des langues officielles
Le français est la langue administrative
Présence de la langue française sans statut particulier
L'Europe
0 50 100 200 300 400 500 MILLES
0 100 200 400 600 800 KILOMÈTRES
m = masculin f = féminin
Reykjavik
L'ISLANDE^f
LA SUÈDE
LA FINLANDE
LA NORVÈGE
Oslo
Helsinki
Leningrad
Stockholm
L'ÉCOSSE^f
L'IRLANDE DU NORD^f
Edimbourg
LE DANEMARK
LA GRANDE-BRETAGNE
L'IRLANDE^f
Dublin
Copenhague
LA MER BALTIQUE
Moscou
LA C.É.I. (LA COMMUNAUTÉ DES ÉTATS INDÉPENDANTS)
LA MER DU NORD
LE PAYS DE GALLES
L'ANGLETERRE^f
Amsterdam
Londres
Berlin
Varsovie
Bruxelles
L'ALLEMAGNE^f
LA POLOGNE
Jersey^f
LA BELGIQUE
Bonn
LE LUXEMBOURG
Luxembourg
Prague
L'OCÉAN ATLANTIQUE^m
Paris
LA TCHÉCOSLOVAQUIE
LA FRANCE
Vienne
Lausanne
Berne
Budapest
Genève
LA SUISSE
L'AUTRICHE^f
LA HONGRIE
le Val d'Aoste
LA ROUMANIE
L'ITALIE^f
LA YOUGOSLAVIE
Belgrade
LE PORTUGAL
Bucarest
LA MER NOIRE
MONACO^m
L'ANDORRE^f
Lisbonne
Madrid
la Corse
LA BULGARIE
Ajaccio
Sofia
L'ESPAGNE^f
Rome
Istanbul
Tirana
L'ALBANIE^f
LA GRÈCE
LA TURQUIE
LA MER MÉDITERRANÉE
Athènes
L'AFRIQUE^f